Texte zur Literaturtheorie
der Gegenwart

Texte
zur Literaturtheorie
der Gegenwart

Herausgegeben und kommentiert
von Dorothee Kimmich, Rolf Günter Renner
und Bernd Stiegler

Philipp Reclam jun. Stuttgart

Universal-Bibliothek Nr. 9414
Alle Rechte vorbehalten
© für diese Ausgabe 1996 Philipp Reclam jun. GmbH & Co., Stuttgart
Copyrightvermerke für die Texte siehe Seite 475 ff.
Gesamtherstellung: Reclam, Ditzingen. Printed in Germany 1997
RECLAM und UNIVERSAL-BIBLIOTHEK sind eingetragene Marken
der Philipp Reclam jun. GmbH & Co., Stuttgart
ISBN 3-15-009414-3

Inhalt

III
Kritische Theorie

IV
Psychoanalyse

V
Strukturalismus und Semiotik

VI
Diskursanalyse und New Historicism

VII
Dekonstruktion

VIII
Intertextualität

Anhang

Vorbemerkung

Literaturwissenschaftliche Fragestellungen haben sich in den letzten Jahrzehnten stark verändert. Dazu haben nicht nur heftige und folgenreiche Auseinandersetzungen über Fragen der Kanonbildung beigetragen, sondern insbesondere auch die Diskussion einer Vielzahl von neuen Theorien und Methoden. Nur in den seltensten Fällen handelt es sich dabei um genuin literaturwissenschaftliche Theorien, vielmehr wurden theoretische Ansätze und Modelle aus der Philosophie, Soziologie, Ethnologie, Psychologie, Geschichtswissenschaft oder der Linguistik übernommen. Übertragbarkeit, sinnvolle Anwendung und die Bewertung von Ergebnissen wurden in zahllosen Debatten ausführlich diskutiert, ohne daß dies zu einer Systematisierung geführt hätte. Nicht zuletzt deswegen ist in den letzten Jahren vermehrt von einer ›Theoriemüdigkeit‹ die Rede. Zudem hat eine deutlich erkennbare Entideologisierung der Standpunkte – bei der die historische Entwicklung eine entscheidende Rolle spielt – dazu beigetragen, daß Methodenpluralismus (das Schlagwort, mit dem man die aktuelle Situation charakterisiert wird), d. h. die Variation, Kombination und flexible Adaptation verschiedener theoretischer Ansätze üblich geworden ist, dogmatische Abgrenzung aber eher selten.

Um so schwieriger ist es, sich einen Überblick über die einzelnen Standpunkte, die Geschichte und Zielrichtung der unterschiedlichen Argumentationsstrategien zu verschaffen. Der vorliegende Reader bemüht sich aus diesen Gründen darum, nicht nur die aktuelle Diskussion zu berücksichtigen, sondern auch die wissenschaftsgeschichtlichen Entwicklungen zu skizzieren. Für die Zusammenstellung der Texte ergaben sich deshalb Zuordnungen, die nicht immer herkömmlichen Klassifizierungen entsprechen. Die jeweiligen Einleitungen versuchen, diese Gruppenbildung sowohl historisch, mit Blick auf die Wissenschaftsgeschichte, als auch theoretisch, mit Blick auf die argumentativen Grundpositionen, zu erläutern.

Der vorliegende Reader wendet sich an Studienanfänger und an Studierende, die auf dem Feld der Literaturtheorie erste Orientierungen suchen, aber auch an Universitätsdozenten und Gymnasiallehrer im Bereich der neueren Philologien. Er will Grundlage für die Arbeit im Seminar und Ausgangspunkt für weiterführende Studien sein, kann diese aber nicht ersetzen.

Die ausgewählten Texte sollen nicht primär literaturwissenschaftliche Interpretations*methoden* vorstellen; vielmehr sollte bei ihrer Lektüre deutlich werden, daß und wie im Rahmen unterschiedlicher Theorien literarischen Texten verschiedene Eigenschaften und Funktionen zugewiesen werden und daher die unterschiedlichsten Anforderungen an einen angemessenen Umgang mit ihnen, d. h. an Interpretationen gestellt werden.

So will die vorliegende Anthologie also nicht eine Einführung z. B. in die psychoanalytische Literaturwissenschaft, Literatursoziologie usw. bieten, sondern eine Orientierung im Bereich theoretischer Grundlagentexte eröffnen, d. h. *eine* mögliche Auswahl vorstellen und *eine* Form der Zuordnung repräsentieren.

Im Abschnitt über *Hermeneutik* werden drei verschiedene Positionen vorgestellt, die auf unterschiedliche Weise die Frage nach der Verstehbarkeit und Interpretierbarkeit von Texten stellen. Die Lesbarkeit von Texten ist für die Hermeneutik immer abhängig von Kontexten; wie unterschiedlich diese dabei konzipiert sein können, zeigen die ausgewählten Texte.

Die Texte zum Thema *Literatur und Gesellschaft* bzw. von Vertretern der *Kritischen Theorie* rufen in Erinnerung, daß sich literatursoziologische und ideologiekritische Überlegungen ursprünglich aus einer materialistischen Theorie von Gesellschaft und Kunst herleiteten. Gleichzeitig erhält das Spektrum der in der Frankfurter Schule im weitesten Sinn begründeten Ansätze einen Platz neben einer eher empirisch orientierten Sozioanalyse.

Der Abschnitt zur *Psychoanalyse* rückt bewußt Freud in den Mittelpunkt. Die Tatsache, daß er der einzige Autor ist, aus dessen Werk zwei Texte ausgewählt wurden, begründet sich aus der aktuellen Diskussion: Der Text über *Eine Schwierigkeit der Psychoanalyse* ist von Bedeutung für all die Ansätze, in deren Zentrum die Ich-Psychologie steht. Die *Notiz über den »Wunderblock«* dagegen ist Ausgangspunkt der psychoanalytisch beeinflußten Texttheorien, die über die Vermittlungsposition des – nachträglich als Mittler entdeckten – Psychoanalytikers Lacan schließlich zu den Ansätzen der Dekonstruktion führen.

Strukturalismus und Semiotik entwerfen eine Theorie der Zeichen, die sich auf den Sprachwissenschaftler Ferdinand de Saussure und auf den Philosophen Charles S. Peirce beruft. Als literaturtheoretische Positionen sind sie Versuche, literarische Texte zu formalisieren und auf Grundmuster zurückzuführen. Zugleich stellen sie die Literaturtheorie in einen weiteren Kontext, der auch Linguistik, Ethnologie, Kunst- und Kulturgeschichte miteinbezieht. Als Zeichen- und Texttheorie stellen sie wichtige Voraussetzungen für die Theorie der Intertextualität und des Dekonstruktivismus dar, die sich explizit auf sie berufen oder von ihnen absetzen. Mit Roland Barthes und Gérard Genette kommen zwei Vertreter des Strukturalismus zu Wort, die unterschiedliche Ansatzmöglichkeiten, vor allem für die Linguistik, Erzähltheorie und Kulturwissenschaft, bieten. Auf einen der klassischen Texte aus dem Bereich der Semiotik wurde verzichtet. Grundzüge der semiotischen Theoriediskussion werden in der Einleitung referiert.

Der Abschnitt über *Diskursanalyse* und *New Historicism* stellt zwei historisch orientierte Zugangsweisen zu Texten vor, die – auf je verschiedene Weise – in kritischer Distanz zur herkömmlichen Geschichtswissenschaft enstanden sind. Hergebrachte Ordnungskriterien und zeitliche, räumliche oder politische Kategorien werden dabei weniger einer abstrakten Kritik unterzogen, als vielmehr mit den Ergebnissen konfrontiert, die sich mit unkonventionellen und innovativen Zusammenstellungen von Texten erzielen lassen. Für beide Ansätze gilt – trotz aller Unterschiede –, daß sie literarische Texte bewußt an nicht literarische Kontexte anbinden. Theoretisch eher vage formuliert, haben beide Ansätze doch eine starke praktische Resonanz.

Im Abschnitt über *Dekonstruktion* soll deutlich werden, daß zentrale Fragen dieses theoretischen Ansatzes bereits in der Rezeptionsästhetik entwickelt wurden. Gleichzeitig lenken die ausgewählten Texte den Blick auf die unterschiedlichen Ausdifferenzierungen des dekonstruktivistischen Konzepts in Frankreich und den USA. Dabei zeigt sich, daß gegenwärtig neue theoretische Einsichten entscheidend durch Wissenschaftsstrategien beeinflußt sind.

An die dekonstruktivistische Texttheorie, aber auch an Semiotik und Hermeneutik knüpft die Theorie der *Intertextualität* an. Die Intertextualitätsdiskussion hat daher zwei unterschiedliche Ausrichtungen: Als Theorie der Beziehungen zwischen Texten legt sie einerseits den Akzent auf die Dialogizität von Texten, d. h. auf erkennbare und markierte Verweise zwischen ihnen, und führt andererseits zu einer allgemeinen Text- und Kulturtheorie.

Der Abschnitt über *Systemtheorie* und *Konstruktivismus* stellt zwei Theorieansätze vor, die in den letzten Jahren an Bedeutung gewonnen haben. Auch sie sind keine genuin literaturwissenschaftlichen Theorien, sondern stammen vor allem aus der biologischen, kybernetischen und soziologischen Forschung. Ihre Anwendung in der Literaturwissenschaft ist nicht nur ein Ergebnis der zu beobachtenden Erweiterung des literaturtheoretischen Feldes, sondern auch ein Versuch, in Absetzung von der hermeneutischen und positivistischen Tradition empirische Erklärungsmodelle zu entwerfen.

Mit *Gender Studies* wurde ein Abschnitt überschrieben, der auf die Veränderung von literaturwissenschaftlichen Fragestellungen durch feministisch motivierte Interpretationen eingeht. Mittlerweile hat sich daraus eine breite Tradition entwickelt, die unterschiedlichste Positionen einschließt, so daß Shoshana Felmans Text, der sich ebensogut im Abschnitt *Dekonstruktion* unterbringen ließe, neben dem eher historisch argumentierenden Text von Joan W. Scott steht. Die theoretischen Differenzen sind dabei ebenso deutlich wie die Übereinstimmung der ursprünglich feministischen Motivation der Verfasserinnen.

Der Abschnitt *Literatur und Medien* legt den Akzent auf die Medientheorie. Daher konnten wichtige Beiträge aus den Bereichen der Zeichen- und Filmtheorie (z. B. Christian Metz) sowie der Medien- und Kulturgeschichte (z. B. Walter Benjamin und Siegfried Kracauer) nicht aufgenommen werden. Die ausgewählten Texte von Friedrich A. Kittler und Vilém Flusser sind provokative Beispiele einer Theorie der Schrift und der Literatur angesichts der medientechnischen Entwicklung. Sie erheben nicht den Anspruch, eine Literaturtheorie zu entwerfen, sondern versuchen vielmehr, Literatur und Schrift in den Zusammenhang umfassender kultureller Veränderungen zu stellen.

Das Ziel einer Übersicht über das Theoriespektrum, die Komplexität des Gegenstandes und das Bemühen, Konvergenzpunkte der unterschiedlichen Texte deutlich werden zu lassen, erforderten eine teilweise massive Kürzung der Primärtexte. Dem Charakter des Readers als Einführung entsprechend wurden bewußt nur Leitlinien für eine intensive, umfassende und weiterführende Lektüre gegeben. Die Auswahlbibliographie verfolgt die gleiche Absicht und ist auf Ergänzung angelegt.

I
Hermeneutik

Einleitung

Hermeneutik ist Reflexion, Systematisierung und Theorie einer bestimmten Konzeption von Textauslegung und Interpretation. Nicht gemeint ist damit eine spezielle Methode oder ein bestimmter Komplex von Formeln und Regeln. Die Hermeneutik hat eine lange Tradition. Je radikaler man das Verstehen von Texten selbst als ein historisches Phänomen ansah, desto umfassender wurde das hermeneutische Problem. So entwickelte sich im Umgang mit den je verschiedenen Texten, die im Laufe der Zeit zum Gegenstand hermeneutischen Interpretierens wurden, eine Vielzahl von Fragestellungen, Praktiken und Zielen. Eine Erläuterung des Begriffs Hermeneutik fordert also nicht nur eine systematische, sondern immer zugleich auch eine historische Darstellung.

Hermeneutik beschäftigt sich mit den Fragen der ›richtigen‹, d. h. angemessenen, kohärenten, kompetenten, sinnvollen und nützlichen Auslegung schriftlicher Texte. In den meisten Fällen handelt es sich dabei entweder um normative, sakrale und kanonische Texte – so v. a. in der Spätantike und im Mittelalter – oder – und das gilt für antike und insbesondere für die moderne Hermeneutik – um poetische Texte. ›Modern‹ wird die Hermeneutik genannt, die versucht, Einzeldisziplinen, wie z. B. die juristische, die theologische und die altphilologische Hermeneutik unter abstrakten und umfassenderen Kategorien zu einer Grundlagendisziplin zusammenzufassen und sich zudem bemüht, den hermeneutischen Gestus als allgemeinen, existentiellen Zugang zur Welt zu qualifizieren. Schleiermacher gilt als Initiator solcher Bemühungen, Nietzsche formuliert das Programm am radikalsten, durch Heidegger erfährt es seine ontologische Wende und Gadamer ist einer der einflußreichsten Vertreter dieser Tradition im 20. Jahrhundert.

Das griechische Wort *hermeneuein* bedeutet aussagen, auslegen, zum Verstehen bringen. Oft wird ein etymologischer Zusammenhang mit Hermes, dem Götterboten, angenommen. Erstmals taucht der Begriff bei Plato auf, dort werden die Dichter selbst als *hermēnēs*, sozusagen als Dolmetscher der Götter, bezeichnet. Die antike Hermeneutik ist sowohl von der griechischen als auch von der jüdischen Tradition geprägt. Die griechische ist dabei im wesentlichen Homer-Exegese; nach streng vorgeschriebenen Verfahren wurden die damals bereits fremd gewordenen Texte der *Ilias* und *Odyssee* einer umfassenden Kommentierung unterzogen. Im Judentum wird die Auslegung und Tradierung der eigenen Geschichte zum Teil des kulturellen Selbstverständnisses.

Die Hermeneutik der christlichen Antike und auch die des Mittelalters fragt hauptsächlich nach dem Stellenwert des Neuen Testaments und seinem Verhältnis zum Alten Testament. Insbesondere die schon in der klassischen Antike bekannte Praxis der Allegorese, d. h. die Entschlüsselung eines ›hinter‹ dem buchstäblichen Sinn versteckten weiteren oder ›höheren‹ Sinns, wurde favorisiert und schließlich in einer Lehre vom vierfachen Schriftsinn systematisiert und ausgearbeitet. Gegen eine solche Praxis ›dogmatischer‹ Auslegung wandte sich dann der Protestantismus vehement. Mit seinem Grundsatz »sola scriptura« erklärt Luther die Schrift, d. h. die Bibel selbst, zur alleinigen Interpretationsgrundlage. Damit leitet er einen entscheidenden Wandel im Umgang mit den biblischen Texten ein. Luthers Haltung ist zwar im wesentlichen Kritik der katholischen Orthodoxie und bringt im einzelnen keine wirklich theoretische Neubestimmung der Hermeneutik, doch war sie geistesgeschichtlich außergewöhnlich wirksam. Noch im 18. und 19. Jahrhundert kamen die entscheidenden Anregungen für die Fortentwicklung hermeneutischer Positionen aus Kreisen der protestantischen Theologie.

Auch der Humanismus der Renaissance bringt in theoretischer Hinsicht wenig neue Anregungen, doch werden die philologischen Kenntnisse durch die vielfältige und vielseitige Forschungs- und Sammeltätigkeit der Humanisten wesentlich erweitert. Damit beginnt zugleich eine Bewegung zunehmender Historisierung und Säkularisierung im Umgang mit überlieferten Texten, die sich im 18. Jahrhundert im Zuge der Aufklärung fortsetzt und insbesondere im 19. Jahrhundert die Hermeneutik von einer theologischen Hilfswissenschaft zu einer eigenständigen Disziplin befördert.

Im 18. Jahrhundert geht allerdings das Bemühen noch weitgehend dahin, allgemeingültige und verbindliche Regeln zu finden, um die Auslegung von Texten systematisieren zu können. Dabei ist die Vorstellung maßgeblich, daß Erklärung von Texten die Umkehrung der Produktion von Texten sein könnte. Hermeneutik sollte dementsprechend eine Art ›negativer‹ Poetik oder Rhetorik sein. Im gleichen Maße allerdings, wie sich Literatur – gebundene und ungebundene Rede – von den Vorstellungen einer regelgeleiteten Produktionsform emanzipiert, werden auch die Versuche, Hermeneutik nach Regeln zu betreiben, seltener.

Zu den wichtigen Fragen, die im 18. Jahrhundert aufgeworfen wurden und in der Hermeneutik bis heute diskutiert werden, gehören solche nach der historischen Dimension von Interpretation und der Kontextabhängigkeit von Textverständnis. Die komplexe Problematik der historischen Dimension aller Auslegung blieb das Kardinalthema der philosophischen Hermeneutik bis zu dem Punkt, wo in der Diskussion um Postmoderne und Posthistoire die Fundamentalkritik am historischen Denken auch eine radikale Kritik der alten Formen der Hermeneutik einschließt.

Ebenfalls bereits im 18. Jahrhundert, initiiert von Friedrich Ast, begann man das Verhältnis von Einzelnem und Ganzem im Rahmen der Textauslegung zu diskutieren. Unter dem Stichwort ›hermeneutischer Zirkel‹ geht es um die Frage, wie das Verstehen von Einzelnem als Teil eines Ganzen und das des Ganzen wiederum als Zusammenhang von Einzelnem zu fassen wäre. Einzelnes kann immer nur im Hinblick auf einen Zusammenhang gesehen und verstanden werden, ein solcher entsteht aber nur dann, wenn entsprechend viele Einzelheiten vorhanden sind. Das Problem stellt sich sowohl im Hinblick auf ein einzelnes Werk als auch auf ein Werk im historischen Kontext. Letztlich wird hier die Frage diskutiert, wie Kontext, d. h. Zusammenhang überhaupt entsteht bzw. gemacht oder gefunden wird. Vorhandene Ordnungen, die ermöglichen, Einzelnes in einen Zusammenhang zu bringen und zu verstehen, können sehr verschieden bezeichnet und bewertet werden. Sie können auf der einen Seite als dogmatische, ideologische Sprach- oder Denkmuster kritisiert, auf der anderen Seite aber auch als verbindende, stabilisierende und kommunizierende Strukturen begrüßt werden. Gerade für die Aufklärung war diese Frage ein zentrales Problem: wird eine solche Struktur, ein solcher Ordnungsentwurf als ›Vorurteil‹ qualifiziert, fällt er unter das Verdikt antiaufklärerischer Dogmatik, wird er aber als notwendiger Teil des Verstehensprozesses anerkannt, muß das Verhältnis von Ganzem und Einzelnem immer eine Form wechselseitiger Korrektur einschließen; und damit wäre dann gesagt, daß Verstehen immer schon ein kritisch-aufklärerischer Prozeß ist. Noch in einer der wichtigsten Debatten um die Bedeutung der Hermeneutik in den sechziger Jahren unseres Jahrhunderts, im Streit zwischen Jürgen Habermas und Hans-Georg Gadamer, ging es u. a. um die Frage, wie diese Form des hermeneutischen ›Vorurteils‹ zu bewerten sei.

Auch wenn in der Wissenschaftsgeschichte die Bedeutung bzw. das Ausmaß der ›Wende‹ unterschiedlich beurteilt wird, die zu Beginn des 19. Jahrhunderts mit dem Namen Schleiermacher verbunden ist, kann doch festgehalten werden, daß Schleiermacher zwischen 1805 und 1833 zum ersten Mal eine Form systematischer Reflexion der Hermeneutik bot, die vielen späteren Auseinandersetzungen zum Ausgangspunkt dienen konnte. Schleiermacher bezeichnet die allgemeine Hermeneutik als »Kunst, die Rede eines anderen zu verstehen«. Kunst nicht darum, weil hier ein Kunstwerk entstehe, sondern weil die *Praxis* der Hermeneutik eher einer Kunst als einem technischen Verfahren ähnle. Er geht skeptisch davon aus, daß nicht Verstehen, sondern vielmehr Mißverständnis das eigentlich Selbstverständliche sei. Darum ist Hermeneutik auch nicht eine Methode, um gelegentlich auftretende Kommunikationsprobleme zu lösen, sondern unverzichtbare Voraussetzung aller qualifizierten Verständigung.

Schleiermacher unterscheidet zwischen zwei verschiedenen Ebenen von Interpretationstätigkeit, die sich allerdings ergänzend überschneiden. In wechselnder Begrifflichkeit ist einmal von »grammatikalischer« bzw. »komparatistischer«, »geschichtlicher« und auf der anderen Seite von »psychologischer« und »technischer« Interpretation die Rede. Einerseits sollen historische Strukturen von Sprache, von Grammatik, Syntax und Semantik kommentiert und erläutert werden, auf der anderen Seite die jeweils besondere Art und Weise individueller Gestaltung der vorgegebenen Möglichkeiten durch den Autor untersucht werden. Schleiermacher schätzte die Bedeutung der beiden Aspekte im Laufe seines Lebens unterschiedlich ein.

Mißverständliche Ausführungen v. a. zur »psychologischen« Interpretation gaben Anlaß zu unterschiedlichen Deutungen. Ob damit ein »Hineinversetzen« in den Autor, wie Dilthey meinte, also eine Art kongenialer Rekonstruktion der Intention des Autors gemeint war, ist fraglich. Psychologische Interpretation zielt weniger auf die Möglichkeit, den ›einzigen‹, ›wahren‹, vom Autor intendierten Sinn des Textes erkennen zu können, als vielmehr auf eine Annäherung an das Gemeinte, eine Spurensuche des nicht mehr ganz erfaßbaren Sinns; d. h. die sogenannte »Divination« soll nicht dazu dienen, die ›tatsächliche‹ und einzig ›wahre‹ Intention des Autors durch Einfühlung aufzuspüren, sondern vielmehr eine sinnvolle Deutung durch ein eher ›ahnendes‹ (frz. *deviner*, daher der Begriff Divination) als analysierendes Verfahren ermöglichen.

Schleiermachers Bedeutung ist hauptsächlich von Wilhelm Dilthey erkannt worden. Er unternahm gegen Ende des 19. Jahrhunderts den Versuch, eine Geschichte des hermeneutischen Denkens zu verfassen und arbeitete an einer Biographie Schleiermachers. Gerade die historische Dimension der Disziplin wurde durch ihn besonders profiliert. Auf der anderen Seite unternahm er aber den Versuch, die Hermeneutik als methodische Grundlegung der Geisteswissenschaften fruchtbar zu machen. Diese Bemühungen blieben fragmentarisch und in sich widersprüchlich. Auch Gustav Droysens *Historik* beschäftigt sich mit den Fragen der richtigen Textauslegung, allerdings im Rahmen der Geschichtswissenschaft. Sie wird dort als Textwissenschaft mit allen Problemen der Hermeneutik konfrontiert. Sowohl gegenüber simplem »Objektivismus« als auch gegenüber spekulativen Positionen kritisch, formulierte Droysen in seinem Werk einige für lange Zeit gültige Thesen zur Textinterpretation. Wie Droysen ist auch Nietzsche kein explizit ausgewiesener Hermeneutiker, trotzdem ist sein Einfluß auf die weitere Entwicklung dieser Disziplin kaum zu überschätzen. Als Altphilologe war er vertraut mit den praktischen Problemen der Hermeneutik. Seine Thesen von der radikalen Perspektivik der Erkenntnis, vom »Nutzen und Nachteil der Historie«, sein radikaler Abschied von metaphysischen Positionen und die Idee einer vom Willen zur Wahrheit abhängigen Wahrheit sind die philosophiegeschichtlichen Innovationen, die Heidegger und Gadamer, aber auch Habermas und Ricœur und damit die gesamte hermeneutische Diskussion im 20. Jahrhundert nachhaltig geprägt haben.

Im Rahmen der philosophischen Hermeneutikdiskussion nimmt Heidegger eine wichtige Position ein. Für ihn ist die Hermeneutik nicht mehr eine Form menschlichen Denkens und Handelns, sondern *die* Grundbewegung des menschlichen Daseins überhaupt. In Heideggers Hermeneutik geht es nicht mehr um Texte, sondern um das »Sein«. Heidegger wurde vorgeworfen, trotz seiner ausdrücklichen Absicht, Metaphysikkritik zu betreiben, gerade wieder metaphysische Positionen in die Diskussion eingebracht zu haben.

Hans-Georg Gadamers Hauptwerk *Wahrheit und Methode* erschien 1960 und liegt heute in der sechsten Auflage vor. Seine »Grundzüge einer philosophischen Hermeneutik« – so der Untertitel – wollen keineswegs eine methodische Anleitung zur Wahrheitsfindung sein. Sprache bzw. Sprachlichkeit ist für Gadamer die Grundbefindlichkeit menschlicher Existenz. Die Auslegung von schriftlichen Texten ist damit ein Teilbereich dessen, was Verstehen, Erfahrung und Sein überhaupt bedeutet: »Sein, das verstanden werden kann, ist Sprache«. Problematischer ist die umgekehrte Frage, ob nämlich alles, was Sprache ist, prinzipiell auch verstanden werden kann. Gadamer tendiert – dann auch besonders in der Auseinandersetzung mit seinen Kritikern – dazu, auf der grundsätzlichen Möglichkeit von Verständigung auch über historische und kulturelle Grenzen hinweg zu bestehen. Gadamers idealistische Sprachauffassung und seine Verwurzelung in der klassisch-europäischen Bildungstradition beeinflussen seine Vorstellung von »Horizontverschmelzung«, d. h. von der wechselseitigen Beleuchtung und Erklärung der zeitgenössischen kulturellen Bedingungen und dem »wirkungsgeschichtlichen Bewußtsein«, die über historische Differenzen hinweg die grundsätzlich durch Sprache immer schon garantierte Verständigung auch noch sinnvoll und gelungen gelten lassen sollen.

Dieser Auffassung ist von unterschiedlichen Positionen

aus widersprochen worden. Die Behauptung, daß die Auslegung schriftlicher Texte einfach ein ›Nebenfach‹ der Dialogführung bzw. von Sprechen und Verstehen überhaupt ist, wurde insbesondere von französischen Kritikern, z. B. von Paul Ricœur, angezweifelt. Andererseits wurde die Frage, ob diese Art von Traditionsfortführung nicht zu einem unkritischen Anachronismus führen muß, von Jürgen Habermas mehrmals und mit kritischem Nachdruck gestellt. Zudem hat Gadamers normative Auffassung der deutschen Klassik offenbar den Blick auf ein weiteres Problem verstellt: Ein großer Teil der Literatur des 20. und des ausgehenden 19. Jahrhunderts scheint sich hermeneutischen Interpretationsansätzen als Auslegung von Sinn zu entziehen, ja sich ihnen sogar offensiv entgegenzusetzen. Dadaismus und Surrealismus, aber auch moderne Lyrik und bestimmte expressionistische Texte sind wohl nicht mehr mit den gleichen Fragen zu erschließen wie klassische, romantische und realistische Texte. Strukturalistische und poststrukturalistische bzw. dekonstruktive Interpretations- bzw. »Lektüre«-verfahren versuchen, diesen Veränderungen Rechnung zu tragen.

Der Versuch, die Problematik von historischer und kultureller Differenz nicht mit Hilfe eines Modells der Kommunikation und Kontinuität zu lösen, sondern vielmehr gerade Brüche und Widersprüche zu thematisieren, findet sich in den literaturtheoretischen Werken von Hans Robert Jauß. Überlieferte Texte qualifizieren sich für ihn nicht durch eine immer schon vorhandene Gemeinsamkeit der Tradition, sondern im Gegenteil durch spezifische Neuigkeit und Andersartigkeit. Es sind gerade die Vielfältigkeit und Vielstimmigkeit hervorragender Texte, die eine immer wieder neue und aktuelle Rezeption ermöglichen. Nicht die immer gleichen ›ewigen‹ Themen also ermöglichen Verständnis über die Zeiten hinweg, sondern die immer wieder anderen Aspekte, unter denen Verstehen geschieht, garantieren Les- und Verstehbarkeit. Die besondere Funktion, die dem Leser als aktualisierender Instanz, ja geradezu als produktivem Faktor zugesprochen wird, charakterisiert alle rezeptionsgeschichtlichen und rezeptionstheoretischen Ansätze und markiert einen wichtigen literaturtheoretischen Wandlungsprozeß in den sechziger Jahren.

Paul Ricœur plädiert im Rahmen der Diskussion um die Hermeneutik, die durch Habermas, Gadamer und andere auf ein abstrakt theoretisches bzw. philosophisches Niveau gehoben wurde und geschichtsphilosophische, erkenntnistheoretische, ideologiekritische Fragen mit einschließt, für eine Rückkehr zum Text. Ihm geht es weniger um Fragen der allgemeinen Sprachlichkeit aller menschlichen Existenz, als vielmehr um die spezifischen Charakteristika *schriftlicher*, poetischer Texte. Dabei betont er die ›Emanzipation‹ des Texts vom Autor und der Entstehungszeit. Diese Emanzipation ermöglicht es, Texte in immer neuen Kontexten immer neu zu lesen und zu interpretieren. Dies kann keine willkürliche Operation sein, da eine solche Erklärung immer einen – wenn auch verschiedenen – Sinn ergeben und kohärent sein muß. Die Bedeutung eines Textes wird aufgrund von Indizien erschlossen und in einem Prozeß wechselseitiger Korrektur von Einzelnem und Zusammenhang überprüft. Solche Konstruktionen beanspruchen nicht, ›wahr‹ zu sein, sondern immer nur mehr oder weniger wahrscheinlich und plausibel. In Ricœurs Ausführungen zur Metapher ist sowohl das bekannte Problem des hermeneutischen Zirkels als auch die Unterscheidung von grammatischer und psychologischer Interpretation wieder zu erkennen. Ricœur bedient sich aristotelischer Begriffe, wenn er die sprachliche Imitation und ›Wiederholung‹ dessen, was in der Welt und in der Sprache schon vorhanden ist, als Mimesis bezeichnet, Poesis dagegen als das spezifisch Andere und Kreative, das einen Text von der Welt unterscheidet und sozusagen eine eigene Textwelt schafft. Diese Textwelt verändert sich je nach Kontext. Darum kann es auch nicht darum gehen, ›hinter‹ dem Text einen ›eigentlichen‹ ewigen Sinn zu finden, also literarische Texte auf eine philosophische Idee zu reduzieren. Diese Form von Interpretation würde gerade vom ästhetisch-sinnlichen Moment der Texte abstrahieren.

Da sich Literatur seit der Aufklärung zunehmend gerade von dieser ›Transportfunktion‹ für philosophische Ideen emanzipiert, nicht mehr nur als die angenehme ›Hülle‹ für eine ›höhere‹ Wahrheit gilt und damit die ästhetischen Dimensionen in den Vordergrund treten, fällt der Hermeneutik eine neue Aufgabe zu. Ohne Interesse sind also hermeneutische Verfahren, die Texte auf Einsinnigkeit reduzieren. Andere Verfahren dagegen, welche die Vieldimensionalität von Texten entfalten, werden linguistische, historische, soziologische und rhetorische Aspekte zu berücksichtigen haben. Hier scheinen sich sinnvolle Ergänzungen durch andere literaturtheoretische Positionen bzw. methodische Verfahren anzubieten.

D. K.

Literatur

Bubner, R. [u. a.] (Hrsg.): Hermeneutik und Dialektik. 2 Bde. Tübingen 1970.

Ebeling, G.: Hermeneutik. In: Religion in Geschichte und Gegenwart. 3. Aufl. Bd. 3. Tübingen 1959. S. 242–262.

Eco, U.: Die Grenzen der Interpretation. München 1992.

Figl, J.: Nietzsche und die philosophische Hermeneutik des 20. Jahrhunderts. In: Nietzsche-Studien 10/11 (1981/82) S. 408 bis 430.

Gadamer, H.-G.: Gesammelte Werke. 6 Bde. Tübingen 1985 ff.

Hirsch, E. D.: Prinzipien der Interpretation. München 1972.

Japp, U.: Hermeneutik. Der theoretische Diskurs, die Literatur und die Konstruktion ihres Zusammenhangs in den philologischen Wissenschaften. München 1977.

Jauß, H. R.: Ästhetische Erfahrung und literarische Hermeneutik. Frankfurt a. M. 1982.

LaCapra, D.: Rethinking Intellectual History. Texts, Contexts, Language. Ithaca 1983.

Nassen, U. (Hrsg.): Texthermeneutik, Aktualität, Geschichte, Kritik. Paderborn 1979.

Orniston, G. L. / Schift, A. D. (Hrsg.): The Hermeneutic Tradition. New York 1990.

– / – (Hrsg.): Transforming the Hermeneutic Context. From Nietzsche to Nancy. New York 1990.

Ricœur, Paul: Der Konflikt der Interpretation. 2 Bde. München 1973 ff.

Schleiermacher, F. D. E.: Hermeneutik und Kritik. Hrsg. und eingel. von Manfred Frank. Frankfurt a. M. 1977.

Schutte, J.: Einführung in die Literaturinterpretation. Stuttgart 1990.

Szondi, P.: Einführung in die literarische Hermeneutik. Hrsg. von J. Bollack und H. Stierlin. Frankfurt a. M. 1975.

Zedler, J. H.: Großes vollständiges Universal-Lexicon Aller Wissenschaften und Künste. Bd. 12. Halle/Leipzig 1735. Nachdr. Graz 1982. Sp. 1729–31 [Art. »Hermeneutik«].

Sprache als Medium der hermeneutischen Erfahrung

Wir sahen schon bei der Analyse der romantischen Hermeneutik, daß das Verstehen sich nicht auf ein Sichversetzen in
den anderen, auf eine unmittelbare Teilhabe des einen am
anderen gründet. Verstehen, was einer sagt, ist, wie wir sahen, sich in der Sache Verständigen und nicht: sich in einen
anderen Versetzen und seine Erlebnisse Nachvollziehen.
Wir hoben hervor, daß die Erfahrung von Sinn, die derart
im Verstehen geschieht, stets Applikation einschließt. Jetzt
beachten wir, *daß dieser ganze Vorgang ein sprachlicher ist.*
Nicht umsonst ist die eigentliche Problematik des Verstehens und der Versuch seiner kunstmäßigen Beherrschung –
das Thema der Hermeneutik – traditionellerweise dem Bereich der Grammatik und Rhetorik zugehörig. Die Sprache
ist die Mitte, in der sich die Verständigung der Partner und
das Einverständnis über die Sache vollzieht.   (361)

Das alles, was die Situation der Verständigung im Gespräch charakterisiert, nimmt nun seine eigentliche Wendung ins Hermeneutische, wo es sich um das *Verstehen von
Texten* handelt. Wieder setzen wir bei dem extremen Fall
der Übersetzung aus einer fremden Sprache ein. Hier kann
niemand zweifeln, daß die Übersetzung eines Textes, mag
der Übersetzer sich noch so sehr in seinen Autor eingelebt
und eingefühlt haben, keine bloße Wiedererweckung des
ursprünglichen seelischen Vorgangs des Schreibens ist, sondern eine Nachbildung des Textes, die durch das Verständnis des in ihm Gesagten geführt wird. Hier kann niemand
zweifeln, daß es sich um Auslegung handelt und nicht um
bloßen Mitvollzug. Es ist ein anderes neues Licht, das von
der anderen Sprache her und für den Leser derselben auf
den Text fällt. Die Forderung der Treue, die an die Übersetzung gestellt wird, kann die grundlegende Differenz der

Sprachen nicht aufheben. Auch wenn wir noch so getreu sein wollen, werden wir vor mißliche Entscheidungen gestellt. Wenn wir in unserer Übersetzung einen uns wichtigen Zug am Original herausheben wollen, so können wir das nur, indem wir andere Züge in demselben zurücktreten lassen oder ganz unterdrücken. (363)

Was ein Text meint, ist daher nicht einem unverrückbar und eigensinnig festgehaltenen Standpunkt zu vergleichen, der dem, der verstehen will, nur die eine Frage nahelegt, wie der andere zu einer so absurden Meinung kommen kann. In diesem Sinne handelt es sich im Verstehen ganz gewiß nicht um ein ›historisches Verständnis‹, das die Entstehung des Textes rekonstruierte. Vielmehr meint man *den Text selbst zu verstehen*. Das bedeutet aber, daß die eigenen Gedanken des Interpreten in die Wiedererweckung des Textsinnes immer schon mit eingegangen sind. Insofern ist der eigene Horizont des Interpreten bestimmend, aber auch er nicht wie ein eigener Standpunkt, den man festhält oder durchsetzt, sondern mehr wie eine Meinung und Möglichkeit, die man ins Spiel bringt und aufs Spiel setzt und die mit dazu hilft, sich wahrhaft anzueignen, was in dem Texte gesagt ist. Wir haben das oben als Horizontverschmelzung beschrieben. [...].

Seit der Romantik kann man sich die Sache nicht mehr so denken, als ob die auslegenden Begriffe zum Verstehen hinzutreten, indem sie aus einem sprachlichen Vorratsraum, in dem sie schon bereitliegen, je nach Bedarf herbeigezogen werden, wenn die Unmittelbarkeit des Verstehens sonst ausbleibt. *Vielmehr ist die Sprache das universale Medium, in dem sich das Verstehen selber vollzieht. Die Vollzugsweise des Verstehens ist die Auslegung.* Diese Feststellung bedeutet nicht, daß es kein besonderes Problem des Ausdrucks gebe. Der Unterschied der Sprache eines Textes zur Sprache des Auslegers, oder die Kluft, die den Übersetzer vom Original trennt, ist keineswegs eine sekundäre Frage. Im Gegenteil gilt, daß die Probleme des sprachlichen Ausdrucks in Wahrheit schon Probleme des Verstehens selber sind. Alles Verstehen ist Auslegen, und alles Auslegen entfaltet sich im Medium einer Sprache, die den Gegenstand zu Worte kommen lassen will und doch zugleich die eigene Sprache des Auslegers ist.

Damit erweist sich das hermeneutische Phänomen als Sonderfall des allgemeinen Verhältnisses von Denken und Sprechen, dessen rätselhafte Innigkeit eben die Verbergung der Sprache im Denken bewirkt. Die Auslegung ist wie das Gespräch ein in die Dialektik von Frage und Antwort geschlossener Kreis. Es ist ein echtes geschichtliches Lebensverhältnis, das sich im Medium der Sprache vollzieht und das wir daher auch im Falle der Auslegung von Texten ein Gespräch nennen können. Die Sprachlichkeit des Verstehens ist *die Konkretion des wirkungsgeschichtlichen Bewußtseins.*

Der Wesensbezug zwischen Sprachlichkeit und Verstehen zeigt sich zunächst in der Weise, daß es das Wesen der Überlieferung ist, im Medium der Sprache zu existieren, so daß der bevorzugte *Gegenstand* der Auslegung sprachlicher Natur ist. [...]

Daß das Wesen der Überlieferung durch Sprachlichkeit charakterisiert ist, kommt offenbar zu seiner vollen hermeneutischen Bedeutung dort, wo die Überlieferung eine *schriftliche* wird. In der Schriftlichkeit entspringt die Abgelöstheit der Sprache von ihrem Vollzug. In der Form der Schrift ist alles Überlieferte für jede Gegenwart gleichzeitig. In ihr besteht mithin eine einzigartige Koexistenz von Vergangenheit und Gegenwart, sofern das gegenwärtige Bewußtsein zu allem schriftlich Überlieferten die Möglichkeit eines freien Zugangs hat. Nicht mehr angewiesen auf das Weitersagen, das die Kunde des Vergangenen mit dem Gegenwärtigen vermittelt, sondern in unmittelbarer Zuwendung zu literarischer Überlieferung gewinnt das verstehende Bewußtsein eine echte Möglichkeit, seinen Horizont zu verschieben und zu erweitern und damit seine Welt um eine ganze Tiefendimension zu bereichern. (365–367)

So ist schriftlichen Texten gegenüber die eigentliche hermeneutische Aufgabe gestellt. Schriftlichkeit ist Selbstentfremdung. Ihre Überwindung, das Lesen des Textes, ist also die höchste Aufgabe des Verstehens. Selbst den reinen Zeichenbestand einer Inschrift etwa vermag man nur richtig zu sehen und zu artikulieren, wenn man den Text in Sprache zurückzuverwandeln vermag. Solche Rückverwandlung in Sprache – wir erinnern daran – stellt aber immer zugleich ein Verhältnis zum Gemeinten, zu der Sache her, von der da die Rede ist. Hier bewegt sich der Vorgang des Verstehens ganz in der Sinnsphäre, die durch die sprachliche Überlieferung vermittelt wird. (368)

Alles Schriftliche ist in der Tat in bevorzugter Weise Gegenstand der Hermeneutik. Was an dem extremen Fall der Fremdsprachlichkeit und den Problemen des Übersetzens klar wurde, bestätigt sich hier an der Autonomie des Lesens: Das Verstehen ist keine psychische Transposition. Der Sinnhorizont des Verstehens kann sich weder durch das, was der Verfasser ursprünglich im Sinne hatte, schlechthin begrenzen lassen, noch durch den Horizont des Adressaten, für den der Text ursprünglich geschrieben war.

Zunächst klingt es wie ein vernünftiger hermeneutischer Kanon, der als solcher auch allgemein anerkannt ist, daß man nichts in einen Text hineinlegen soll, was Verfasser und Leser nicht im Sinne haben konnten. Allein nur in extremen Fällen ist dieser Kanon wirklich anwendbar. Denn Texte wollen nicht als Lebensausdruck der Subjektivität des Verfassers verstanden werden. Der Sinn eines Textes kann also nicht von da aus seine Umgrenzung finden. Jedoch ist nicht nur die Begrenzung des Sinns eines Textes auf die ›wirklichen‹ Gedanken des Verfassers fragwürdig. Auch wenn man den Sinn eines Textes objektiv zu bestimmen sucht, indem man ihn als zeitgenössische Anrede versteht und auf seinen ursprünglichen Leser bezieht, wie das Schleiermachers

Grundannahme war, kommt man nicht über eine Zufallsbe-
grenzung hinaus. Der Begriff der zeitgenössischen Adresse
kann selber nur eine beschränkte kritische Geltung beanspruchen. Denn was ist Zeitgenossenschaft? Zuhörer von
vorgestern wie von übermorgen gehören immer mit zu denen, zu denen man als Zeitgenosse spricht. Wo soll die
Grenze für jenes Übermorgen gezogen sein, das einen Leser
als Angeredeten ausschließt? Was sind Zeitgenossen, und
was ist der Wahrheitsanspruch eines Textes angesichts dieser
vielfältigen Mischung aus Gestern und Übermorgen? Der
Begriff des ursprünglichen Lesers steckt voller undurch-
schauter Idealisierung.

Unsere Einsicht in das Wesen der literarischen Überlieferung enthält darüber hinaus eine grundsätzliche Einrede gegen die hermeneutische Legitimation des Begriffs des ursprünglichen Lesers. Wir hatten gesehen, wie Literatur
durch den Willen zur Weitergabe definiert ist. Wer ab-
schreibt und wer weitergibt, meint aber aufs neue seine
eigenen Zeitgenossen. So scheint die Bezugnahme auf den
ursprünglichen Leser ebenso wie die auf den Sinn des Verfassers nur einen sehr rohen historisch-hermeneutischen
Kanon darzustellen, der den Sinnhorizont von Texten nicht
wirklich begrenzen darf. Was schriftlich fixiert ist, hat sich
von der Kontingenz seines Ursprungs und seines Urhebers
abgelöst und für neuen Bezug positiv freigegeben. Normbe-
griffe wie die Meinung des Verfassers oder das Verständnis
des ursprünglichen Lesers repräsentieren in Wahrheit nur
eine leere Stelle, die sich von Gelegenheit zu Gelegenheit
des Verstehens ausfüllt.

Wir kommen damit zu dem zweiten Aspekt, unter dem
sich die Beziehung von Sprachlichkeit und Verstehen darstellt. Nicht nur ist der bevorzugte Gegenstand des Verstehens, die Überlieferung, sprachlicher Natur – das Verstehen
selbst hat eine grundsätzliche Beziehung auf Sprachlichkeit.
Wir waren von dem Satz ausgegangen, daß Verstehen schon

Auslegen ist, weil es den hermeneutischen Horizont bildet, in dem sich die Meinung eines Textes zur Geltung bringt. Um aber die Meinung eines Textes in seinem sachlichen Gehalt zum Ausdruck bringen zu können, müssen wir sie in unsere Sprache übersetzen, d. h. aber, wir setzen sie in Beziehung zu dem Ganzen möglicher Meinungen, in dem wir uns sprechend und aussprachebereit bewegen. Wir haben das an der ausgezeichneten Stellung, die der *Frage* als einem hermeneutischen Phänomen zukommt, schon in seiner logischen Struktur untersucht. Wenn wir jetzt auf die Sprachlichkeit alles Verstehens gerichtet sind, bringen wir das in der Dialektik von Frage und Antwort Gezeigte von anderer Seite erneut zur Sprache.

Wir dringen damit in eine Dimension vor, die von der herrschenden Selbstauffassung der historischen Wissenschaften im allgemeinen verfehlt wird. Denn der Historiker wählt in der Regel die Begriffe, mit denen er die historische Eigenart seiner Gegenstände beschreibt, ohne ausdrückliche Reflexion auf ihre Herkunft und ihre Berechtigung. Er folgt allein seinem Sachinteresse dabei und gibt sich keine Rechenschaft davon, daß die deskriptive Eignung, die er in den von ihm gewählten Begriffen findet, für seine eigene Absicht höchst verhängnisvoll sein kann, sofern sie das historisch Fremde dem Vertrauten angleicht und so selbst bei unbefangenster Auffassung das Anderssein des Gegenstandes schon den eigenen Vorbegriffen unterworfen hat. Er verhält sich damit trotz aller wissenschaftlicher Methodik genauso wie jeder andere, der als Kind seiner Zeit von den Vorbegriffen und Vorurteilen der eigenen Zeit fraglos beherrscht wird.

Sofern der Historiker sich diese seine Naivität nicht eingesteht, verfehlt er unzweifelhaft das von der Sache geforderte Reflexionsniveau. Seine Naivität wird aber wahrhaft abgründig, wenn er sich der Problematik derselben bewußt zu werden beginnt und etwa die Forderung stellt, man habe im historischen Verstehen die eigenen Begriffe beiseite zu lassen und nur in Begriffen der zu verstehenden Epoche zu denken[1]. Diese Forderung, die wie eine konsequente Durchführung des historischen Bewußtseins klingt, enthüllt sich jedem denkenden Leser als eine naive Illusion. Die Naivität dieses Anspruchs besteht nicht etwa darin, daß eine solche Forderung und ein solcher Vorsatz des historischen Bewußtseins unerfüllt bleiben, weil der Interpret das Ideal, sich selbst beiseite zu lassen, nicht genügend erreicht. Das würde immer noch heißen, daß es ein legitimes Ideal sei, dem man sich nach Möglichkeit annähern müsse. Was die legitime Vorderung des historischen Bewußtseins, eine Zeit aus ihren eigenen Begriffen zu verstehen, wirklich meint, ist aber etwas ganz anderes. Die Forderung, die Begriffe der Gegenwart beiseite zu lassen, meint nicht eine naive Versetzung in die Vergangenheit. Sie ist vielmehr eine wesensmäßig relative Forderung, die nur in bezug auf die eigenen Begriffe überhaupt einen Sinn hat. Das historische Bewußtsein verkennt sich selbst, wenn es, um zu verstehen, das ausschließen möchte, was allein Verstehen möglich macht. *Historisch denken* heißt in Wahrheit, *die Umsetzung vollziehen, die den Begriffen der Vergangenheit geschieht,* wenn wir in ihnen zu denken suchen. Historisch denken enthält eben immer schon eine Vermittlung zwischen jenen Begriffen und dem eigenen Denken. (372–374)

Der grundsätzliche Vorrang der Sprachlichkeit, den wir behaupten, muß recht verstanden werden. Gewiß erscheint die Sprache oft wenig fähig, das auszudrücken, was wir fühlen. Angesichts der überwältigenden Präsenz von Kunstwerken erscheint die Aufgabe, in Worte zu fassen, was sie uns sagen, wie ein unendliches Unternehmen aus einer hoffnungslosen Ferne. So vermag es geradezu eine Kritik der Sprache zu motivieren, daß unser Verstehenwollen und Ver-

---

1 Vgl. meine Anzeige von H. Rose, *Klassik als Denkform des Abendlandes,* in: *Gnomon,* Jg. 1940, S. 433 f. Nachträglich sehe ich, daß schon die methodische Einführung zu ›Platos dialektische Ethik‹, 1931, implizit die gleiche Kritik übt.

stehenkönnen über jede erreichte Aussage immer wieder hinausdrängt. Allein das ändert nichts an dem grundsätzlichen Vorrang der Sprachlichkeit. Unsere Erkenntnismöglichkeiten scheinen zwar viel individueller als die Ausdrucksmöglichkeiten, die uns die Sprache bereitstellt. Angesichts der sozial motivierten Einebnungstendenz, mit der die Sprache das Verstehen in bestimmte Schematismen zwängt, die uns beengen, sucht sich unser Erkenntniswille diesen Schematisierungen und Vorgreiflichkeiten kritisch zu entziehen. Die kritische Überlegenheit, die wir der Sprache gegenüber in Anspruch nehmen, betrifft aber gar nicht die Konventionen des sprachlichen Ausdruckes, sondern die Konventionen des Meinens, die sich im Sprachlichen niedergeschlagen haben. Sie sagt also nichts gegen den Wesenszusammenhang von Verstehen und Sprachlichkeit. Sie ist in Wahrheit geeignet, diesen Wesenszusammenhang selbst zu bestätigen. Denn jede solche Kritik, die sich, um zu verstehen, über den Schematismus unserer Aussage erhebt, findet ihren Ausdruck abermals in sprachlicher Gestalt. Insofern überholt die Sprache alle Einreden gegen ihre Zuständigkeit. Ihre Universalität hält mit der Universalität der Vernunft Schritt. Das hermeneutische Bewußtsein hat hier nur an etwas teil, was das allgemeine Verhältnis von Sprache und Vernunft ausmacht. Wenn alles Verstehen in einem notwendigen Äquivalenzverhältnis zu seiner möglichen Auslegung steht und wenn dem Verstehen grundsätzlich keine Grenze gesetzt ist, so muß auch die sprachliche Erfassung, die dies Verstehen in der Auslegung erfährt, eine alle Schranken überwindende Unendlichkeit in sich tragen. Die Sprache ist die Sprache der Vernunft selbst.

Dergleichen läßt sich nun freilich nicht behaupten, ohne daß man stockt. Denn damit gewinnt die Sprache eine solche Nähe zu der Vernunft, d. h. aber zu den Sachen, die sie benennt, daß es rätselhaft wird, wie es überhaupt verschiedene Sprachen geben soll, wo doch für alle die gleiche Nähe zur Vernunft und zu den Sachen zu gelten scheint. Wer in einer Sprache lebt, ist von der unübertrefflichen Angemessenheit der Worte, die er gebraucht, zu den Sachen, die er meint, erfüllt. Es scheint wie ausgeschlossen, daß andere Worte fremder Sprachen dieselben Sachen ebenso angemessen nennen können. Das treffende Wort scheint immer nur das eigene und immer nur ein einziges sein zu können, so gewiß die gemeinte Sache jeweils eine ist. Schon die Qual des Übersetzens beruht zuletzt darauf, daß die Originalworte von den gemeinten Inhalten unablösbar scheinen, so daß man, um einen Text verständlich zu machen, ihn oft weitläufig auslegend umschreiben muß, statt ihn zu übersetzen. Je empfindlicher unser historisches Bewußtsein reagiert, desto mehr scheint es die Unübersetzbarkeit des Fremden zu empfinden. Damit wird aber die innige Einheit von Wort und Sache zu einem hermeneutischen Skandalon. Wie soll es möglich sein, eine fremde Überlieferung überhaupt zu verstehen, wenn wir derart in die Sprache, die wir sprechen, gleichsam gebannt sind?

Es gilt, diesen Gedankengang als scheinhaft zu durchschauen. In Wahrheit bekundet die Empfindlichkeit unseres historischen Bewußtseins das Gegenteil. Immer bleibt das verstehende und auslegende Bemühen sinnvoll. Darin demonstriert sich die überlegene Allgemeinheit, mit der sich die Vernunft über die Schranken jeder gegebenen Sprachverfassung erhebt. Die hermeneutische Erfahrung ist das Korrektiv, durch das sich die denkende Vernunft dem Bann des Sprachlichen entzieht, und sie ist selber sprachlich verfaßt.

Unter diesem Aspekt stellt sich uns das Problem der Sprache von vornherein nicht in demselben Sinne, in welchem die *Sprachphilosophie* danach fragt. Gewiß stellt die Vielheit der Sprachen, für deren Mannigfaltigkeit sich die Sprachwissenschaft interessiert, auch uns eine Frage. Aber diese Frage ist lediglich die eine Frage, wie eine jede Sprache trotz aller Verschiedenheit von den anderen Sprachen in der Lage sein soll, alles zu sagen, was sie will. Daß eine jede Sprache das auf ihre eigene Weise tut, lehrt uns die Sprachwissenschaft. Wir stellen unsererseits die Frage, wie sich in der Vielfalt dieser Sagweisen dennoch überall dieselbe Einheit von Denken und Sprechen betätigt, und so, daß grundsätzlich jede schriftliche Überlieferung verstanden werden kann. Wir interessieren uns also für das Umgekehrte dessen, was die Sprachwissenschaft zu erforschen sucht.

Die innige Einheit von Sprache und Denken ist die Voraussetzung, von der auch die Sprachwissenschaft ausgeht. Nur dadurch ist sie zur Wissenschaft geworden. Denn nur weil diese Einheit besteht, ist für den Forscher die Abstraktion lohnend, durch die er die Sprache als solche jeweils zum Gegenstand macht. Erst dadurch, daß sie mit den konventionalistischen Vorurteilen der Theologie und des Rationalismus brachen, haben Herder und Humboldt die Sprachen als Weltansichten sehen gelernt. Indem sie die Einheit von Denken und Sprechen anerkannten, gelangten sie zu der Aufgabe, die verschiedenen Gestaltungsformen dieser Einheit als solche zu vergleichen. Wir nun gehen von der gleichen Einsicht aus, aber wir gehen gleichsam den umgekehrten Weg. Wir suchen aller Verschiedenheit der Sagweisen zum Trotz die unauflösliche Einheit von Denken und Sprache festzuhalten, wie sie uns als die Einheit von Verstehen und Auslegung im hermeneutischen Phänomen begegnet.

Die Frage, die uns leitet, ist also die nach der *Begrifflichkeit alles Verstehens.* Sie ist nur scheinbar eine sekundäre Fragestellung. Wir haben ja gesehen, daß begriffliche Auslegung die Vollzugsweise der hermeneutischen Erfahrung selbst ist. Eben deshalb ist das hier liegende Problem so schwierig. Der Ausleger weiß nicht darum, daß er sich selbst und seine eigenen Begriffe in die Auslegung mit einbringt. Die sprachliche Formulierung wohnt dem Meinen des Interpreten so völlig ein, daß sie ihm in keiner Weise gegenständlich wird. So ist es verständlich, daß diese Seite des hermeneutischen Vollzugs ganz unbeachtet bleibt. Dazu kommt aber noch im besonderen, daß der Sachverhalt durch

unangemessene *Sprachtheorien* verstellt wurde. Es liegt auf
der Hand, daß eine instrumentalistische Zeichentheorie, die
Wort und Begriff als bereitliegende oder bereitzumachende
Werkzeuge auffaßt, das hermeneutische Phänomen verfehlt.
Wenn wir uns an das halten, was in Wort und Rede und vor
allem auch in jedem Gespräch mit der Überlieferung, das die
Geisteswissenschaften führen, geschieht, müssen wir anerkennen, daß darin beständig Begriffsbildung vor sich geht.
Das soll nicht etwa heißen, daß der Interpret neue oder ungewöhnliche Worte gebraucht. Aber der Gebrauch der gewohnten Worte entspringt nicht dem Akte der logischen
Subsumtion, durch den ein Einzelnes unter das Allgemeine
des Begriffs gebracht würde. Wir erinnern uns vielmehr, daß
Verstehen stets ein Moment der Applikation einschließt und
insofern eine beständige Fortentwicklung der Begriffsbildung vollbringt. Das müssen wir auch jetzt bedenken, wenn
wir die dem Verstehen eigene Sprachlichkeit von den Vor-
eingenommenheiten der sogenannten Sprachphilosophie
befreien wollen. Der Ausleger bedient sich nicht der Worte
und Begriffe wie der Handwerker, der die Werkzeuge in die
Hand nimmt und fortlegt. Wir müssen vielmehr die innere
Durchwebtheit alles Verstehens durch Begriffliches erkennen und jede Theorie zurückweisen, die die innige Einheit
von Wort und Sache nicht wahrhaben will.

Ja, die Lage ist noch schwieriger. Es fragt sich nämlich, ob
der *Begriff von Sprache*, von dem die moderne Sprachwissenschaft und die Sprachphilosophie ausgehen, der Sachlage
überhaupt gerecht wird. In jüngster Zeit ist von sprachwis-
senschaftlicher Seite mit Recht geltend gemacht worden,
daß der moderne Sprachbegriff eine Sprachbewußtheit vor-
aussetze, die selber ein geschichtliches Resultat sei und für
den Anfang des geschichtlichen Prozesses, insbesondere für
das, was bei den Griechen Sprache war, nicht zutreffe. Von
der völligen Sprachunbewußtheit, die im klassischen Griechentum vorliege, gehe der Weg bis zur instrumentalisti-
schen Sprachentwertung der Neuzeit, und dieser Prozeß

der Bewußtwerdung, der zugleich eine Veränderung des Sprachverhaltens in sich schließe, mache überhaupt erst möglich, daß ›die Sprache‹ als solche, d. h. ihrer Form nach, in Ablösung von allem Inhalt, zu selbständiger Beachtung gelangte.

Man kann bezweifeln, ob die Beziehung zwischen Sprachverhalten und Sprachtheorie so richtig charakterisiert ist – unbezweifelbar aber ist, daß Sprachwissenschaft und Sprachphilosophie unter der Voraussetzung arbeiten, daß die *Form* der Sprache ihr alleiniges Thema ist. Ob der Begriff der Form hier aber überhaupt am Platze ist? Ist die Sprache überhaupt eine symbolische Form, wie Cassirer es genannt hat? Wird man damit ihrer Einzigartigkeit gerecht, die darin liegt, daß die Sprachlichkeit alles, was Cassirer sonst symbolische Form nennt, Mythos, Kunst, Recht usw., ihrerseits umfaßt?[2]

Wir sind auf die universale Funktion der Sprachlichkeit auf dem Wege unserer Analyse des hermeneutischen Phänomens gestoßen. Indem sich das hermeneutische Phänomen in seiner Sprachlichkeit enthüllt, besitzt es selber eine schlechthin universale Bedeutung. Verstehen und Interpretieren sind in spezifischer Weise der sprachlichen Überlieferung zugeordnet. Aber sie überschreiten zugleich diese Zuordnung nicht nur, sofern alle, auch die nichtsprachlichen Kulturschöpfungen der Menschheit so verstanden werden wollen, sondern noch weit grundsätzlicher, da alles Verständliche überhaupt dem Verstehen und der Interpretation zugänglich sein muß. Vom Verstehen gilt eben dasselbe wie für die Sprache. Sie sind beide nicht nur als ein Faktum zu fassen, das man empirisch erforschen kann. Sie sind beide nie bloß Gegenstand, sondern umgreifen alles, was je Gegenstand werden kann.[3]

---

2 Vgl. Ernst Cassirer, *Wesen und Wirkung des Symbolbegriffs*, 1956 (enthält vor allem die in der Bibliothek Warburg publizierten Abhandlungen). R. Hönigswald, *Philosophie und Sprache*, 1937, setzt hier mit seiner Kritik an.
3 R. Hönigswald drückt das so aus: Die Sprache ist nicht nur Faktum, sondern zugleich Prinzip (s. Anm. 2) S. 448.

Erkennt man diesen grundsätzlichen Zusammenhang zwischen Sprachlichkeit und Verstehen, so wird man freilich in dem Weg von der Sprachunbewußtheit über die Sprachbewußtheit zur Sprachentwertung keinen eindeutigen geschichtlichen Prozeß erkennen können. Nicht einmal für die Geschichte der Sprachtheorien scheint mir dieses Schema zureichend, wie sich zeigen wird, geschweige denn für das Leben der Sprache selbst in ihrem lebendigen Vollzug. Die im Sprechen lebendige Sprache, die alles Verstehen, auch das des Interpreten von Texten, umgreift, ist so sehr in den Vollzug des Denkens bzw. Auslegens eingelegt, daß wir zu wenig in der Hand behalten, wenn wir von dem, was die Sprachen uns inhaltlich überliefern, absehen und nur die Sprache als Form denken wollten.   (378–382)

HANS ROBERT JAUSS

Literaturgeschichte als Provokation der Literaturwissenschaft

I

Die aktuelle Herausforderung der Literaturwissenschaft sehe ich darin, das im Streit der marxistischen und der formalistischen Methode offengebliebene Problem der Literaturgeschichte wieder aufzugreifen[1]. Mein Versuch, die Kluft zwischen Literatur und Geschichte, historischer und ästhetischer Erkenntnis zu überbrücken, kann an der Grenze ansetzen, vor der beide Schulen stehengeblieben sind. Ihre Methoden begreifen das *literarische Faktum* im geschlossenen Kreis einer Produktions- und Darstellungsästhetik. Sie verkürzen die Literatur damit um eine Dimension, die unabdingbar zu ihrem ästhetischen Charakter wie auch zu ihrer gesellschaftlichen Funktion gehört: die Dimension ihrer Rezeption und Wirkung. Leser, Zuhörer und Zuschauer,

---

1 Von den jüngeren Arbeiten zum Problem der Literaturgeschichte (im folgenden nur mit Angabe der Jahreszahl zitiert) sind mir bekannt geworden: R. Jakobson, »Über den Realismus in der Kunst« (1921), in: *Texte der russischen Formalisten I*, hrsg. von J. Striedter, München 1969, S. 373–391; W. Benjamin, »Literaturgeschichte und Literaturwissenschaft« (1931), in: W. B., *Angelus Novus*, Frankfurt a. M. 1966, S. 450–456; R. Wellek, »Der Begriff der Evolution in der Literaturgeschichte« (1936), in: R. W., *Grundbegriffe der Literaturkritik*, Stuttgart/Berlin/Köln/Mainz 1965; U. Leo, »Das Problem der Literaturgeschichte« (1939), in: U. L., *Sehen und Wirklichkeit bei Dante*, Frankfurt a. M. 1957; W. Krauss, »Literaturgeschichte als geschichtlicher Auftrag« (1950), in: W. K., *Studien und Aufsätze*, Berlin 1959, S. 19–72; J. Storost, »Das Problem der Literaturgeschichte«, in: *Dante-Jahrbuch* 38 (1960), S. 1–17; E. Trunz, »Literaturwissenschaft als Auslegung und als Geschichte der Dichtung«, in: *Festschrift J. Trier*, Meisenheim 1954; H. E. Hass, »Literatur und Geschichte«, in: *Neue deutsche Hefte* 5 (1958), S. 307–318; R. Barthes, »Histoire ou littérature« (1960), in: R. B., *Literatur oder Geschichte*, Frankfurt a. M. 1969; F. Sengle, »Aufgaben der heutigen Literaturgeschichtsschreibung«, in: *Archiv für das Studium der neueren Sprachen* 200 (1964), S. 241–264.

kurzum: der Faktor des Publikums spielt in beiden Litera-
turtheorien eine äußerst beschränkte Rolle. Die orthodoxe
Ästhetik des Marxismus behandelt den Leser – wenn überhaupt – nicht anders als den Autor: sie fragt nach seiner sozialen Stellung, oder sie sucht ihn in der Schichtung einer
dargestellten Gesellschaft wiederzuerkennen. Die formali-
stische Schule benötigt den Leser nur als wahrnehmendes
Subjekt, das, den Anweisungen des Textes folgend, die Unterscheidung der Form oder die Aufdeckung des Verfahrens
zu leisten hat. Sie mutet dem Leser das theoretische Verständnis des Philologen zu, der in Kenntnis der Kunstmit-
tel über diese zu reflektieren vermag, wie umgekehrt die
marxistische Schule die spontane Erfahrung des Lesers geradezu mit dem wissenschaftlichen Interesse des historischen
Materialismus gleichsetzt, der am literarischen Werk Beziehungen zwischen Überbau und Basis aufdecken will. Nun
ist aber – wie Walther Bulst formulierte – *kein Text je verfaßt worden, um philologisch von Philologen* oder – wie ich
hinzusetze – historisch von Historikern *gelesen und interpretiert zu werden*.[2] Beide Methoden verfehlen den Leser in
seiner genuinen, für die ästhetische wie für die historische
Erkenntnis gleich unabdingbaren Rolle – als den Adressaten, für den das literarische Werk primär bestimmt ist. Denn
auch der Kritiker, der sein Urteil über eine Neuerscheinung
fällt, der Schriftsteller, der sein Werk angesichts der positiven oder negativen Normen eines vorangegangenen Werkes
konzipiert, und der Literarhistoriker, der ein Werk in seine

---

2 Walter Bulst, »Bedenken eines Philologen«, in: *Studium generale 7*, S. 321
bis 323. – Der neue Zugang zur literarischen Tradition, den R. Guiette mit
der ihm eigenen Methode, ästhetische Kritik mit historischer Erkenntnis zu
verknüpfen, in einer Reihe von wegweisenden Aufsätzen gesucht hat (zum
Teil in: *Questions de littérature*, Gent 1960), entspricht seinem fast gleich-
lautenden (nicht publizierten) Grundsatz: »Le plus grand tort des philologues, c'est de croire que la littérature a été faite pour des philologues«. Siehe
dazu auch sein »Eloge de la lecture«, in: *Revue générale belge*, Janvier 1966,
S. 3–14.

Tradition einordnet und geschichtlich erklärt, sind erst einmal Leser, bevor ihr reflexives Verhältnis zur Literatur selbst wieder produktiv werden kann. Im Dreieck von Autor, Werk und Publikum ist das letztere nicht nur der passive Teil, keine Kette bloßer Reaktionen, sondern selbst wieder eine geschichtsbildende Energie. Das geschichtliche Leben des literarischen Werks ist ohne den aktiven Anteil seines Adressaten nicht denkbar. Denn erst durch seine Vermittlung tritt das Werk in den sich wandelnden Erfahrungshorizont einer Kontinuität, in der sich die ständige Umsetzung von einfacher Aufnahme in kritisches Verstehen, von passiver in aktive Rezeption, von anerkannten ästhetischen Normen in neue, sie übersteigende Produktion vollzieht. Die Geschichtlichkeit der Literatur wie ihr kommunikativer Charakter setzen ein dialogisches und zugleich prozeßhaftes Verhältnis von Werk, Publikum und neuem Werk voraus, das sowohl in der Beziehung von Mitteilung und Empfänger wie auch in den Beziehungen von Frage und Antwort, Problem und Lösung erfaßt werden kann. Der geschlossene Kreis einer Produktions- und Darstellungsästhetik, in dem sich die Methodologie der Literaturwissenschaft bisher vornehmlich bewegt, muß daher auf eine Rezeptions- und Wirkungsästhetik geöffnet werden, wenn das Problem, wie die geschichtliche Folge literarischer Werke als Zusammenhang der Literaturgeschichte zu begreifen sei, eine neue Lösung finden soll.

Die rezeptionsästhetische Perspektive vermittelt nicht allein zwischen passiver Aufnahme und aktivem Verstehen, normbildender Erfahrung und neuer Produktion. Sieht man die Geschichte der Literatur derart im Horizont des kontinuitätsbildenden Dialogs von Werk und Publikum, so wird auch der Gegensatz ihres ästhetischen und ihres historischen Aspekts ständig vermittelt und ineins damit der Faden von der vergangenen Erscheinung zu der gegenwärtigen Erfahrung der Dichtung weitergeknüpft, den der Historismus durchschnitten hatte. Das Verhältnis von Lite-

ratur und Leser hat sowohl ästhetische als auch historische
Implikationen. Die ästhetische Implikation liegt darin, daß
schon die primäre Aufnahme eines Werkes durch den Leser
eine Erprobung des ästhetischen Wertes im Vergleich mit
schon gelesenen Werken einschließt[3]. Die historische Implikation wird daran sichtbar, daß sich das Verständnis der ersten Leser von Generation zu Generation in einer Kette
von Rezeptionen fortsetzen und anreichern kann, mithin
auch über die geschichtliche Bedeutung eines Werkes entscheidet und seinen ästhetischen Rang sichtbar macht. In
diesem rezeptionsgeschichtlichen Prozeß, dem sich der Literarhistoriker nur um den Preis entziehen kann, die sein
Verstehen und Urteilen leitenden Voraussetzungen unbe-
fragt zu lassen, vollzieht sich mit der Wiederaneignung von
Werken der Vergangenheit zugleich die ständige Vermittlung von vergangener und gegenwärtiger Kunst, von tradi-
tioneller Geltung und aktueller Erprobung der Literatur.
Der Rang einer rezeptionsästhetisch fundierten Literaturgeschichte wird davon abhängen, inwieweit sie an der fort-
währenden Totalisierung des Vergangenen durch die ästhetische Erfahrung aktiv teilzunehmen vermag. Das erfordert
einerseits – dem Objektivismus der positivistischen Literaturhistorie gegenüber – eine bewußt angestrebte Kanonbildung, die andererseits – dem Klassizismus der Traditions-
forschung gegenüber – eine kritische Revision, wenn nicht
Destruktion des überkommenen literarischen Kanons voraussetzt. Das Kriterium einer solchen Kanonbildung und
immer wieder notwendigen Umerzählung der Literaturgeschichte ist durch die Rezeptionsästhetik klar vorgezeichnet. Der Weg von der Rezeptionsgeschichte des einzelnen
Werks zur Geschichte der Literatur müßte dazu führen, die
geschichtliche Folge der Werke so zu sehen und darzustellen, wie sie den für uns bedeutsamen Zusammenhang der

---

3 Diese These ist ein Kernstück der *Introduction à une esthéthique de la littérature* von G. Picon, Paris 1953, cf. S. 90 ff.

Literatur als Vorgeschichte ihrer gegenwärtigen Erfahrung bedingt und erhellt.[4]

Auf diesen Prämissen soll nun die Frage, wie heute Literaturgeschichte methodisch begründet und neu geschrieben werden könnte, in den folgenden sieben Thesen (II–VIII) beantwortet werden.

II

Eine Erneuerung der Literaturgeschichte erfordert, die Vorurteile des historischen Objektivismus abzubauen und die traditionelle Produktions- und Darstellungsästhetik in einer Rezeptions- und Wirkungsästhetik zu fundieren. Die Geschichtlichkeit der Literatur beruht nicht auf einem post festum erstellten Zusammenhang ›literarischer Fakten‹, sondern auf der vorgängigen Erfahrung des literarischen Werkes durch seine Leser. Dieses dialogische Verhältnis ist auch die primäre Gegebenheit für die Literaturgeschichte. Denn der Literarhistoriker muß selbst immer erst wieder zum Leser werden, bevor er ein Werk verstehen und einordnen, anders gesagt: sein eigenes Urteil im Bewußtsein seines gegenwärtigen Standorts in der historischen Reihe der Leser begründen kann. (126–128)

Das literarische Ereignis hat im Unterschied zum politischen nicht für sich weiterbestehende unausweichliche Folgen, denen sich keine nachfolgende Generation mehr entziehen könnte. Es vermag nur weiterzuwirken, wo es bei den Nachkommen noch oder wieder rezipiert wird – wo sich Leser finden, die sich das vergangene Werk neu an-

---

4 Entsprechend formulierte W. Benjamin (1931): »Denn es handelt sich ja nicht darum, die Werke des Schrifttums im Zusammenhang ihrer Zeit darzustellen, sondern in der Zeit, da sie entstanden, die Zeit, die sie erkennt – das ist die unsere – zur Darstellung zu bringen. Damit wird die Literatur ein Organon der Geschichte, und sie dazu – nicht das Schrifttum zum Stoffgebiet der Historie – zu machen ist die Aufgabe der Literaturgeschichte« (S. 456).

eignen oder Autoren, die es nachahmen, überbieten oder
widerlegen wollen. Der Ereigniszusammenhang der Literatur wird primär im Erwartungshorizont der literarischen
Erfahrung zeitgenössischer und späterer Leser, Kritiker und
Autoren vermittelt. Von der Objektivierbarkeit dieses Erwartungshorizontes hängt es darum ab, ob es möglich sein
wird, Geschichte der Literatur in der ihr eigenen Geschichtlichkeit zu begreifen und darzustellen.

III

Die Analyse der literarischen Erfahrung des Lesers entgeht
dann dem drohenden Psychologismus, wenn sie Aufnahme
und Wirkung eines Werks in dem objektivierbaren Bezugs-
system der Erwartungen beschreibt, das sich für jedes Werk
im historischen Augenblick seines Erscheinens aus dem Vor-
verständnis der Gattung, aus der Form und Thematik zuvor
bekannter Werke und aus dem Gegensatz von poetischer
und praktischer Sprache ergibt. (130)

Ein literarisches Werk, auch wenn es neu erscheint, präsentiert sich nicht als absolute Neuheit in einem informato-
rischen Vakuum, sondern prädisponiert sein Publikum
durch Ankündigungen, offene und versteckte Signale, vertraute Merkmale oder implizite Hinweise für eine ganz bestimmte Weise der Rezeption. Es weckt Erinnerungen an
schon Gelesenes, bringt den Leser in eine bestimmte emo-
tionale Einstellung und stiftet schon mit seinem Anfang Erwartungen für ›Mitte und Ende‹, die im Fortgang der Lektüre nach bestimmten Spielregeln der Gattung oder Textart
aufrechterhalten oder abgewandelt, umorientiert oder auch
ironisch aufgelöst werden können. Der psychische Vorgang
bei der Aufnahme eines Textes ist im primären Horizont
der ästhetischen Erfahrung keineswegs nur eine willkürliche
Folge nur subjektiver Eindrücke, sondern der Vollzug bestimmter Anweisungen in einem Prozeß gelenkter Wahrnehmung, der nach seinen konstituierenden Motivationen

und auslösenden Signalen erfaßt und auch textlinguistisch
beschrieben werden kann. Bestimmt man den vorgängigen
Erwartungshorizont eines Textes mit W. D. Stempel als paradigmatische Isotopie, die sich in dem Maße, wie die Aussage anwächst, in einen immanenten, syntagmatischen Erwartungshorizont umsetzt, so wird der Rezeptionsprozeß
in der Expansion eines semiologischen Systems beschreib-
bar, die sich zwischen Systementfaltung und Systemkorrek-
tur vollzieht.[5] Ein entsprechender Prozeß fortgesetzter Ho-
rizontstiftung und Horizontveränderung bestimmt auch
das Verhältnis vom einzelnen Text zur gattungsbildenden
Textreihe. Der neue Text evoziert für den Leser (Hörer) den
aus früheren Texten vertrauten Horizont von Erwartungen
und Spielregeln, die alsdann variiert, korrigiert, abgeändert
oder auch nur reproduziert werden. Variation und Korrektur bestimmen den Spielraum, Abänderung und Reproduktion die Grenzen einer Gattungsstruktur.[6] Die interpretie-
rende Rezeption eines Textes setzt den Erfahrungskontext
der ästhetischen Wahrnehmung immer schon voraus: die
Frage nach der Subjektivität oder Interpretation und des
Geschmacks verschiedener Leser oder Leserschichten kann
erst sinnvoll gestellt werden, wenn zuvor geklärt ist, welcher transsubjektive Horizont des Verstehens die Wirkung
des Textes bedingt.

Der Idealfall der Objektivierbarkeit solcher literarhistori-
schen Bezugssysteme sind Werke, die den durch eine Gat-
tungs-, Stil- oder Formkonvention geprägten Erwartungshorizont ihrer Leser erst eigens evozieren, um ihn sodann
Schritt für Schritt zu destruieren, was durchaus nicht nur einer kritischen Absicht dienen, sondern selbst wieder poeti-

---

5 W. D. Stempel, »Pour une description des genres littéraires«, in: *Actes du
XIIe congrès internat. de linguistique Romane*, Bukarest 1968, ferner in:
Beiträge zur Textlinguistik, hrsg. von W. D. Stempel, München 1970.

6 Hierzu kann ich auf meine Abhandlung: *Littérature médiévale et théorie
des genres*, in: *Poétique* 1 (1970) S. 79–101, verweisen, die demnächst in er-
weiterter Form auch im Band I des *Grundriß der romanischen Literaturen
des Mittelalters*, Heidelberg, erscheinen wird.

sche Wirkungen erbringen kann. So läßt Cervantes aus den
Lektüren des *Don Quijote* den Erwartungshorizont der so
beliebten alten Ritterbücher erstehen, die das Abenteuer
seines letzten Ritters sodann tiefsinnig parodiert.[7]   (131 f.)

IV

*Der so rekonstruierbare Erwartungshorizont eines Werkes
ermöglicht es, seinen Kunstcharakter an der Art und dem
Grad seiner Wirkung auf ein vorausgesetztes Publikum zu
bestimmen. Bezeichnet man den Abstand zwischen dem
vorgegebenen Erwartungshorizont und der Erscheinung eines neuen Werkes, dessen Aufnahme durch Negierung vertrauter oder Bewußtmachung erstmalig ausgesprochener Erfahrungen einen »Horizontwandel« zur Folge haben kann,
als ästhetische Distanz, so läßt sich diese am Spektrum der
Reaktionen des Publikums und des Urteils der Kritik (spon-
taner Erfolg, Ablehnung oder Schockierung; vereinzelte Zustimmung, allmähliches oder verspätetes Verständnis) historisch vergegenständlichen.*

Die Art und Weise, in der ein literarisches Werk im historischen Augenblick seines Erscheinens die Erwartungen seines ersten Publikums einlöst, übertrifft, enttäuscht oder widerlegt, gibt offensichtlich ein Kriterium für die Bestimmung seines ästhetischen Wertes her. Die Distanz zwischen
Erwartungshorizont und Werk, zwischen dem schon Vertrauten der bisherigen ästhetischen Erfahrung und dem mit
der Aufnahme des neuen Werkes geforderten »Horizontwandel«[8], bestimmt rezeptionsästhetisch den Kunstcharakter eines literarischen Werks: in dem Maße wie sich diese
Distanz verringert, dem rezipierenden Bewußtsein keine

---

7 Nach der Deutung von H. J. Neuschäfer, *Der Sinn der Parodie im* Don
  Quijote, Heidelberg 1963.
8 Zu diesem Husserlschen Begriff s. G. Buck, *Lernen und Erfahrung*, Stuttgart 1967, S. 64 ff.

Umwendung auf den Horizont noch unbekannter Erfahrung abverlangt wird, nähert sich das Werk dem Bereich der ›kulinarischen‹ oder Unterhaltungskunst. [...] Wenn umgekehrt der Kunstcharakter eines Werkes an der ästhetischen Distanz zu bemessen ist, in der es der Erwartung seines ersten Publikums entgegentritt, so folgt daraus, daß diese Distanz, die zunächst als neue Sehweise beglückend oder auch befremdlich erfahren wird, für spätere Leser in dem Maße verschwinden kann, wie die ursprüngliche Negativität des Werkes zur Selbstverständlichkeit geworden und selbst als nunmehr vertraute Erwartung in den Horizont künftiger ästhetischer Erfahrung eingegangen ist. Unter diesen zweiten Horizontwandel fällt insbesondere die Klassizität der sogenannten Meisterwerke;[9] ihre selbstverständlich gewordene schöne Form und ihr scheinbar fragloser ›ewiger Sinn‹ bringen sie rezeptionsästhetisch in die gefährliche Nähe der widerstandslos überzeugenden und genießbaren ›kulinarischen‹ Kunst, so daß es der besonderen Anstrengung bedarf, sie ›gegen den Strich‹ der eingewöhnten Erfahrung zu lesen, um ihres Kunstcharakters wieder ansichtig zu werden (siehe VI).

Die Beziehung von Literatur und Publikum geht nicht darin auf, daß jedes Werk sein spezifisches, historisch und soziologisch bestimmbares Publikum hat, daß jeder Schriftsteller vom Milieu, dem Anschauungskreis und der Ideologie seines Publikums abhängig ist und daß der literarische Erfolg ein Buch voraussetzt, »das zum Ausdruck bringt, was die Gruppe erwartete, ein Buch, welches der Gruppe

---

9 Wie auch das Epigonentum, siehe dazu B. Tomaševskij (in: *Théorie de la littérature. Textes des formalistes russes réunis*, présentés et traduits par T. Todorov, Paris 1965, S. 306): »L'apparition d'un génie équivaut toujours à une révolution littéraire qui détrône le canon dominant et donne le pouvoir aux procédés jusqu'alors subordonnés. [...] Les épigones répètent une combinaison usée des procédés, et d'originale et révolutionnaire qu'elle était, cette combinaison devient stéréotypée et traditionnelle. Ainsi les épigones tuent parfois pour longtemps l'aptitude des contemporains à sentir la force esthétique des exemples qu'ils imitent: ils discréditent leurs maîtres.«

ihr eigenes Bild offenbart«[10]. [...] Die Determination ist
umkehrbar: es gibt Werke, die im Augenblick ihres Erscheinens noch auf kein spezifisches Publikum zu beziehen sind,
sondern den vertrauten Horizont literarischer Erwartungen
so völlig durchbrechen, daß sich ein Publikum für sie erst
allmählich heranbilden kann.[11] Wenn dann der neue Erwartungshorizont allgemeinere Geltung erlangt hat, kann sich
die Macht der veränderten ästhetischen Norm daran erweisen, daß das Publikum bisherige Erfolgswerke als veraltet
empfindet und ihnen seine Gunst entzieht. Erst im Blick auf
solche Horizontwandel gelangt die Analyse der literarischen Wirkung in die Dimension einer Literaturgeschichte
des Lesers[12], und vermitteln die statistischen Kurven der
Bestseller historische Erkenntnis.   (133–135)

V

*Die Rekonstruktion des Erwartungshorizontes, vor dem ein
Werk in der Vergangenheit geschaffen und aufgenommen
wurde, ermöglicht andererseits, Fragen zu stellen, auf die
der Text eine Antwort gab, und damit zu erschließen, wie
der einstige Leser das Werk gesehen und verstanden haben*

10 R. Escarpit, *Das Buch und der Leser. Entwurf einer Literatursoziologie*,
   Köln/Opladen 1961 (erste deutsche erweiterte Ausgabe von: *Sociologie de
   la littérature*, Paris 1958), S. 116.
11 Diese Aspekte hat die ungleich anspruchsvollere Literatursoziologie Erich
   Auerbachs in der Vielfalt epochaler Brechungen des Verhältnisses von Autor und Publikum ans Licht gerückt, s. dazu die Würdigung von F. Schalk
   (Hrsg.), in: E. Auerbach, *Gesammelte Aufsätze zur romanischen Philologie*, Bern/München 1967, S. 11 ff.
12 S. dazu H. Weinrich, *Für eine Literaturgeschichte des Lesers* (*Mercur*, No-
   vember 1967) – ein aus der gleichen Absicht heraus entstandener Versuch,
   der analog zu der Ersetzung der früher üblichen Linguistik des Sprechers
   durch eine Linguistik des Hörers nunmehr für eine methodische Berück-
   sichtigung der Perspektive des Lesers in der Literaturhistorie plädiert und
   damit meiner Absicht auf das glücklichste entgegenkommt. H. Weinrich
   zeigt vor allem auch, wie die empirischen Methoden der Literatursoziologie durch die linguistische und literarische Interpretation der Leserrolle,
   die im Werk implizit enthalten ist, zu ergänzen sind.

kann. Dieser Zugang korrigiert die meist unerkannten Normen eines klassischen oder modernisierenden Kunstverständnisses und erspart den zirkelhaften Rekurs auf einen allgemeinen Geist der Epoche. Er bringt die hermeneutische Differenz zwischen dem einstigen und dem heutigen Verständnis eines Werkes vor Augen, macht die – beide Positionen vermittelnde – Geschichte seiner Rezeption bewußt und stellt damit die scheinbare Selbstverständlichkeit, daß im literarischen Text Dichtung zeitlos gegenwärtig und ihr objektiver, ein für allemal geprägter Sinn dem Interpreten jederzeit unmittelbar zugänglich sei, als ein platonisierendes Dogma der philologischen Metaphysik in Frage. (136 f.)

VI

Die rezeptionsästhetische Theorie erlaubt nicht allein, Sinn und Form des literarischen Werks in der geschichtlichen Entfaltung seines Verständnisses zu begreifen. Sie erfordert auch, das einzelne Werk in seine ›literarische Reihe‹ einzurücken, um seine geschichtliche Stelle und Bedeutung im Erfahrungszusammenhang der Literatur zu erkennen. Im Schritt von einer Rezeptionsgeschichte der Werke zur ereignishaften Geschichte der Literatur zeigt sich diese als ein Prozeß, in dem sich die passive Rezeption des Lesers und Kritikers in die aktive Rezeption und neue Produktion des Autors umsetzt oder in dem – anders gesehen – das nächste Werk formale und moralische Probleme, die das letzte Werk hinterließ, lösen und wieder neue Probleme aufgeben kann. (141)

Das Neue wird auch zur *historischen* Kategorie, wenn die diachronische Analyse der Literatur zu der Frage weitergetrieben wird, welche historischen Momente es eigentlich sind, die das Neue einer literarischen Erscheinung erst zum Neuen machen, in welchem Grade dieses Neue im historischen Augenblick seines Hervortretens schon wahrnehmbar ist, welchen Abstand, Weg oder Umweg des Verstehens seine inhaltliche Einlösung erfordert hat, und ob der Mo-

ment seiner vollen Aktualisierung so wirkungsmächtig war,
daß er die Perspektive auf das Alte und damit die Kanonisierung der literarischen Vergangenheit zu ändern vermoch-
te.[13] Wie sich in diesem Lichte das Verhältnis von poetischer
Theorie und ästhetisch produktiver Praxis darstellt, ist in
anderem Zusammenhang schon diskutiert worden.[14] Gewiß
sind die Möglichkeiten des Ineinandergreifens von Produktion und Rezeption im geschichtlichen Wandel der ästhetischen Einstellung mit diesen Darlegungen bei weitem nicht
erschöpft. Sie sollen hier vor allem verdeutlichen, in welche
Dimension eine diachronische Betrachtung der Literatur
führt, die sich nicht mehr damit begnügen will, eine chrono-
logische Reihe literarischer ›Fakten‹ schon für die geschichtliche Erscheinung der Literatur zu halten.

VII

Die Ergebnisse, die in der Sprachwissenschaft mit der Un-
terscheidung und methodischen Verbindung von diachroni-
scher und synchronischer Analyse erzielt wurden, geben An-
laß, auch in der Literaturgeschichte die bisher allein übliche
diachronische Betrachtung zu überwinden. Wenn schon die
rezeptionsgeschichtliche Perspektive bei Veränderungen der
ästhetischen Einstellung immer wieder auf funktionale Zu-
sammenhänge zwischen dem Verständnis neuer und der Be-
deutung älterer Werke stößt, so muß es auch möglich sein,
durch einen Moment der Entwicklung einen synchronen
Schnitt zu legen, die heterogene Vielfalt der gleichzeitigen
Werke in äquivalente, gegensätzliche und hierarchische
Strukturen zu gliedern und so ein übergreifendes Bezugs-
system in der Literatur eines historischen Augenblicks auf-

13 So wurden seit der Aufnahme des ›kleinen Romantikers‹ Nerval, dessen *Chi-*
mères erst mit der Wirkung Mallarmés Aufsehen erregten, die kanonisierten
›großen Romantiker‹ Lamartine, Vigny, Musset, und ein guter Teil der ›rhetorischen‹ Lyrik Victor Hugos mehr und mehr in den Hintergrund gerückt.

14 *Poetik und Hermeneutik II (Immanente Ästhetik – Ästhetische Reflexion,*
hrsg. von W. Iser, München 1966, bes. S. 395–418).

*zudecken. Daraus ließe sich das Darstellungsprinzip einer
neuen Literaturgeschichte entwickeln, wenn weitere Schnitte
im Vorher und Nachher der Diachronie so angelegt werden,
daß sie den literarischen Strukturwandel historisch in seinen
epochebildenden Momenten artikulieren.* (144 f.)

VIII

*Die Aufgabe der Literaturgeschichte ist erst dann vollendet,
wenn die literarische Produktion nicht allein synchron und
diachron in der Abfolge ihrer Systeme dargestellt, sondern
als* besondere Geschichte *auch in dem ihr eigenen Verhältnis zu der allgemeinen Geschichte gesehen wird. Dieses Verhältnis geht nicht darin auf, daß sich in der Literatur aller
Zeiten ein typisiertes, idealisiertes, satirisches oder utopisches
Bild gesellschaftlichen Daseins auffinden läßt. Die gesellschaftliche Funktion der Literatur wird erst dort in ihrer genuinen Möglichkeit manifest, wo die literarische Erfahrung
des Lesers in den Erwartungshorizont seiner Lebenspraxis
eintritt, sein Weltverständnis präformiert und damit auch
auf sein gesellschaftliches Verhalten zurückwirkt.* (148)

So kann ein literarisches Werk die Erwartungen seiner
Leser durch eine ungewohnte ästhetische Form durchbrechen und sie zugleich vor Fragen stellen, deren Lösung ihnen die religiös oder staatlich sanktionierte Moral schuldig
blieb. Statt weiterer Beispiele [Flaubert, *Madame Bovary.*
Anm. der Hrsg.] sei hier nur daran erinnert, daß nicht erst
Bertolt Brecht, sondern schon die Aufklärung das konkur-
rierende Verhältnis von Literatur und kanonisierter Moral
proklamiert hat, wie nicht zuletzt Friedrich Schiller bezeugt, der für das bürgerliche Schauspiel ausdrücklich den
Anspruch erhob: *Die Gesetzlichkeit der Bühne fängt an, wo
das Gebiet der weltlichen Gesetze sich endigt.*[15] Das literari-

---

15 *Die Schaubühne als eine moralische Anstalt betrachtet*, Säkular-Ausgabe,
   Bd. 11, S. 99. Siehe dazu R. Koselleck, *Kritik und Krise*, Freiburg/München
   1959, S. 82 f.

sche Werk kann aber auch – und diese Möglichkeit kennzeichnet in der Geschichte der Literatur die jüngste Epoche
unserer Modernität – das Verhältnis von Frage und Antwort umkehren und den Leser im Medium der Kunst mit
einer neuen, ›opaken‹ Realität konfrontieren, die sich nicht
mehr aus einem vorgegebenen Erwartungshorizont verstehen läßt. So präsentiert sich etwa die jüngste Gattung des
Romans, der vieldiskutierte *Nouveau roman*, als eine Form
moderner Kunst, die – nach einer Formulierung von Edgar
Wind – den paradoxen Fall darstellt, »daß die Lösung gegeben, das Problem aber aufgegeben ist, damit die Lösung als
Lösung begriffen werden kann«[16]. Hier wird der Leser aus
der Situation des nächsten Adressaten ausgeschlossen und
in die Lage eines uneingeweihten Dritten versetzt, der angesichts einer noch bedeutungsfremden Realität selbst die
Fragen finden muß, die ihm entschlüsseln, auf welche
Wahrnehmung der Welt und auf welches zwischenmensch-
liche Problem die Antwort der Literatur gerichtet ist.

Aus alledem ist zu folgern, daß die spezifische Leistung
der Literatur im gesellschaftlichen Dasein gerade dort zu
suchen ist, wo Literatur nicht in der Funktion einer *darstel-
lenden* Kunst aufgeht. Sieht man in ihrer Geschichte auf die
Momente, in denen literarische Werke Tabus der herrschenden Moral zum Einsturz brachten oder dem Leser neue Lö-
sungen für die moralische Kasuistik seiner Lebenspraxis an-
boten, die hernach durch das Votum aller Leser von der Gesellschaft sanktioniert werden konnten, so eröffnet sich dem
Literarhistoriker ein noch wenig erschlossenes Forschungs-
gebiet. Die Kluft zwischen Literatur und Geschichte, zwischen ästhetischer und historischer Erkenntnis, wird über-
brückbar, wenn die Literaturgeschichte nicht einfach den
Prozeß der allgemeinen Geschichte im Spiegel ihrer Werke

---

16 »Zur Systematik der künstlerischen Probleme«, in: *Jahrbuch für Ästhetik*,
1925, S. 440; zur Anwendung dieser Formel auf Erscheinungen der gegenwärtigen Kunst siehe M. Imdahl, *Poetik und Hermeneutik III*, S. 493–505,
663 f.

ein weiteres Mal beschreibt, sondern wenn sie im Gang der ›literarischen Evolution‹ jene im eigentlichen Sinn *gesellschaftsbildende* Funktion aufdeckt, die der mit anderen Künsten und gesellschaftlichen Mächten konkurrierenden Literatur in der Emanzipation des Menschen aus seinen naturhaften, religiösen und sozialen Bindungen zukam.

Wenn es sich für den Literaturwissenschaftler verlohnt, um dieser Aufgabe willen über seinen ahistorischen Schatten zu springen, liegt darin wohl auch eine Antwort auf die Frage, zu welchem Ende und mit welchem Recht man heute noch – oder wieder – Literaturgeschichte studieren kann.   (153 f.)

PAUL RICŒUR

Die Metapher und das Hauptproblem
der Hermeneutik

Ich gehe in diesem Aufsatz davon aus, daß das Hauptproblem der Hermeneutik das der Interpretation ist. Nicht Interpretation in irgendeiner unbestimmten Bedeutung des
Wortes, sondern Interpretation in doppelter Bestimmung:
die erste betrifft ihren Anwendungsbereich, die zweite ihren erkenntnistheoretischen Charakter. Zum ersten Punkt
möchte ich sagen, daß es Interpretationsprobleme gibt, weil
es *Texte*, *schriftliche* Texte gibt, deren Autonomie (ihre Unabhängigkeit von der Intention des Autors oder der Situation des Werks oder der Bestimmung für einen ursprünglichen Leser) spezifische Probleme schafft. In der mündlichen
Rede werden diese Probleme für gewöhnlich durch die Art
von Austausch oder Verkehr ausgeräumt, die wir Gespräch
oder Unterhaltung nennen. Bei geschriebenen Texten muß
die Rede [discours] für sich selbst sprechen. Stellen wir also
fest, daß es Interpretationsprobleme gibt, weil die Beziehung Schreiben–Lesen nicht etwa ein Sonderfall der Beziehung Sprechen–Hören ist, so wie wir es aus der Gesprächs-
situation kennen. Das ist das allgemeinste Charakteristikum
der Interpretation, soweit es ihren Anwendungsbereich betrifft.

Zum zweiten erscheint der Begriff Interpretation auf erkenntnistheoretischer Ebene als Gegenbegriff zu dem der
Erklärung [explication]; zusammengenommen bilden beide
ein bedeutsames Gegensatzpaar, das in Deutschland seit
Schleiermacher und Dilthey zahlreiche philosophische Auseinandersetzungen ausgelöst hat; dieser Tradition zufolge
hat der Begriff Interpretation spezifische subjektive Konnotationen, wie etwa die Einbeziehung des Lesers in den
Prozeß des Verstehens und die Wechselwirkung von *Text*–

Interpretation und *Selbst*–Interpretation. Diese Wechselwirkung ist normalerweise unter der Bezeichnung »hermeneutischer Zirkel« bekannt [...].

Immerhin mag diese schematische Beschreibung des Interpretationsbegriffs genügen, um die beiden Seiten des Hauptproblems der Hermeneutik zu umreißen: einmal des Status geschriebener Texte in Opposition zur gesprochenen Sprache und zum anderen des Status der Interpretation in Opposition zur Erklärung [explication].

Und nun zur Metapher!

Ziel dieses Aufsatzes ist es, einen Zusammenhang zu schaffen zwischen den Problemen, die in der Hermeneutik durch die *Textinterpretation* entstehen, und jenen Problemen, die der Rhetorik, der Semantik, der Stilistik – oder ganz gleich welcher Disziplin – durch die Metapher erwachsen.

I. Text und Metapher als Diskurs

Unsere erste Aufgabe wird darin bestehen, eine gemeinsame Grundlage für die Texttheorie und die Metapherntheorie zu finden. Diese gemeinsame Grundlage hat bereits einen Namen: Diskurs; es bleibt nunmehr festzustellen, welcher Status ihr zukommen soll.

Zunächst fällt eines auf: die beiden von uns hier untersuchten Einheiten sind von unterschiedlicher Länge und von ihrer Länge her mit der Grundeinheit der Rede [discours], nämlich mit dem Satz, vergleichbar. (356 f.)

Diese erste, rein formale Bemerkung, welche die unterschiedliche Länge von Text und Metapher, d. h. von *Werk* und *Wort* betrifft, wird uns die genauere Ausführung unseres Anfangsproblems erleichtern: inwieweit dürfen wir die Metapher als ein Werk en miniature behandeln? Die Antwort auf diese erste Frage wird uns später bei der zweiten Fragestellung weiterhelfen: inwieweit kann man das hermeneutische Problem der Textinterpretation als die im großen

Maßstab betriebene Erweiterung der Probleme ansehen, die sich in gedrängter Form bei der Erklärung einer lokalen Metapher innerhalb eines gegebenen Textes stellen? [...]

Ich will hier nicht ausführlich auf den Begriff des Diskurses eingehen, sondern werde meine Untersuchung auf diejenigen Merkmale beschränken, die für den Vergleich von Text und Metapher notwendig sind. Im Rahmen meiner Untersuchung werde ich nur die folgenden Charakteristika in Betracht ziehen, die alle die Form eines Paradoxons, d. h. eines offensichtlichen Widerspruches aufweisen.

Erstens erscheint Rede stets als *Ereignis [événement]*; sie ist das Gegenteil von Sprache als »langue«, Code oder System; als Ereignis ist sie etwas Vorübergehendes; sie taucht auf und verschwindet wieder. Aber gleichzeitig – und hier liegt das Paradoxe – kann sie immer wieder als dasselbe identifiziert werden. [...]

Zweites Gegensatzpaar: die Bedeutung wird von einer spezifischen Struktur getragen, nämlich der des Satzes [proposition] die eine innere Opposition einschließt zwischen einem Pol der einzelnen Identifizierung (dieser Mann, jener Tisch, Monsieur Dupont, Paris) und einem Pol allgemeiner Prädikation (Menschheit als Gattung, Helligkeit als Eigenschaft, Gleichheit als Beziehung, Laufen als Handlung). Die Metapher beruht, wie wir sehen werden, auf dieser »Attribution« von Eigenschaften, die dem »Hauptgegenstand« [principal subject] eines Satzes zugeschrieben werden.

Drittens kann der Diskurs als Handlung unter dem Gesichtspunkt des »Inhalts« eines propositionalen Aktes betrachtet werden [...]: was über einen Gegenstand *gesagt* wird und was ich »tue«, *indem ich dies sage*, sind zwei verschiedene Dinge: Ich kann eine bloße Beschreibung geben oder einen Befehl erteilen oder einen Wunsch äußern oder eine Warnung aussprechen usw. [...]

Viertes Gegensatzpaar: Rede, vornehmlich als Satz, impliziert die Polarität von *Sinn* und *Bedeutung* [*sense* and *reference*], d. h. die Möglichkeit zu unterscheiden zwischen dem, *was* durch den Satz als Ganzes und durch die einzelnen Wörter als Teile des Satzes gesagt wird und dem, *worüber* etwas gesagt wird. [...] Diese Polarität spielt die Hauptrolle im zweiten und dritten Teil dieses Aufsatzes, da ich dort versuchen werde, das Problem der Erklärung mit der Dimension des »Sinns«, d. h. der immanenten Absicht der Rede, und die Probleme der Interpretation mit der Dimension der »Referenz« zu verbinden, wobei unter »Referenz« die Anwendbarkeit der Rede auf eine außersprachliche Wirklichkeit zu verstehen ist, *über die* sie das sagt, was sie sagt. [...]

Rede hat nicht nur eine Art der Referenz, sondern zwei: sie bezieht sich auf eine außersprachliche Wirklichkeit, etwa auf die Welt oder auf eine Welt, aber zugleich bezieht sie sich auf ihren eigenen Sprecher, und zwar mittels spezifischer Verfahren, die nur im Satz, also in der Rede, funktionieren. Das gilt für Personalpronomina, Tempora, Demonstrativa usw. Auf diese Weise hat die Sprache zugleich *Realitäts*referenz und *Selbst*referenz. Und ein und dieselbe Einheit – der Satz – hat diese doppelte Referenz: ist intentional und reflexiv, sachbezogen und selbstbezogen. [...] Wir werden später sehen, daß diese Verbindung zwischen den beiden Richtungen der Referenz der Schlüssel [...] für unsere hermeneutische Reinterpretation des hermeneutischen Zirkels ist.

Ich zähle die grundlegenden Polaritäten des Diskurses noch einmal in Kurzform auf: Ereignis und Bedeutung, einzelne Identifizierung und allgemeine Prädikation, propositionaler und illokutionärer Akt, Sinn und Bedeutung, Wirklichkeitsbezug und Selbstreferenz.

Inwieweit kann man nun behaupten, daß Text und Metapher auf dieser selben Gegebenheit, die wir hier als Diskurs bezeichnet haben, beruhen?

Es läßt sich unschwer zeigen, daß alle Texte Diskurs sind, da sie von der kleinsten Einheit der Rede, dem Satz, ausgehen. Ein Text ist mindestens eine Reihe von Sätzen. [...]

Die Zuordnung von Metapher und Rede erfordert eine
eigene Rechtfertigung, eben weil die Definition der Metapher als eine Übertragung von *Namen* oder von Wörtern
sie in eine Kategorie einzuordnen scheint, deren Einheiten
kleiner sind als der Satz. Aber die Semantik des Wortes beweist sehr deutlich, daß Wörter nur innerhalb eines Satzes
aktuale Bedeutung haben und daß lexikalische Einheiten –
die Wörter in einem Wörterbuch – nur potentielle Bedeutung haben, und auch das nur kraft ihrer potentiellen Verwendung in Sätzen. [...] Was nun die Metapher selbst angeht, so beweist die Semantik ebenso schlagend, daß die
metaphorische Bedeutung eines Wortes nicht im Wörterbuch zu finden ist (insofern können wir auch weiterhin die
metaphorische Bedeutung als Gegensatz zu der wörtlichen
Bedeutung betrachten, wenn wir unter wörtlicher Bedeutung *alles* verstehen, was an Teilbedeutungen im Wörterbuch aufgezählt wird, und nicht eine sogenannte ursprüngliche, grundlegende, einfache oder eigentliche Bedeutung).
Wenn der metaphorische Sinn mehr ist als die Aktualisierung einer der potentiellen Bedeutungen eines polysemi-
schen Wortes (und unsere Wörter in gewöhnlicher Rede
sind alle polysemisch), dann folgt daraus notwendigerweise,
daß es diesen metaphorischen Gebrauch nur *kontextuell*
gibt [...]. (358–361)

Nachdem wir den äußeren Rahmen für unseren Vergleich
abgesteckt haben, können wir uns jetzt an den zweiten Teil
unserer Aufgabe begeben, in dem wir unsere zweite Frage
beantworten wollen: inwieweit kann man von *Text*erklärung und -interpretation einerseits und Metaphernerklärung andererseits als ähnlichen Vorgängen sprechen, die
freilich auf zwei verschiedenen Ebenen des Diskurses angewandt werden, nämlich auf der Ebene des *Werks* und auf
der Ebene des *Wortes*?

II. Erklärung und Metapher
(Von der Metapher zum Text)

Ich möchte die folgende Arbeitshypothese überprüfen: von einem Standpunkt aus liefert das Verstehen einer Metapher den Schlüssel zum Verständnis längerer Texte, etwa literarischer Werke. Das ist der Standpunkt der Erklärung, der nur denjenigen Aspekt der Bedeutung in Betracht zieht, den wir den *Sinn* genannt haben, d. h. die immanente Absicht der Rede. Aber von einem anderen Standpunkt aus liefert das Verstehen des Werks als Ganzes den Schlüssel zur Metapher; dieser andere Standpunkt ist derjenige der Interpretation im eigentlichen Sinn; er entwickelt den zweiten Aspekt der Bedeutung, den wir die Referenz genannt haben, d. h. die intentionale Gerichtetheit auf eine Welt und die reflexive Gerichtetheit auf ein Selbst. Wenn wir also Erklärung auf den Sinn als die dem Werk immanente Absicht anwenden, dann können wir die Interpretation derjenigen Art von Fragestellung vorbehalten, die sich mit der Fähigkeit eines Werkes beschäftigt, eine eigene Welt zu entwerfen und den hermeneutischen Zirkel zwischen dem Erfassen dieser von ihm entworfenen Welten und der Erweiterung des Selbstverständnisses angesichts dieser Welten überhaupt in Gang zu setzen.

Unsere Arbeitshypothese legt es uns somit nahe, auf der Ebene des »Sinns« und der »Erklärung« des Sinns von der Metapher zum Text vorzugehen – und dann vom Text zur Metapher auf der Ebene der Referenz des Werks auf eine Welt und auf ein Selbst, d. h. auf der Ebene der Interpretation im eigentlichen Sinn.

Welche Aspekte der Metaphernerklärung sind nun als Paradigmen der Erklärung oder Erläuterung eines Textes geeignet?

Diese Aspekte sind charakteristisch für die eigentliche Erklärungs*arbeit* und werden nicht sichtbar, wenn wir von trivialen Fällen ausgehen, wie z. B. »Der Mensch ist ein Wolf, ein Fuchs oder ein Löwe«. [...]

In der Aussage »der Mensch ist ein Wolf« wird der Hauptgegenstand durch eines der Merkmale des Tiers qualifiziert, die zu dem »Wolfssystem verwandter Gemeinplätze« [wolf-system of related commonplaces] gehören. Dieses Implikationssystem wirkt als Filter oder als Raster: es selegiert nicht nur, sondern bringt neue Aspekte des Hauptgegenstandes zum Vorschein.

Was ist nun angesichts unserer Beschreibung der Metapher als einer Wortbedeutung, die durch einen neuen Kontext entsteht, von dieser Erklärung zu halten?

Ich stimme der »Interaktionstheorie«, die in dieser Erklärung enthalten ist, vollauf zu: Die Metapher ist mehr als eine bloße Substitution eines anderen, wörtlich zu nehmenden Wortes, die eine umfassende Paraphrase an derselben Stelle restituieren könnte. Die algebraische Summe dieser beiden Operationen, nämlich der Substitution durch den Sprecher und der Restitution durch den Hörer oder Leser, ist gleich Null. Es entsteht keine neue Bedeutung, und wir lernen nichts dazu.   (362–364)

Wenn ich sage: »Der Mensch ist ein Fuchs« (der Fuchs hat den Wolf vertrieben), dann muß ich von einer wörtlichen Attribution zu einer metaphorischen übergehen, *wenn* ich den Satz überhaupt retten will. Woher aber nehmen wir diese neue Bedeutung?

Solange wir Fragen dieser Art stellen – *woher?* –, kommen wir immer wieder auf dieselbe Art von Lösung zurück: die potentielle Skala von Konnotationen sagt nicht mehr aus als das System von assoziierten Gemeinplätzen; wir erweitern zwar den Begriff Bedeutung, indem wir »sekundäre Bedeutungen« als Konnotationen in das Gesamtvolumen der vollen Bedeutung mit aufnehmen; aber wir verbinden weiterhin den schöpferischen Prozeß der Metaphernprägung mit einem nichtschöpferischen Aspekt der Sprache. [...]

Wenn man aber von Eigenschaften von *Dingen* (oder *Objekten*) spricht, die zuvor noch keine Bezeichnung hatten, dann gibt man damit zu, daß die neue Bedeutung nicht *irgendwoher genommen* worden ist, zumindest nicht innerhalb der Sprache (eine Eigenschaft ist etwas zur Sache Gehöriges, nicht zum Wort Gehöriges). Und wenn man sagt, daß eine neue Metapher *überhaupt nirgendwoher genommen* wird, dann erkennt man sie damit als das an, was sie wirklich ist, nämlich eine momentane Sprachschöpfung, eine semantische Innovation, die in der Sprache keinen bereits bestehenden Status hat, weder als Bezeichnung noch als Konnotation.

An dieser Stelle ließe sich die Frage stellen, wie man von einer semantischen Innovation, von einem semantischen *Ereignis* als von einer *Bedeutung* sprechen kann, die identifizierbar und jederzeit wieder identifizierbar ist (das war ja das erste Kriterium des Diskurses im ersten Teil unseres Aufsatzes).

Hier bleibt nur eine Antwort möglich: man muß den Standpunkt des Hörers oder Lesers einnehmen und die Innovation einer neu entstehenden Bedeutung als das – vom Autor stammende – Gegenstück zu der *Konstruktion* seitens des Lesers auffassen. Dann bietet der Prozeß des Erklärens den einzigen Zugang zum Prozeß des Schaffens.

Schlagen wir diesen Weg nicht ein, dann werden wir die Theorie der Substitution nicht los; anstatt für den metaphorischen Ausdruck irgendeine wörtliche Bedeutung zu substituieren, die durch die Paraphrase restituiert wird, substituieren wir das System der Konnotationen und Gemeinplätze ein. Das muß aber eine vorbereitende Arbeit bleiben, welche die Literaturwissenschaft mit der Psychologie und der Soziologie verbindet. Der entscheidende Punkt bei der Erklärung ist die Konstruktion des Interaktionsnetzes, die aus diesem Kontext einen aktuellen und einmaligen Kontext macht. Damit lenken wir die Aufmerksamkeit auf das semantische Ereignis als auf den Schnittpunkt mehrerer semantischer Linien; mit Hilfe dieser Konstruktion ergeben alle Wörter zusammengenommen einen Sinn. Dann – und nur dann – ist die »metaphorische Verdrehung« zugleich Ereignis *und* Bedeutung, ein bedeutungsvolles Ereignis und eine neu entstehende Bedeutung in der Sprache.

Das ist das grundlegende Merkmal der Erklärung, das die Metapher zu einem Paradigma für die Erklärung eines literarischen Werkes macht. Wir konstruieren die Bedeutung eines Textes auf ähnliche Weise, wie wir alle Ausdrücke einer metaphorischen Aussage sinnvoll verbinden.   (365–367)

Wir können also die entsprechenden Merkmale, die der Analogie zwischen der Erklärung einer metaphorischen Aussage und einem literarischen Werk als Ganzem zugrunde liegen, folgendermaßen zusammenfassen:

In beiden Fällen beruht die Konstruktion auf »Indizien« [clues], die im Text selbst enthalten sind. Diese Indizien dienen als eine Art Anhalt für eine spezifische Konstruktion, die eine bestimmte Menge von Erlaubnissen und Verboten enthält; sie schließen einige unpassende Konstruktionen aus und lassen andere zu, bei denen dieselben Wörter mehr Sinn ergeben.

Zweitens, in beiden Fällen kann eine Konstruktion für wahrscheinlicher gehalten werden als eine andere, nicht aber für wahrer. Die wahrscheinlichste ist diejenige, die einmal die meisten vom Text angeführten Fakten berücksichtigt einschließlich potentieller Konnotationen, und die zum anderen eine bessere qualitative Übereinstimmung der Aspekte bietet, die sie in Betracht zieht. Eine schlechte Erklärung darf als beschränkt oder gewaltsam gelten.

Ich bin hier der Meinung von Beardsley, daß eine gute Erklärung zwei Prinzipien Genüge tut: dem Prinzip der Kongruenz und dem Prinzip der Reichhaltigkeit. Bisher war die Rede vom Prinzip der Kongruenz. Das Prinzip der Reichhaltigkeit soll uns als Überleitung zu unserem dritten Teil dienen. Dieses Prinzip lautet: »Alle Konnotationen, die passen, müssen einbezogen werden; das Gedicht bedeutet alles, was es bedeuten kann.« Dieses Prinzip führt uns weiter als die bloße Sorge um den »Sinn«. [...]

Ein Zitat von Humboldt wird uns den Zugang zu diesem neuen Untersuchungsgebiet erleichtern: Sprache, sagt er, Sprache als Rede [discourse] steht auf der Grenze zwischen Ausgedrücktem und Unausgedrücktem. Ihr Ziel und Zweck ist es, diese Grenze immer weiter zurückzudrängen.

Die Interpretation hat das gleiche Ziel.

III. Von der Hermeneutik zur Metapher
(Die Interpretation)

1. Auf der Ebene der Interpretation liefert das Textverständnis den Schlüssel zum Metaphernverständnis.

Warum? Weil bestimmte Merkmale des Diskurses erst dann eine explizite Rolle zu spielen beginnen, wenn der Diskurs die Form eines literarischen *Werkes* annimmt. Bei diesen Merkmalen handelt es sich um eben die, welchen wir die Überschriften »Referenz« und »Autoreferenz« gegeben haben. Erinnern wir uns, daß ich Referenz und Sinn einander entgegengesetzt habe, indem ich Sinn als das »Was« und Referenz als das »Worüber« der Rede bezeichnet habe. Natürlich lassen sich diese beiden Charakteristika auch in der kleinsten Einheit der Sprache als Rede, nämlich im Satz, erkennen. Der Satz handelt von einer Situation, die er ausdrückt, und bezieht sich mittels spezifischer Verfahren auf seinen Sprecher zurück. Aber solange der Diskurs als Rede kein Text geworden ist und nicht die Form eines Werks angenommen hat, werfen Referenz und Autoreferenz keine verwirrenden Probleme auf.

Was für Probleme? Setzen wir noch einmal bei dem Unterschied zwischen geschriebener und gesprochener Sprache an. In der gesprochenen Sprache [langage] ist das, worauf sich ein Dialog letztlich bezieht, die den Gesprächspartnern gemeinsame Situation, d. h. Aspekte der Wirklichkeit, die man zeigen, auf die man mit dem Finger hinweisen kann; wir sprechen dann von einer »ostensiven« Referenz. In der geschriebenen Sprache ist die Referenz nicht mehr ostensiv:

Gedichte, Aufsätze, fiktionale Werke sprechen von Dingen, Ereignissen, Zuständen, Charakteren, die evoziert werden, aber nicht da sind. Und dennoch handeln literarische Texte von etwas. Wovon? Von einer Welt, welche die Welt dieses Werkes ist. Damit will ich keineswegs sagen, daß der Text dann ohne Welt ist, sondern vielmehr, daß der Mensch jetzt erst eine *Welt* und nicht nur eine *Umwelt* hat. Ebenso wie der Text seine Bedeutung von der Vormundschaft der geistigen Intention befreit, löst er seine Referenz aus den Grenzen der ostensiven Referenz. Für uns ist die Welt die Gesamtheit der Referenzen, die durch Texte erschlossen werden. [...]

Das Wesen der Referenz literarischer Werke hat eine wichtige Auswirkung auf den Begriff der Interpretation. Es impliziert, daß die Bedeutung eines Textes nicht *hinter* dem Text, sondern davor ist. Sie ist nicht etwas Verborgenes, sondern etwas Entborgenes [découvert – ouvert]. Das, was es zu verstehen gilt, ist etwas, das dank der nichtostensiven Referenzen des Textes auf eine mögliche Welt hinweist. Texte sprechen von möglichen Welten und von möglichen Weisen, sich in diesen Welten zurechtzufinden. Insofern wird Erschließen [decouvrir – ouvrir] für geschriebene Texte das Äquivalent dessen, was die ostensive Referenz für die gesprochene Sprache ist. Interpretation wird dann das Erfassen von Sätzen über eine von den nichtostensiven Referenzen des Textes erschlossene Welt.

Diese Auffassung der Interpretation zeigt eine entscheidende Gewichtsverlagerung gegenüber der romantischen Tradition der Hermeneutik; dort legte man das Hauptgewicht auf die Fähigkeit des Hörers oder Lesers, sich in das geistige Leben eines anderen Sprechers oder Schreibers hineinzuversetzen. Jetzt liegt das Gewicht nicht so sehr auf dem *anderen* als einer geistigen Gegebenheit, sondern auf der vom Werk entfalteten Welt. *Verstehen* heißt, der Dynamik des Werkes, der Bewegung von dem, was es sagt, zu dem, worüber es etwas sagt, folgen. Über meine Situation als Leser, über die Situation des Autors hinaus, stelle ich mich selbst den möglichen Weisen des In-der-Welt-seins, die der Text mir eröffnet und enthüllt. Das nennt Gadamer die »Horizontverschmelzung« in der historischen Erkenntnis.[1] (368–371)

Das, was wir uns zu eigen machen, was wir uns aneignen, ist nicht eine fremde Erfahrung oder eine ferne Intention, sondern der Horizont einer Welt, auf die sich ein Werk bezieht. Die Aneignung der Referenz findet kein Vorbild mehr in der Bewußtseinsverschmelzung, in Einfühlung [empathy] oder Sympathie. Das Zur-Sprache-Kommen von Sein und Bedeutung eines Textes ist das Zur-Sprache-Kommen einer Welt und nicht das Erkennen einer anderen Person.

Die zweite Korrektur an der romantischen Interpretationsauffassung ergibt sich aus der ersten. Wenn Aneignung das Gegenstück zu Erschließung ist, dann ist es falsch, die Rolle der Subjektivität als Projektion zu beschreiben. Ich würde eher sagen, daß der Leser sich selbst angesichts des Textes, angesichts der Welt des Werkes versteht. Sich selbst angesichts einer Sache, angesichts einer Welt zu verstehen, ist das Gegenteil von Selbstprojektion mitsamt den eigenen Ansichten und Vorurteilen; es bedeutet, durch das Werk und seine Welt, den Horizont des eigenen Selbstverständnisses zu erweitern. (371 f.)

2. So sieht das Interpretationsmodell aus, das ich jetzt von Texten als langen Diskurssequenzen auf die Metapher als »einem Gedicht *en miniature*« (Beardsley) übertragen möchte. Zwar ist die Metapher als Diskurs zu kurz, als daß man die Dialektik zwischen der Eröffnung einer Welt und dem Verstehen seiner selbst angesichts dieser Welt entwickeln könnte. Dennoch weist diese Dialektik auf einige Merkmale der Metapher hin, welche die bisher zitierten

1 [Hans-Georg Gadamer, *Wahrheit und Methode*, Tübingen 1960, Zweiter Teil. II, hier S. 290.]

modernen Theorien nicht in Erwägung zu ziehen scheinen,
die jedoch in der griechischen Metapherntheorie nicht fehl-
ten.

Kehren wir [...] zur Metapherntheorie in der *Poetik* des
Aristoteles zurück. Die Metapher ist nur »Teil« (μερή) dessen, was Aristoteles »Redeweise« (λέξις) nennt; als solche
gehört sie in eine Gruppe von sprachlichen Verfahren – Verwendung von Fremdwörtern, Prägung neuer Wörter, Ab-
kürzung und Verlängerung von Wörtern – die alle vom üblichen (κύριον) Gebrauch von Wörtern abweichen. Was
macht nun aber die *Lexis* zu einer Einheit? Allein ihre
Funktion in der Dichtung. Die *Lexis* ihrerseits ist »Teil«
(μερή) der Tragödie als dem Paradigma der Dichtung. Die
Tragödie repräsentiert im Kontext der *Poetik* die Ebene des
literarischen Werkes als Ganzem. Als Gedicht hat sie Sinn
und Bedeutung. In der Sprache des Aristoteles wird der
»Sinn« der Tragödie durch das gewährleistet, was er »Fabel«
oder »plot« (μῦθος) nennt. [...]

Daraus müssen wir die Schlußfolgerung ziehen, daß nur
in Verbindung mit dem *Mythos* einer Tragödie ihre *Lexis* einen Sinn bekommt, und mit der *Lexis* dann auch die *Metapher*. Es gibt keine lokale Bedeutung der Metapher außer
der regionalen, die durch den *Mythos* der Tragödie bewirkt
wird. [...]

Warum schreiben denn Dichter Tragödien, warum bear-
beiten sie Fabeln und verwenden sie »fremde« Wörter wie
Metaphern? Weil die Tragödie selbst an einen noch funda-
mentaleren Plan gebunden ist, nämlich den, menschliche
Handlungen *poetisch nachzuahmen*. Mit diesen beiden be-
herrschenden Begriffen – *Mimesis* und *Poiesis* – sind wir auf
der Ebene angelangt, die ich die referentielle Welt des Werkes genannt habe. In der Tat enthält der aristotelische Begriff der *Mimesis* bereits sämtliche Paradoxa der Referenz.
Einerseits ist sie Ausdruck einer Welt menschlicher Handlungen, die schon da ist; die Tragödie soll die menschliche
Wirklichkeit, die Tragödie des Lebens, ausdrücken. Aber

andererseits bezeichnet *Mimesis* nicht die Verdoppelung der Wirklichkeit; *Mimesis* ist *Poiesis*, d. h. Herstellung, Konstruktion, Schöpfung. Aristoteles gibt mindestens zwei Hinweise auf diese schöpferische Dimension der *Mimesis*: die Fabel selbst als kohärente, eigenständige Konstruktion, die ein Beweis für das schöpferische Genie des Künstlers ist; und vor allem die Definition der Tragödie als Nachahmung menschlicher Handlungen, die sie als bessere, edlere und höhere erscheinen läßt, als sie in Wirklichkeit sind. Kann man dann nicht sagen, daß *Mimesis* die griechische Bezeichnung für das ist, was wir die nichtostensive Referenz des literarischen Werkes genannt haben, oder anders ausgedrückt, die griechische Bezeichnung für die Erschließung der Welt?

Wenn das stimmt, dann können wir jetzt etwas über die Kraft [pouvoir/power] der Metapher sagen. Ich sage jetzt ausdrücklich »Kraft« und nicht mehr »Struktur« und auch nicht »Prozeß der Metapher«. Die Kraft der Metapher ergibt sich innerhalb eines Dichtwerks aus ihrer Verbindung *vor allem* mit den anderen Verfahren der *Lexis*, dann mit der »Fabel«, die das Wesen des Werks, sein immanenter »Sinn« ist, und drittens mit der Intentionalität des Werkes als eines Ganzen, d. h. mit seiner Intention, menschliche Handlungen als etwas *Höheres* darzustellen, als sie in Wirklichkeit sind: das ist *Mimesis*. In diesem Sinne beruht die Kraft der Metapher auf derjenigen des ganzen Gedichts.

Wenden wir nun diese Betrachtungen, die wir aus der *Poetik* des Aristoteles entlehnt haben, auf unsere eigene Beschreibung der Metapher an. Könnte man nicht sagen, daß derjenige Aspekt der Metapher, den wir über alle anderen Merkmale gestellt haben – d. h. den Charakter des Neuen, in Entstehung Begriffenen –, mit der Funktion der Dichtung als schöpferische Nachahmung der Wirklichkeit verwandt ist? Warum sollten wir uns neue Bedeutungen ausdenken, Bedeutungen, die nur im Augenblick der Rede [l'instant du discours] existieren, wenn nicht zum Zweck der *Poiesis* in der *Mimesis*. Wenn es stimmt, daß das Gedicht eine Welt schafft, dann bedarf es dazu einer Sprache, die seine schöpferische Kraft in spezifischen Kontexten bewahrt und zum Ausdruck bringt. (372–374)

Drücken wir diese Beziehung noch allgemeiner aus: Weshalb sollten wir neue Bedeutungen aus unserer Sprache herausholen, wenn wir nichts *Neues* zu sagen, wenn wir keine neuen Welten zu projizieren hätten? Sprachschöpfungen wären sinnlos, wenn sie nicht der allgemeinen Absicht dienten, neue Welten aus der Dichtung entstehen zu lassen. (375)

Literatur und Gesellschaft

Einleitung

Die Frage nach der Beziehung von Kunst und Gesellschaft erreichte in den kunsttheoretischen Reflexionen des 19. Jahrhunderts eine neue Dimension. Die für den philosophischen Idealismus repräsentative *Ästhetik* Hegels bestimmte dieses Verhältnis zum ersten Mal systematisch. Einerseits beschreibt sie den historischen und gesellschaftlichen Ort der Kunst und ihr historisches Entwicklungsgesetz, andererseits ihre innere Form. Hegels *Ästhetik* geht davon aus, daß die Kunst von der höheren Erkenntnisform der Philosophie abgelöst wird. Gleichzeitig lenkt sie den Blick auf die Beziehung von Form und Inhalt, auf die Organisation des literarischen Werkes als Totalität. Aus dem jeweiligen Verhältnis von Geistigem und Sinnlichem im Kunstwerk entwickelt Hegel schließlich eine Historisierung der künstlerischen Formen und Gattungen. So erklärt er beispielsweise die Form des Romans aus dem Versuch, die auf Abbildung einer Totalität der Dinge zielende Gestaltungsabsicht des Epos unter veränderten historischen und gesellschaftlichen Bedingungen im ›kunstfeindlichen‹ bürgerlichen Zeitalter zu verwirklichen.

Die materialistische Literaturbetrachtung, die den systematischen Vorgaben Hegels folgt und sie zugleich im Sinn des philosophischen Materialismus umdeutet, hat ihre Grundlagen ebenfalls im 19. Jahrhundert, in den kunstkritischen Überlegungen von Marx und Engels, die später von Lenin und anderen aufgegriffen wurden. Die soziologische

Literaturbetrachtung des 20. Jahrhunderts orientiert sich an diesen Vorgaben, ohne ihre materialistischen Implikationen zu übernehmen.

Die materialistische Literaturtheorie nimmt die idealistische auf, indem sie deren Prämissen ändert. Nicht die Bewegung des Geistes durch die Welt der Erscheinungen, nicht die Dialektik von Geist und Nicht-Geist, sondern reale gesellschaftliche Widersprüche werden von ihr als bewegende Kraft der Geschichte namhaft gemacht. Nicht im Denken findet der Mensch seine Identität, sondern durch Arbeit als Auseinandersetzung mit der Natur. Sein Vermögen der Produktion und Selbstreproduktion schafft die Produktivkräfte, die technische Beherrschung materieller Wirklichkeit. Ihrem jeweiligen Stand entsprechen Produktionsverhältnisse, in erster Linie Eigentumsverhältnisse und die Organisationsformen gesellschaftlicher Arbeit. Über diesen erhebt sich ein juristischer und politischer Überbau, der die gesellschaftlichen Bewußtseinsformen bestimmt. Dieser Gesamtkomplex ist für Marx die Gesellschaft auf einer bestimmten geschichtlichen Entwicklungsstufe.

Damit erhält sein Grundsatz, daß nicht das Bewußtsein das gesellschaftliche Sein des Menschen, sondern vielmehr das gesellschaftliche Sein das Bewußtsein bestimme, eine historische wie eine erkenntnistheoretische Bedeutung. Der materiellen Tätigkeit des Menschen korrespondiert eine geistige Produktion, die Recht, Philosophie und Kunst, damit auch die Literatur hervorbringt. Doch während Kunst für Hegel eine angemessene Reflexion des tatsächlichen geschichtlichen Prozesses ist, wird sie jetzt zu einem ideologischen Reflex, sie spiegelt nur die jeweilige Beziehung von Produktivkräften und Produktionsverhältnissen wider.

Marx richtet sein Augenmerk insbesondere auf die ökonomischen und sozialpsychologischen Konsequenzen der kapitalistischen Ordnung. Als ökonomische Konsequenz lösen der »Tauschwert« und die »Fetischisierung der Ware« den »Gebrauchswert« ab. Sozialpsychologische Folge ist, daß sich der einzelne nicht nur von seinem Produkt und dem gesamten Produktionsprozeß entfremdet, sondern auch eine Entfremdung vom anderen und schließlich von sich selbst erfährt. Grundsätzlich ist die Beziehung von Produktivkräften und Produktionsverhältnissen, die Marx als Relation von »Basis« und »Überbau« bezeichnet, nicht stabil, sondern dialektisch. Die Produktivkräfte ändern sich, ihre Entwicklung tritt in Widerspruch zu den bisher angemessenen, aber zunehmend überholten Produktionsverhältnissen, den Eigentumsverhältnissen, es kommt zu einer gesellschaftlichen Umwälzung, die schließlich revolutionären Charakter annimmt. Ihr Träger soll das Proletariat sein, für Marx das tatsächliche Subjekt der Geschichte. Weil das Handeln des Proletariats jedoch nicht spontan erfolgt, sondern Bewußtsein und Erkenntnis voraussetzt, erhalten geistige Phänomene auch in der materialistischen Gesellschaftstheorie eine zentrale Bedeutung.

Dies hat Konsequenzen für die Rolle, die der Kunst im Materialismus zugewiesen wird. Wie andere geistige Phänomene ist die Kunst nicht unabhängig, sondern Widerspiegelung materieller Verhältnisse im Bewußtsein. Doch zunehmend wird klar, daß diese Beziehung nicht mechanistisch aufgefaßt werden darf. Eine entscheidende Differenzierung bringt hier Georg Lukács, der mit seiner *Theorie des Romans* 1916 noch in der Tradition des Idealismus steht, sich in den dreißiger Jahren dem Marxismus zuwendet und sich in seinen Studien der fünfziger Jahre von dogmatischen marxistischen Positionen zu lösen beginnt. Unter Berufung auf Lenin, der die Widerspiegelung als einen komplizierten Prozeß mit unterschiedlichen Vermittlungen bestimmt, und mit Bezug auf Überlegungen von Marx im *Kapital* rückt er die Frage nach dem Realismus ins Zentrum der materialistischen Kunsttheorie. Diese bewertet am Kunstwerk einerseits seine Organisation, die Beziehung von Form und Inhalt, andererseits die damit verbundene Fähigkeit, die Wirklichkeit angemessen, »realistisch« wiederzugeben. Der

Realismus hat damit eine ästhetische und eine ideologische Seite. Er kennzeichnet den Stand des Bewußtseins und die Form der Verarbeitung von Wirklichkeit, im Falle der Kunst ihre ästhetische Form. Für die materialistische Literaturkritik ergeben sich daraus zwei zentrale Fragen. Zum einen muß sie klären, wie die Literatur aus vergangenen Zeiten und – aus ihrer Sicht – überholten Gesellschaftsordnungen wie der bürgerlichen zu bewerten ist. Zum anderen muß sie die Normen für eine ›progressive‹, gesellschaftlich bewußte sozialistische Literatur bestimmen. Die erste Frage führt bereits 1935 zur Formel von der Aneignung des klassischen literarischen »Erbes«, die zweite zielt auf den Begriff des »Sozialistischen Realismus«.

Schon für Marx wird das »unegale Verhältnis« der Entwicklung von materieller Produktion und künstlerischer zum Problem. Er sieht nicht nur, daß etwa die griechische Kunst an bestimmte gesellschaftliche Entwicklungen gebunden ist, sondern anerkennt auch, daß sie noch heute Kunstgenuß gewährt und in gewisser Beziehung als ästhetische Norm gilt. Die Einsicht, daß die künstlerische Aneignung der Wirklichkeit von der »Verarbeitung von Anschauungen und Vorstellungen in Begriffe« verschieden, aber Teil der allseitigen Aneignung von Wirklichkeit durch den Menschen ist, schafft schließlich die Voraussetzung für die von Engels im Briefwechsel mit Miß Harkness vertretenen Meinung, daß Autoren der bürgerlichen Zeit ästhetische Leistungen auch gegen ihre Klasseninteressen vollbringen können. Darauf hebt Lukács ab, wenn er zeigt, daß der politische Legitimist Balzac, der Feind der republikanischen Bewegung, den Adel gegen seine Klassensympathie als untergehende Klasse darstellt. Lukács' Versuch einer Aneignung des bürgerlichen Erbes in den Studien über Goethe, Keller und Thomas Mann behandelt diesen »Triumph des Realismus« und differenziert zugleich seinen Begriff. Indem er zwischen dem »spontanen« Realismus der Klassik, dem »kritischen« Realismus Kellers und Fontanes und dem bürgerlichen Realismus Thomas Manns unterscheidet, findet er zu einem normativen Verständnis des Ästhetischen. Er zielt damit schon auf die Bestimmung der Eigenart des Ästhetischen, die seine spätere Ästhetik als »künstlerische Grundlage eines jeden künstlerischen Schaffens« bestimmt.

Lukács' Differenzierung des Realismusbegriffs korrigiert eine Entwicklung, die sich seit der sogenannten »Sickingen-Debatte« abzeichnet, einem Briefwechsel zwischen Ferdinand Lassalle, Karl Marx und Friedrich Engels im Jahr 1859, der als Beginn einer historisch-materialistischen Ästhetik gilt. Dort entwickeln Marx und Engels in der Diskussion über ein Geschichtsdrama Lasalles die Forderung nach der Parteilichkeit der Kunst: die historische Wahrheit soll zwar unverfälscht, aber parteilich-kritisch dargestellt werden. Im gleichen Zug weisen sie die bürgerliche Auffassung von Geschichte, Individuum und Dichtung, die gemäß der Hegelschen Tradition auf der Wirkungsmacht von Idee und Geist beruht, ebenso zurück wie den idealistischen Begriff des Tragischen. Im Kaiserreich und noch nach dem Zweiten Weltkrieg in der sogenannten Brecht-Lukács- oder Expressionismus-Debatte setzt sich diese Diskussion fort. Die damit zusammenhängende Unterscheidung von Formalismus und Naturalismus, Parteilichkeit und Tendenz führt schließlich durch ihre politisch-ideologische Konturierung zur Schaffung einer Inhaltsästhetik. Weil diese ebenfalls einer normativen Bestimmung des ästhetischen Werks folgt, neigt sie dazu, moderne Formen der Literatur, die sich der geschlossenen Form und einem durchgängigen Sinn verweigern, abzulehnen. Bereits die Propagierung des »Sozialistischen Realismus« im Jahr 1934 ist mit einem Angriff Karl Radeks auf die Schreibweise von James Joyce verbunden. Noch die Prager Kafka-Konferenz von 1961 lehnt das Werk dieses Autors allein als Zeichen bürgerlicher Dekadenz ab und geht so wesentlich an seiner Modernität vorbei.

Bei Lukács führt die Orientierung an Kategorien der Hegelschen Ästhetik wie Wahrheit, Inhärenz, Totalität, Einheit von Form und Inhalt zur Entwicklung der Kategorie des Typischen. Im Werk Tolstojs sieht er den »Gesamtprozeß« der Geschichte durch die dialektische Einheit der Oberflächenerscheinungen mit den »wirklichen und wesentlichen treibenden Kräften« dargestellt; Tolstojs »Gestaltung« verleiht dem Individuum klassengemäße Züge. Lukács' Begriff des Typus, der sich am Symbolbegriff der klassischen Ästhetik Goethes orientiert, zielt allerdings eher auf eine Bestimmung des Ästhetischen als auf die Verpflichtung der Literatur zur politisch wirksamen Kritik. Sein geschichtsontologisch begründetes Ideologieverständnis wird im Bereich der Ästhetik ahistorisch, zudem macht es keinen Unterschied zwischen dem Bewußtsein des Autors, des Erzählers und der Figuren. Auch seine Bestimmung der »Parteilichkeit« richtet sich nicht auf eine politische Agitation, wie es Lenins *Parteiorganisation und Parteiliteratur* fordert.

Diese Weichenstellung hat Konsequenzen. Die Leninsche Position findet sich wieder im Werk Gramscis, dessen Überlegungen auf einen völlig neuen Kulturbegriff zielen. Für ihn muß kulturelle Praxis grundsätzlich aktiv sein. Sie vollzieht sich unter den Bedingungen einer bestimmten kulturellen Praxis und will diese zugleich verändern. Diese Idee der Revision der herrschenden Kultur aus ihrer Erfahrung heraus weist auf die Kritische Theorie voraus, insbesondere auf Walter Benjamin.

Bei Lukács dagegen führt die Abkehr von der Leninschen Position dazu, daß der »Realismus«, der die »treibenden Kräfte« der Epoche angemessen darstellt, schließlich eine Schreibhaltung wird, die sich weitgehend von ihren gesellschaftlichen und historischen Voraussetzungen löst. Dies belegt seine späte, unvollendet gebliebene *Eigenart des Ästhetischen*, die zu Beginn der sechziger Jahre die ästhetische, »anthropomorphisierende« von den anderen Formen der Widerspiegelung der Wirklichkeit unterscheidet.

Lukács' Differenzierung des marxistischen Widerspiegelungsbegriffs findet ihre Entsprechung in der von Philosophen und Literaturkritikern bestimmten westlichen Marxismusrezeption der fünfziger und sechziger Jahre dieses Jahrhunderts, die insbesondere von Frankreich ausging. Hier entstand eine soziologisch orientierte Literaturbetrachtung, die zunehmend an der Beschreibung formaler Strukturen und ästhetischer Momente orientiert ist und gleichzeitig die gesellschaftstheoretischen und ideologiekritischen Ansätze der materialistischen Ästhetik abschwächt. So greift beispielsweise Lucien Goldmann in seiner *Soziologie des Romans* den Ansatz Lukács' auf, indem er von einer »Strukturhomologie« zwischen künstlerischen Formen und gesellschaftlich bedingten Bewußtseinsformen ausgeht. In jedem großen Kunstwerk konvergieren für ihn subjektive Interessen, die durch eine psychische Ausbildung geprägt sind, mit der durch die gesellschaftliche Praxis erzeugten Weltsicht.

Goldmanns Konzentration auf die Eigenart der ästhetischen Form findet sich bei Bourdieu in einer anderen Qualität wieder. Bourdieus Theorie des »literarischen Feldes«, ein zentraler Begriff seiner neuen soziologischen Schule, trägt der Tatsache einer Autonomisierung gesellschaftlicher Bereiche Rechnung. Handeln ist geprägt durch die Beziehung zwischen zwei Bezirken des Sozialen, den gesellschaftlichen Institutionen und den Dispositionen des Subjekts, die Bourdieu als »Habitus« bezeichnet. Demgegenüber verfügt das literarische Feld, durchaus vergleichbar der späten Ästhetik von Lukács, über eine Ordnung eigener Logik, die relativ autonom ist. Sie ist dem Feld der Macht nicht homolog, wie Goldmann meint, sondern steht in Spannung zu ihm; die im ökonomischen Feld geltenden Regeln und Gesetze sind in ihm suspendiert. Im literarischen Feld wirken deshalb ein »heteronomes« und ein »autonomes« Prinzip gegeneinander. Es sind Symbolsysteme, die auf das System der sozialen Positionen bezogen sind: im Wechselspiel beider wird die Dialektik von Text und gesellschaftlichem Kontext erkennbar. Auf sie richtet sich die Sozio-Analyse, die zunächst die Form des literarischen Textes untersucht, diese aber stets in Beziehung zur Position seines Produzenten im literarischen Feld setzt. Auch hier ist das literarische Werk kein mechanisches Abbild der Geschichte oder der gesellschaftlichen Wirklichkeit, sondern es kommt durch eine dialektische Beziehung von Positionen und Dispositionen zustande.

R. G. R.

Literatur

Fischer, L. / Jarchow, K.: Die soziale Logik der Felder und das Feld der Literatur. In: Sprache im technischen Zeitalter 102 (1987) S. 164–172.

Goldmann, L.: Georg Lukács: Die Theorie des Romans. In: L. G.: Dialektische Untersuchungen. Neuwied 1966.

Hagen, W.: Zur Archäologie der marxistischen Geschichts- und Literaturtheorie. Die sogenannte ›Sickingen-Debatte‹. In: Literaturwissenschaft und Sozialwissenschaften. Bd. 4. Stuttgart 1974. S. 7–108.

Hinderer, W. (Hrsg.): Sickingen-Debatte. Ein Beitrag zur materialistischen Literaturtheorie. Darmstadt/Neuwied 1974.

Hoeges, D.: L. Goldmann. In: W. D. Lange (Hrsg.): Französische Literaturkritik der Gegenwart. Stuttgart 1975. S. 208–33.

Jurt, J.: Das literarische Feld. Das Konzept Pierre Bourdieus in Theorie und Praxis. Darmstadt 1995.

Kagan, M.: Vorlesungen zur marxistisch-leninistischen Ästhetik. Berlin 1971.

Lenin, W. I.: Werke. Bd. 10. Berlin 1972. S. 29–34.

Michel, W.: Marxistische Ästhetik – Ästhetischer Marxismus. Georg Lukács' Realismus. Bd. 2: Georg Lukács' Realismus. Das Frühwerk, zweiter Teil. Frankfurt a. M. 1972.

Pasternack, G.: G. Lukács' späte Ästhetik und Literaturtheorie. Königstein i. Ts. 1985.

Pouillon, J.: Le Dieu caché ou l'histoire visible. In: Les Temps Modernes 13 (1957/58) S. 890–918.

Renner, R. G.: Ästhetische Theorie bei G. Lukács. Bern/München 1976.

Rockmore, T.: Lukács Today. Essays in Marxist Philosophy. Dordrecht 1988.

Einführung in die ästhetischen Schriften von Marx und Engels

Wir wollen [...] den Leser auf zwei Gesichtspunkte aufmerksam machen. Der erste liegt darin, daß das marxistische System – in scharfem Gegensatz zur modernen bürgerlichen Philosophie – sich nie von dem einheitlichen Prozeß der Geschichte ablöst. Nach Marx und Engels gibt es bloß eine einzige, einheitliche Wissenschaft: die Wissenschaft der Geschichte, welche die Entwicklung der Natur, der Gesellschaft, des Denkens usw. als einen einheitlichen geschichtlichen Prozeß auffaßt und bestrebt ist, seine allgemeinen und besonderen – sich auf einzelne Perioden beziehenden – Gesetzmäßigkeiten aufzudecken. Dies bedeutet aber – und das ist der zweite Gesichtspunkt – unter keinen Umständen einen historischen Relativismus. Auch in dieser Hinsicht steht der Marxismus in schroffem Gegensatz zum modernen bürgerlichen Denken. Das Wesen der dialektischen Methode besteht eben darin, daß in ihr das Absolute und das Relative eine unzerreißbare Einheit bilden: die absolute Wahrheit hat ihre *relativen*, an Ort, Zeit, Umstände gebundenen Elemente, andererseits ist die relative Wahrheit, insofern sie eine wirkliche Wahrheit ist, insofern sie die Wirklichkeit in treuer Annäherung widerspiegelt, von absoluter Gültigkeit.

Es ist eine notwendige Folge dieses Gesichtspunktes, daß die Marxsche Anschauung die in der bürgerlichen Welt modische scharfe Scheidung, Isolierung der einzelnen Wissenschaftszweige nicht anerkennt. Weder die Wissenschaft, noch die einzelnen Zweige der Wissenschaft, noch die Kunst haben ihre selbständige, immanente, ausschließlich aus ihrer eigenen inneren Dialektik fließende Geschichte. Die Entwicklung aller wird bestimmt vom Gang der Gesamtgeschichte der gesellschaftlichen Produktion; nur auf dieser Grundlage können die auf den einzelnen Gebieten auftretenden Veränderungen, Entwicklungen wirklich wissenschaftlich erklärt werden. Freilich darf diese – vielen modernen wissenschaftlichen Vorurteilen scharf widersprechende – Auffassung von Marx und Engels nicht mechanisch interpretiert werden, wie dies zahlreiche Pseudomarxisten, vulgäre Marxisten zu tun pflegen. In unseren späteren, in die Einzelheiten gehenden Analysen werden wir auf dieses Problem noch zurückkommen. Hier wollen wir bloß hervorheben, daß Marx und Engels die relativ selbständige Entwicklung der einzelnen Tätigkeitsgebiete des menschlichen Lebens – des Rechts, der Wissenschaft, der Kunst usw. – nie geleugnet haben, nie verkannt, daß etwa der einzelne philosophische Gedanke sich einem vorhergehenden anschließt, ihn weiterentwickelt, ihn bekämpft, korrigiert usw. Marx und Engels leugnen einzig, daß es möglich sei, die Entwicklung der Wissenschaft oder der Kunst ausschließlich oder auch nur primär aus ihren immanenten Zusammenhängen zu erklären. Diese immanenten Zusammenhänge existieren zweifellos in der objektiven Wirklichkeit, aber bloß als Momente des historischen Zusammenhanges, des Ganzen der historischen Entwicklung, innerhalb welchem dem ökonomischen Faktor: der Entwicklung der Produktivkräfte – im Komplex der komplizierten Wechselwirkungen – die primäre Rolle zufällt.

Die Existenz und das Wesen, das Entstehen und die Wirkung der Literatur können also bloß im gesamthistorischen Zusammenhang des ganzen Systems verstanden und erklärt werden. Entstehung und Entwicklung der Literatur sind ein Teil des gesamthistorischen Prozesses der Gesellschaft. Das ästhetische Wesen und der ästhetische Wert der literarischen Werke und im Zusammenhang damit ihre Wirkung sind ein Teil jenes allgemeinen und zusammenhängenden gesellschaftlichen Prozesses, in dem sich der Mensch die Welt durch sein Bewußtsein aneignet. Vom ersten Gesichtspunkt aus sind die marxistische Ästhetik, die marxistische Literatur- und Kunstgeschichte ein Teil des historischen Materialismus, vom zweiten Gesichtspunkt aus die Anwendung des dialektischen Materialismus. Freilich in beiden Fällen ein besonderer, eigentümlicher Teil *dieses Ganzen*, mit bestimmten spezifischen Gesetzmäßigkeiten, bestimmten spezifischen, ästhetischen Prinzipien. (205–207)

Es ist bekannt, daß der historische Materialismus im wirtschaftlichen Unterbau das Richtungsprinzip, die bestimmende Gesetzmäßigkeit der historischen Entwicklung sieht. Die Ideologien – darunter die Literatur und Kunst – figurieren in diesem Zusammenhang im Entwicklungsprozeß nur als sekundär bestimmender Überbau.

Aus dieser grundlegenden Feststellung zieht der Vulgärmaterialismus die mechanische und falsche, verzerrende und irreführende Konsequenz, es bestehe zwischen Unterbau und Überbau ein einfacher Kausalzusammenhang, in welchem der erstere nur als Ursache und letzterer nur als Folge figuriere. In den Augen des Vulgärmarxismus ist der Überbau eine mechanische, kausale Folge der Entwicklung der Produktivkräfte. Derartige Zusammenhänge kennt die dialektische Methode überhaupt nicht. Die Dialektik bestreitet, daß irgendwo auf der Welt rein einseitig Ursache-Folge-Beziehungen existieren; sie erkennt in den einfachsten Tatsachen komplizierte Wechselwirkungen von Ursachen und Folgen. Und der historische Materialismus betont mit besonderer Schärfe, daß bei einem so vielschichtigen und vielseitigen Prozeß, wie es die Entwicklung der Gesellschaft ist, der Gesamtprozeß der gesellschaftlichen, der historischen Entwicklung überall als das komplizierte Geflecht von Wechselwirkungen zustande kommt. Nur mit einer solchen Methode ist es möglich, das Problem der Ideologien auch nur anzurühren. Wer in den Ideologien das mechanische, passive Produkt des ihre Grundlage bildenden ökonomischen Prozesses sieht, der versteht von ihrem Wesen und ihrer Entwicklung gar nichts, der vertritt nicht den Marxismus, sondern sein Zerrbild, seine Karikatur.

Engels sagt in einem seiner Briefe in bezug auf diese Frage: »Die politische, rechtliche, philosophische, religiöse, literarische, künstlerische usw. Entwicklung beruht auf der ökonomischen. Aber sie alle reagieren auch aufeinander und auch auf die ökonomische Basis. Es ist nicht, daß die ökonomische Lage *Ursache allein aktiv ist* und alles andere nur passive Wirkung, sondern es ist Wechselwirkung auf der Grundlage der in *letzter Instanz* stets sich durchsetzenden ökonomischen Notwendigkeit.«

Diese marxistische methodologische Einstellung hat zur Folge, daß sie der schaffenden Energie, der Tätigkeit des Subjekts eine außerordentlich große Rolle in der historischen Entwicklung zuschreibt. Der entwicklungsgeschichtliche Grundgedanke des Marxismus vertritt die Auffassung, daß der Mensch durch seine Arbeit vom Tier zum Menschen wurde. Die schöpferische Rolle des Subjekts äußert sich also darin, daß der Mensch – durch seine Arbeit, deren Charakter, Möglichkeit, Entwicklungsgrad usw. freilich von objektiv natürlichen und gesellschaftlichen Umständen bestimmt werden – sich selbst schafft, sich selbst zum Menschen macht.   (207 f.)

Marx und Engels wehrten sich ihr Leben lang gegen die vereinfachende, vulgarisierende Auffassung ihrer sogenannten Schüler, die an Stelle des konkreten Studiums des konkreten historischen Prozesses eine auf rein konstruierten Folgerungen, Analogien fußende Geschichtsauffassung setzen und die komplizierten und konkreten Zusammenhänge der Dialektik durch mechanische Zusammenhänge verdrängen wollten. Man findet eine hervorragende Anwendung dieser Methode in Engels' an Paul Ernst gerichteten Brief, in dem Engels scharf gegen Paul Ernsts Versuch Stellung nimmt, Ibsens »kleinbürgerlichen« Charakter auf Grund des allgemeinen Begriffes des »Kleinbürgers«, den er aus der Analogie mit dem deutschen Kleinbürgertum konstruiert, zu bestimmen, statt auf die konkreten Eigentümlichkeiten der norwegischen Entwicklung zurückzugehen.

Die historischen Forschungen von Marx und Engels auf dem Gebiet der Kunst und Literatur erstrecken sich auf die Gesamtentwicklung der menschlichen Gesellschaft. Doch geradeso wie bei dem Versuch, die wirtschaftliche Entwicklung und die gesellschaftlichen Kämpfe wissenschaftlich zu erfassen, richtet sich auch hier ihr Hauptinteresse darauf, die wesentlichsten Züge der Jetztzeit, der modernen Entwicklung, zu erkennen und auszuarbeiten. Wenn wir nun in diesem Zusammenhang die Literaturbetrachtung des Marxismus ins Auge fassen, so sehen wir noch klarer, welch wichtige Rolle dem Prinzip der ungleichmäßigen Entwicklung bei der Ausarbeitung der Eigentümlichkeiten irgendeiner Periode zufällt. Zweifellos ist in der Entwicklung der Klassengesellschaften die kapitalistische Produktionsweise die wirtschaftlich höchste Stufe. Nach Marx ist es aber geradeso zweifellos, daß diese Produktionsweise ihrem Wesen zufolge ungünstig ist für die Entfaltung von Literatur und Kunst. Marx ist nicht der erste und auch nicht der einzige, der diesen Zusammenhang aufdeckt und ausführt. Aber die wirklichen Gründe erscheinen erst bei ihm in ihrer wahren Vollständigkeit. Denn nur eine solche umfassende, dynamische und dialektische Auffassung kann ein Bild dieser Lage geben. Natürlich können wir hier die Frage nicht einmal skizzieren.

Bei dieser Frage wird es dem Leser besonders klar, daß die marxistische Literaturtheorie und Literaturgeschichte bloß ein Teil eines umfassenden Ganzen: des historischen Materialismus, sind. Marx bestimmt diese grundlegende kunstfeindliche Richtung der kapitalistischen Produktionsweise nicht aus ästhetischen Gesichtspunkten. Ja wenn wir Marxens Aussprüche quantitativ, statistisch betrachten würden – was wir selbstverständlich nie tun dürfen, wenn wir zu einem richtigen Verständnis gelangen wollen –, könnten wir geradezu sagen, daß ihn diese Frage kaum interessierte.

Wer aber mit richtigem Verständnis und richtiger Aufmerksamkeit »Das Kapital« und andere Schriften von Marx durchstudiert hat, wird sehen, daß einige seiner Hinweise, aus dem Gesichtspunkt des umfassenden Ganzen gesehen, einen tieferen Einblick in das Wesen der Frage gewähren als die Schriften der romantischen Antikapitalisten, die sich ihr Leben lang mit Ästhetik beschäftigen. Die marxistische Ökonomie führt nämlich die Kategorien des wirtschaftlichen Seins, das die Grundlage des gesellschaftlichen Lebens bildet, dorthin zurück, wo sie sich in ihren wirklichen Formen äußern, als Beziehungen von Menschen zu Menschen und durch diese hindurch als Verhältnis der Gesellschaft zur Natur. Doch gleichzeitig beweist Marx auch, daß all diese Kategorien im Kapitalismus unbedingt in verdinglichten Formen erscheinen und mit ihrer verdinglichten Form ihr wirkliches Wesen, die Beziehungen der Menschen, verdecken. Dieses Auf-den-Kopf-Stellen der grundlegenden Kategorien des menschlichen Seins ist die notwendige Fetischisierung der kapitalistischen Gesellschaft. In dem Bewußtsein der Menschen erscheint die Welt ganz anders, als sie ist, in ihrer Struktur verzerrt, aus ihren wahren Zusammenhängen herausgerissen. Es ist eine ganz besondere Gedankenarbeit notwendig, damit der Mensch des Kapitalismus diese Fetischisierung durchschaue, damit er hinter den das alltägliche Leben der Menschen bestimmenden verdinglichten Kategorien (Ware, Geld, Preis usw.) ihr wirkliches Wesen erfasse: die gesellschaftlichen Beziehungen der Menschen untereinander.

Nun gehört die Humanität, d. h. das leidenschaftliche Studium der menschlichen Beschaffenheit des Menschen, zum Wesen jeder Literatur, jeder Kunst; im engen Zusammenhang hiermit ist jede gute Kunst, jede gute Literatur auch insofern humanistisch, als sie nicht nur den Menschen, das wirkliche Wesen seiner menschlichen Beschaffenheit leidenschaftlich studiert, sondern zugleich auch die menschliche Integrität des Menschen leidenschaftlich gegen alle sie angreifenden, entwürdigenden, verzerrenden Tendenzen verteidigt. Da nun alle diese Tendenzen, vor allem natürlich die Unterdrückung und Ausbeutung des Menschen durch den Menschen, in keiner Gesellschaft eine so unmenschliche Form annehmen – gerade infolge ihres scheinbar objektiven verdinglichten Charakters – wie in der kapitalistischen Gesellschaft, so ist jeder wirkliche Künstler, jeder wirkliche Schriftsteller ein instinktiver Feind jeder derartigen Verzerrung des humanistischen Prinzips; unabhängig davon, wie weit dies in den einzelnen schöpferischen Geistern bewußt wird. (211–213)

Die bisher angeführten Gesichtspunkte zeigen, wie die wirtschaftliche Grundlage der kapitalistischen Produktionsordnung auf die Literatur zurückwirkte, zumeist geradezu unabhängig von der Subjektivität der Schriftsteller. Marx und Engels sind aber weit davon entfernt, dieses letztere Moment auch nur im mindesten zu vernachlässigen. Im Laufe unserer weiteren Darlegungen werden wir noch eingehend auf die hier aufgetauchte Frage zurückkommen. Jetzt wollen wir nur auf ein Moment hinweisen. Den durchschnittlichen bürgerlichen Schriftsteller macht seine Anpassung an eine Klasse, an deren Vorurteile, an die kapitalistische Gesellschaft feige, läßt ihn vor dem Eingehen auf die wirklichen Probleme zurückschrecken. Der junge Marx schrieb im Laufe seiner in den vierziger Jahren geführten weltanschaulichen und literarischen Kämpfe eine eingehende Kritik über den damals vielgelesenen, in Deutschland außerordentlich populär gewordenen und einflußreichen Roman von Eugène Sue: »Die Geheimnisse von Paris«. Hier wollen wir nur darauf aufmerksam machen, daß Marx gerade jenen Umstand am heftigsten geißelt, daß Sue sich feig der Oberfläche der kapitalistischen Gesellschaft anpaßt, daß er aus Opportunismus die Wirklichkeit verzerrt und verfälscht. Selbstverständlich: heute liest niemand mehr Sue. Aber in jedem Jahrzehnt treten, den bürgerlichen Stimmungen des jeweiligen Jahrhunderts entsprechend, Modeschriftsteller auf, für die – mit entsprechenden Varianten – diese Kritik in jeder Hinsicht ihre Gültigkeit behält.

Wir sahen: unsere Analyse, die von der Entstehung und Entwicklung der Literatur ausgegangen war, wächst geradezu unbemerkt in ästhetische Fragen im engeren Sinne des Wortes hinein. Und damit sind wir zum zweiten Fragenkomplex der marxistischen Kunstanschauung gelangt. Marx hält die Erforschung der historischen und gesellschaftlichen Vorbedingungen der Entstehung und Entwicklung für außerordentlich wichtig, aber er behauptet niemals, daß damit die Fragen der Literatur auch nur im mindesten erschöpft wären: »Aber die Schwierigkeit liegt nicht darin, zu verstehen, daß griechische Kunst und Epos an gewisse gesellschaftliche Entwicklungsformen geknüpft sind. Die Schwierigkeit ist, daß sie für uns noch Kunstgenuß gewähren und in gewisser Beziehung als Norm und unerreichbare Muster gelten.«

Marxens Antwort auf die selbstgestellte Frage ist wieder inhaltlich-geschichtlich. Er weist darauf hin, wie sich das Griechentum, als die normale Kindheit der Menschheit, zum Seelenleben der viel später geborenen Menschen verhält. Die Frage führt dennoch nicht zu dem Problem der Entstehung der Gesellschaft zurück, sondern formuliert die grundlegenden Prinzipien der Ästhetik, freilich wieder nicht formalistisch, sondern in einem umfassenden dialektischen Zusammenhang. Die Antwort nämlich, die Marx hier gibt, wirft in bezug auf das ästhetische Wesen jedes Kunstwerkes, jeder Periode zwei große Fragenkomplexe auf: was bedeutet die so dargestellte Welt aus dem Gesichtspunkt der Entwicklung der Menschheit? und: wie stellt der Künstler innerhalb dieser Entwicklung eine ihrer bestimmten Stufen dar?

Nur von hier aus führt der Weg zur Frage der künstlerischen Form. Diese Frage kann selbstverständlich nur im engsten Zusammenhang mit den allgemeinen Prinzipien des dialektischen Materialismus gestellt und beantwortet werden. Es ist eine Grundthese des dialektischen Materialismus, daß jedes beliebige Bewußtwerden der Außenwelt nichts anderes ist als die Widerspiegelung der vom Bewußtsein unabhängig existierenden Wirklichkeit in den Gedanken, den Vorstellungen, den Empfindungen usw. des Menschen. Freilich grenzt sich der dialektische Materialismus, der in diesem aufs allgemeinste gefaßten Grundsatz mit jeder Art von Materialismus konform geht und in schroffem Gegensatz zu jeder Abart des Idealismus steht, scharf vom mechanischen Materialismus ab. Wenn Lenin diesen alten und veralteten Materialismus kritisiert, so hebt er als Hauptgesichtspunkt gerade das hervor, daß der veraltete Materialismus nicht imstande ist, die Widerspiegelungstheorie dialektisch zu fassen.

Die künstlerische Schöpfung gehört also als eine Art der Widerspiegelung der Außenwelt im menschlichen Bewußtsein der allgemeinen Erkenntnistheorie des dialektischen Materialismus an. Allerdings ist sie, infolge der Eigentümlichkeit der künstlerischen Schöpfung, ein eigentümlicher, besonderer Teil, in welchem oft von den anderen Gebieten scharf unterschiedene Gesetzmäßigkeiten zur Geltung kommen. Im folgenden werden wir auf einige dieser Eigentümlichkeiten der literarischen, der künstlerischen Widerspiegelung hinweisen, ohne freilich auch nur den Versuch zu einem wenn auch bloß skizzenhaften Erschöpfen des ganzen Fragenkomplexes zu machen.

Die Theorie der Widerspiegelung in der Ästhetik ist durchaus nicht neu. Das Bild, die Widerspiegelung selbst, als die das Wesen der Schöpfung ausdrückende Metapher, wurde durch Shakespeare berühmt, der in der Schauspielerszene im »Hamlet« auf diese Auffassung der Kunst hinweist als auf das Wesen seiner eigenen literarischen Theorie und Praxis. Aber der Gedanke selbst ist noch viel älter. Er ist bereits in der Ästhetik des Aristoteles eine zentrale Frage und herrscht auch seither – von dekadenten Zeiten abgesehen – in beinahe jeder großen Ästhetik. Die historische

Darstellung dieser Entwicklung ist selbstverständlich nicht die Aufgabe dieses Vorwortes. Es muß nur kurz darauf hingewiesen werden, daß viele idealistische Ästhetiken, auf ihre Weise, ebenfalls auf der Grundlage dieser Theorie stehen (z. B. die Platons). Noch wichtiger ist die Feststellung, daß geradezu alle großen Schriftsteller der Weltliteratur instinktiv oder mehr oder minder bewußt so geschaffen haben und bestrebt waren, sich die Hauptprinzipien ihres Schaffens in dieser Richtung bewußt zu machen. Das Ziel gleichsam aller großen Schriftsteller war die dichterische Reproduktion der Wirklichkeit; Treue der Wirklichkeit gegenüber, leidenschaftliches Streben nach umfassender und wirklicher Wiedergabe der Wirklichkeit war für jeden großen Schriftsteller das echte Kriterium der schriftstellerischen Größe (Shakespeare, Goethe, Balzac, Tolstoi).

Daß die marxistische Ästhetik in dieser zentralen Frage nicht mit dem Anspruch einer radikalen Neuerung auftritt, ist nur für jene überraschend, die die Weltanschauung des Proletariats ohne jeden ernsten Grund und ohne echte Kenntnis der Dinge mit etwas »radikal Neuem«, mit einem künstlerischen »Avantgardismus« verkoppeln; die glauben, daß die Befreiung des Proletariats auf dem Gebiet der Kultur ein vollkommenes Aufgeben der Vergangenheit bedeute. Die Klassiker und Begründer des Marxismus standen nie auf diesem Standpunkt. Ihrer Ansicht nach erben der Befreiungskampf der Arbeiterklasse, ihre Weltanschauung und die dereinst selbstgeschaffene Kultur all das, was die vieltausendjährige Entwicklung der Menschheit als wirkliche Werte hervorgebracht hat. (216–218)

Wenn wir nun einige der wichtigsten Momente dieser Lage zu klären wünschen, dann taucht sofort die Frage auf: was ist jene Wirklichkeit, deren treues Spiegelbild die literarische Gestaltung sein muß? Hier ist vor allem die negative Seite der Antwort wichtig: diese Wirklichkeit besteht nicht bloß aus der unmittelbar empfundenen Oberfläche der Außenwelt, nicht bloß aus den zufälligen, momentanen eventualen Erscheinungen. Gleichzeitig damit, daß die marxistische Ästhetik den Realismus in den Mittelpunkt der Kunsttheorie stellt, bekämpft sie aufs schärfste jedweden Naturalismus, jede Richtung, die sich mit der photographischen Wiedergabe der unmittelbar wahrnehmbaren Oberfläche der Außenwelt begnügt. In dieser Frage sagt die marxistische Ästhetik wiederum nichts radikal Neues aus, sondern hebt lediglich all das, was seit jeher im Mittelpunkt der Theorie und der Praxis der alten großen Künstler stand, auf die höchste Stufe der Bewußtheit und vollkommenen Klarheit.

Die Ästhetik des Marxismus bekämpft aber gleichzeitig ebenso scharf ein anderes falsches Extrem der Entwicklung, jene Auffassung nämlich, die aus der Einsicht, daß das Kopieren der Wirklichkeit zu verwerfen ist, daß die künstlerischen Formen unabhängig sind von dieser oberflächlichen Wirklichkeit, zu dem Extrem gelangt – in Theorie und Praxis der Kunst –, den künstlerischen Formen eine absolute Unabhängigkeit zuzuschreiben, die Vollkommenheit der Formen beziehungsweise ihre Vervollkommnung als Selbstzweck anzusehen und damit von der Wirklichkeit selbst zu abstrahieren, sich als von der Wirklichkeit unabhängig zu gebärden, sich das Recht anzumaßen, diese radikal umzugestalten und zu stilisieren. Dies ist ein Kampf, in dem der Marxismus die Ansicht der wirklichen Größen der Weltliteratur darüber, was richtige Kunst ist, fortsetzt und weiterentfaltet: jene Ansicht, wonach die Aufgabe der Kunst die treue und wahre Darstellung des Ganzen der Wirklichkeit ist; die Kunst ist gerade so weit entfernt von dem photographischen Kopieren wie von der – letzten Endes – leeren Spielerei mit abstrakten Formen.

Das so aufgefaßte Wesen der Kunst wirft eine zentrale Frage der Erkenntnistheorie des dialektischen Materialismus auf: die vom Erscheinen und Wesen. Das bürgerliche Denken und demzufolge die bürgerliche Ästhetik konnten mit diesem Problem nie fertig werden. Jede naturalistische

Theorie und Praxis vereinigt mechanisch, antidialektisch Erscheinung und Wesen, und in dieser trüben Mischung wird notwendigerweise das Wesen verdunkelt, ja es verschwindet sogar in den meisten Fällen vollständig. Die idealistische Kunstphilosophie, die künstlerische Praxis des Stilisierens sehen den Gegensatz zwischen Wesen und Erscheinung zuweilen klar, aber infolge des Mangels an Dialektik oder infolge einer unvollkommenen, idealistischen Dialektik sehen sie zwischen Erscheinung und Wesen ausschließlich den Gegensatz und erkennen innerhalb der Gegensätzlichkeit nicht die dialektische Einheit der Widersprüche. (Diese Problematik ist bei Schiller in seinen außerordentlich interessanten und tiefschürfenden ästhetischen Studien wie auch in seiner dichterischen Praxis klar zu sehen.) Und die Literatur und Literaturtheorie niedergehender Perioden pflegen beide falsche Tendenzen zu vereinigen: an die Stelle der wirklichen Erforschung des Wesens tritt ein Spiel mit oberflächlichen Analogien, welche Analogien aber ebenso von der Wirklichkeit abstrahieren wie die Wesensdarstellung der idealistischen Klassiker; diese leeren Konstruktionen sind dann mit naturalistischen, impressionistischen usw. Details behängt, und die organisch zusammengehörigen Teile werden durch eine Art mystifizierende »Weltanschauung« in einer Pseudoeinheit zusammengefaßt.

Die wirkliche Dialektik von Wesen und Erscheinung beruht darauf, daß beide gleichermaßen Momente der objektiven Wirklichkeit sind, beide Produkte der Wirklichkeit und nicht bloß des menschlichen Bewußtseins. Jedoch – und dies ist ein wichtiger Satz der dialektischen Erkenntnis – die Wirklichkeit hat verschiedene Stufen: es gibt die nie wiederkehrende, flüchtige Wirklichkeit der Oberfläche, der Augenblicklichkeit, und es gibt tiefere, gesetzmäßig wiederkehrende, obwohl mit den sich verändernden Umständen wechselnde Elemente und Tendenzen der Wirklichkeit. [...]

Die wirkliche Kunst tendiert daher auf Tiefe und Umfassung. Sie ist bestrebt, das Leben in seiner allseitigen Totalität zu ergreifen. Das heißt, sie erforscht, so weit wie möglich in die Tiefe dringend, jene wesentlichen Momente, die hinter den Erscheinungen verborgen sind, aber sie stellt sie nicht abstrakt, von den Erscheinungen abstrahierend, sie ihnen gegenüberstellend dar, sondern gestaltet gerade jenen lebendigen dialektischen Prozeß, in dem das Wesen in Erscheinung umschlägt, sich in der Erscheinung offenbart, sowie jene Seite desselben Prozesses, in welchem die Erscheinung in ihrer Bewegtheit ihr eigenes Wesen aufdeckt. Andererseits bergen diese einzelnen Momente nicht nur in sich eine dialektische Bewegung, ein Ineinander-Überschlagen, sondern stehen auch in einer ununterbrochenen Wechselwirkung miteinander, sie sind die Momente eines ununterbrochenen Prozesses. Die echte Kunst stellt also immer ein Ganzes des menschlichen Lebens dar, es in seiner Bewegung, Entwicklung, Entfaltung gestaltend.

Da dieserart die dialektische Auffassung das Allgemeine, Besondere und Einzelne in eine bewegte Einheit zusammenfaßt, ist es klar, daß sich die Eigenart dieser Auffassung auch in den spezifischen künstlerischen Erscheinungsformen manifestieren muß. Denn im Gegensatz zu der Wissenschaft, die diese Bewegung in ihre abstrakten Elemente auflöst und bestrebt ist, die Gesetzmäßigkeit der Wechselwirkung dieser Elemente gedanklich zu erfassen, bringt die Kunst diese Bewegung als Bewegung in ihrer lebendigen Einheit zu sinnlicher Anschauung. Eine der wichtigsten Kategorien dieser künstlerischen Synthese ist der Typus. Es ist daher kein Zufall, daß Marx und Engels bei der Bestimmung des echten Realismus in erster Linie auf diesen Begriff zurückgreifen. Engels schreibt: »Realismus bedeutet, meines Erachtens, außer der Treue des Details die getreue Wiedergabe typischer Charaktere unter typischen Umständen.« Engels weist aber auch darauf hin, daß man diese Typenhaftigkeit durchaus nicht der Einmaligkeit der Erscheinungen gegenüberstellen, daß man keine abstrakte Verallgemeinerung aus ihr machen darf: »... jeder ist ein Typus, aber auch zugleich ein bestimmter Einzelmensch, ein ›Dieser‹, wie der alte Hegel sich ausdrückt, und so muß es sein.«

Der Typus ist also, nach Marx und Engels, nicht der abstrakte Typus der klassischen Tragödie, nicht die Gestalt der Schillerschen idealisierenden Verallgemeinerung, aber noch weniger das, wozu ihn die Zolasche und Nach-Zolasche Literatur und Literaturtheorie gemacht haben: der Durchschnitt. Der Typus wird dadurch charakterisiert, daß in ihm alle hervorstechenden Züge jener dynamischen Einheit, in welcher die echte Literatur das Leben widerspiegelt, in ihrer widersprüchlichen Einheit zusammenlaufen, daß sich in ihm diese Widersprüche, die wichtigsten gesellschaftlichen, moralischen und seelischen Widersprüche einer Zeit, zu einer lebendigen Einheit verflechten. Die Darstellung des Durchschnitts führt dagegen notwendigerweise dazu, daß diese Widersprüche, die immer die Spiegelung der großen Probleme irgendeines Zeitalters sind, in der Seele und dem Schicksal eines Durchschnittsmenschen abgestumpft, geschwächt erscheinen und dadurch gerade ihre wesentlichen Züge verlieren. In der Darstellung des Typus, in der typischen Kunst vereinen sich das Konkrete und das Gesetzmäßige, das Bleibend-Menschliche und das geschichtlich Bestimmte, das Individuelle und das Gesellschaftlich-Allgemeine. In der typischen Gestaltung, in der Aufdekkung von typischen Charakteren und typischen Situationen bekommen daher die wichtigsten Richtungen der gesellschaftlichen Entwicklung ihren adäquaten künstlerischen Ausdruck. (218–221)

Engels beschäftigt sich in einem berühmten, an Miss Margaret Harkness gerichteten Brief ausführlich mit diesem Problem: mit der Frage, daß Balzac zwar als Politiker, als Royalist, als Legitimist ein großer Verehrer der verfallenden Aristokratie war, daß jedoch in seinen Werken – letzten Endes – gerade das Gegenteil dieser Anschauung zum Ausdruck kommt. »Gewiß, Balzac war politisch Legitimist; sein großes Werk ist ein ständiges Klagelied über den unvermeidlichen Verfall der guten Gesellschaft; alle seine Sympathien sind bei der Klasse, die zum Untergang verurteilt ist. Aber trotz all dem ist seine Satire niemals schärfer, seine Ironie niemals bitterer, als wenn er gerade die Männer und Frauen in Bewegung setzt, mit denen er zutiefst sympathisiert, – die Adeligen.« Und ganz im Gegensatz hierzu stellt er seine politischen Feinde, die republikanischen Aufständischen, als die einzigen echten Helden seiner Zeit dar. Die letzten Konsequenzen dieses Widerspruchs faßt Engels so zusammen: »Daß Balzac so gezwungen wurde, gegen seine eigenen Klassensympathien und politischen Vorurteile zu handeln, daß er die Notwendigkeit des Untergangs seiner geliebten Adeligen *sah* und sie als Menschen schildert, die kein besseres Schicksal verdienen; und daß er die wirklichen Menschen der Zukunft dort *sah*, wo sie in der damaligen Zeit allein zu finden waren, – das betrachte ich als einen der größten Triumphe des Realismus und als einen der großartigsten Züge des alten Balzac.«   (226 f.)

Der Triumph des Realismus bedeutet in dieser marxistischen Fassung einen vollkommenen Bruch mit jener vulgären Auffassung von Literatur und Kunst, die aus den politischen Anschauungen des Schriftstellers, aus der sogenannten Klassenpsychologie den Wert des dichterischen Werkes mechanisch ableitet. Die hier bezeichnete Methode des Marxismus ist überaus geeignet zur Erklärung komplizierter literarischer Erscheinungen. Doch nur dann, wenn sie konkret, in wirklich geschichtlichem Geist, mit echter ästhetischer und gesellschaftlicher Einheit gehandhabt wird. Wer hier ein für jede literarische Erscheinung anwendbares Schema zu finden wähnt, deutet die Klassiker des Marxismus geradeso falsch, wie dies die Vulgärmarxisten alten Typs getan hatten. Damit also in bezug auf diese Methode kein Mißverständnis übrigbleibe: der Triumph des Realismus bedeutet nach Engels weder, daß für den Marxismus die offen verkündete Weltanschauung der Schriftsteller gleichgültig sei, noch daß jede Schöpfung jedes Schriftstellers, sobald sie von der offen verkündeten Weltanschauung abweicht, den Triumph des Realismus bedeute. Der Sieg des Realismus tritt nur dann ein, wenn die ganz großen realistischen Künstler in einer tiefen und ernsten, wenn auch nicht bewußt erkannten Beziehung zu irgendeiner progressiven Strömung der Menschheitsentwicklung stehen. So wie es vom marxistischen Gesichtspunkt aus unhaltbar war, schlechte oder mittelmäßige Schriftsteller ihrer politischen Überzeugung zuliebe auf das Piedestal der Klassiker zu erheben, geradeso unhaltbar wäre es, mehr oder minder artistisch vollkommene, halb oder ganz reaktionäre Schriftsteller auf Grund dieser Formulierung von Engels rehabilitieren zu wollen.

Nicht zufällig haben wir bei Balzac vom Schutz der Integrität des Menschen gesprochen. Bei den meisten großen Realisten gibt dies den Impuls zur Darstellung der Wirklichkeit, freilich je nach Perioden und Individuen mit außerordentlich verschiedenem Charakter und Akzent. Große Kunst, echter Realismus und Humanismus sind untrennbar miteinander verschmolzen. Und das Prinzip der Vereinigung ist gerade das, was wir vorhin hervorhoben: die Sorge um die Integrität des Menschen. Dieser Humanismus gehört zu den wichtigsten Grundprinzipien der marxistischen Ästhetik.   (228 f.)

ANTONIO GRAMSCI

Kriterien der Literaturkritik

Ist denn die Auffassung, daß die Kunst Kunst und keine »willentliche« und vorsätzliche politische Propaganda ist, als solche ein Hindernis bei der Herausbildung bestimmter kultureller Strömungen, die ihre Zeit widerspiegeln und beitragen sollen, bestimmte politische Strömungen zu stärken? Es sieht nicht so aus, es scheint sogar, daß diese Auffassung das Problem in radikalerer Form und als Problem einer wirksameren und schlüssigeren Kritik stellt. Hält man sich an das Prinzip, daß in dem Kunstwerk nur die künstlerische Seite zu untersuchen sei, so ist deshalb überhaupt nicht die Nachforschung ausgeschlossen, welche Gefühlsfülle, welche Einstellung zum Leben im Werk selbst enthalten sein können. Im Gegenteil, bei De Sanctis und bei Croce selbst sieht man, daß die modernen ästhetischen Strömungen das zulassen. Für ausgeschlossen hält man, daß ein Werk wegen seines moralischen und politischen Inhalts schön sei und nicht etwa wegen seiner Form, in die der abstrakte Inhalt eingeflossen ist und Gestalt angenommen hat. Ferner ist zu untersuchen, ob ein Kunstwerk nicht deshalb mißglückt ist, weil sich der Autor von äußerlich praktischen, das heißt von unechten und unaufrichtigen Erwägungen hat ablenken lassen. Das scheint der entscheidende Punkt in der Polemik zu sein: X »will« einen bestimmten Inhalt auf künstliche Weise ausdrücken und schafft kein Kunstwerk. Das künstlerische Scheitern des gegebenen Kunstwerks (denn X hat in anderen, von ihm wirklich empfundenen und durchlebten Werken gezeigt, daß er ein Künstler ist) beweist, daß eben dieser Inhalt für X taube und widerstrebende Materie darstellt, daß die Begeisterung von X vorgetäuscht und nach außen hin gemacht ist, daß X in diesem bestimmten Fall in Wirklichkeit kein Künstler, sondern ein Diener ist, der den Herren gefallen will. Hier geht es also um Tatsachen zweierlei Art: Die einen sind ästhetischer Natur oder betreffen die reine Kunst, die anderen sind kulturpolitischer (ohne weiteres also politischer) Natur. Die Tatsache, daß einem Werk der künstlerische Charakter abgesprochen wird, kann vom politischen Kritiker dazu genutzt werden, den Nachweis zu führen, daß X als Künstler dieser bestimmten politischen Welt nicht angehört, und daß diese bestimmte Welt, da er ja vorwiegend eine künstlerische Persönlichkeit ist, in seinem ureigensten Innenleben nicht wirkt, nicht besteht: X ist deswegen ein Komödiant in der Politik, er will glauben machen, etwas zu sein, was er nicht ist, usw. usw. Der politische Kritiker beschuldigt also X nicht als Künstler, sondern als »politischen Opportunisten«. Der Druck, den ein Politiker ausübt, damit die Kunst seiner Zeit eine bestimmte kulturelle Welt ausdrückt, ist politisches Handeln, ist keine Kunstkritik: wenn die kulturelle Welt, für die gekämpft wird, etwas Lebendiges und Notwendiges ist, wird ihre Mitteilsamkeit unwiderstehlich sein, sie wird ihre Künstler finden. Wenn diese Unwiderstehlichkeit aber trotz dieses Drucks nicht in Erscheinung tritt und wirkt, so bedeutet das, es hat sich um eine künstliche, unechte Welt gehandelt, um zu Papier gebrachte Hirngespinste mittelmäßiger Leute, die sich beklagen, daß bedeutendere Männer ihnen nicht zustimmen wollen. Schon die Art und Weise der Fragestellung kann ein Indiz für die Festigkeit einer solchen moralischen und kulturellen Welt sein: und tatsächlich ist die sogenannte Kalligraphie nichts weiter als die Verteidigung seitens unbedeutender Künstler, die opportunistisch bestimmte Prinzipien vertreten, sich aber nicht imstande fühlen, sie künstlerisch auszudrücken, in der ihnen gemäßen Tätigkeit also, und die dann von reiner Form, die ihr eigener Inhalt sei usw. usw., spintisieren. Das formale Prinzip der Unterscheidung zwischen den geistigen Kategorien und ihrer durch Kreislauf bedingten Einheit gestattet bei all seiner Abstraktheit, die tatsächlich vorhandene Realität zu erfassen und die Willkürlichkeit und das Scheinleben desjenigen zu kritisieren, der nicht mit offenen Karten spielen will oder einfach ein mittelmäßiger Mensch ist, den der Zufall auf einen Kommandoposten gestellt hat.

PIERRE BOURDIEU

Flaubert
Einführung in die Sozioanalyse

Für diese Einführung in die Sozioanalyse läßt sich kein besserer Auftakt denken als die Lektüre von Flauberts *Erziehung des Herzens*. Dieses paradoxe Werk, eine Art absolutes Meisterwerk, liefert in der immanenten Beschreibung der sozialen Welt, in der der Autor seinen Ort hatte, zugleich die Mittel zu seiner Analyse. Die Lektüre macht dabei lediglich eine Struktur sichtbar, die, kaum aufgedeckt, als vollkommen evident erscheint, im Text selber jedoch nur in verschleierter Form zum Ausdruck kommt. Und zwar so perfekt, daß sie selbst und zugleich das, was in meinen Augen die zentrale Triebfeder des Werkes ausmacht, bislang allen Interpreten entgangen ist.

Die implizite Struktur explizit zu machen, das Erzeugungsmodell herauszustellen, das dem Aufbau des gesamten Romans zugrunde liegt, eine Geschichte, eine Erzählung, ein Abenteuer in das Protokoll einer Art Experimentalmontage zu verwandeln, bedeutet, eine Wahrheit des Werks preiszugeben, von der man sagen könnte, daß es *die* Wahrheit des Werkes sei, wäre das Werk nicht garade dadurch gekennzeichnet, daß es diese Wahrheit nicht preisgibt. Es ist möglicherweise dieser die Form der *Objektivierung* betreffende Abstand, der den zugleich großen wie kleinen Unterschied zwischen literarischem und wissenschaftlichem Diskurs ausmacht, zwischen dem, was Flaubert über die soziale Welt, an der er teilhat, aussagt, und dem, was der Analysierende ihn sagen läßt – nichts anderes sagen läßt als was er sagt, allerdings auf andere Weise und in anderer Form.

Das Modell

Frédéric Moreau ist ein unbestimmtes und unentschlossenes Wesen, oder besser noch: objektiv wie subjektiv zur Unbestimmtheit und Unentschlossenheit bestimmt. In die Freiheit versetzt, die ihm seine Lage als Rentier gewährleistet, ist er bis in die innersten Gefühle hinein, deren Subjekt er zu sein scheint, den Schwankungen seiner finanziellen Investitionen unterworfen; sie geben seinen aufeinanderfolgenden Entscheidungen Richtung und Ziel. Frédéric Moreau, ein »junger Mann von 18 Jahren, mit langem Haar«, »vor kurzem Baccalaureus geworden«, »den seine Mutter, mit dem notwendigsten Geld ausgerüstet, nach Le Havre zum Besuch eines Onkels geschickt hatte, dessen Erbschaft sie für ihren Sohn erhoffte«, dieser Jüngling aus bürgerlichem Hause also, der »an den Entwurf eines Dramas, an Vorwürfe zu Gemälden, an künftige Leidenschaften« denkt, hat den Punkt der Karriere erreicht, von dem aus sich für die von Sartre als »Juniors der herrschenden Klasse« Apostrophierten mit einem Blick alle grundlegenden »Positionen« des Macht-Feldes und der dahin führenden Wege erfassen lassen.

Die Gleichgültigkeit, die er zuweilen den gewöhnlichen Gegenständen des bürgerlichen Ehrgeizes gegenüber an den Tag legt, ist lediglich ein sekundärer Effekt seiner idealisierten Liebe für Madame Arnoux, gleichsam eine imaginäre Stütze seiner Unbestimmtheit und Unentschlossenheit: »Was habe ich denn sonst auf der Welt zu suchen? Die anderen wenden alle ihre Kräfte an Reichtum, Ruhm und Macht. Ich habe keinen Beruf. Sie (d. h. Madame Arnoux) sind meine einzige Beschäftigung, mein ganzes Glück, das Ziel und der Mittelpunkt meines Daseins und meiner Gedanken« (365).* Seine von Zeit zu Zeit bekundeten künstle-

---

* Die Zahlen in Klammern beziehen sich auf folgende Ausgabe: G. Flaubert, *Die Erziehung des Herzens. Geschichte eines jungen Mannes*, dt. von E. A. Reinhardt, Zürich 1979.

rischen Interessen wiederum sind weder beständig noch in sich stimmig genug, als daß sie einem höheren, den gewöhnlichen Ambitionen positiv entgegenwirkenden Anspruch als Ansatz dienen könnten. Frédéric, der beim ersten Auftreten »an den Entwurf eines Dramas, an Vorwürfe zu Gemälden« denkt, der ein andermal »Symphonien erträumt«, »malen will«, und Gedichte verfaßt, beginnt eines Tages »einen Roman mit dem Titel ›Silvio, der Sohn des Fischers‹ zu schreiben«, worin er sich gemeinsam mit Madame Arnoux in Szene setzt; dann wieder mietet er »ein Klavier und komponiert deutsche Walzer«; entscheidet sich schließlich erneut für die Malerei, da sie ihn Madame Arnoux näherbringt; um am Ende wieder beim Ehrgeiz zu schreiben zu landen, diesmal eine »Geschichte der Renaissance« (11, 27, 39, 40, 252). Frédérics gesamte Existenz, wie das Universum des Romans überhaupt, ist um zwei Pole aufgebaut, verkörpert in den Arnoux und den Dambreuses: auf der einen Seite »Kunst und Politik«, auf der anderen »Politik und Geschäft«. Am Schnittpunkt beider Welten, zumindest am Anfang, d. h. vor der 48er-Revolution, befindet sich neben Frédéric selber nur noch ›Vater Oudry‹, häufiger Gast der Arnoux, allerdings als Nachbar. Die *Bezugspersonen*, insbesondere Arnoux und Dambreuse, fungieren als Symbole zur Kennzeichnung und Repräsentation der relevanten Positionen des sozialen Feldes, es sind keine »Charaktere« aus dem Geiste La Bruyères, wie Thibaudet glaubt, vielmehr mit soziologisch belangvollen Merkmalen gesättigte Symbole einer jeweiligen sozialen Position. So gewinnen etwa die diversen Empfänge und Treffen eine immanente und diskriminierende Bedeutung anhand der dort angebotenen Getränke: vom Bier Deslauriers über die auserlesenen Weine« der Arnoux, Liebfrauenmilch und Tokajer, und dem Champagner Rosanettes, bis zu den »großen Bordeaux-Weinen« der Dambreuses. Vermittels der Fülle von Hinweisen, die Flaubert liefert, wie der verschiedenen »Kreise«, die durch gesellschaftliche Praktiken der Kooptation wie Empfänge, Abendgesellschaften und Freundestreffen gezogen werden, läßt sich der soziale Raum der *Erziehung des Herzens* konstruieren und lassen sich die Positionen darin ausmachen. (173–174)

Die notwendigen Zufälle

Mit dem polarisierten Raum des Macht-Feldes sind somit Spielregeln, Spielgewinne und Einsätze definiert: zwischen den beiden extremen Polen herrscht absolute Unvereinbarkeit. An beiden Tischen gleichzeitig kann man nicht spielen; alles gewinnen zu wollen, geht nur um den Preis, alles verlieren zu können. Mit der Beschreibung der Eigenschaften von Jugendlichen ist zugleich die Verteilung der Trümpfe vorgegeben. Die Partie kann beginnen. Die Aktionen und Reaktionen, die Rivalitäten und Konflikte, selbst noch die glücklichen wie unglücklichen Zufälle, die den Gang der verschiedenen Lebensgeschichten ausmachen, sind lediglich Gelegenheiten zur Veranschaulichung, Darstellung des Wesens der Person, zu dessen zeitlicher Entfaltung in Form einer *Geschichte*. Die einzelnen Verhaltensweisen jeder Person legen das System der Unterschiede fest, die diese von jedem anderen Mitglied der Gruppe abheben, ohne zur ursprünglichen Form tatsächlich etwas hinzuzufügen. Denn jede Person ist vollständig in jeder ihrer Äußerungen enthalten, diese, *pars totalis*, dazu bestimmt, als unmittelbar verständliches Zeichen für alle anderen, vergangenen wie zukünftigen, zu fungieren. So ist Martinons »Schifferbart« Ankündigung aller späteren Äußerungen seines Habitus: angefangen bei der Blässe, den Seufzern und dem Gejammer während des kleinen Aufruhrs, womit er seine Furcht verrät, kompromittiert zu werden, oder dem vorsichtigen Widerstand, den er seinen Kameraden entgegenbringt, als sie Louis Philippe attackieren – ein Verhalten, das Flaubert selber auf die Folgsamkeit zurückführt, dank derer es diesem gelungen sei, während des Collège Strafarbeiten zu umgehen und heute den Jura-Professoren zu gefallen –, bis zum zur Schau getragenen Ernst seiner offen konservativen Äußerungen und seines gesetzten Auftretens während der Empfänge der Dambreuses.

Wenn die *Erziehung des Herzens*, diese notwendige Geschichte einer Gruppe, deren durch eine gleichsam systematische Kombinatorik vereinigten Elemente den gesamten Anziehungs- und Abstoßungskräften des Macht-Feldes ausgesetzt sind, in naiver Weise als eine Geschichte gelesen werden kann, so deshalb, weil die von Flaubert zwecks Konstruktion eines mit dem Schein von Realität versehenen sozialen Universums geschaffene Struktur sich, wie in der Realität, hinter den Interaktionen kaschiert, die sie strukturiert. Und da die intensivsten Interaktionen Herzensbeziehungen sind (und vorweg vom Autor unserer besonderen Aufmerksamkeit anheimgegeben wurden), wird verständlich, warum sie die tatsächliche Grundlage ihrer eigenen Verständlichkeit in den Augen jener Leser und Kommentatoren vollkommen verbergen, deren »literarisches Empfinden« diese schwerlich dazu disponiert, in den sozialen Strukturen die Wahrheit der Gefühle zu entdecken. Was darüber hinaus den Personen den Anschein abstrakter Kombinatorik von Parametern nimmt, ist paradoxerweise die Enge des sozialen Raums, in den sie gestellt sind: Innerhalb dieses endlich-geschlossenen Raums, der wider allen Schein ähnlich ist dem jener Kriminalromane, in denen die Figuren auf einer Insel, einem Dampfer oder einem abgelegenen Herrensitz eingeschlossen sind, haben die 20 Protagonisten große Chancen sich zu treffen – im Guten wie im Schlechten –, folglich in einem zwangsläufigen Abenteuer, in einer in einer voraus zu deduzierenden Geschichte alle Implikationen ihrer jeweiligen »Formeln« und der kombinierten Formel, die antizipatorisch die Höhepunkte ihrer Interaktion einschließt, zu entwickeln – zum Beispiel die Rivalität um eine Frau (zwischen Frédéric und Cisy im Hinblick auf Rosanette, bzw. zwischen Martinon und Cisy in bezug auf

Cécile) oder eine Stellung (zwischen Frédéric und Martinon um den Schutz von Monsieur Dambreuse). Tatsächlich ist jeder Protagonist durch eine Art generativer Formel definiert, die nicht völlig explizit, schon gar nicht formalisiert sein muß, um die einzelnen Entscheidungen des Romanciers zu lenken: Sie funktioniert in etwa wie die praktische Intuition des Habitus, die in der Alltagserfahrung die Verhaltensweisen der vertrauten Menschen vorauszuahnen und auf jeden Fall zu verstehen erlaubt. (181–182)

Um die gänzlich negative Geschichte Frédérics zu verstehen (die sich als ganze verdichtet im Stellentausch mit Martinon in bezug auf Madame Dambreuse, Cécile und das Erbe von Monsieur Dambreuse), muß man sich nicht nur der Umkehrung bewußt sein, die sich zwischen der Welt der Kunst und der Welt der Geschäfte ergibt, sondern auch des Zusammenhangs zwischen den diversen Formen der Liebe und den diversen Formen der Liebe zur Kunst; letztere entwickeln sich ja, wie sich anhand der Analyse von *Das Leben der Bohème* zeigen läßt, zur selben Zeit und in derselben Welt; eben der Kunst und der Bohème. Aus der Perspektive der Geschäfte heißt das Kunst-Spiel »Wer verliert, gewinnt«. In dieser ökonomisch verkehrten Welt kompromittieren die Gewinner, d. h. diejenigen, die zu Geld, Ehren, legitimen oder illegitimen Frauen, kurzum zu allen Symbolen *mondänen* Erfolgs kommen, mit Sicherheit ihr Heil in dem von der Kunst verheißenen Jenseits. Das grundlegende Gesetz dieses paradoxen Spiels besteht gerade darin, an Intereselosigkeit, Uneigennützigkeit interessiert zu sein: Die Liebe zur Kunst ist Liebe aus Leidenschaft, zumindest von den Normen des ordinären Lebens aus gesehen – »normal«: das, was das bürgerliche Theater in Szene setzt.

Das Gesetz von der Unvereinbarkeit der Welten vollzieht sich vermittels der Homologie von Liebes- und Kunstform. Um auf der Ebene der Ambitionen zu bleiben: tatsächlich werden die zunächst ausladenden Pendelbewegungen zwi-

schen der Kunst (sogar den verschiedenen Künsten) mit
Fortschreiten der Geschichte tendenziell immer kürzer; und
dies, obwohl Frédéric noch lange zwischen einer Machtpo-
sition in der Kunstwelt und einer Stellung in der Verwal-
tung oder der Geschäftswelt schwankt (der eines Generalse-
kretärs für die Geschäfte von Monsieur Dambreuse oder
der eines Mitglieds im Staatsrat). Auf der amourös-senti-
mentalen Ebene dagegen bleiben die weiten Schwankungen
zwischen Liebe aus Leidenschaft und Liebe aus Gewinn-
sucht bis zum Ende bestehen: Frédéric steht zwischen Madame Arnoux, Rosanette und Madame Dambreuse, während Louise (Roque), die ihm »Versprochene«, als wahrscheinlichste Möglichkeit, für ihn nichts anderes darstellt als
ein Refugium und ein Revanchespiel in den Momenten, wo
seine »Aktien« – im buchstäblichen wie im übertragenen
Sinne – im Niedergang begriffen sind. Und so widerfahren
Frédéric die meisten Zu- und Unfälle, mit denen sich das
Universum der Möglichkeiten weiter verengt, durch Vermittlung dieser drei Frauen, oder genauer, durch die Beziehung, die ihn – vermittelt über sie – an Arnoux und
Monsieur Dambreuse bindet, an die Kunst und an die
Macht. (187)

Macht und Ohnmacht

Damit befinden wir uns nun am wirklichen Ort der so
häufig hinterfragten Identität von Flaubert und Frédéric.
»Natürlich schuldet Frédéric Moreau vieles der Autobiographie«: ein Biographenausspruch, der geradezu ins *Wörterbuch der Gemeinplätze* gehört. In der Tat spricht alles
dafür, daß Flaubert die Geschichte von Frédéric schreiben
mußte, um jenen anderen, möglichen Flaubert zu beschwö-
ren, jenen Flaubert, den er durch das Schreiben überwinden
oder sublimieren mußte, und den er hier frontal angeht,
mittels einer *Objektivierung*, einer Selbst- und Sozioanalyse, die das genaue Gegenteil der gefälligen Projektion des

biographischen Genres darstellt. Es ist sicher kein Zufall, daß er, nach dem Erfolg von *Madame Bovary*, zunächst wieder vollkommen sicher sein mußte über den nicht-negativen Charakter seiner »Berufung« als Schriftsteller, bevor er die *Erziehung des Herzens* zu Ende schreiben konnte, diesen mehrfach aufgegebenen Roman über die *gesellschaftliche Endlichkeit*, worin der Schriftsteller die Unzurückführbarkeit des Schriftstellers auf die gesellschaftlichen Determinierungen im und durch sein Vermögen geltend macht, eine Geschichte des mißglückten Versuchs, sich dieser Determinierung zu entziehen, zu schreiben. Flaubert trennt sich von Frédéric, einer in ihm angelegten Möglichkeit, er bricht mit der Unbestimmtheit, der Unentschlossenheit und Ohnmacht, die Frédéric definiert, im Akt des Schreibens der Geschichte von Frédéric, dessen Ohnmacht sich unter anderem darin äußert, daß er unfähig ist, zu schreiben, Schriftsteller zu werden.

Aber das ist nicht alles: Vermittels von Frédéric und der Gleichstellung von reiner Liebe und L'art-pour-l'art, objektiviert er die Grundlage dieser einzigartigen Macht des Schriftstellers und des Schreibens: Diese Macht der *retrospektiven* Aneignung, kraft der gleichsam magischen Beschwörung der Vergangenheit, deren vollendete Form literarisches Schreiben darstellt, wurzelt in der Unfähigkeit oder der Weigerung, sich die Gegenwart, die gegenwärtigen Dinge: Frauen, Geld, Macht anzueignen. (189)

Durch die Kraft der Objektivierung nimmt Flaubert vorweg und überschreitet das psychologische Porträt, das Jean-Pierre Richard von ihm anfertigt, und das vollkommen auf Frédéric paßt: Flaubert, dieser »falsche Riese ... im Innern völlig verdorben von Schwäche«, sei fortwährend bedroht vom Gefühl der Ununterscheidbarkeit, des Absturzes ins Indifferente; unfähig zu heroischer Identifikation, fühle er sich davongetragen vom Gewicht des Scheiterns, das jede Anstrengung, jeden Schwung nach unten zieht. Zurückversetzt in das System der möglichen Beziehungen von Liebe und Geld, erscheint die Beziehung zwischen Frédéric und Madame Arnoux – dieses Gefühl, das sich alle anderen weltlichen Ziele unterordnet, angefangen beim Streben nach Macht und Geld, und das in gewisser Weise die gemeinen Formen seiner Realisierung ausschließt – wie das *passive* Äquivalent der *aktiven* Beziehung der *auf Wahl beruhenden Weigerung* (auch sie zurückzuversetzen ins System der möglichen Beziehungen zwischen Kunst und Geld), welche der Schriftsteller, Flaubert zufolge, mit seiner Kunst unterhält, dieser exklusiven und absoluten Passion, die den Verzicht auf alle weltlichen Ziele voraussetzt, und nicht zuletzt auf alle Formen bürgerlicher Liebe. Frédéric gerät die Ablehnung jeder sozialen Bindung niemals zu einem positiven, als ausdrückliches Prinzip der Alltags- oder künstlerischen Praktiken postulierten Projekt; sie macht sich vielmehr nur in der Abfolge passiv aufgenommener Determinierungen geltend, die ihn am Ende einer langen Serie von Niederlagen zu einem *Versager* stempeln, lediglich negativ definiert durch Mangel, durch das Fehlen des Komplexes positiver Bestimmungen, die als objektive Potentialitäten seinem Sein als einem Jugendlichen aus bürgerlichem Hause objektiv mitgegeben waren, oder, wenn man so will, definiert durch all die Gelegenheiten, die er nicht »zu ergreifen wußte«, die er verpaßte oder verschmähte. (240)

Wie Frédéric hat Flaubert sein ganzes Leben über versucht, sich in jener unbestimmten sozialen Position zu halten, jenem *neutralen Ort*, von dem aus sich die Gruppen und ihre Konflikte überfliegen lassen, die Auseinandersetzungen zwischen den verschiedenen Arten von Intellektuellen und Künstlern untereinander wie deren gemeinsamer Kampf gegen die verschiedenen Spielarten von »Eigentümern«. Aus der Ablehnung sozialer Determinierungen – seien es solche in Verbindung mit der Klassenzugehörigkeit, sei es der ganze bürgerliche Unsegen, seien es die genuinen intellektuellen Markierungen – hat er ein »System«, eine »Konzeption« gemacht. »Ich will ebensowenig Mitglied einer Zeitschrift, einer Gesellschaft, eines Zirkels oder einer Akademie sein wie Stadtrat oder Offizier der Nationalgarde.« »Nein, heiliges Donnerwetter, nein! Ich werde nicht versuchen, in irgendeiner Zeitschrift zu veröffentlichen. Mir scheint, in diesen Zeitläufen *irgendeiner Sache anzugehören*, in irgendeine Körperschaft einzutreten, in irgendeine Bruderschaft oder irgendeinen Laden, ja selbst irgendeinen Titel zu nehmen, heißt sich zu entehren, zu entwürdigen, so seicht ist alles.« Die *Erziehung des Herzens* markiert einen ausgezeichneten Moment in dieser Konversionsarbeit, insofern die ästhetische Intention, und die darin enthaltene Neutralisierung, sich gerade auf die Möglichkeit richtet, die jene – bewahrend – negieren mußte, um sich zu konstituieren, nämlich die passive Unbestimmtheit Frédérics, das spontane und darin sogar mißlungene Äquivalent des künstlerischen Stils. Die Komposibilität aller – selbst widersprüchlichen Möglichkeiten –, die das Imaginäre in seiner Besonderheit auszeichnet, hat sein Gegenstück innerhalb der sozialen Ordnung in der Unmittelbaren Vereinbarkeit aller sozialen Positionen, die im Alltagsleben nicht gleichzeitig, nicht einmal nacheinander eingenommen werden können, zwischen denen wohl oder übel gewählt werden muß, durch die man, ob man will oder nicht, gewählt wird. (241)

Schreiben setzt alle Determinierungen, alle grundlegenden Zwänge und Beschränkungen des gesellschaftlichen Daseins außer Kraft. Gesellschaftliche Existenz, d. h. gesellschaftlich nach Ort und Zeit festgelegt zu sein, heißt einen sozialen Platz innerhalb der sozialen Struktur innezuhaben und dessen Stempel zu tragen – nicht zuletzt in Form verbaler Automatismen oder mentaler Mechanismen; heißt auch, von Gruppen abzuhängen, von ihnen gehalten zu werden und sich an sie zu halten, kurz: ihnen *zuzugehören*, in Netzwerke sozialer Beziehungen mit der Objektivität, Undurchdringlichkeit, Unbeständigkeit eines Dings eingebunden zu sein, die sich in Gestalt von Verbindlichkeiten,

Schulden, Pflichten, also Determinierungen und Zwängen in Erinnerung bringen. Der auf die soziale Welt bezogene Idealismus setzt, wie der Idealismus Berkeleys, den Blick aus der Vogelperspektive voraus, die absolute Perspektive des souveränen Zuschauers, der frei ist von Abhängigkeit und Arbeit, worin sich noch immer der Widerstand der physischen und der sozialen Welt geltend macht. Ewigkeit und Allgegenwart; beide göttlichen Attribute billigt sich auch der reine Beobachter zu: »Ich sah andere Leben, jedoch auf eine andere Art, als die meine es war: Die einen glaubten, andere leugneten, noch andere zweifelten, und wieder andere kümmerten sich überhaupt um das alles nicht, sondern gingen ihren Geschäften nach, d. h. sie feilschten in ihren Läden, schrieben Bücher oder eiferten auf der Kanzel.«

Hier wird einmal mehr die grundlegende Beziehung Flauberts zu Frédéric sichtbar: als *überwundene und bewahrte Möglichkeit* von Gustave. Anhand der Figur von Frédéric, die er hätte sein können und die er auch noch ist, wenn auch auf andere Weise, objektiviert Flaubert den auf die soziale Welt bezogenen Idealismus, der sich in Frédérics Verhältnis zur Gesamtheit der seinen Aspirationen angebotenen Möglichkeiten bekundet, im Dilletantismus des zeitweise von Zwängen des Sozialen befreiten bürgerlichen Jugendlichen, den nichts zwingt, »auf jemanden Rücksicht zu nehmen«, der »ohne Feuer und ohne Ort, ohne Glaube und ohne Gesetz ist«, wie Sartre es in *La Mort dans l'âme* formulieren wird. Die *Gabe sozialer Allgegenwart*, die Frédéric anstrebt, wird fortan in die gesellschaftliche Bestimmung des Handwerks des Intellektuellen eingehen, in das Bild des Künstlers als eines bindungs- und wurzellosen, ungeschaffenen »Schöpfers«, das nicht nur die intellektuelle Produktion leitet, sondern die gesamte Erfahrung der Lage der Intellektuellen.

Freilich kann die Sozioanalyse an diesem Punkt nicht haltmachen. Zunächst einmal, weil nicht davon abgesehen werden kann, daß die Freiheit, in Gedanken die soziale Welt und die sie heimsuchenden Konflikte wie die innerhalb des intellektuellen Feldes sich darin Engagierenden zu überfliegen, eine durch die Arbeit des Schreibens errungene ist, die auf die Erfahrung des Schreibens begrenzt bleibt (was der gescheiterte Versuch Frédérics bezeugt, den sozialen Neutralismus ins Leben zu übertragen). Dann auch, weil die Frage nach den sozialen Determinanten des Ehrgeizes, sich aller Determinierungen zu entziehen, schwer zu umgehen ist. Tatsächlich läßt sich ohne Gefahr der Überinterpretation die Beobachtung wagen, daß vermittels Frédéric Flaubert daran erinnert, daß die ästhetische Interesselosigkeit im Mangel an praktischen Interessen wurzeln und die intellektuelle Ambition auch nur die imaginäre Umkehrung des Zusammenbruchs der weltlichen Ambitionen sein kann. [...] (242)

Wie sollte sich der Schriftsteller nicht fragen, ob die Verachtung des Schriftstellers für den Bürger und den weltlichen Besitz, worin dieser gefangen ist, seinen Gütern, Titeln, Auszeichnungen, nicht doch etwas zu tun hat mit dem Ressentiment des gescheiterten Bürgers, das ihn dazu verleitet, sein Scheitern in den Aristokratismus des freigewählten Verzichts zu verwandeln? »Künstler: ihre Interesselosigkeit rühmen«, heißt es im *Dictionnaire des idées reçues*. Der Kult der Interesselosigkeit bildet die Basis einer wundersamen Umkehrung, die aus Armut verworfenen Reichtum, mithin geistigen Reichtum macht. Das armseligste intellektuelle Projekt ist ein Vermögen wert: das, was man ihm opfert. Mehr noch: kein weltliches Vermögen kann mit ihm konkurrieren, da es allemal vorgezogen würde ... Dieser Parallogismus, der um den Preis des imaginären Verzichts auf imaginären Reichtum die Misere zur Fortune erhebt, ist der Antrieb aller symbolischen Waffen in jenem Kampf, der sich innerhalb des Machtfeldes abspielt. Was die Autonomie anbelangt, die jenen Verzicht rechtfertigen soll, könnte es nicht bedingte, auf seine ihm vom Bürger zugewiesene, abgetrennte Welt beschränkte Freiheit sein? Bleibt die Revolte gegen den »Bourgeois« nicht solange von dem beherrscht, was sie anfechtet, solange sie nicht das eigentlich reaktionelle Prinzip ihrer Existenz durchschaut? Wie könnte man sicher sein, daß es nicht immer doch der »Bürger« ist, der, indem er den Schriftsteller auf Distanz hält, diesem erlaubt, ihm gegenüber auf Distanz zu gehen? Wie mußte sich doch Frédéric beim Anblick des erfolgreichen Martinon sagen: »Es gibt nichts Erniedrigenderes, als erleben zu müssen, wie Dummköpfe bei Unternehmungen Erfolg haben, bei denen man selbst gescheitert ist.« (89) Die ganze Ambivalenz des subjektiven Intellektuellen zu den herrschenden Fraktionen und deren falsch erworbener Macht rührt aus der Unlogik dieses Ausspruchs her. Die zur Schau getragene Verachtung des Erfolgs könnte auch nichts anderes sein als eine bestimmte Art, aus der Not eine Tugend zu machen, während der Traum einer Vogelperspektive nichts anderes sein könnte als eine illusorische Art und Weise, den Determinierungen zu entgehen, illusorisch, weil noch Teil der Stellung des Intellektuellen immanenten Determinierungen. So liefert oder verrät Flaubert durch Evokation der Person Frédérics gleichermaßen die seiner eigenen Romanschöpfung unterliegende Erzeugungsformel *und* den Ansatz einer Analyse der Beziehungen zwischen dieser Formel – samt dem physikalistischen Ästhetizismus, den sie begründet – und Frédérics sowie, vermittels dieser, Flauberts Stellung im sozialen Raum. (243)

Die doppelte Absage an die polaren Positionen, Gegenstände derselben Ambivalenz, diese Art Zaudern zwischen Identifizierung und Feindschaft, zwischen Billigung und Häme, wie es so eindrucksvoll im Flaubertschen Zitat und im freien indirekten Stil sichtbar wird, machte Flaubert wie geschaffen für die Hervorbringung einer Sicht des Macht-Feldes, wie er sie dann in der *Erziehung des Herzens* ausbreitet. Eine Sicht, die man soziologisch nennen könnte, machte sie sich nicht einiger Verzerrungen und Auslassungen schuldig, und wäre da nicht vor allem die Form, in der sie sich zugleich offenbart und kaschiert. Die Arbeit des Schreibens richtet sich hier auf eine Form, die Struktur des Macht-Feldes (erfaßt anhand der unmöglichen Stellung Frédérics und des reinen Schriftstellers in dieser Struktur), die sich in anderer Form reproduziert, d. h. verwandelt entsprechend den im literarischen Feld herrschenden Konventionen. Flaubert kann sich daher die Wahrheit seiner Stellung in der sozialen Welt nur wieder aneignen in einer Form, worin diese Wahrheit sich verbirgt – in seinen eigenen Augen wie in denen des Lesers. Der Charme des literarischen Werkes liegt sicher zu einem Großteil darin begründet, daß es die Wahrheit sagen kann, ohne sie wirklich zu sagen, ohne zu verlangen, daß es – im Unterschied zur Wissenschaft laut Searle – *vollkommen ernst genommen wird*. Die Sicht des Romans simuliert das Reale und verschleiert es; nimmt es in der Bewegung des Darbietens auch schon wieder zurück. Weil sie die Dinge auf eine Weise sagt, daß sie sie nicht sagt, *verleugnet* (im Sinne Freuds), kann sie unendlich viel mehr dann sagen, wenn, wie in diesem Fall, die um des Wissens wegen zu behebenden Schwierigkeiten weniger intellektueller Art sind als willentliche Widerstände.

Die soziologische Lektüre bricht den Charme durch die brutale Entschleierung der Struktur, die der literarische Text nur aufdeckte, indem er sie verbarg. So ist es ganz natürlich, wenn sie häufig feindliche Reaktionen hervorruft. Statt sich darüber zu entrüsten und darin lediglich eine Form des Widerstands gegen die Analyse zu sehen (was sie auch sind), hat der Soziologe deren Grundlage zu verstehen: es ist die der genuin literarischen Ausdrucksweise inhärente, weil dem Faktum der Formung und der Formulierung zugrunde liegende Verleugnung, die die Äußerung einer Wahrheit erlaubt, die anders gesagt untragbar wäre. (245)

III
Kritische Theorie

Einleitung

Der ideologiekritische Ansatz der materialistischen Betrachtung von Kultur und Gesellschaft setzt sich in der Philosophie, Gesellschaft und Kultur zugewandten Kritischen Theorie fort. Dabei kommt Walter Benjamin eine Vermittlerposition zu zwischen der orthodoxen marxistischen Gesellschaftstheorie und ihrer Rezeption und Transformation in der sogenannten Frankfurter Schule (Theodor W. Adorno, Max Horkheimer und später Jürgen Habermas), die in den späten sechziger Jahren nachhaltig vor allem zur Politisierung der Kultur beitrug.

Walter Benjamins an den Beginn des dritten Abschnitts seines *Passagen-Werks* gestellte Formel, daß Weltausstellungen »Wallfahrtsstätten zum Fetisch Ware« seien, verweist auf das materialistische Fundament der Benjaminschen Beobachtungen. Dabei hatte er seine »Urgeschichte der Moderne«, seinen Blick auf die Bilderwelt der bürgerlichen Gesellschaft zunächst nach dem Vorbild von Aragons surrealistischem Stadtporträt des *Paysan de Paris* als eine »dialektische Feerie« schreiben wollen. Doch jetzt deutete er die Bilder der städtischen Zivilisation des 19. Jahrhunderts als Ausdruck gesellschaftlicher und ökonomischer Widersprüche, die durch die Entwicklung der Technik und ihre Auswirkungen auf die künstlerische Produktion deutlich werden. In seiner Studie über *Das Kunstwerk im Zeitalter seiner technischen Reproduzierbarkeit* zeigte Benjamin zudem, wie die Entwicklung von Fotografie und Film dazu

führt, daß der »auratische«, der Kritik entzogene, Kultwert des Kunstwerks durch seinen bloßen Warenwert abgelöst wird. Dieser kunsttheoretischen Überlegung Benjamins
arbeiten seine geschichtsphilosophischen zu. In einem
Brief an Gershom Scholem bringt er seine Überzeugung
zum Ausdruck, daß noch aus den »unscheinbarsten Fixierungen des Daseins, seinen Abfällen gleichsam«, das »Bild der
Geschichte« entwickelt werden kann. Diese Formel zeigt,
daß Benjamin seine materiale Form der Geschichtsschreibung zugleich spekulativ überformt. Der für seine Geschichtsphilosophie zentrale Text *Über den Begriff der Geschichte*
legt dies klar. Durch seine Methode will Benjamin Vergangenheit und Gegenwart in einer neuen Weise aufeinander
beziehen. Er macht die Geschichte »lesbar«, indem er dialektische Bilder aus einer reflexiven Verbindung von Material
und Interpretation entstehen läßt. Dadurch bilden Vergangenheit und Gegenwart eine Konstellation; das noch nicht
bewußte Wissen über die Vergangenheit wird zu einer bewußten Wahrnehmung des Geschichtsraums.

Trotz aller Nähe zeigt sich damit auch eine partielle Entfernung von der materialistischen Geschichts- und Ideologiekritik. In dieser haben Literatur und Kultur nicht nur
Teil am Prozeß der Geschichte, ihre Aufgabe ist es auch,
diesen zu beeinflussen. Während Benjamin noch den utopischen Charakter einer historischen Signatur freisetzen will,
entzieht sich die ihm nachfolgende Kritische Theorie zunehmend dieser politischen Anforderung. Grundlage für
ihre Entfernung von der materialistischen Auffassung der
Kunst ist nicht nur ihr Vertrauen auf das Vermögen kritischer Reflexion, sondern auch eine andere Auffassung der
Geschichte. Während die materialistische Literaturtheorie
einerseits an den kontinuierlichen gesellschaftlichen Fortschritt glaubt, andererseits die ästhetischen Normen der
Klassik und des 19. Jahrhunderts restituiert, hält sich die
Kritische Theorie von solchen normativen Fixierungen fern.
Schon Benjamin erschließt der Blick auf die Geschichte

keine eindeutige Perspektive mehr; der Begriff des Fortschritts wird ihm zweifelhaft, zeigt sich grundsätzlich mit der Katastrophe verbunden. Aus dem Krisenbewußtsein der Moderne begründet sich die Notwendigkeit der Kunst zur Subversion des Bestehenden. Adornos Diktum, Aufgabe der Kunst sei es, »Chaos« in die Wirklichkeit zu bringen, weist in diese Richtung. Als Konsequenz daraus verschärft sich zum einen die Ideologiekritik und gilt nun grundsätzlich auch Entwicklungen in der sozialistischen Gesellschaft. Zum anderen wird das Theorem der Widerspiegelung grundsätzlich in Frage gestellt. Die Aufgabe und Leistung der Kunst bestehen nicht mehr in der Abbildung und parteilichen Wiedergabe der Wirklichkeit, sondern in der Kritik am Bestehenden, die sich als »bestimmte Negation« entfaltet. Adornos Formel, Kunst sei alles das, was »nicht der Fall ist«, macht gleichzeitig bewußt, daß der Scheincharakter der bürgerlichen Gesellschaft und der Schein der Kunst dialektisch vermittelt sind. Das Ästhetische ist für Adorno Teil des gesellschaftlichen Scheinwesens, zugleich entzieht sich die Kunst gerade durch ihren Scheincharakter dem bloß Gesellschaftlichen. Sie läßt ihre Gemachtheit vergessen.

Um zu einer ästhetischen Kritik gesellschaftlicher Verhältnisse gelangen zu können, überschritt Adorno zusammen mit Max Horkheimer das Verfahren der Konstruktion von »Denkbildern« in Benjamins Archäologie der Moderne und setzte zu einer Fundamentalkritik der Moderne an. Die Essays der *Dialektik der Aufklärung*, die 1947 erschienen und bereits während der amerikanischen Emigration verfaßt wurden, stellen den Prozeß der Zivilisation und das Vermögen der Vernunft grundsätzlich in Frage. Voraussetzung dafür ist die Erfahrung des »Zeitgeistes«, damit meinen die Autoren die politische Unvernunft des Faschismus, ebenso wie die Wandlung der Vernunft zur instrumentellen Vernunft, die zur »Selbstzerstörung der Aufklärung« führt. Aufklärung, die einst den Mythos ablöste, schlägt ihrerseits

in einen neuen Mythos um, indem sie sich selbst absolut
setzt und dadurch ihre kritische Kraft sowie ihr Vermögen
zur Selbstkritik verliert. Die »Metamorphosen von Kritik in
Affirmation« führen zum Verlust der Wahrheit. Die Herrschaft des Begriffs, die das Prinzip der Identität begründete,
und die Herrschaft über die Natur durch Arbeit führen notwendig zur Herrschaft des Menschen über den Menschen
und zur Unterdrückung seiner inneren Natur. Die Entfremdung, von der auch Marx' *Ökonomisch-Philosophische Ma-
nuskripte* handeln, fassen Adorno und Horkheimer damit
zugleich psychologisch als Entsagung, Opfer und Sublima-
tion, die dem Menschen im Prozeß der Zivilisation abgefor-
dert werden. Auch von hier bestimmt sich die Aufgabe der
Kunst als Subversion und Kritik des Bestehenden. Die *Dialektik der Aufklärung* sieht eine Verwandtschaft zwischen
Mimesis und Mythos; sie kann rekonstruieren, was das neuzeitliche Subjekt im Verlauf seiner Emanzipationsgeschichte
verloren hat. Sie zielt nicht auf Nachahmung der Natur im
Sinne der Inhaltsästhetik, sondern ist eine vorreflexive Einstellung, eine »gleichsam physiologische Vorform des Denkens«. Als »Zuflucht des mimetischen Verhaltens« mobilisiert die Kunst seit der geschichtlichen Trennung von Mimesis und Ratio eine Wahrnehmung, durch die sich das
Subjekt je erneut zu seinem anderen in Beziehung setzen
kann. Was in der menschlichen Entwicklungsgeschichte
überwunden wurde, muß die Literatur deshalb als Erinnerung bewahren. Die Bedeutung des »Ästhetischen« in der
Moderne erklärt sich damit aus dem Verlust, den die Aufklärung dem Menschen zugefügt hat.

In diesem Kontext stehen die kunsttheoretischen Überlegungen Adornos in der *Philosophie der neuen Musik* und
der spätere Essay über den *Standort des Erzählers im zeitgenössischen Roman*. Letzterer wendet sich in Absetzung
von der materialistischen Inhaltsästhetik gegen den Abbild-
realismus, den er als bloße Täuschung bezeichnet. Beide
Texte folgen zudem einer Bestimmung der ästhetischen Mo-

derne, die in einer Studie über Beckett (1974) und im *Fragment über Musik und Sprache* (1956) weiter ausgeführt ist. Die ästhetische Anschauung ist »Durchbruch von Objektivität im subjektiven Bewußtsein«, nicht Abbildung und Darstellung, sondern Konfiguration durch eine Sprache, die sich dem identifizierenden Denken wie dem Begriff entzieht. So erhält die Kunst ihre kritische Kraft paradoxerweise da, wo sie Kritik nicht offen formuliert. In der *Philosophie der neuen Musik* sprechen gerade der Individualismus der Kunst und die »einsame Rede« das Urteil über die gesellschaftliche Tendenz.

Wenn Adorno die Musik von der »meinenden« Sprache unterscheidet, sieht er sie als andere Hälfte einer verlorenen ganzen Sprache an. Ihren Zugriff auf die Realität begreift er als gestisch: die Lettern der Kunst sind Male einer Bewegung, ihre Konstellation die »Chiffrenschrift des geschichtlichen Wesens der Realität, nicht deren Abbild«. In seiner *Ästhetischen Theorie* faßt Adorno diese Überlegungen zusammen, indem er philosophisches und ästhetisches Denken voneinander abgrenzt und sich zugleich gegen eine idealistische und eine materialistische Inhaltsästhetik wendet. Die ästhetische Erfahrung bestimmt er dort als komplementär zur philosophischen Erkenntnis. Sie ist das »dämmernde kritische Bewußtsein der Gesellschaft von sich selber«, während Kunst die sich selbst unbewußte Geschichtsschreibung der Epoche ist. Das Schöne, das Hegels idealistische Ästhetik noch als »sinnliches Scheinen der Idee« begreift, das am Realen wahrgenommen werden kann, ist jetzt vor allem Korrektiv des »identifizierenden«, das Wirkliche unter Begriffe subsumierenden Denkens. Adornos eigene ästhetische Reflexion verfährt in der *Ästhetischen Theorie* nicht begrifflich deduktiv, sondern metaphorisch, gleichsam in einem Spiel mit Begriffen. Dieses zeichnet das »Rätselbild der Kunst« nach, das sich aus ihrer spannungsvollen »Konfiguration von Mimesis und Rationalität« ergibt: selbst da, wo sich Kunst gegen den gesell-

schaftlichen Schein wendet, wird sie selbst Schein, weil sie
der Suggestion von Sinn nicht zu entgehen vermag. Bestehen bleibt allerdings eine unauflösbare Spannung zwischen
dem Ästhetischen und der Geschichte: obwohl Kunst das
bloß historisch Wirkliche negieren will, ist in ihr Geschichte
sedimentiert. Als Kritik am unwahren Ganzen weist das
ästhetische Verhalten darauf, daß »keine Rationalität bis
heute die volle« war.

Kategorial faßt Adorno diesen spannungsvollen Widerspruch des Ästhetischen mit dem strategisch verwendeten
Begriff des Authentischen. Er bewahrt einerseits den utopischen Anspruch der Kunst als »Bewußtsein der Widersprüche im Horizont ihrer möglichen Versöhnung«, andererseits
legt er im Unterschied zu Benjamin klar, daß Kunst nicht
durch Invarianten deutbar ist, sondern allein durch ihr Be-
wegungsgesetz, das Entzug vom bloß Wirklichen und Freisetzung eines anderen ist.

Benjamin wie Adorno begründen die besondere Leistung
des Ästhetischen letztlich aus einem pessimistischen Blick
auf die Moderne, die allein noch der ästhetischen Reflexion,
weniger der philosophischen Rationalität oder der praktischen Vernunft Raum gibt. Dazu steht Jürgen Habermas,
den man der zweiten Generation der Frankfurter Schule zurechnet, in scharfem Gegensatz. Zwar schließt er sich Benjamins und Adornos Kritik des Bestehenden an, doch glaubt
er weiterhin an die Kraft der kritischen Rationalität nicht
nur zur Kritik, sondern auch zur Veränderung. Nachdem er
in seiner Arbeit über den *Strukturwandel der Öffentlichkeit*
(1962) die politischen und gesellschaftlichen Bedingungen
der modernen Gesellschaft und das Problem der politischen
Repräsentation erörtert hat, entfaltet er in mehreren Anläu-
fen seine *Theorie des kommunikativen Handelns* (1981). Sie
baut, wie er bereits in *Erkenntnis und Interesse* (1968) ausführt, auf der Annahme auf, daß auch wissenschaftliche Erkenntnis in unmittelbarem Bezug zum Lebensprozeß des
handelnden und forschenden Menschen steht.

Habermas' Versuch, die empirischen Sozialwissenschaften der praktischen Vernunft zu unterstellen und so nicht metaphysische, sondern normative Grundlagen für eine kritische Gesellschaftstheorie zu entfalten, läßt ihn besonders die Rolle der Sprache bedenken. In ihr wird für ihn das Wissen der Lebenswelt bewahrt, zugleich werden durch sie die menschlichen Fähigkeiten, Wirklichkeit zu organisieren, geprägt. Im Rückgriff auf die Hermeneutik Diltheys betrachtet er sprachliche Kommunikation und die Formen symbolisch vermittelter Interaktion als vergleichbar. Sätze sind für ihn in Handlungen konvertierbar, Sprache und Handeln »interpretieren sich wechselseitig«. Auch der Terminus des »kommunikativen Handelns« beruht auf der Grundannahme, daß die drei Geltungsansprüche jedes Sprechakts, Wahrheit, Richtigkeit und Wahrhaftigkeit im Grundsatz der »Vernünftigkeit« konvergieren. Den Geisteswissenschaften wie den durch Literatur vermittelten Formen der Kommuniktion kommt deshalb besondere Bedeutung zu, weil sich jedes handlungsorientierte Selbstverständnis von Individuen oder Gruppen innerhalb kultureller Überlieferungen vollzieht.

Mit seinem Versuch einer handlungsorientierten Zusammenführung von Gesellschaftstheorie, Philosophie und hermeneutisch erschließbarem kulturellem Wissen grenzt sich Habermas von der gesellschafts- und kulturkritischen Position Adornos und Horkheimers ab. Nicht weniger entschieden als diese wendet er sich jedoch gegen antirationalistische Einstellungen. Das rein instrumentelle und strategische Denken kritisiert er allerdings nicht durch seine Negation, sondern indem er ihm den auf Intersubjektivität zielenden Sprachgebrauch gegenübersetzt. Aufklärerisch ist seine Einstellung insofern, als sie jedes »Vorverständnis« auf einen »vorgängigen Konsensus« zurückführen und kritisch überprüfen möchte. Gesellschaftliches Zusammenleben und gesellschaftlicher Fortschritt erwachsen, so Habermas, aus einer Integration unterschiedlicher Gruppen, die sich in Ökonomie und Administration mittels der Medien Geld und Macht, in der Lebenswelt dagegen über das Medium Sprache organisieren. Unter diesem Blickwinkel entwickeln die kulturell vermittelten Modelle sprachlicher Interaktion Formen einer praktischen Kritik der Gesellschaft.

R. G. R.

Literatur

Adorno, Th. W.: Ästhetische Theorie. Hrsg. von G. Adorno und R. Tiedemann. Frankfurt a. M. 1970. (Gesammelte Schriften in 20 Bänden. Hrsg. von R. Tiedemann unter Mitw. von G. Adorno, S. Buck-Morss und K. Schultz. Bd. 17.)

– Über den Fetischcharakter in der Musik und die Regression des Hörens. In: T. W. A.: Dissonanzen. Einleitung in die Musiksoziologie. Frankfurt a. M. 1973. S. 14–50. (Gesammelte Schriften in 20 Bänden. Hrsg. von R. Tiedemann unter Mitw. von G. Adorno, S. Buck-Morss und K. Schultz. Bd. 14.)

– Philosophie der Neuen Musik. Hrsg. von Rolf Tiedemann. Frankfurt a. M. 1975. (Gesammelte Schriften in 20 Bänden. Hrsg. von R. Tiedemann unter Mitw. von G. Adorno, S. Buck-Morss und K. Schultz. Bd. 12.)

Bolz, N. / Witte, B. (Hrsg.): Passagen. Walter Benjamins Urgeschichte des XIX. Jahrhunderts. München 1984.

Buck-Morss, S.: Dialektik des Sehens. Walter Benjamin und das Passagen-Werk. Frankfurt a. M. 1993.

Dallmayr, W.: Materialien zu Habermas. Frankfurt a. M. 1974.

Friedeburg, L. v. / Habermas, J. (Hrsg.): Adorno-Konferenz 1983. Frankfurt a. M. 1984.

Gasché, R.: Objective Diversions. On Some Kantian Themes in Benjamin's ›The Work of Art in the Age of Mechanical Reproduction‹. In: A. Benjamin / P. Osborne (Hrsg.): Walter Benjamin's Philosophy. Destruction and Experience. London 1994.

Gripp, H.: Theodor W. Adorno. Erkenntnisdimensionen negativer Dialektik. Paderborn 1986.

Katzenbach, D.: Die soziale Konstitution der Vernunft: Erklären, Verstehen und Verständigung bei Piaget, Freud und Habermas. Heidelberg 1992.

Lindner, B. (Hrsg.): Walter Benjamin im Kontext. Frankfurt a. M. 1978.

McCarthy, Th.: Kritik der Verständigungsverhältnisse. Zur Theorie von Jürgen Habermas. Frankfurt a. M. 1980.

Renner, R. G.: Die postmoderne Konstellation. Theorie, Text und Kunst im Ausgang der Moderne. Freiburg i. Br. 1988.

Wiggershaus, R.: Die Frankfurter Schule. Geschichte – Theoretische Entwicklung – Politische Bedeutung. München/Wien 1986.

Wismann, H. (Hrsg.): Walter Benjamin et Paris. Paris 1986.

Erfahrung und Armut

In unseren Lesebüchern stand die Fabel vom alten Mann, der auf dem Sterbebette den Söhnen weismacht, in seinem Weinberg sei ein Schatz verborgen. Sie sollten nur nachgraben. Sie gruben, aber keine Spur von Schatz. Als jedoch der Herbst kommt, trägt der Weinberg wie kein anderer im ganzen Land. Da merken sie, der Vater gab ihnen eine Erfahrung mit: Nicht im Golde steckt der Segen sondern im Fleiß. Solche Erfahrungen hat man uns, drohend oder begütigend, so lange wir heranwuchsen entgegengehalten: »Grüner Junge, er will schon mitreden.« »Du wirst's schon noch erfahren.« Man wußte auch genau, was Erfahrung war: immer hatten die älteren Leute sie an die jüngeren gegeben. In Kürze, mit der Autorität des Alters, in Sprichwörtern; weitschweifig mit seiner Redseligkeit, in Geschichten; manchmal als Erzählung aus fremden Ländern, am Kamin, vor Söhnen und Enkeln. – Wo ist das alles hin? Wer trifft noch auf Leute, die rechtschaffen etwas erzählen können? Wo kommen von Sterbenden heute noch so haltbare Worte, die wie ein Ring von Geschlecht zu Geschlecht wandern? Wem springt heute noch ein Sprichwort hilfreich zur Seite? Wer wird auch nur versuchen, mit der Jugend unter Hinweis auf seine Erfahrung fertig zu werden?

Nein, soviel ist klar: die Erfahrung ist im Kurse gefallen und das in einer Generation, die 1914–18 eine der ungeheuersten Erfahrungen der Weltgeschichte gemacht hat. Vielleicht ist das nicht so merkwürdig wie das scheint. Konnte man damals nicht die Feststellung machen: die Leute kamen verstummt aus dem Felde? Nicht reicher, ärmer an mitteilbarer Erfahrung. Was sich dann zehn Jahre danach in der Flut der Kriegsbücher ergossen hat, war alles andere als Erfahrung, die vom Mund zum Ohr strömt. Nein, merkwürdig war das nicht. Denn nie sind Erfahrungen gründlicher Lügen gestraft worden als die strategischen durch den Stellungskrieg, die wirtschaftlichen durch die Inflation, die körperlichen durch den Hunger, die sittlichen durch die Machthaber. Eine Generation, die noch mit der Pferdebahn zur Schule gefahren war, stand unter freiem Himmel in einer Landschaft, in der nichts unverändert geblieben war als die Wolken, und in der Mitte, in einem Kraftfeld zerstörender Ströme und Explosionen, der winzige gebrechliche Menschenkörper.

Eine ganz neue Armseligkeit ist mit dieser ungeheuren Entfaltung der Technik über die Menschen gekommen. Und von dieser Armseligkeit ist der beklemmende Ideenreichtum, der mit der Wiederbelebung von Astrologie und Yogaweisheit, Christian Science und Chiromantie, Vegetarianismus und Gnosis, Scholastik und Spiritismus unter – oder vielmehr über – die Leute kam, die Kehrseite. Denn nicht echte Wiederbelebung findet hier statt, sondern eine Galvanisierung. Man muß an die großartigen Gemälde von Ensor denken, auf denen ein Spuk die Straßen großer Städte erfüllt: karnevalistisch vermummte Spießbürger, mehlbestäubte verzerrte Masken, Flitterkronen über der Stirne, wälzen sich unabsehbar die Gassen entlang. Diese Gemälde sind vielleicht nichts so sehr als Abbild der schauerlichen und chaotischen Renaissance, auf die so viele ihre Hoffnungen stellen. Aber hier zeigt sich am deutlichsten: unsere Erfahrungsarmut ist nur ein Teil der großen Armut, die wieder ein Gesicht – von solcher Schärfe und Genauigkeit wie das der Bettler im Mittelalter – bekommen hat. Denn was ist das ganze Bildungsgut wert, wenn uns nicht eben Erfahrung mit ihm verbindet? Wohin es führt, wenn sie geheuchelt oder erschlichen wird, das hat das grauenhafte Mischmasch der Stile und der Weltanschauungen im vorigen Jahrhundert uns zu deutlich gemacht, als daß wir unsere Armut zu bekennen nicht für ehrenwert halten müßten. Ja, gestehen wir es ein: Diese Erfahrungsarmut ist Armut nicht nur an privaten sondern an Menschheitserfahrungen überhaupt. Und damit eine Art von neuem Barbarentum.

Barbarentum? In der Tat. Wir sagen es, um einen neuen, positiven Begriff des Barbarentums einzuführen. Denn wohin bringt die Armut an Erfahrung den Barbaren? Sie bringt ihn dahin, von vorn zu beginnen; von Neuem anzufangen; mit Wenigem auszukommen; aus Wenigem heraus zu konstruieren und dabei weder rechts noch links zu blikken. Unter den großen Schöpfern hat es immer die Unerbittlichen gegeben, die erst einmal reinen Tisch machten. Sie wollten nämlich einen Zeichentisch haben, sie sind Konstrukteure gewesen. So ein Konstrukteur war Descartes, der zunächst einmal für seine ganze Philosophie nichts haben wollte als die eine einzige Gewißheit: »Ich denke, also bin ich« und von der ging er aus. Auch Einstein war ein solcher Konstrukteur, den plötzlich von der ganzen weiten Welt der Physik gar nichts mehr interessierte, als eine einzige kleine Unstimmigkeit zwischen den Gleichungen Newtons und den Erfahrungen der Astronomie. Und dieses selbe Vonvornbeginnen hatten die Künstler im Auge, als sie sich an die Mathematiker hielten und die Welt wie die Kubisten aus stereometrischen Formen aufbauten, oder als sie wie Klee sich an Ingenieure anlehnten. Denn Klees Figuren sind gleichsam auf dem Reißbrett entworfen und gehorchen, wie ein gutes Auto auch in der Karosserie vor allem den Notwendigkeiten des Motors, so im Ausdruck ihrer Mienen vor allem dem Innern. Dem Innern mehr als der Innerlichkeit: das macht sie barbarisch.

Hie und da haben längst die besten Köpfe begonnen, sich ihren Vers auf diese Dinge zu machen. Gänzliche Illusionslosigkeit über das Zeitalter und dennoch ein rückhaltloses Bekenntnis zu ihm ist ihr Kennzeichen. Es ist das Gleiche, ob der Dichter Bert Brecht feststellt, Kommunismus sei nicht die gerechte Verteilung des Reichtums sondern der Armut oder ob der Vorläufer der modernen Architektur Adolf Loos erklärt: »Ich schreibe nur für Menschen, die modernes Empfinden besitzen ... Für Menschen, die sich in Sehnsucht nach der Renaissance oder dem Rokoko verzehren, schreibe ich nicht.« Ein so verschachtelter Künstler wie der Maler Paul Klee und ein so programmatischer wie Loos – beide stoßen vom hergebrachten, feierlichen, edlen, mit allen Opfergaben der Vergangenheit geschmückten Menschenbilde ab, um sich dem nackten Zeitgenossen zuzuwenden, der schreiend wie ein Neugeborenes in den schmutzigen Windeln dieser Epoche liegt. Niemand hat ihn froher und lachender begrüßt als Paul Scheerbart. Von ihm gibt es Romane, die von weitem wie ein Jules Verne aussehen, aber sehr zum Unterschied von Verne, bei dem in den tollsten Vehikeln doch immer nur kleine französische oder englische Rentner im Weltraum herumsausen, hat Scheerbart sich für die Frage interessiert, was unsere Teleskope, unsere Flugzeuge und Luftraketen aus den ehemaligen Menschen für gänzlich neue sehens- und liebenswerte Geschöpfe machen. Übrigens reden auch diese Geschöpfe bereits in einer gänzlich neuen Sprache. Und zwar ist das Entscheidende an ihr der Zug zum willkürlichen Konstruktiven; im Gegensatz zum Organischen nämlich. Der ist das Unverwechselbare in der Sprache von Scheerbarts Menschen oder vielmehr Leuten; denn die Menschenähnlichkeit – diesen Grundsatz des Humanismus – lehnen sie ab. Sogar in ihren Eigennamen: Peka, Labu, Sofanti und ähnlich heißen die Leute in dem Buch, das den Namen nach seinem Helden hat: »Lesabéndio«. Auch die Russen geben ihren Kindern gerne »entmenschte« Namen: sie nennen sie Oktober nach dem Revolutionsmonat oder »Pjatiletka«, nach dem Fünfjahrplan, oder »Awiachim« nach einer Gesellschaft für Luftfahrt. Keine technische Erneuerung der Sprache, sondern ihre Mobilisierung im Dienste des Kampfes oder der Arbeit; jedenfalls der Veränderung der Wirklichkeit, nicht ihrer Beschreibung.

Scheerbart aber, um wieder auf ihn zurückzukommen, legt darauf den größten Wert, seine Leute – und nach deren

Vorbilde seine Mitbürger – in standesgemäßen Quartieren unterzubringen: in verschiebbaren beweglichen Glashäusern wie Loos und Le Corbusier sie inzwischen aufführten. Glas ist nicht umsonst ein so hartes und glattes Material, an dem sich nichts festsetzt. Auch ein kaltes und nüchternes. Die Dinge aus Glas haben keine »Aura«. Das Glas ist überhaupt der Feind des Geheimnisses. Es ist auch der Feind des Besitzes. Der große Dichter André Gide hat einmal gesagt: Jedes Ding, das ich besitzen will, wird mir undurchsichtig. Träumen Leute wie Scheerbart etwa darum von Glasbauten, weil sie Bekenner einer neuen Armut sind? Aber vielleicht sagt hier ein Vergleich mehr als die Theorie. Betritt einer das bürgerliche Zimmer der 80er Jahre, so ist bei aller »Gemütlichkeit«, die es vielleicht ausstrahlt, der Eindruck »hier hast du nichts zu suchen« der stärkste. Hier hast du nichts zu suchen – denn hier ist kein Fleck, auf dem nicht der Bewohner seine Spur schon hinterlassen hätte: auf den Gesimsen durch Nippessachen, auf dem Polstersessel durch Deckchen, auf den Fenstern durch Transparente, vor dem Kamin durch den Ofenschirm. Ein schönes Wort von Brecht hilft hier fort, weit fort: »Verwisch die Spuren!« heißt der Refrain im ersten Gedicht des »Lesebuch für Städtebewohner«. Hier im bürgerlichen Zimmer ist das entgegengesetzte Verhalten zur Gewohnheit geworden. Und umgekehrt nötigt das »Intérieur« den Bewohner, das Höchstmaß von Gewohnheiten anzunehmen, Gewohnheiten, die mehr dem Intérieur, in welchem er lebt, als ihm selber gerecht werden. Das versteht jeder, der die absurde Verfassung noch kennt, in welche die Bewohner solcher Plüschgelasse gerieten, wenn im Haushalt etwas entzweigegangen war. Selbst ihre Art sich zu ärgern – und dieser Affekt, der allmählich auszusterben beginnt, konnten sie virtuos spielen lassen – war vor allem die Reaktion eines Menschen, dem man »die Spur von seinen Erdetagen« verwischt hat. Das haben nun Scheerbart mit seinem Glas und das Bauhaus mit seinem Stahl zuwege gebracht: sie haben Räume geschaffen, in denen es schwer ist, Spuren zu hinterlassen. »Nach dem Gesagten«, erklärt Scheerbart vor nun zwanzig Jahren, »können wir wohl von einer ›Glaskultur‹ sprechen. Das neue Glas-Milieu wird den Menschen vollkommen umwandeln. Und es ist nun nur zu wünschen, daß die neue Glaskultur nicht allzu viele Gegner findet.«

Erfahrungsarmut: das muß man nicht so verstehen, als ob die Menschen sich nach neuer Erfahrung sehnten. Nein, sie sehnen sich von Erfahrungen freizukommen, sie sehnen sich nach einer Umwelt, in der sie ihre Armut, die äußere und schließlich auch die innere, so rein und deutlich zur Geltung bringen können, daß etwas Anständiges dabei herauskommt. Sie sind auch nicht immer unwissend oder unerfahren. Oft kann man das Umgekehrte sagen: Sie haben das alles »gefressen«, »die Kultur« und den »Menschen« und sie sind übersatt daran geworden und müde. Niemand fühlt sich mehr als sie von Scheerbarts Worten betroffen: »Ihr seid alle so müde – und zwar nur deshalb, weil Ihr nicht alle Eure Gedanken um einen ganz einfachen oder ganz großartigen Plan konzentriert.« Auf Müdigkeit folgt Schlaf, und da ist es denn gar nichts Seltenes, daß der Traum für die Traurigkeit und Mutlosigkeit des Tages entschädigt und das ganz einfache aber ganz großartige Dasein, zu dem im Wachen die Kraft fehlt, verwirklicht zeigt. Das Dasein von Micky-Maus ist ein solcher Traum der heutigen Menschen. Dieses Dasein ist voller Wunder, die nicht nur die technischen überbieten, sondern sich über sie lustig machen. Denn das Merkwürdigste an ihnen ist ja, daß sie allesamt ohne Maschinerie, improvisiert, aus dem Körper der Micky-Maus, ihrer Partisanen und ihrer Verfolger, aus den alltäglichsten Möbeln genau so wie aus Baum, Wolken oder See hervorgehen. Natur und Technik, Primitivität und Komfort sind hier vollkommen eins geworden und vor den Augen der Leute, die an den endlosen Komplikationen des Alltags müde geworden sind und denen der Zweck des Lebens nur als fernster Fluchtpunkt in einer unendlichen Perspektive von Mitteln auftaucht, erscheint erlösend ein Dasein, das in jeder Wendung auf die einfachste und zugleich komfortabelste Art sich selbst genügt, in dem ein Auto nicht schwerer wiegt als ein Strohhut und die Frucht am Baum so schnell sich rundet wie die Gondel eines Luftballons. Und nun wollen wir einmal Abstand halten, zurücktreten.

Arm sind wir geworden. Ein Stück des Menschheitserbes nach dem anderen haben wir dahingegeben, oft um ein Hundertstel des Wertes im Leihhaus hinterlegen müssen, um die kleine Münze des »Aktuellen« dafür vorgestreckt zu bekommen. In der Tür steht die Wirtschaftskrise, hinter ihr ein Schatten, der kommende Krieg. Festhalten ist heut Sache der wenigen Mächtigen geworden, die weiß Gott nicht menschlicher sind als die vielen; meist barbarischer, aber nicht auf die gute Art. Die anderen aber haben sich einzurichten, neu und mit Wenigem. Sie halten es mit den Männern, die das von Grund auf Neue zu ihrer Sache gemacht und es auf Einsicht und Verzicht begründet haben. In deren Bauten, Bildern und Geschichten bereitet die Menschheit sich darauf vor, die Kultur, wenn es sein muß, zu überleben. Und was die Hauptsache ist, sie tut es lachend. Vielleicht klingt dieses Lachen hie und da barbarisch. Gut. Mag doch der Einzelne bisweilen ein wenig Menschlichkeit an jene Masse abgeben, die sie eines Tages ihm mit Zins und Zinseszinsen wiedergibt.

THEODOR W. ADORNO

Standort des Erzählers
im zeitgenössischen Roman

Die Aufgabe, in wenigen Minuten einiges über den gegenwärtigen Stand des Romans als Form zusammenzudrängen,
zwingt dazu, sei's auch gewaltsam, ein Moment herauszu-
greifen. Das soll die Stellung des Erzählers sein. Sie wird
heute bezeichnet durch eine Paradoxie; es läßt sich nicht
mehr erzählen, während die Form des Romans Erzählung
verlangt. Der Roman war die spezifische literarische Form
des bürgerlichen Zeitalters. An seinem Beginn steht die Erfahrung von der entzauberten Welt im ›Don Quixote‹, und
die künstlerische Bewältigung bloßen Daseins ist sein Element geblieben. Der Realismus war ihm immanent; selbst
die dem Stoff nach phantastischen Romane haben getrach-
tet, ihren Inhalt so vorzutragen, daß die Suggestion des
Realen davon ausging. Diese Verhaltensweise ist, in einer
bis ins neunzehnte Jahrhundert zurückreichenden, heute
zum Extrem beschleunigten Entwicklung fragwürdig geworden. Vom Standpunkt des Erzählers her durch den Sub-
jektivismus, der kein unverwandelt Stoffliches mehr duldet
und eben damit das epische Gebot der Gegenständlichkeit
unterhöhlt. Wer heute noch, wie Stifter etwa, ins Gegenständliche sich versenkte und Wirkung zöge aus der Fülle
und Plastik des demütig hingenommenen Angeschauten,
wäre gezwungen zum Gestus kunstgewerblicher Imitation.
Er machte der Lüge sich schuldig, der Welt mit einer Liebe
sich zu überlassen, die voraussetzt, daß die Welt sinnvoll ist,
und endete beim unerträglichen Kitsch vom Schlage der
Heimatkunst. Nicht geringer sind die Schwierigkeiten von
der Sache her. Wie der Malerei von ihren traditionellen Aufgaben vieles entzogen wurde durch die Photographie, so
dem Roman durch die Reportage und die Medien der Kul-

turindustrie, zumal den Film. Der Roman müßte sich auf
das konzentrieren, was nicht durch den Bericht abzugelten
ist. Nur sind ihm im Gegensatz zur Malerei in der Emanzipation vom Gegenstand Grenzen gesetzt durch die Sprache,
die ihn weithin zur Fiktion des Berichtes nötigt: konsequent hat Joyce die Rebellion des Romans gegen den Realismus mit einer gegen die diskursive Sprache verbunden.

Die Abwehr seines Versuchs als abseitig individualisti-
scher Willkür wäre armselig. Zerfallen ist die Identität der
Erfahrung, das in sich kontinuierliche und artikulierte Leben, das die Haltung des Erzählers einzig gestattet. Man
braucht nur die Unmöglichkeit sich zu vergegenwärtigen,
daß irgendeiner, der am Krieg teilnahm, von ihm so erzählte, wie früher einer von seinen Abenteuern erzählen
mochte. Mit Recht begegnet die Erzählung, die auftritt, als
wäre der Erzähler solcher Erfahrung mächtig, der Unge-
duld und Skepsis beim Empfangenden. Vorstellungen wie
die, daß einer sich hinsetzt und »ein gutes Buch liest«, sind
archaisch. Das liegt nicht bloß an der Dekonzentration der
Leser sondern am Mitgeteilten selber und seiner Form. Etwas erzählen heißt ja: etwas *Besonderes* zu sagen haben,
und gerade das wird von der verwalteten Welt, von Standardisierung und Immergleichheit verhindert. Vor jeder inhaltlich ideologischen Aussage ist ideologisch schon der Anspruch des Erzählers, als wäre der Weltlauf wesentlich noch
einer der Individuation, als reichte das Individuum mit seinen Regungen und Gefühlen ans Verhängnis noch heran,
als vermöchte unmittelbar das Innere des Einzelnen noch
etwas: die allverbreitete biographische Schundliteratur ist
ein Zersetzungsprodukt der Romanform selber.

Von der Krisis der literarischen Gegenständlichkeit ist die
Sphäre der Psychologie, in der gerade jene Produkte sich
häuslich, wenngleich mit wenig Glück einrichten, nicht aus-
genommen. Auch dem psychologischen Roman werden
seine Gegenstände vor der Nase weggeschnappt: mit Recht
hat man bemerkt, daß zu einer Zeit, da Journalisten ohne

Unterlaß an den psychologischen Errungenschaften Dostojewskys sich berauschten, die Wissenschaft, zumal die Psychoanalyse Freuds, längst jene Funde des Romanciers hinter sich gelassen hatte. Übrigens hat man wohl mit solchem phrasenhaften Lob Dostojewsky verfehlt: soweit es bei ihm überhaupt Psychologie gibt, ist es eine des intelligiblen Charakters, des Wesens, und nicht des empirischen, der Menschen, so wie sie herumlaufen. Und gerade darin ist er fortgeschritten. Nicht nur, daß alles Positive, Greifbare, auch die Faktizität des Inwendigen von Informationen und Wissenschaft beschlagnahmt ist, nötigt den Roman, damit zu brechen und der Darstellung des Wesens oder Unwesens sich zu überantworten, sondern auch, daß, je dichter und lückenloser die Oberfläche des gesellschaftlichen Lebensprozesses sich fügt, um so hermetischer diese als Schleier das Wesen verhüllt. *Will der Roman seinem realistischen Erbe treu bleiben und sagen, wie es wirklich ist, so muß er auf einen Realismus verzichten, der, indem er die Fassade reproduziert, nur dieser bei ihrem Täuschungsgeschäfte hilft.* Die Verdinglichung aller Beziehungen zwischen den Individuen, die ihre menschlichen Eigenschaften in Schmieröl für den glatten Ablauf der Maschinerie verwandelt, die universale Entfremdung und Selbstentfremdung, fordert beim Wort gerufen zu werden, und dazu ist der Roman qualifiziert wie wenig andere Kunstformen. Von jeher, sicherlich seit dem achtzehnten Jahrhundert, seit Fieldings *Tom Jones*, hatte er seinen wahren Gegenstand am Konflikt zwischen den lebendigen Menschen und den versteinerten Verhältnissen. Entfremdung selber wird ihm dabei zum ästhetischen Mittel. Denn je fremder die Menschen, die Einzelnen und die Kollektive, einander geworden sind, desto rätselhafter werden sie einander zugleich, und der Versuch, das Rätsel des äußeren Lebens zu dechiffrieren, der eigentliche Impuls des Romans, geht über in die Bemühung ums Wesen, das gerade in der von Konventionen gesetzten, vertrauten Fremdheit nun seinerseits bestürzend, doppelt

fremd erscheint. Das antirealistische Moment des neuen
Romans, seine metaphysische Dimension, wird selber ge-
zeitigt von seinem realen Gegenstand, einer Gesellschaft, in
der die Menschen voneinander und von sich selber gerissen
sind. In der ästhetischen Transzendenz reflektiert sich die
Entzauberung der Welt.

All das hat kaum seinen Platz in der bewußten Erwägung
des Romanciers, und Grund ist zur Annahme, daß, wo es in
jene eindringt, wie etwa in den sehr groß intendierten
Romanen Hermann Brochs, es dem Gestalteten nicht zum
besten anschlägt. Vielmehr setzen sich die geschichtlichen
Veränderungen der Form um in idiosynkratische Empfind-
lichkeiten der Autoren, und es entscheidet wesentlich über
ihren Rang, wie weit sie als Meßinstrumente des Geforderten und Verwehrten fungieren. An Empfindlichkeit gegen
die Form des Berichts hat keiner Marcel Proust übertroffen.
Sein Werk gehört in die Tradition des realistischen und psychologischen Romans, auf der Linie von dessen subjektivi-
stisch extremer Auflösung, wie sie, ohne alle historische
Kontinuität mit dem Franzosen, über Gebilde wie Jacob-
sens *Niels Lyhne* und Rilkes *Malte Laurids Brigge* führt. Je
strenger es mit dem Realismus des Auswendigen, der Geste
»so war es« gehalten wird, um so mehr wird jedes Wort
zum bloßen Als ob, um so mehr wächst der Widerspruch
zwischen seinem Anspruch an und dem, daß es nicht so
war. Eben jener immanente Anspruch, den der Autor unabdingbar erhebt: daß er genau wisse, wie es zugegangen sei,
will ausgewiesen werden, und die ins Schimärische getrie-
bene Präzision Prousts, die mikrologische Technik, unter
der schließlich die Einheit des Lebendigen nach Atomen
sich spaltet, ist eine einzige Anstrengung des ästhetischen
Sensoriums, diesen Ausweis zu leisten, ohne den Bannkreis
der Form zu überschreiten. Mit dem Bericht von einem Un-
wirklichen einzusetzen etwa, als wäre es wirklich gewesen,
hätte er nicht über sich gebracht. Daher beginnt sein zykli-
sches Werk mit der Erinnerung daran, wie ein Kind ein-

schläft, und das ganze erste Buch ist nichts als eine Entfaltung der Schwierigkeiten beim Einschlafen, wenn dem Knaben seine schöne Mutter nicht den Gute-Nacht-Kuß gegeben hat. Der Erzähler stiftet gleichsam einen Innenraum, der ihm den Fehltritt in die fremde Welt erspart, wie er zutage käme an der Falschheit des Tons, der mit jener vertraut tut. Unmerklich wird die Welt in diesen Innenraum – man hat der Technik den Titel des monologue intérieur verliehen – hineingezogen, und was immer an Äußerem sich abspielt, kommt so vor, wie es auf der ersten Seite vom Augenblick des Einschlafens gesagt wird: als ein Stück Innen, ein Moment des Bewußtseinsstroms, behütet vor der Widerlegung durch die objektive raumzeitliche Ordnung, zu deren Suspension das Proustsche Werk aufgeboten ist. Aus ganz anderen Voraussetzungen und in ganz anderem Geist hat der Roman des deutschen Expressionismus, etwa Gustav Sacks *Verbummelter Student* Verwandtes visiert. Das epische Bestreben, nichts Gegenständliches darzustellen, als was sich ganz und gar füllen läßt, hebt schließlich die epische Grundkategorie der Gegenständlichkeit auf.

Der traditionelle Roman, dessen Idee vielleicht am authentischsten in Flaubert sich verkörpert, ist der Guckkastenbühne des bürgerlichen Theaters zu vergleichen. Diese Technik war eine der Illusion. Der Erzähler lüftet einen Vorhang: der Leser soll Geschehenes mitvollziehen, als wäre er leibhaft zugegen. Die Subjektivität des Erzählers bewährt sich in der Kraft, diese Illusion herzustellen, und – bei Flaubert – in der Reinheit der Sprache, die sie zugleich durch Vergeistigung doch dem empirischen Bereich enthebt, dem sie sich verschreibt. Ein schweres Tabu liegt über der Reflexion: sie wird zur Kardinalsünde gegen die sachliche Reinheit. Mit dem illusionären Charakter des Dargestellten verliert heute auch dies Tabu seine Kraft. Oft ist hervorgehoben worden, daß im neuen Roman, nicht nur bei Proust, sondern ebenso beim Gide der *Faux-Monnayeurs*, beim späteren Thomas Mann, in Musils *Mann ohne Eigenschaften* die Reflexion die reine Formimmanenz durchbricht. Aber solche Reflexion hat kaum mehr als den Namen mit der vor-Flaubertschen gemein. Diese war moralisch: Parteinahme für oder gegen Romanfiguren. Die neue ist Parteinahme gegen die Lüge der Darstellung, eigentlich gegen den Erzähler selbst, der als überwacher Kommentator der Vorgänge seinen unvermeidlichen Ansatz zu berichtigen trachtet. Die Verletzung der Form liegt in deren eigenem Sinn. Heute erst läßt Thomas Manns Medium, die enigmatische, auf keinen inhaltlichen Spott reduzierbare Ironie, sich ganz verstehen aus ihrer formbildenden Funktion: der Autor schüttelt mit dem ironischen Gestus, der den eigenen Vortrag zurücknimmt, den Anspruch ab, Wirkliches zu schaffen, dem doch keines selbst seiner Worte entrinnen kann; am sinnfälligsten vielleicht in der Spätphase, im ›Erwählten‹ und in der ›Betrogenen‹, wo der Dichter, spielend mit einem romantischen Motiv, durch den Habitus der Sprache den Guckkastencharakter der Erzählung, die Unwirklichkeit der Illusion einbekennt, und eben damit, nach seinem Wort, dem Kunstwerk jenen Charakter des höheren Jux zurückgibt, den es besaß, ehe es mit der Naivetät der Unnaivetät den Schein allzu ungebrochen als Wahres präsentierte.

Wenn vollends bei Proust der Kommentar derart mit der Handlung verflochten ist, daß die Unterscheidung zwischen beiden schwindet, so greift damit der Erzähler einen Grundbestand im Verhältnis zum Leser an: die ästhetische Distanz. Diese war im traditionellen Roman unverrückbar. Jetzt variiert sie wie Kameraeinstellungen des Films: bald wird der Leser draußen gelassen, bald durch den Kommentar auf die Bühne, hinter die Kulissen, in den Maschinenraum geleitet. Zu den Extremen, an denen mehr über den gegenwärtigen Roman sich lernen läßt als an irgendeinem sogenannten »typischen« mittleren Sachverhalt, rechnet das Verfahren Kafkas, die Distanz vollends einzuziehen. Durch Schocks zerschlägt er dem Leser die kontemplative Geborgenheit vorm Gelesenen. Seine Romane, wenn anders sie unter den Begriff überhaupt noch fallen, sind die vorwegnehmende Antwort auf eine Verfassung der Welt, in der die kontemplative Haltung zum blutigen Hohn ward, weil die permanente Drohung der Katastrophe keinem Menschen mehr das unbeteiligte Zuschauen und nicht einmal dessen ästhetisches Nachbild mehr erlaubt. Auch von den minderen Erzählern, die schon kein Wort mehr zu schreiben wagen, das nicht als Tatsachenbericht um Entschuldigung dafür bittet, daß es geboren ist, wird die Distanz eingezogen. Kündigt bei ihnen die Schwäche eines Bewußtseinsstandes sich an, der zu kurzatmig ist, um seine ästhetische Darstellung zu dulden, und der kaum mehr Menschen hervorbringt, die solcher Darstellung fähig wären, so ist in der fortgeschrittensten Produktion, der solche Schwäche nicht fremd bleibt, die Einziehung der Distanz Gebot der Form selber, eines der wirksamsten Mittel, den vordergründigen Zusammenhang zu durchschlagen und das Darunterliegende, die Negativität des Positiven auszudrücken. Nicht daß notwendig wie bei Kafka die Schilderung von Imaginärem die von Realem ablöste. Er eignet sich schlecht zum Muster. Aber die Differenz zwischen Realem und imago wird grundsätzlich kassiert. Es ist den großen Romanciers der Epoche gemeinsam, daß die alte Romanforderung des »So ist es«, bis zu Ende gedacht, eine Flucht geschichtlicher Urbilder auslöst, in Prousts unwillkürlicher Erinnerung wie in den Parabeln Kafkas und in den epischen Kryptogrammen von Joyce. Das dichterische Subjekt, das von den Konventionen gegenständlicher Darstellung sich lossagt, bekennt zugleich die eigene Ohnmacht, die Übermacht der Dingwelt ein, die inmitten des Monologs wiederkehrt. So bereitet sich eine zweite Sprache, vielfach aus dem Abhub der ersten destilliert, eine zerfallene assoziative Dingsprache, wie sie den Monolog nicht bloß des Romanciers, sondern der ungezählten der ersten Sprache Entfremdeten durchwächst, welche die Masse ausmachen. Wenn Lukács in seiner *Theorie des Romans* vor vierzig Jahren die Frage aufwarf, ob die Romane Dostojewskys Bausteine zukünftiger Epen, wo nicht selber bereits solche Epen seien, dann gleichen in der Tat die heutigen Romane, die zählen, jene, in denen die entfesselte Subjektivität aus der eigenen Schwerkraft in ihr Gegenteil übergeht, negativen Epopöen. Sie sind Zeugnisse eines Zustands, in dem das Individuum sich selbst liquidiert und der sich begegnet mit dem vor-individuellen, wie er einmal die sinnerfüllte Welt zu verbürgen schien. Mit aller gegenwärtigen Kunst teilen diese Epopöen die Zweideutigkeit, daß es nicht bei ihnen steht, etwas darüber auszumachen, ob die geschichtliche Tendenz, die sie registrieren, Rückfall in die Barbarei ist oder doch auf die Verwirklichung der Menschheit abzielt, und manche fühlen sich im Barbarischen allzu behaglich. Kein modernes Kunstwerk, das etwas taugte und nicht an der Dissonanz und dem Losgelassenen auch seine Lust hätte. Aber indem solche Kunstwerke gerade das Grauen ohne Kompromiß verkörpern und alles Glück der Betrachtung in die Reinheit solchen Ausdrucks werfen, dienen sie der Freiheit, die von der mittleren Produktion nur verraten wird, weil sie nicht zeugt von dem, was dem Individuum der liberalen Ära widerfuhr. Ihre Produkte sind über der Kontroverse zwischen engagierter Kunst und l'art pour l'art, über der Alternative zwischen der Banausie der Tendenzkunst und der Banausie der genießerischen. Karl Kraus hat einmal den Gedanken formuliert, was immer aus seinen Werken moralisch als leibhafte, nichtästhetische Wirklichkeit spreche, sei ihm lediglich unterm Gesetz der Sprache, also im Namen von l'art pour l'art zuteil geworden. Die Einziehung der ästhetischen Distanz im Roman heute, und damit dessen Kapitulation vor der übermächtigen und nur noch real zu verändernden, nicht im Bilde zu verklärenden Wirklichkeit, wird erheischt von dem, wohin die Form von sich aus möchte.

Selbstreflexion der Geisteswissenschaften:
Die historistische Sinnkritik

Das hermeneutische Verstehen richtet sich auf einen überlieferten Kontext von Bedeutungen. Es unterscheidet sich
von jenem monologischen Sinnverstehen, welches theoretische Sätze erfordern. Theoretisch sollen alle Sätze heißen,
die in einer formalisierten Sprache ausgedrückt oder in Aussagen einer solchen Sprache transformiert werden können,
gleichviel ob es sich um tautologische Aussagen oder um
empirisch gehaltvolle Sätze handelt. Wir können auch sagen,
daß theoretische Sätze Elemente »reiner« Sprachen sind.
Kalküle, leer oder interpretiert, sind solche ›reinen‹ Sprachen. Formalisierte Aussagen sind nämlich von allen Momenten, die nicht auf der Ebene symbolischer Beziehungen
liegen, gereinigt. Das zeigt sich bei erfahrungswissenschaft-
lichen Theorien daran, daß sie der Forderung einer strikten
Trennung von Sätzen und Tatsachen genügen müssen: die
empirische Triftigkeit ihrer hypothetischen Ableitungen
wird nachträglich an Erfahrungssätzen kontrolliert, die das
Ergebnis theorieunabhängiger systematischer Beobachtungen ausdrücken. »Reine« Sprachen fordern, soweit sie einen
empirischen Bezug haben, die prinzipielle Trennung zwischen dem Verstehen logischer Zusammenhänge und dem
Beobachten empirischer Sachverhalte. Kontrollierte Beobachtung ist ebenso durch den Ausschluß symbolischer Beziehungen wie monologisches Sinnverstehen durch den
Ausschluß faktischer Beziehungen definiert. Gerade diese
Grenze wird vom hermeneutischen Verstehen verwischt.

Sinnverstehen wird in methodologischer Hinsicht problematisch, wenn es, wie in den Geisteswissenschaften, um
die Aneignung tradierter Bedeutungsgehalte geht: der
›Sinn‹, der expliziert werden soll, hat hier, seines symbo-

lischen Ausdrucks ungeachtet, den Status einer Tatsache, eines empirisch Vorgefundenen. Das hermeneutische Verstehen kann die Struktur seines Gegenstandes niemals so weit analysieren, daß alles Kontingente daran getilgt wäre. Sonst müßte es in Rekonstruktion, d. h. in ein Sinnverstehen formaler Beziehungen übergehen. Zu formalisierten Sprachen gehören die metasprachlichen Konstitutionsregeln hinzu, mit deren Hilfe wir jede in dieser Sprache mögliche Aussage rekonstruieren, d. h. noch einmal selber erzeugen können. Weil wir für tradierte Sinnzusammenhänge über solche Regeln der Rekonstruktion nicht verfügen, verlangen sie ein hermeneutisches Sinnverständnis, das symbolische Beziehungen *als* faktische erfaßt. *Hermeneutik* ist eine Form der Erfahrung und der grammatischen Analyse zugleich.

Peirce hat gezeigt, daß die Anwendung theoretischer Sätze auf die Wirklichkeit nur innerhalb eines transzendentalen Rahmens möglich ist, der die Erfahrung in bestimmter Weise präformiert. Erfahrungswissenschaftliche Theorien enthalten Informationen über die Wirklichkeit unter dem Gesichtspunkt einer unter angebbaren Bedingungen jederzeit und überall möglichen technischen Verfügung. Ihr entspricht daher eine im Funktionskreis instrumentalen Handelns generalisierte Erfahrung, die von allen lebensgeschichtlichen Bezügen abstrahiert. An den experimentell erzeugten Erscheinungen sind alle Momente der Lebenserfahrung zugunsten eines allgemeinen, nämlich beliebig wiederholbaren Effektes unterdrückt. Diese bestimmte Objektivation der Wirklichkeit dient dem Zurechtstutzen einer subjektiv geprägten konkreten Erfahrung, nämlich ihrer transzendental vorgängigen Anpassung an die universellen Ausdrücke einer Theoriesprache, in der Namen für Individuen nicht auftreten können. Das Problem des Verhältnisses von Allgemeinem und Besonderem besteht darin, daß die singulären Erfahrungen mit den abstrakt allgemeinen Kategorien in Übereinstimmung gebracht werden müssen.

Genau umgekehrt verhält es sich mit einem hermeneutischen Verstehen, das sich die individuelle Lebenserfahrung in ganzer Breite zu eigen macht, aber den
ichzentrisch gebündelten Intentionen die allgemeinen Kategorien der Sprache anpassen muß. Das Problem des Verhältnisses von Allgemeinem und Besonderem stellt sich
hier nicht wegen des Zurückbleibens einer konkretisti-
schen Erfahrungswelt hinter der Logik allgemeiner Aussagen, sondern wegen der Unangemessenheit dieser Logik
an eine Lebenserfahrung, die sich gleichwohl in der Umgangssprache immer schon artikuliert hat. Der induktive
Fortschritt der empirisch-analytischen Wissenschaften ist
nur auf der Grundlage einer transzendental vorgängigen
Angleichung möglicher Erfahrung an die universellen
Ausdrücke der theoretischen Sprachen möglich. Der qua-
si-induktive Fortgang der hermeneutischen Wissenschaften beruht hingegen auf der spezifischen Leistung der
Umgangssprache, die es ermöglicht, den Stellenwert allgemeiner Kategorien in einem konkreten Lebenszusammenhang indirekt mitzuteilen. Auf dieser Grundlage paßt sich
im Gange einer Interpretation die Sprache des Hermeneu-
tikers der um individuellen Sinn konzentrierten Lebenserfahrung an.

Offensichtlich hat die Umgangssprache eine Struktur, die
es tatsächlich erlaubt, im dialogischen Verhältnis Individuelles durch allgemeine Kategorien verständlich zu machen.
Dieser gleichen Struktur muß sich auch das hermeneutische
Verstehen bedienen, die ja die alltägliche kommunikative
Erfahrung des Sich- und Andere-Verstehens nur methodisch in Zucht nimmt. Zu einer expliziten Verfahrensweise
läßt sich freilich die Hermeneutik erst ausbilden, wenn es
gelingt, die Struktur der Umgangssprache in der Hinsicht
zu klären, in der sie erlaubt, was die Syntax einer reinen
Sprache gerade verbietet: das unaussprechlich Individuelle
wie immer auch indirekt mitteilbar zu machen.

Einen Hinweis finde ich in Diltheys Einleitung der »ele-

mentaren Formen des Verstehens«[1]. Das hermeneutische
Verstehen richtet sich auf *drei Klassen von Lebensäußerun-
gen:* auf sprachliche Ausdrücke, auf Handlungen und auf
Erlebnisausdrücke.

Die *sprachlichen Ausdrücke* können von einem konkreten Lebenszusammenhang vollständig abgelöst sein; sie implizieren dann »keine Hindeutung auf die Besonderheiten
des Lebens, aus denen sie hervorgegangen sind«[2]. Eine hermeneutische Auslegung ist in solchen Fällen unnötig, denn
ein dialogisches Verhältnis zwischen Mitteilendem und Gegenüber ist nur noch virtuell gegeben: »das Urteil (ist) in
dem, der es ausspricht, und dem, der es versteht, dasselbe;
es geht wie durch einen Transport unverändert aus dem Besitz dessen, der es aussagt, über in den Besitz dessen, der es
versteht«.[3] Wenn sprachliche Ausdrücke in einer absoluten
Form auftreten, die ihren Gehalt von der Situation der Mitteilung, »der Verschiedenheit von Zeiten oder Personen«
unabhängig macht, dann ist das Verstehen monologisch: es
»ist hier auf den bloßen Denkinhalt gerichtet, dieser ist in
jedem Zusammenhang sich selbst gleich, und so ist das Verstehen hier vollständiger als in bezug auf jede andere Le-
bensäußerung«.[4] Nur Aussagen einer reinen Sprache können in diesem Sinne vollständig verstanden werden. Je mehr
andererseits die sprachlichen Ausdrücke einem konkreten
Lebenszusammenhang verhaftet bleiben, um so wichtiger
wird ihr Stellenwert in einem bestimmten dialogischen Verhältnis: der ›Transport‹ bleibt dem Gehalt des Ausdrucks
nicht länger äußerlich. Das vollständige Verstehen wird ge-
trübt, weil allgemeines Einverständnis über einen unveränderlichen Sinn nicht mehr besteht.   (204–207)

---

1 W. Dilthey, *Gesammelte Schriften*, Bd. 7: *Der Aufbau der geschichtlichen
   Welt in den Geisteswissenschaften*, hrsg. von B. Groethuysen, Göttingen
   ⁷1979, S. 207 ff.
2 Dilthey (s. Anm. 1), S. 206.
3 Ebd., S. 205.
4 Ebd., S. 206.

Auch Handlungen bedürfen der hermeneutischen Entschlüsselung, weil das unverwechselbare Subjekt in Handlungen, die allgemeinen Normen folgen, sowenig direkt sich äußern kann wie in den allgemeinen Kategorien der umgangssprachlichen Verständigung. Weil die individuellen Lebensverhältnisse weder in Sprache noch in Handlungen bruchlos sich umsetzen, wäre das Subjekt, das unvermittelt beim Wort genommen und mit seinen manifesten Handlungen unvermittelt identifiziert würde, mißverstanden. Die Hermeneutik als die Kunst, indirekte Mitteilungen verständlich zu machen, entspricht genau dem Abstand, den das Subjekt zwischen sich als der Identität eines lebensgeschichtlichen Zusammenhangs und seinen Objektivationen *halten* und zugleich *ausdrücken* muß – bei Strafe der Verdinglichung durch den Adressaten.

Eine dritte Klasse von Lebensäußerungen, auf die sich das Verstehen richtet, bezeichnet die Dimension, in der das Verhältnis des Ich zu seinen sprachlichen und außersprachlichen Objektivationen sichtbar wird. Dilthey spricht von *Erlebnisausdruck*. Er subsumiert darunter vor allem die an den Resonanzboden des menschlichen Leibes gebundenen psychologischen Ausdruckserscheinungen: mimische, physiognomische, gestische – die leibnahen Reaktionen des Errötens und Erbleichens, des Erstarrens, des beunruhigten Blickes, der Entspannung, auch des Lachens und Weinens. Für sie hat, ganz im Sinne Diltheys, H. Plessner eine Hermeneutik der nicht-sprachlichen Expressionen vorgeschlagen und in Grundzügen ausgearbeitet.[5] Dilthey interessiert sich nicht für eine Psychologie, sondern für eine Hermeneutik des menschlichen Ausdrucks. Hermeneutisch wird nämlich der Erlebnisausdruck als ein Signal für die unausgesprochenen Intentionen und das unaussprechliche Verhältnis eines Ich zu seinen Objektivationen verstanden. Daher

5 H. Plessner, *Lachen und Weinen*, Bern 1961, ferner: »Über Hermeneutik des nichtsprachlichen Ausdrucks. Vortrag auf dem 8. Deutschen Kongreß für Philosophie in Heidelberg«, 1966.

steht der Erlebnisausdruck nicht mit Sätzen und Handlungen auf einer Ebene. Einerseits ist er dem spontanen Lebenszusammenhang näher als die symbolischen Ausdrücke der Umgangssprache und des kommunikativen Handelns: er ist unmißverständlich auf einen bestimmten Organismus in einer unwiederholbaren Situation bezogen. Andererseits fehlt dem Erlebnisausdruck ein kognitiver Gehalt, der vollständig in Sätzen oder Handlungen interpretiert werden könnte. (209 f.)

Die Struktur der Umgangssprache, der die eigentümliche Leistung des hermeneutischen Verstehens entspricht, wird aber erst begreiflich, wenn wir *die Integration der drei Klassen von Lebensäußerungen* in der alltäglichen Lebenspraxis berücksichtigen. Im Rahmen sozialer Lebenswelten ist die umgangssprachliche Kommunikation niemals von den eingespielten Interaktionen und den begleitenden oder intermittierenden Erlebnisausdrücken isoliert. Die Verständigung über sprachliche Symbole unterliegt der dauernden Kontrolle durch das tatsächliche Eintreten der im Kontext erwarteten Handlungen, und die Handlungen ihrerseits können bei gestörtem Konsensus durch sprachliche Mitteilung interpretiert werden. Die Bedeutung sprachlicher Symbole kann durch Mitspielen in eingelebten Interaktionen verdeutlicht werden. Sprache und Handeln interpretieren sich wechselseitig: das ist in Wittgensteins Konzept des *Sprachspiels* entfaltet.[6] Die in der Intersubjektivität von Sprechen und Handeln ermöglichte Dialektik von Allgemeinem und Individuellem kann sich zudem auf die mitlaufenden Spontanäußerungen der leibnahen Expressionen stützen und an ihnen korrigieren. An den Erlebnisausdruck heftet sich die Interpolation der in Anspielungen und indirekten Mitteilungen gegen die notwendige Unangemessenheit der manifesten Mitteilungen sich behauptenden Identi-

6 J. Habermas, »Zur Logik der Sozialwissenschaften«, in: *Philosophische Rundschau*, Jg. 1967, Beih. 5, S. 124 ff.

tät des Ich. Die Umgangssprache folgt nicht der Syntax einer reinen Sprache: sie wird erst durch ihre Verzahnung mit Interaktionen und leiblichen Ausdrucksformen komplett. Die Grammatik von Sprachspielen im Sinne einer kompletten Lebenspraxis regelt nicht nur die Verknüpfung von Symbolen, sondern zugleich die Interpretationen sprachlicher Symbole durch Handlungen und Expressionen. Eine ›reine‹ Sprache ist dadurch charakterisiert, daß sie durch metasprachliche Konstitutionsregeln, d. h. aber mit ausschließlich symbolischen Mitteln erschöpfend definiert werden kann. Eine natürliche Sprache hingegen entzieht sich einer formal strengen, nämlich innersprachlichen Rekonstruktion, weil sie durch Nicht-Sprachliches interpretierbar ist. (211–213)

Man hat die eigentümliche Aporie der geisteswissenschaftlichen Verfahrensweise als *hermeneutischen Zirkel* bezeichnet. Aber wenn man, wie der Terminus es nahelegt, jenes Problem allein unter logischem Gesichtspunkt auffaßt, ist das methodologische Recht dieses Formverstoßes nicht recht plausibel zu machen: was macht den hermeneutischen Zirkel so »fruchtbar« und was unterscheidet ihn von einem vitiösen Zirkel? Zirkulär im üblichen Sinne verführe die Praxis der Auslegung und die hermeneutische Begriffsbildung, wenn es sich entweder um eine ausschließlich linguistische oder um eine rein empirische Analyse handelte. Die Analyse von Beziehungen zwischen systematisch geordneten Symbolen bedient sich metasprachlicher Aussagen über eine Objektsprache. Wenn darin das Geschäft der Hermeneutik aufginge, wäre kaum einzusehen, warum sie die beiden Sprachebenen nicht getrennt halten und eine zirkuläre Wechselbestimmung zwischen analytischen Begriffen und sprachlichen Objekten nicht vermeiden sollte. Wenn andererseits die Gegenstände des hermeneutischen Verstehens nicht als sprachliche Objekte, sondern als Erfahrungsdaten aufgefaßt werden könnten, bestünde zwischen der theoretischen Ebene und den Daten ein Verhältnis, das unter logi-

schen Gesichtspunkten ebenfalls unproblematisch ist. Der
scheinbare Zirkel ergibt sich erst daraus, daß die Objekte
der Geisteswissenschaften einen eigentümlichen Doppelsta-
tus genießen: die tradierten, in Worten oder Handlungen
objektivierten Bedeutungsgehalte, auf die hermeneutisches
Verstehen sich richtet, sind Symbole und Tatsachen gleichermaßen. Deshalb muß Verstehen linguistische Analyse mit
Erfahrung verbinden. Ohne den Zwang zu dieser eigentümlichen Kombination bliebe der zirkuläre Fortgang des
Auslegungsprozesses in einem schlechten Zirkel befangen.

Die Auslegung eines Textes hängt von einer Wechselbeziehung zwischen der Interpretation der ›Teile‹ durch ein
zunächst diffus vorverstandenes ›Ganzes‹ und der Korrektur dieses Vorbegriffs durch die ihm subsumierten Teile ab.
Offenbar kann von den ›Teilen‹ eine modifizierende Kraft
auf das präjudizierte Ganze, auf dessen Folie sie doch interpretiert werden, nur zurückwirken, weil sie unabhängig von
diesem hermeneutischen Vorgriff bereits interpretiert sind.
Gewiß hat das komplexe Vorverständnis des ganzen Textes
den Stellenwert eines variablen Auslegungsschemas, dem
einzelne Elemente eingeordnet werden, um sie verständlich
zu machen. Aber das Schema vermag die unter ihm befaßten
Elemente nur in dem Maße verständlich zu machen, als es
selber an diesen ›Daten‹ auch korrigiert werden kann. Die
Elemente verhalten sich zum Auslegungsschema weder wie
Tatsachen zu Theorien noch wie objektsprachliche Ausdrücke zu den interpretierenden Ausdrücken einer Metasprache. Beide, das Explicandum und das Explicans, gehören demselben Sprachsystem an. Deshalb nimmt Dilthey
zwischen ihnen keine Stufenrelation (wie zwischen Tatsachen und Theorien, Objekt- und Metasprache) an, sondern
eine Relation zwischen Teil und Ganzem: der Interpret
muß die Sprache, die er interpretiert, selber sprechen lernen.
Er kann sich dabei allein auf die Reflexivität der Umgangssprache stützen. Diese beruht, wie gezeigt, darauf, daß die
›Grammatik‹ der Umgangssprache nicht nur sprachinterne

Beziehungen festlegt, sondern den kommunikativen Zusammenhang von Sätzen, Handlungen und Erlebnissen insgesamt, d. h. eine sozial eingespielte Lebenspraxis regelt. Diese Verzahnung von Sprache und Praxis macht begreiflich, warum die hermeneutische Bewegung, die darin fundiert ist, nicht im logischen Sinne zirkulär genannt werden kann. Der Zusammenhang zwischen dem Auslegungsschema und den unter ihm befaßten Elementen stellt sich *für den* Interpreten als ein sprachimmanenter Zusammenhang dar, der allein Regeln der Grammatik gehorcht; *an sich* artikuliert sich in ihm aber zugleich ein Lebenszusammenhang, der einen individuellen, in allgemeinen Kategorien nicht bruchlos aufgehenden Sinn repräsentiert. Insofern erschließt die Sprachanalyse auch den empirischen Gehalt einer indirekt mitgeteilten Lebenserfahrung.

Die symbolischen Zusammenhänge, auf die sich hermeneutisches Verstehen richtet, lassen sich nicht auf Bestandteile einer reinen, durch metasprachliche Konstitutionsregeln vollständig definierten Sprache zurückführen. Deshalb kann ihre Interpretation nicht die Form einer analytisch zwingenden Rekonstruktion durch Anwendung allgemeiner Regeln annehmen – noch darf sie an einem solchen Standard gemessen werden. In einem offenen System der Umgangssprache, das zugleich als Metasprache für sich selber dient, wählen wir für jeden Interpretationsbeginn ein vorläufiges Auslegungsschema, das schon am Anfang auf das Ergebnis des ganzen Interpretationsvorganges vorgreift. *Soweit* Auslegung eine linguistische Analyse ist, hat dieser Vorgriff keinen im strengen Sinne empirischen Gehalt. Andererseits hat sie einen hypothetischen Status und bedarf sehr wohl der Bewährung; darin zeigt sich, daß die Auslegung *auch* die Aufgabe einer empirischen Analyse übernimmt. Die Bindung der Hermeneutik an eine ihrerseits mit Praxis verflochtene Umgangssprache erklärt den Doppelcharakter eines Verfahrens, das in *grammatischen* Zusammenhängen zugleich den *empirischen* Gehalt von in-

dividuierten Lebensverhältnissen erschließt. Die Einord-
nung der gegebenen Symbole in den gewählten Bezugsrahmen, also der Vorgang der Applikation, ist eine Aufschlüs-
selung des Materials und gleichzeitig eine Erprobung des
Schlüssels am Material: also linguistische Analyse und Er-
fahrungskontrolle in einem. (215–218)

Die hermeneutische Befragung von Texten hat mit der
»Befragung der Natur im Experiment« eins gemeinsam:
beide verlangen eine wohlerworbene Kunstfertigkeit, die
nach generellen Regeln verfährt. Dabei bleibt allerdings die
Beherrschung der hermeneutischen Kunst in höherem
Maße der »persönlichen Virtuosität« verhaftet als die Beherrschung von Meßoperationen.[7]

Die hermeneutischen Wissenschaften sind den umgangssprachlich vermittelten Interaktionen so eingelagert wie die
empirisch-analytischen Wissenschaften dem Funktionskreis
instrumentalen Handelns. Beide lassen sich von *Erkenntnisinteressen* leiten, die in den Lebenszusammenhängen des
kommunikativen Handelns und des instrumentalen ver-
wurzelt sind. Während die empirisch-analytischen Verfahren darauf gerichtet sind, die Wirklichkeit unter dem
transzendentalen Gesichtspunkt möglicher technischer Verfügung freizulegen und zu erfassen, gehen die hermeneutischen Verfahren darauf aus, die Intersubjektivität der Verständigung in der umgangssprachlichen Kommunikation
und im Handeln unter gemeinsamen Normen zu sichern.
Das hermeneutische Verstehen ist seiner Struktur nach darauf angelegt, innerhalb kultureller Überlieferungen ein
mögliches handlungsorientierendes Selbstverständnis von
Individuen und Gruppen und ein reziprokes Fremdver-
ständnis anderer Individuen und anderer Gruppen zu garantieren. Es ermöglicht die Form zwanglosen Konsensus
und die Art gebrochener Intersubjektivität, von denen

---

7 W. Dilthey, *Gesammelte Schriften*, Bd. 5: *Abhandlung zur Grundlegung der
Geisteswissenschaften*, hrsg. von G. Misch, Göttingen [7]1982, S. 320.

kommunikatives Handeln abhängt. Es bannt die Gefahren des Kommunikationsabbruchs in beiden Richtungen: sowohl in der Vertikale der eigenen individuellen Lebensgeschichte und der kollektiven Überlieferung, der man zugehört, wie auch in der Horizontale der Vermittlung zwischen Überlieferungen verschiedener Individuen, Gruppen und Kulturen. Wenn diese Kommunikationsströme abreißen und die Intersubjektivität der Verständigung entweder erstarrt oder zerfällt, wird eine Bedingung des Überlebens zerstört, die so elementar ist wie die komplementäre Bedingung des Erfolgs instrumentalen Handelns: nämlich die Möglichkeit zwangloser Einigung und gewaltloser Anerkennung. Weil diese die Voraussetzung von Praxis ist, *nennen wir das erkenntnisleitende Interesse der Geisteswissenschaften ›praktisch‹*. Vom technischen Erkenntnisinteresse unterscheidet es sich dadurch, daß es nicht auf die Erfassung einer objektivierten Wirklichkeit, sondern auf die Wahrung der Intersubjektivität einer Verständigung gerichtet ist, in deren Horizont die Wirklichkeit erst als etwas erscheinen kann.   (221 f.)

Der Interpret kann sich, gleichviel ob er es mit zeitgenössischen Objektivationen oder mit geschichtlichen Überlieferungen zu tun hat, von seiner hermeneutischen Ausgangslage nicht abstrakt lösen. Er kann den offenen Horizont der eigenen Lebenspraxis nicht einfach überspringen und den Traditionszusammenhang, durch den seine Subjektivität gebildet ist, nicht schlicht suspendieren, um in den subhistorischen Lebensstrom einzutauchen, der die genießende Identifikation aller mit allen erlaubt. Gleichwohl ist Sachlichkeit des hermeneutischen Verstehens in dem Maße zu erreichen, als das verstehende Subjekt über die kommunikative Aneignung der fremden Objektivationen sich selbst in seinem eigenen Bildungsprozeß durchschauen lernt. Eine Interpretation kann die Sache nur in dem Verhältnis treffen und durchdringen, in dem der Interpret diese Sache *und zugleich* sich selbst als Momente des beide gleichermaßen umfassen-

den und ermöglichenden objektiven Zusammenhangs reflektiert. In diesem Sinne hängt die Objektivität des Verstehens an dem nur zum Scheine subjektivistischen Grundsatz,
den Dilthey für die Autobiographie gelten ließ: »Die Besin-
nung eines Menschen [einer sozialen Gruppe, einer Epoche]
über sich selbst bleibt Richtpunkt und Grundlage.«[8] Dilthey möchte einen vermeintlichen Widerstreit zwischen den
Tendenzen des Lebens und der Wissenschaft dadurch ge-
schlichtet sehen, daß wir das praktische Erkenntnisinteresse
zugunsten einer selbstlosen Universalität der Einfühlung
aufheben. Die von Dilthey selbst in Gang gesetzte Reflexion auf die Nichthintergehbarkeit jenes Interesses hätte
hingegen jenen Widerstreit als Schein entlarven und die
Objektivität des hermeneutischen Verstehens in Form einer
auf kommunikativer Erfahrung beruhenden und durchs
Dialogverhältnis unwiderruflich vermittelten Erkenntnis
rechtfertigen können.   (227 f.)

Dilthey bindet die mögliche Objektivität geisteswissenschaftlicher Erkenntnis an die Bedingung einer virtuellen
Gleichzeitigkeit des Interpreten mit seinem Gegenstand.
Gegenüber dem »räumlich Fernen oder sprachlich Fremden« muß sie sich »in die Lage eines Lesers aus der Zeit und
der Umgebung des Autors ... versetzen«[9]. Die *Gleichzeitigkeit* erfüllt in den Geisteswissenschaften dieselbe Funktion wie in den Naturwissenschaften die Wiederholbarkeit
des Experiments: die Austauschbarkeit des Erkenntnissub-
jektes wird garantiert.

Freilich ist die methodologische Annahme der möglichen
Gleichzeitigkeit von Interpret und Gegenstand so wenig
selbstverständlich, daß es der *Lebensphilosophie* bedarf, um
sie plausibel zu machen. Nur soweit die Objektivationen
der geistigen Welt Protuberanzen eines in der Zeit sich er-
streckenden omnipräsenten Lebensstroms darstellen, des-

8 Dilthey (s. Anm. 1), S. 204.
9 Ebd., S. 219.

sen Einheit durch die potentielle Gleichzeitigkeit und Ubiquität seiner Hervorbringung gesichert ist, kann die historische Welt positivistisch begriffen, nämlich als Inbegriff aller möglichen Erlebnisse aufgefaßt werden – was erlebt werden kann, ist für den Interpreten das, was der Fall ist. Dieser Welt, die im historischen Bewußtsein der Moderne abgebildet wird, entspricht die Genialität des Allesverstehens; denn das nachbildende Erlebnis dessen, der sich ins Original hineinversetzt, verspricht Partizipation an dem einen omnipräsenten Lebensstrom. Dieses Leben selbst ist irrational, denn das einzige, was sich über es sagen läßt, ist, daß es allein an seinen Objektivationen greifbar wird. Die Irrationalität des Lebens rechtfertigt den Interpreten in der Rolle des unbeteiligten Beobachters, denn wenn das Leben selbst seine Objektivationen auf die Ebene einer fingierten Gleichzeitigkeit projiziert, dann überblickt er »objektiv« den »Zusammenhang des Allgemeinmenschlichen mit der Individuation, die auf seiner Grundlage sich in der Mannigfaltigkeit geistiger Existenzen ausbreitet«[10]. Das hermeneutische Verstehen entledigt sich so der spezifischen, an umgangssprachlicher Kommunikation haftenden Dialektik des Allgemeinen und des Individuellen zugunsten einer umfangslogisch eindeutigen Klassifikation von Erscheinungen. Dilthey nennt drei Stufen der Verallgemeinerung; er spricht von einem Ordnungssystem, »das von der Regelhaftigkeit und der Struktur im Allgemeinmenschlichen zu den Typen führt, durch welche das Verstehen die Individuen auffaßt«[11].

Die Grundüberzeugungen der Lebensphilosophie erlauben Dilthey die *Übertragung des naturwissenschaftlichen Objektivitätsideals auf die Geisteswissenschaften.* Das ist von besonderer Bedeutung für die Gruppe von Disziplinen, die Dilthey systematische Geisteswissenschaften nennt und den historischen Wissenschaften, die von der Biographie bis

10 Ebd., S. 213.
11 Ebd.

zur Universalgeschichte reichen, gegenübergestellt. Während
diese sich jeweils auf einen konkreten Entwicklungszusammenhang und auf Bildungsprozesse angebbarer gesellschaftlicher Subjekte richten, haben jene es mit den bleibenden
Strukturen, den im Querschnitt isolierbaren Teilsystemen
des gesellschaftlichen Lebens zu tun, durch die gleichsam
die historische Bewegung hindurchgeht. Dilthey faßt diese
Wissenschaften im System der selbständig konstituierten
Geisteswissenschaften vom Menschen: von Sprache, Ökonomie, Staat, Recht, Religion und Kunst zusammen. Er
beruft sich gerne auf das Beispiel der Ökonomie, um den
Unterschied der systematischen Geisteswissenschaften von
den historischen klarzumachen: sie entwickeln allgemeine
Theorien von Ausschnitten des gesellschaftlichen Lebens,
die durch gleichbleibende Strukturzusammenhänge ausgezeichnet sind und selber Systeme darstellen. (229–231)

Das scheinbar zirkuläre Verfahren einer wechselseitigen
Explikation der Teile im Lichte eines diffus vorverstandenen Ganzen und umgekehrt des Ganzen im Rückschein der
schrittweise präzisierten Teile mag für die Interpretation bestimmter Lebensäußerungen und konkreter Entwicklungsgeschichten zureichen: die Hermeneutik ist die Grundlage
der historischen Geisteswissenschaften. Es geht aber nicht
an, die systematischen Geisteswissenschaften an diese Hermeneutik zu verweisen und gleichzeitig zu unterstellen, daß
sie der Dialektik von Allgemeinem und Individuellem entgehen. Für die systematischen Geisteswissenschaften ist die
methodologische Grundlage der historischen offensichtlich
zu schmal. Sie beschränken sich nicht auf die Explikation
von Bedeutungszusammenhängen, sondern analysieren gesetzmäßige Beziehungen zwischen empirischen Größen.
Soweit sie nomologische Wissenschaften sind, müssen sie
sich der empirisch-analytischen Verfahrensweisen bedienen;
soweit sie der Intention von Geisteswissenschaften folgen,
bleiben sie zugleich dem methodologischen Rahmen der
Hermeneutik verhaftet und rücken nicht in gleicher Weise

wie die Naturwissenschaften in den Funktionskreis instrumentalen Handelns ein. Dieses Problem einer *Verschränkung empirisch-analytischer Verfahrensweisen mit Hermeneutik* und die Frage der Theorienbildung in den systematischen Geisteswissenschaften sind für die Logik der im 20. Jahrhundert erst voll entwickelten Sozialwissenschaften von zentraler Bedeutung.   (232)

IV
Psychoanalyse

Einleitung

Mit der Psychoanalyse Freuds entstand auch für die Literatur ein revolutionäres Paradigma, weil es den Blick nicht auf die bewußte geistige Tätigkeit, sondern auf den Anteil des Unbewußten bei der Produktion des literarischen Werks lenkt. Freud geht davon aus, daß sich im Seelenleben das ›Es‹, der Bereich des Unbewußten, das ›Über-Ich‹, der Bereich der sozialen Normen und Anforderungen, und das ›Ich‹, die Instanz der Realitätsprüfung, voneinander unterscheiden lassen. Dieses topische Modell hat einen genetischen und einen ökonomischen Aspekt. Grundlage des genetischen ist die Annahme, daß sich die drei genannten psychischen Instanzen, die keineswegs auf die physiologische Architektur des Gehirns zurückgeführt werden können, im Verlauf einer Entwicklungsgeschichte ausbilden, die wesentlich durch die Ordnung der Familie geprägt ist. Grundlage des ökonomischen Aspekts ist die Annahme, daß psychische Ausgeglichenheit und ›Normalität‹ eine gleichmäßige Verteilung der psychischen Energie auf die Instanzen von Es, Ich und Über-Ich zur Voraussetzung haben. Vorübergehende Störungen können in einem realitätsfreien Raum gelöst werden: daraus ergibt sich die Bedeutung von Traum und Tagtraum.

Für die psychoanalytische Literaturtheorie ist von zentraler Bedeutung, daß die Gesetze von Traum und Tagtraum in enger Beziehung zu jeder Tätigkeit der Phantasie, mithin auch zur ästhetischen und dichterischen stehen. Freud hat

sich nur in wenigen Texten explizit zu diesem Komplex ge-
äußert, und nur in einigen Fällen hat er selbst Interpretationen zu Werken der bildenden Kunst und Literatur vorgelegt. Gerade deshalb kommen der *Traumdeutung*, dem kur-
zen Text über den Wunderblock und insbesondere dem
Aufsatz über den *Dichter und das Phantasieren* besondere
Bedeutung zu.

In dieser frühen Systematisierung einer psychoanalytischen Theorie der Literatur bestimmt Freud die dichterische
Tätigkeit zunächst mit Blick auf die Analogien zwischen der
künstlerischen Tätigkeit und dem kindlichen Spiel. Mit dieser strukturellen Überlegung verbindet er eine genetische,
die wiederum die familiale Psychogenese betrifft: unter den
Anforderungen des Realitätsprinzips versucht noch der
Erwachsene, Erfahrungen nachzustellen, die er als Kind
machte; der ursprünglich im Spiel erreichte Lustgewinn
wird jetzt durch Phantasie und Tagtraum substituiert. Die
poetische Produktion begreift Freud als Entsprechung zum
Tagtraum und führt sie wie diesen auf sexuelle und narzißtische Antriebe zurück. Auch die utopischen und egoistischen
Phantasien der Kunst antworten auf aktuelle Krisen, die
unbewußt vor der Folie vorangehender kindlicher Erfahrungen erlebt werden. Der dichterische Text, der individuelle Kindheitserfahrungen oder die »*Säkularträume* der
jungen Menschheit« verzeichnet, ist einerseits Ergebnis
einer Transformation des Wunsches, als deren Gesetze
schon in der *Traumdeutung* Verschiebung, Verdichtung und
Symbolisierung benannt werden. Andererseits geht er aus
der Aufspaltung und Ausdifferenzierung psychischer Kon-
stellationen hervor; dies belegen beispielsweise die Figuren
in literarischen Texten, die häufig nur Personifikationen
psychischer Dispositionen sind.

Gedanken zum spezifisch Ästhetischen der Dichtkunst
bestimmen Freuds Essay indessen nur abstrakt. In Analogie
zu seinen Überlegungen zum Tagtraum thematisiert Freud
vielmehr einerseits das Vermögen zum Verhüllen des Egoi-

stischen, andererseits die »Entbindung größerer Lust aus tiefer reichenden psychischen Quellen« durch Erzeugung einer »Verlockungsprämie« oder »Vorlust«. Unter diesen Voraussetzungen läßt sich das in der *Traumdeutung* entwickelte neurophysiologische Modell des »seelischen Apparats«, das die Systeme von Bewußtsein und Unbewußtem und die Vorgänge von Verdrängung und Regression beschreibt, auch für die Analyse literarischer Texte fruchtbar machen. Die Genese und Struktur des Traums wird zum Paradigma des literarischen Textes. Der Traum ist ein »Wiederbeleben der Kindheit«, das bestimmten Gesetzen folgt. Hinter dem durch die »Traumarbeit« entstehenden »manifesten Traum« verbergen sich »latente Traumgedanken«. Sie bedürfen der Dechiffrierung, weil ihnen der Kompromiß zwischen Verdrängtem und Verdrängendem keine klare Struktur gibt, sondern sie wie in einem Rebus verschlüsselt. Im sogenannten »Primärprozeß« werden unterschiedliche vorbewußte Vorstellungen zu einem Gemeinsamen »verdichtet«, auf Nebensächliches »verschoben« oder durch »Symbole« ausgedrückt. Damit werden sie bewußtseinsfähigen Vorstellungen anverwandelt. Erst nach Passieren der Zensurschranke werden die so verwandelten Vorstellungen im »Sekundärprozeß« bearbeitet und mitteilbar, erzählbar gemacht: auf diesem Wege entsteht durch die Traumarbeit der »manifeste Traum«. Weil die Deutung den umgekehrten Weg zu gehen hat, aus dem vorliegenden Traum wieder die latenten Traumgedanken erschließen will, muß sie das ihr zur Verfügung stehende Material im Kontext, d. h. mit Blick auf Vorgeschichte und Situation des Traums und des Träumers rekonstruieren. Sie ist einer hermeneutischen »Lektüre« vergleichbar. Aus diesen theoretischen Vorgaben haben sich in der Nachfolge Freuds zunächst Ansätze einer psychoanalytischen Literaturbetrachtung ergeben, die reduktionistisch im Sinne einer Entlarvungspsychologie sind. Sie gehen allerdings an den vorsichtigen Differenzierungen Freuds vorbei und übersehen, daß dieser bei aller Ver-

wandtschaft auch die Differenz zwischen Traum und
Kunstwerk betont hat. Letzteres ist immer auch eine Gestaltung für andere, die Wirkung erzielen will.

Unter dem Blickwinkel der methodischen Ansätze von
Diskursanalyse und Dekonstruktion erhält die Psychoanalyse schließlich eine völlig neue Bedeutung, die ebenfalls
literaturtheoretische Konsequenzen hat. Freud erläutert am
Beispiel der beiden Schichten des Wunderblocks, auf dem
die obere gelöscht werden kann, während die untere ein unendliches System von Überschreibungen bildet, seine Vorstellung vom System ›Wahrnehmung – Bewußtsein‹ einerseits und vom Erinnerungssystem andererseits. Die obere
Schicht vergleicht er mit dem Reizschutz, die Wachsschicht
dagegen mit dem Prinzip »Nachträglichkeit, Versperrung,
Reserve« das in der Traumanalyse Bedeutung gewinnt. Hier
setzt die Texttheorie des Dekonstruktivismus an. Ende der
sechziger Jahre weist Jacques Derrida darauf hin, daß der
Terminus der »Spur«, mit dem Freud in Anlehnung an das
Gesetz der Traumarbeit und die nachträgliche Deutung
frühkindlicher Erfahrungen das Unbewußte psychoanalytisch dechiffrieren will, dieses metaphorisch mit einer
»Schrift-Landschaft« vergleicht. In ihr sind Bedeutungen
nicht konstant und eindeutig, sondern sie werden im Zusammenspiel von Erfahrungen und Erinnerungszeichen
›kontextuell‹ je erneut erzeugt. Diese Überlegung hat Konsequenzen für die gegenwärtige Verbindung von Psychoanalyse und Poststrukturalismus, die durch Jacques Lacan
angeregt wurde.

Lacans Studien zur Psychogenese, die sich als freudkon-
forme Weiterführung des psychoanalytischen Deutungs-
ansatzes verstehen, liegen zwar zeitlich vor der poststrukturalistischen Theoriebildung und entfalten keine eigene Literaturtheorie, doch sie liefern für diese entscheidende Vorgaben. Bereits Ende der vierziger Jahre lenkte Lacan den
Blick auf die Rolle der Sprache für die Herausbildung des
Selbst. Den sprachtheoretischen Überlegungen der Episte-

mologie und der Diskursanalyse stellt er ein psychogenetisches Modell zur Seite. Schon sein früher Vortrag über das *Spiegelstadium als Bildner der Ichfunktion* bestimmt die Einheit des Ich als exzentrisch, als von außen gesetzt und bedingt. Diese Exzentrizität wird in zwei psychogenetischen Entwicklungsstufen hergestellt. Erstens durch eine imaginäre Orientierung, die vorsprachliche Identifikation mit einer Mutterimago zu Beginn der Psychogenese. Zweitens durch den Spracherwerb, den Eintritt in die symbolische Ordnung der Sprache. Die Sprache, die dem Menschen erst eine Einfügung in die Ordnung des Realen ermöglicht, versteht Lacan dabei nicht als ein Medium individueller Artikulation, sondern als eine von Sozialisationsinstanzen zugesprochene Ordnung. Er wendet sich damit entschieden gegen die von Descartes gestiftete Denktradition, die Identität allein aus dem »cogito«, dem Denken, bestimmt. Als Instrument der Sozialisation ist die Sprache für die Exzentrizität des Menschen verantwortlich, zugleich bildet sie diese ab. Diese Dialektik gewinnt für Lacan zentrale Bedeutung. Die Muttersprache bewahrt die Gesetze der familialen Ordnung ebenso auf wie die der sozialen. Das Kind, das sprechen lernt, spricht nicht sich selbst, sondern wird von den Sozialisationsinstanzen zum Sprechen gebracht. Es erfährt deren Gesetze und Normen, bevor es eigene entwikkeln kann. Die Sprache hat so eine Doppelfunktion. Sie beendet die ursprüngliche symbiotische Beziehung zur Mutterimago, in der das *je speculaire* noch nicht zwischen sich und seinem Gegenüber unterscheiden kann. Zugleich prägt sie dem zum Sprechen gebrachten Ich die Wünsche und Verbote der anderen ein. Das so entstehende *je social* löst sich von seiner ursprünglich imaginären Identität nur um den Preis einer neuerlichen Identitätsdiffusion. Auf die Begründung von Identität durch Verkennung folgt eine Identitätsgründung im Zeichen der Versagung.

Damit bestimmt Lacan das Gesetz der Kulturisation als ein familiales und sprachliches zugleich. Das ursprüngliche

Ich, *le moi*, wird durch den Sozialisationsprozeß zu *le je*. Die grammatische Lokalisation weist auf den Prozeß der Sozialisation und benennt als sein Medium die Sprache. Hier schließt eine weitere sprachtheoretische Überlegung an. Lacan deutet die von Freud beschriebenen Wahrnehmungszeichen in der Traumanalyse als Signifikanten, die Sprachzeichen vergleichbar sind. Diese Zeichen bilden Signifikantenketten, die eine autonome Struktur entwickeln und sich von der Referenz auf Wirklichkeit lösen. Diese Autonomisierung der Zeichen hat zwei Konsequenzen. Zum einen formiert sie eigene, allein strukturell motivierte Schwerpunkte, zum anderen werden die Sprache und das Unbewußte aufeinander bezogen: Das Unbewußte entsteht, weil die Sprache dem menschlichen Wünschen keinen Ort gibt. Zugleich erweisen sich die Zeichenordnungen der Sprache und des Unbewußten als symmetrisch und kompatibel. In der Sprachordnung kann der Phallus, das Zeichen des Vaters, zu einem zentralen Signifikanten, einem Zeichen werden, der in einer metaphorischen Bewegung ins Unbewußte abgleitet. Er ist nicht mehr Zeichen für etwas, Zeichen des Penis, sondern gewissermaßen Zeichen des Zeichens in einer autonomen Kette der Signifikanten.

Lacan begreift Sprache damit in erster Linie als Transformation. Sie ist Ergebnis einer Verschiebung von Konflikten in Zeichenordnungen, nicht unmittelbare Repräsentation von Wirklichem. Das Eigene des Subjekts kann sich in ihr nur im Modus der Verschiebung und Verstellung bewahren. Die rhetorischen Figuren von Metapher und Metonymie, bei deren Bestimmung er sich an den Strukturalisten Roman Jakobson anschließt, dienen Lacan als Beleg dafür, daß auch die bewußte Sprache immer schon aus einer Verdrängung von Wünschen hervorgeht, die das Unbewußte entstehen läßt. Damit verdoppelt sich die Dezentrierung des Subjekts. Nicht nur seine Ich-Bildung geht aus Selbsttäuschung und Unterwerfung hervor, auch das Unbewußte, das vermeintlich letzte Residuum des Originären, erweist sich als radikal exzentrisch. Es wird durch die Wünsche und Ansprüche der anderen erst hervorgerufen und strukturiert. Lacans Diktum, daß das Unbewußte wie eine Sprache gebaut sei, zieht gewissermaßen aphoristisch die Konsequenz aus diesem komplizierten Sozialisationsprozeß, der die Ordnung des Unbewußten und die Ordnung der Sprache aneinander bindet. In der Folge dieses Wechselbezugs wird die Sprachordnung zu einer Artikulationsfläche des Unbewußten. Als Spiegelfläche der Urverdrängung bildet sie eine Ebene, auf der sich die Verschiebung, die Reorganisation und das Abgleiten der Signifikanten ins Unbewußte beobachten läßt. Von diesen Überlegungen ausgehend hat es jede Textanalyse deshalb, nicht anders als die psychoanalytische Traumdeutung, mit einem doppelten Text zu tun: mit einer geheimen Inschrift, die sich auf die Bedürfnisse und Wünsche des *Ur-Ich*, des *moi* ausrichtet, und mit einer kultural sanktionierten Oberfläche, einer Einschrift, die sich auf die gesellschaftlichen Anforderungen bezieht, die sich dem *je* als einem *je social* stellen. Der Interpret wie der Analytiker sehen sich auf ein Schriftsystem verwiesen, das durch ein Spiel von Signifikanten strukturiert ist. Diese haben keine semantische Funktion, sondern befinden sich in einer semiologischen Bewegung. Bedeutungszuweisungen gelingen in diesem Spiel der Signifikanten immer nur transitorisch. Nur an den Verwerfungen und Bruchstellen des Textes eröffnen sich Durchblicke von der einen zur anderen Ebene: Einzelne Signifikanten, die sich im Text zeigen, treten vorübergehend aus dem Spiel der Differenzen aus, erweisen sich als Knotenpunkte, als obsessive Metaphern eines Autors. Von ihnen ausgehend gelingt eine subversive Lektüre des Textes, eine Zerschlagung seines Oberflächensinns. Sie kann hinter dem textuellen Spiel der Differenzen einen geheimen Text, hinter dem verschriftlichten einen nicht zur Sprache gebrachten Text erkennen lassen: er ist Ziel der Interpretation.

R. G. R.

Literatur

Best, O. F. (Hrsg.): Das Groteske in der Dichtung. Darmstadt 1980.

Derrida, J.: Die Schrift und die Differenz. Frankfurt a. M. 1972.

Hagestedt, J.: Die Entzifferung des Unbewußten. Zur Hermeneutik psychoanalytischer Textinterpretation. Frankfurt a. M. [u. a.] 1988.

Kahane, C. (Hrsg.): Psychoanalyse und das Unheimliche. Essays aus der amerikanischen Literaturkritik. Bonn 1981.

Kuhns, R.: Psychoanalytische Theorie der Kunst. Frankfurt a. M. 1986.

Pietzcker, C.: Zum Verhältnis von Traum und literarischem Kunstwerk. In: J. Cremerius (Hrsg.): Psychoanalytische Textinterpretationen. Hamburg 1974. S. 57–68.

Pietzcker, C.: Zur Psychoanalyse der literarischen Form. In: S. Goeppert (Hrsg.): Perspektiven psychoanalytischer Literaturkritik. Freiburg i. Br. 1979. S. 124–157.

Schönau, W.: Einführung in die psychoanalytische Literaturwissenschaft. Stuttgart 1991.

Urban, B. (Hrsg.): Psychoanalyse und Literaturwissenschaft. Texte zur Geschichte ihrer Beziehungen. Tübingen 1973.

Weber, S.: Rückkehr zu Freud. Jacques Lacans Ent-stellung der Psychoanalyse. Wien 1990.

Eine Schwierigkeit der Psychoanalyse

Ich will gleich zum Eingang sagen, daß ich nicht eine intellektuelle Schwierigkeit meine, etwas, was die Psychoanalyse für das Verständnis des Empfängers (Hörers oder Lesers) unzugänglich macht, sondern eine affektive Schwierigkeit: etwas, wodurch sich die Psychoanalyse die Gefühle des Empfängers entfremdet, so daß er weniger geneigt wird, ihr Interesse oder Glauben zu schenken. Wie man merkt, kommen beiderlei Schwierigkeiten auf dasselbe hinaus. Wer für eine Sache nicht genug Sympathie aufbringen kann, wird sie auch nicht so leicht verstehen.

Aus Rücksicht auf den Leser, den ich mir noch als völlig unbeteiligt vorstelle, muß ich etwas weiter ausholen. In der Psychoanalyse hat sich aus einer großen Zahl von Einzelbeobachtungen und Eindrücken endlich etwas wie eine Theorie gestaltet, die unter dem Namen der Libidotheorie bekannt ist. Die Psychoanalyse beschäftigt sich bekanntlich mit der Aufklärung und der Beseitigung der sogenannten nervösen Störungen. Für dieses Problem mußte ein Angriffspunkt gefunden werden, und man entschloß sich, ihn im Triebleben der Seele zu suchen. Annahmen über das menschliche Triebleben wurden also die Grundlage unserer Auffassung der Nervosität.

Die Psychologie, die auf unseren Schulen gelehrt wird, gibt uns nur sehr wenig befriedigende Antworten, wenn wir sie nach den Problemen des Seelenlebens befragen. Auf keinem Gebiet sind aber ihre Auskünfte kümmerlicher als auf dem der Triebe.

Es bleibt uns überlassen, wie wir uns hier eine erste Orientierung schaffen wollen. Die populäre Auffassung trennt Hunger und Liebe als Vertreter der Triebe, welche das Einzelwesen zu erhalten, und jener, die es fortzupflanzen stre-

ben. Indem wir uns dieser so naheliegenden Sonderung an-
schließen, unterscheiden wir auch in der Psychoanalyse die
Selbsterhaltungs- oder Ich-Triebe von den Sexualtrieben
und nennen die Kraft, mit welcher der Sexualtrieb im
Seelenleben auftritt, Libido – sexuelles Verlangen – als
etwas dem Hunger, dem Machtwillen u. dgl. bei den Ich-
Trieben Analoges.

Auf dem Boden dieser Annahme machen wir dann die erste bedeutungsvolle Entdeckung. Wir erfahren, daß für das
Verständnis der neurotischen Erkrankungen den Sexualtrieben die weitaus größere Bedeutung zukommt, daß die Neurosen sozusagen die spezifischen Erkrankungen der Sexualfunktion sind. Daß es von der Quantität der Libido und
von der Möglichkeit, sie zu befriedigen und durch Befriedigung abzuführen, abhängt, ob ein Mensch überhaupt an einer Neurose erkrankt. Daß die Form der Erkrankung bestimmt wird durch die Art, wie der einzelne den Entwick-
lungsweg der Sexualfunktion zurückgelegt hat, oder, wie
wir sagen, durch die Fixierungen, welche seine Libido im
Laufe ihrer Entwicklung erfahren hat. Und daß wir in einer
gewissen, nicht sehr einfachen Technik der psychischen Beeinflussung ein Mittel haben, manche Gruppen der Neurosen gleichzeitig aufzuklären und rückgängig zu machen.
Den besten Erfolg hat unsere therapeutische Bemühung bei
einer gewissen Klasse von Neurosen, die aus dem Konflikt
zwischen den Ich-Trieben und den Sexualtrieben hervorgehen. Beim Menschen kommt es nämlich vor, daß die Anforderungen der Sexualtriebe, die ja weit über das Einzelwesen
hinausgreifen, dem Ich als Gefahr erscheinen, die seine
Selbsterhaltung oder seine Selbstachtung bedrohen. Dann
setzt sich das Ich zur Wehr, versagt den Sexualtrieben die
gewünschte Befriedigung, nötigt sie zu jenen Umwegen einer Ersatzbefriedigung, die sich als nervöse Symptome
kundgeben.

Die psychoanalytische Therapie bringt es dann zustande,
den Verdrängungsprozeß einer Revision zu unterziehen

und den Konflikt zu einem besseren, mit der Gesundheit verträglichen Ausgang zu leiten. Unverständige Gegnerschaft wirft uns dann unsere Schätzung der Sexualtriebe als einseitig vor: Der Mensch habe noch andere Interessen als die sexuellen. Das haben wir keinen Augenblick lang vergessen oder verleugnet. Unsere Einseitigkeit ist wie die des Chemikers, der alle Konstitutionen auf die Kraft der chemischen Attraktion zurückführt. Er leugnet darum die Schwerkraft nicht, er überläßt ihre Würdigung dem Physiker.

Während der therapeutischen Arbeit müssen wir uns um die Verteilung der Libido bei dem Kranken bekümmern, wir forschen nach, an welche Objektvorstellungen seine Libido gebunden ist, und machen sie frei, um sie dem Ich zur Verfügung zu stellen. Dabei sind wir dazu gekommen, uns ein sehr merkwürdiges Bild von der anfänglichen, der Urverteilung der Libido beim Menschen zu machen. Wir mußten annehmen, daß zu Beginn der individuellen Entwicklung alle Libido (alles erotische Streben, alle Liebesfähigkeit) an die eigene Person geknüpft ist, wie wir sagen, das eigene Ich besetzt. Erst später geschieht es in Anlehnung an die Befriedigung der großen Lebensbedürfnisse, daß die Libido vom Ich auf die äußeren Objekte überfließt, wodurch wir erst in die Lage kommen, die libidinösen Triebe als solche zu erkennen und von den Ich-Trieben zu unterscheiden. Von diesen Objekten kann die Libido wieder abgelöst und ins Ich zurückgezogen werden.

Den Zustand, in dem das Ich die Libido bei sich behält, heißen wir Narzißmus, in Erinnerung der griechischen Sage vom Jüngling Narzissus, der in sein eigenes Spiegelbild verliebt blieb.

Wir schreiben also dem Individuum einen Fortschritt zu vom Narzißmus zur Objektliebe. Aber wir glauben nicht, daß jemals die gesamte Libido des Ichs auf die Objekte übergeht. Ein gewisser Betrag von Libido verbleibt immer beim Ich, ein gewisses Maß von Narzißmus bleibt trotz hochentwickelter Objektliebe fortbestehen. Das Ich ist ein großes Reservoir, aus dem die für die Objekte bestimmte Libido ausströmt, und dem sie von den Objekten her wieder zufließt. Die Objektlibido war zuerst Ich-Libido und kann sich wieder in Ich-Libido umsetzen. Es ist für die volle Gesundheit der Person wesentlich, daß ihre Libido die volle Beweglichkeit nicht verliere. Zur Versinnlichung dieses Verhältnisses denken wir an ein Protoplasmatierchen, dessen zähflüssige Substanz Pseudopodien (Scheinfüßchen) aussendet, Fortsetzungen, in welche sich die Leibessubstanz hineinerstreckt, die aber jederzeit wieder eingezogen werden können, so daß die Form des Protoplasmaklümpchens wieder hergestellt wird.

Was ich durch diese Andeutungen zu beschreiben versucht habe, ist die Libidotheorie der Neurosen, auf welche alle unsere Auffassungen vom Wesen dieser krankhaften Zustände und unser therapeutisches Vorgehen gegen dieselben begründet sind. Es ist selbstverständlich, daß wir die Voraussetzungen der Libidotheorie auch für das normale Verhalten geltend machen. Wir sprechen vom Narzißmus des kleinen Kindes und wir schreiben es dem überstarken Narzißmus des primitiven Menschen zu, daß er an die Allmacht seiner Gedanken glaubt und darum den Ablauf der Begebenheiten in der äußeren Welt durch die Technik der Magie beeinflussen will.

Nach dieser Einleitung möchte ich ausführen, daß der allgemeine Narzißmus, die Eigenliebe der Menschheit, bis jetzt drei schwere Kränkungen von seiten der wissenschaftlichen Forschung erfahren hat.

a) Der Mensch glaubte zuerst in den Anfängen seiner Forschung, daß sich sein Wohnsitz, die Erde, ruhend im Mittelpunkte des Weltalls befinde, während Sonne, Mond und Planeten sich in kreisförmigen Bahnen um die Erde bewegen. Er folgte dabei in naiver Weise dem Eindruck seiner Sinneswahrnehmungen, denn eine Bewegung der Erde verspürt er nicht, und wo immer er frei um sich blicken kann, findet er sich im Mittelpunkt eines Kreises, der die äußere Welt umschließt. Die zentrale Stellung der Erde war ihm aber eine Gewähr für ihre herrschende Rolle im Weltall und schien in guter Übereinstimmung mit seiner Neigung, sich als den Herrn dieser Welt zu fühlen.

Die Zerstörung dieser narzißtischen Illusion knüpft sich für uns an den Namen und das Werk des Nik. Kopernikus im sechzehnten Jahrhundert. Lange vor ihm hatten die Pythagoräer an der bevorzugten Stellung der Erde gezweifelt, und Aristarch von Samos hatte im dritten vorchristlichen Jahrhundert ausgesprochen, daß die Erde viel kleiner sei als die Sonne und sich um diesen Himmelskörper bewege. Auch die große Entdeckung des Kopernikus war also schon vor ihm gemacht worden. Als sie aber allgemeine Anerkennung fand, hatte die menschliche Eigenliebe ihre erste, die kosmologische Kränkung erfahren.

b) Der Mensch warf sich im Laufe seiner Kulturentwicklung zum Herrn über seine tierischen Mitgeschöpfe auf. Aber mit dieser Vorherrschaft nicht zufrieden, begann er eine Kluft zwischen ihr und sein Wesen zu legen. Er sprach ihnen die Vernunft ab und legte sich eine unsterbliche Seele bei, berief sich auf eine hohe göttliche Abkunft, die das Band der Gemeinschaft mit der Tierwelt zu zerreißen gestattete. Es ist merkwürdig, daß diese Überhebung dem kleinen Kinde wie dem primitiven und dem Urmenschen noch ferne liegt. Sie ist das Ergebnis einer späteren anspruchsvollen Entwicklung. Der Primitive fand es auf der Stufe des Totemismus nicht anstößig, seinen Stamm auf einen tierischen Ahnherrn zurückzuleiten. Der Mythus, welcher den Niederschlag jener alten Denkungsart enthält, läßt die Götter Tiergestalt annehmen, und die Kunst der ersten Zeiten bildet die Götter mit Tierköpfen. Das Kind empfindet keinen Unterschied zwischen dem eigenen Wesen und dem des Tieres; es läßt die Tiere ohne Verwunderung im Märchen denken und sprechen; es verschiebt einen Angstaffekt, der dem menschlichen Vater gilt, auf den Hund oder auf das Pferd, ohne damit eine Herabsetzung des Vaters zu beabsichtigen. Erst wenn es erwachsen ist, wird es sich dem Tiere soweit entfremdet haben, daß es den Menschen mit dem Namen des Tieres beschimpfen kann.

Wir wissen es alle, daß die Forschung Ch. Darwins, seiner Mitarbeiter und Vorgänger, vor wenig mehr als einem halben Jahrhundert dieser Überhebung des Menschen ein Ende bereitet hat. Der Mensch ist nichts anderes und nichts Besseres als die Tiere, er ist selbst aus der Tierreihe hervorgegangen, einigen Arten näher, anderen ferner verwandt. Seine späteren Erwerbungen vermochten es nicht, die Zeugnisse der Gleichwertigkeit zu verwischen, die in seinem Körperbau wie in seinen seelischen Anlagen gegeben sind. Dies ist aber die zweite, die biologische Kränkung des menschlichen Narzißmus.

c) Am empfindlichsten trifft wohl die dritte Kränkung, die psychologischer Natur ist.

Der Mensch, ob auch draußen erniedrigt, fühlt sich souverän in seiner eigenen Seele. Irgendwo im Kern seines Ichs hat er sich ein Aufsichtsorgan geschaffen, welches seine eigenen Regungen und Handlungen überwacht, ob sie mit seinen Anforderungen zusammenstimmen. Tun sie das nicht, so werden sie unerbittlich gehemmt und zurückgezogen. Seine innere Wahrnehmung, das Bewußtsein, gibt dem Ich Kunde von allen bedeutungsvollen Vorgängen im seelischen Getriebe, und der durch diese Nachrichten gelenkte Wille führt aus, was das Ich anordnet, ändert ab, was sich selbständig vollziehen möchte. Denn diese Seele ist nichts Einfaches, vielmehr eine Hierarchie von über- und untergeordneten Instanzen, ein Gewirre von Impulsen, die unabhängig voneinander zur Ausführung drängen, entsprechend der Vielheit von Trieben und von Beziehungen zur Außenwelt, viele davon einander gegensätzlich und miteinander unverträglich. Es ist für die Funktion erforderlich, daß die oberste Instanz von allem Kenntnis erhalte, was sich vorbereitet, und daß ihr Wille überallhin dringen könne, um seinen Einfluß zu üben. Aber das Ich fühlt sich sicher sowohl der Vollständigkeit und Verläßlichkeit der Nachrichten als auch der Wegsamkeit für seine Befehle.

In gewissen Krankheiten, allerdings gerade bei den von uns studierten Neurosen, ist es anders. Das Ich fühlt sich unbehaglich, es stößt auf Grenzen seiner Macht in seinem eigenen Haus, der Seele. Es tauchen plötzlich Gedanken auf, von denen man nicht weiß, woher sie kommen; man kann auch nichts dazu tun, sie zu vertreiben. Diese fremden Gäste scheinen selbst mächtiger zu sein als die dem Ich unterworfenen; sie widerstehen allen sonst so erprobten Machtmitteln des Willens, bleiben unbeirrt durch die logische Widerlegung, unangetastet durch die Gegenaussage der Realität. Oder es kommen Impulse, die wie die eines Fremden sind, so daß das Ich sie verleugnet, aber es muß sich doch vor ihnen fürchten und Vorsichtsmaßnahmen gegen sie treffen. Das Ich sagt sich, das ist eine Krankheit, eine fremde Invasion, es verschärft seine Wachsamkeit, aber es kann nicht verstehen, warum es sich in so seltsamer Weise gelähmt fühlt.

Die Psychiatrie bestreitet zwar für solche Vorfälle, daß sich böse, fremde Geister ins Seelenleben eingedrängt haben, aber sonst sagt sie nur achselzuckend: Degeneration, hereditäre Disposition, konstitutionelle Minderwertigkeit! Die Psychoanalyse unternimmt es, diese unheimlichen Krankheitsfälle aufzuklären, sie stellt sorgfältige und langwierige Untersuchungen an, schafft sich Hilfsbegriffe und wissenschaftliche Konstruktionen und kann dem Ich endlich sagen: »Es ist nichts Fremdes in dich gefahren; ein Teil von deinem eigenen Seelenleben hat sich deiner Kenntnis und der Herrschaft deines Willens entzogen. Darum bist du auch so schwach in der Abwehr; du kämpfst mit einem Teil deiner Kraft gegen den anderen Teil, kannst nicht wie gegen einen äußeren Feind deine ganze Kraft zusammennehmen. Und es ist nicht einmal der schlechteste oder unwichtigste Anteil deiner seelischen Kräfte, der so in Gegensatz zu dir getreten und unabhängig von dir geworden ist. Die Schuld, muß ich sagen, liegt an dir selbst. Du hast deine Kraft überschätzt, wenn du geglaubt hast, du könntest mit deinen Sexualtrieben anstellen, was du willst, und brauchtest auf ihre Absichten nicht die mindeste Rücksicht zu nehmen. Da haben sie sich denn empört und sind ihre eigenen dunklen Wege gegangen, um sich der Unterdrückung zu entziehen, haben sich ihr Recht geschaffen auf eine Weise, die dir nicht mehr recht sein kann. Wie das zustande gebracht haben, und welche Wege sie gewandelt sind, das hast du nicht erfahren; nur das Ergebnis dieser Arbeit, das Symptom, das du als Leiden empfindest, ist zu deiner Kenntnis gekommen. Du erkennst es dann nicht als Abkömmling deiner eigenen verstoßenen Triebe und weißt nicht, daß es deren Ersatzbefriedigung ist.«

»Der ganze Vorgang wird aber nur durch den einen Umstand möglich, daß du dich auch in einem anderen wichtigen Punkte im Irrtum befindest. Du vertraust darauf, daß du alles erfährst, was in deiner Seele vorgeht, wenn es nur wichtig genug ist, weil dein Bewußtsein es dir dann meldet. Und wenn du von etwas in deiner Seele keine Nachricht bekommen hast, nimmst du zuversichtlich an, es sei nicht in ihr enthalten. Ja, du gehst so weit, daß du ›seelisch‹ für identisch hältst mit ›bewußt‹, d. h. dir bekannt, trotz der augenscheinlichsten Beweise, daß in deinem Seelenleben beständig viel mehr vor sich gehen muß, als deinem Bewußtsein bekannt werden kann. Laß dich doch in diesem einen Punkt belehren! Das Seelische in dir fällt nicht mit dem dir Bewußten zusammen; es ist etwas anderes, ob etwas in deiner Seele vorgeht, und ob du es auch erfährst. Für gewöhnlich, ich will es zugeben, reicht der Nachrichtendienst an dein Bewußtsein für deine Bedürfnisse aus. Du darfst dich in der Illusion wiegen, daß du alles Wichtigere erfährst. Aber in manchen Fällen, z. B. in dem eines solchen Triebkonflikts, versagt er und dein Wille reicht dann nicht weiter als dein Wissen. In allen Fällen aber sind diese Nachrichten deines

Bewußtseins unvollständig und häufig unzuverlässig; auch trifft es sich oft genug, daß du von den Geschehnissen erst Kunde bekommst, wenn sie bereits vollzogen sind und du nichts mehr an ihnen ändern kannst. Wer kann, selbst wenn du nicht krank bist, ermessen, was sich alles in deiner Seele regt, wovon du nichts erfährst, oder worüber du falsch berichtet wirst. Du benimmst dich wie ein absoluter Herrscher, der es sich an den Informationen seiner obersten Hofämter genügen läßt und nicht zum Volk herabsteigt, um dessen Stimme zu hören. Geh in dich, in deine Tiefen und lerne dich erst kennen, dann wirst du verstehen, warum du krank werden mußt, und vielleicht vermeiden, krank zu werden.«

So wollte die Psychoanalyse das Ich belehren. Aber die beiden Aufklärungen, daß das Triebleben der Sexualität in uns nicht voll zu bändigen ist, und daß die seelischen Vorgänge an sich unbewußt sind und nur durch eine unvollständige und unzuverlässige Wahrnehmung dem Ich zugänglich und ihm unterworfen werden, kommen der Behauptung gleich, daß das Ich nicht Herr sei in seinem eigenen Haus. Sie stellen miteinander die dritte Kränkung der Eigenliebe dar, die ich die psychologische nennen möchte. Kein Wunder daher, daß das Ich der Psychoanalyse nicht seine Gunst zuwendet und ihr hartnäckig den Glauben verweigert.

Die wenigsten Menschen dürften sich klar gemacht haben, einen wie folgenschweren Schritt die Annahme unbewußter seelischer Vorgänge für Wissenschaft und Leben bedeuten würde. Beeilen wir uns aber hinzuzufügen, daß nicht die Psychoanalyse diesen Schritt zuerst gemacht hat. Es sind namhafte Philosophen als Vorgänger anzuführen, vor allen der große Denker Schopenhauer, dessen unbewußter »Wille« den seelischen Trieben der Psychoanalyse gleichzusetzen ist. Derselbe Denker übrigens, der in Worten von unvergeßlichem Nachdruck die Menschen an die immer noch unterschätzte Bedeutung ihres Sexualstrebens gemahnt hat. Die Psychoanalyse hat nur das eine voraus, daß sie die beiden dem Narzißmus so peinlichen Sätze von der psychischen Bedeutung der Sexualität und von der Unbewußtheit des Seelenlebens nicht abstrakt behauptet, sondern an einem Material erweist, welches jeden einzelnen persönlich angeht und seine Stellungnahme zu diesen Problemen erzwingt. Aber gerade darum lenkt sie die Abneigung und die Widerstände auf sich, welche den großen Namen des Philosophen noch scheu vermeiden.

SIGMUND FREUD

Notiz über den »Wunderblock«

Wenn ich meinem Gedächtnis mißtraue, – der Neurotiker
tut dies bekanntlich in auffälligem Ausmaße, aber auch der
Normale hat allen Grund dazu – so kann ich dessen Funktion ergänzen und versichern, indem ich mir eine schriftliche Aufzeichnung mache. Die Fläche, welche diese Aufzeichnung bewahrt, die Schreibtafel oder das Blatt Papier,
ist dann gleichsam ein materialisiertes Stück des Erinne-
rungsapparates, den ich sonst unsichtbar in mir trage. Wenn
ich mir nur den Ort merke, an dem die so fixierte »Erinnerung« untergebracht ist, so kann ich sie jederzeit nach Belie-
ben »reproduzieren« und bin sicher, daß sie unverändert geblieben, also den Entstellungen entgangen ist, die sie vielleicht in meinem Gedächtnis erfahren hätte.

Wenn ich mich dieser Technik zur Verbesserung meiner
Gedächtnisfunktion in ausgiebiger Weise bedienen will, be-
merke ich, daß mir zwei verschiedene Verfahren zu Gebote
stehen. Ich kann erstens eine Schreibfläche wählen, welche
die ihr anvertraute Notiz unbestimmt lange unversehrt bewahrt, also ein Blatt Papier, das ich mit Tinte beschreibe.
Ich erhalte dann eine »dauerhafte Erinnerungsspur«. Der
Nachteil dieses Verfahrens besteht darin, daß die Auf-
nahmsfähigkeit der Schreibfläche sich bald erschöpft. Das
Blatt ist vollgeschrieben, hat keinen Raum für neue Aufzeichnungen und ich sehe mich genötigt, ein anderes noch
unbeschriebenes Blatt in Verwendung zu nehmen. Auch
kann der Vorzug dieses Verfahrens, das eine »Dauerspur«
liefert, seinen Wert für mich verlieren, nämlich wenn mein
Interesse an der Notiz nach einiger Zeit erloschen ist und
ich sie nicht mehr »im Gedächtnis behalten« will. Das andere Verfahren ist von beiden Mängeln frei. Wenn ich zum
Beispiel mit Kreide auf eine Schiefertafel schreibe, so habe

ich eine Aufnahmsfläche, die unbegrenzt lange aufnahmsfähig bleibt und deren Aufzeichnungen ich zerstören kann,
sobald sie mich nicht mehr interessieren, ohne die Schreibfläche selbst verwerfen zu müssen. Der Nachteil ist hier,
daß ich eine Dauerspur nicht erhalten kann. Will ich neue
Notizen auf die Tafel bringen, so muß ich die, mit denen sie
bereits bedeckt ist, wegwischen. Unbegrenzte Aufnahms-
fähigkeit und Erhaltung von Dauerspuren scheinen sich
also für die Vorrichtungen, mit denen wir unser Gedächtnis
substituieren, auszuschließen, es muß entweder die aufnehmende Fläche erneut oder die Aufzeichnung vernichtet
werden.

Die Hilfsapparate, welche wir zur Verbesserung oder
Verstärkung unserer Sinnesfunktionen erfunden haben,
sind alle so gebaut wie das Sinnesorgan selbst oder Teile
desselben (Brille, photographische Kamera, Höhrrohr
usw.). An diesem Maß gemessen, scheinen die Hilfsvorrich-
tungen für unser Gedächtnis besonders mangelhaft zu sein,
denn unser seelischer Apparat leistet gerade das, was diese
nicht können; er ist in unbegrenzter Weise aufnahmsfähig
für immer neue Wahrnehmungen und schafft doch dauerhafte – wenn auch nicht unveränderliche – Erinnerungsspu-
ren von ihnen. Ich habe schon in der »Traumdeutung« 1900
die Vermutung ausgesprochen, daß diese ungewöhnliche
Fähigkeit auf die Leistung zweier verschiedener Systeme
(Organe des seelischen Apparates) aufzuteilen sei. Wir besä-
ßen ein System *W-Bw*, welches die Wahrnehmungen auf-
nimmt, aber keine Dauerspur von ihnen bewahrt, so daß es
sich gegen jede neue Wahrnehmung wie ein unbeschriebenes Blatt verhalten kann. Die Dauerspuren der aufgenommenen Erregungen kämen in dahinter gelegenen
»Erinnerungssystemen« zustande. Später (»Jenseits des
Lustprinzips«) habe ich die Bemerkung hinzugefügt, das
unerklärliche Phänomen des Bewußtseins entstehe im
Wahrnehmungssystem an Stelle der Dauerspuren.

Vor einiger Zeit ist nun unter dem Namen Wunderblock ein kleines Gerät in den Handel gekommen, das mehr zu leisten verspricht als das Blatt Papier oder die Schiefertafel. Es will nicht mehr sein als eine Schreibtafel, von der man die Aufzeichnungen mit einer bequemen Hantierung entfernen kann. Untersucht man es aber näher, so findet man in seiner Konstruktion eine bemerkenswerte Übereinstimmung mit dem von mir supponierten Bau unseres Wahrnehmungsapparats und überzeugt sich, daß es wirklich beides liefern kann, eine immer bereite Aufnahmsfläche und Dauerspuren der aufgenommenen Aufzeichnungen.

Der Wunderblock ist eine in einen Papierrand gefaßte Tafel aus dunkelbräunlicher Harz- oder Wachsmasse, über welche ein dünnes, durchscheinendes Blatt gelegt ist, am oberen Ende an der Wachstafel fest haftend, am unteren ihr frei anliegend. Dieses Blatt ist der interessantere Anteil des kleinen Apparats. Es besteht selbst aus zwei Schichten, die außer an den beiden queren Rändern von einander abgehoben werden können. Die obere Schicht ist eine durchsichtige Zelluloidplatte, die untere ein dünnes, also durchscheinendes Wachspapier. Wenn der Apparat nicht gebraucht wird, klebt die untere Fläche des Wachspapiers der oberen Fläche der Wachstafel leicht an.

Man gebraucht diesen Wunderblock, indem man die Aufschreibung auf der Zelluloidplatte des die Wachstafel deckenden Blattes ausführt. Dazu bedarf es keines Bleistifts oder einer Kreide, denn das Schreiben beruht nicht darauf, daß Material an die aufnehmende Fläche abgegeben wird. Es ist eine Rückkehr zur Art, wie die Alten auf Ton- und Wachstäfelchen schrieben. Ein spitzer Stilus ritzt die Oberfläche, deren Vertiefungen die »Schrift« ergeben. Beim Wunderblock geschieht dieses Ritzen nicht direkt, sondern unter Vermittlung des darüber liegenden Deckblattes. Der Stilus drückt an den von ihm berührten Stellen die Unterfläche des Wachspapiers an die Wachstafel an und diese Furchen werden an der sonst glatten weißlichgrauen Oberfläche des Zelluloids als dunkle Schrift sichtbar. Will man die

Aufschreibung zerstören, so genügt es, das zusammenge-
setzte Deckblatt von seinem freien unteren Rand her mit
leichtem Griff von der Wachstafel abzuheben. Der innige
Kontakt zwischen Wachspapier und Wachstafel an den
geritzten Stellen, auf dem das Sichtbarwerden der Schrift
beruhte, wird damit gelöst und stellt sich auch nicht her,
wenn die beiden einander wieder berühren. Der Wunderblock ist nun schriftfrei und bereit, neue Aufzeichnungen
aufzunehmen.

Die kleinen Unvollkommenheiten des Geräts haben für
uns natürlich kein Interesse, da wir nur dessen Annäherung
an die Struktur des seelischen Wahrnehmungsapparats verfolgen wollen.

Wenn man, während der Wunderblock beschrieben ist,
die Zelluloidplatte vorsichtig vom Wachspapier abhebt, so
sieht man die Schrift ebenso deutlich auf der Oberfläche des
letzteren und kann die Frage stellen, wozu die Zelluloidplatte des Deckblattes überhaupt notwendig ist. Der Versuch zeigt dann, daß das dünne Papier sehr leicht in Falten
gezogen oder zerrissen werden würde, wenn man es direkt
mit dem Stilus beschriebe. Das Zelluloidblatt ist also eine
schützende Hülle für das Wachspapier, die schädigende Ein-
wirkungen von außen abhalten soll. Das Zelluloid ist ein
»Reizschutz«; die eigentlich reizaufnehmende Schicht ist
das Papier. Ich darf nun darauf hinweisen, daß ich im »Jenseits des Lustprinzips« ausgeführt habe, unser seelischer
Wahrnehmungsapparat bestehe aus zwei Schichten, einem
äußeren Reizschutz, der die Größe der ankommenden Erregungen herabsetzen soll, und aus der reizaufnehmenden
Oberfläche dahinter, dem System *W-Bw.*

Die Analogie hätte nicht viel Wert, wenn sie sich nicht
weiter verfolgen ließe. Hebt man das ganze Deckblatt –
Zelluloid und Wachspapier – von der Wachstafel ab, so verschwindet die Schrift und stellt sich, wie erwähnt, auch später nicht wieder her. Die Oberfläche des Wunderblocks ist
schriftfrei und von neuem aufnahmsfähig. Es ist aber leicht

festzustellen, daß die Dauerspur des Geschriebenen auf der Wachstafel selbst erhalten bleibt und bei geeigneter Belichtung lesbar ist. Der Block liefert also nicht nur eine immer von neuem verwendbare Aufnahmsfläche wie die Schiefertafel, sondern auch Dauerspuren der Aufschreibung wie der gewöhnliche Papierblock; er löst das Problem, die beiden Leistungen zu vereinigen, indem er sie auf zwei gesonderte, mit einander verbundene Bestandteile – Systeme – verteilt. Das ist aber ganz die gleiche Art, wie nach meiner oben erwähnten Annahme unser seelischer Apparat die Wahrnehmungsfunktion erledigt. Die reizaufnehmende Schicht – das System *W-Bw* – bildet keine Dauerspuren, die Grundlagen der Erinnerung kommen in anderen, anstoßenden Systemen zustande.

Es braucht uns dabei nicht zu stören, daß die Dauerspuren der empfangenen Aufzeichnungen beim Wunderblock nicht verwertet werden; es genügt, daß sie vorhanden sind. Irgendwo muß ja die Analogie eines solchen Hilfsapparats mit dem vorbildlichen Organ ein Ende finden. Der Wunderblock kann ja auch nicht die einmal verlöschte Schrift von innen her wieder »reproduzieren«; er wäre wirklich ein Wunderblock, wenn er das wie unser Gedächtnis vollbringen könnte. Immerhin erscheint es mir jetzt nicht allzu gewagt, das aus Zelluloid und Wachspapier bestehende Deckblatt mit dem System *W-Bw* und seinem Reizschutz, die Wachstafel mit dem Unbewußten dahinter, das Sichtbarwerden der Schrift und ihr Verschwinden mit dem Aufleuchten und Vergehen des Bewußtseins bei der Wahrnehmung gleichzustellen. Ich gestehe aber, daß ich geneigt bin, die Vergleichung noch weiter zu treiben.

Beim Wunderblock verschwindet die Schrift jedesmal, wenn der innige Kontakt zwischen dem den Reiz empfangenden Papier und der den Eindruck bewahrenden Wachstafel aufgehoben wird. Das trifft mit einer Vorstellung zusammen, die ich mir längst über die Funktionsweise des seelischen Wahrnehmungsapparats gemacht, aber bisher für

mich behalten habe. Ich habe angenommen, daß Beset-
zungsinnervationen in raschen periodischen Stößen aus dem
Inneren in das völlig durchlässige System *W-Bw* geschickt
und wieder zurückgezogen werden. Solange das System in
solcher Weise besetzt ist, empfängt es die von Bewußtsein
begleiteten Wahrnehmungen und leitet die Erregung weiter
in die unbewußten Erinnerungssysteme; sobald die Besetzung zurückgezogen wird, erlischt das Bewußtsein und die
Leistung des Systems ist sistiert. Es wäre so, als ob das Unbewußte mittels des Systems *W-Bw* der Außenwelt Fühler
entgegenstrecken würde, die rasch zurückgezogen werden,
nachdem sie deren Erregungen verkostet haben. Ich ließ
also die Unterbrechungen, die beim Wunderblock von
außen her geschehen, durch die Diskontinuität der Inner-
vationsströmung zustande kommen, und an Stelle einer
wirklichen Kontaktaufhebung stand in meiner Annahme
die periodisch eintretende Unerregbarkeit des Wahrneh-
mungssystems. Ich vermutete ferner, daß diese diskontinu-
ierliche Arbeitsweise des Systems *W-Bw* der Entstehung
der Zeitvorstellung zugrunde liegt.

Denkt man sich, daß während eine Hand die Oberfläche
des Wunderblocks beschreibt, eine andere periodisch das
Deckblatt desselben von der Wachstafel abhebt, so wäre das
eine Versinnlichung der Art, wie ich mir die Funktion unseres seelischen Wahrnehmungsapparats vorstellen wollte.

JACQUES LACAN

Das Spiegelstadium
als Bildner der Ichfunktion
wie sie uns in der psychoanalytischen Erfahrung erscheint

Bericht für den 16. Internationalen Kongreß für Psychoanalyse
in Zürich am 17. Juli 1949

Der Begriff Spiegelstadium, den ich anläßlich unseres letzten Kongresses vor dreizehn Jahren eingeführt habe und der in der französischen Gruppe inzwischen allgemein verwendet wird, schien es mir wert zu sein, Ihrer Aufmerksamkeit erneut empfohlen zu werden; dies um so mehr, als der Begriff geeignet ist, die Funktion des *Ich* (je), wie wir sie in der Psychoanalyse erfahren, zu verdeutlichen. Gerade unsere spezielle Erfahrung stellt uns jeder Philosophie entgegen, die sich unmittelbar vom *cogito* ableitet.

Vielleicht erinnern sich einige unter Ihnen an den Verhaltensaspekt, von dem wir ausgehen, und den wir mittels einer Tatsache der vergleichenden Psychologie erhellen: Das Menschenjunge erkennt auf einer Altersstufe von kurzer, aber durchaus merklicher Dauer, während er vom Schimpansenjungen an motorischer Intelligenz übertroffen wird, im Spiegel bereits sein eigenes Bild als solches. Dieses Erkennen wird signalisiert durch die illuminative Mimik des *Aha-Erlebnisses*[1], in dem – als einem wichtigen Augenblick des Intelligenz-Aktes – sich nach Köhler die Wahrnehmung der Situation ausdrückt.

Dieser Akt erschöpft sich nicht, wie beim Affen, im ein für allemal erlernten Wissen von der Nichtigkeit des Bildes, sondern löst beim Kind sofort eine Reihe von Gesten aus, mit deren Hilfe es spielerisch die Beziehung der vom Bild

---

1 A. d. Ü.: Deutsch im Original.

aufgenommenen Bewegungen zur gespiegelten Umgebung und das Verhältnis dieses ganzen virtuellen Komplexes zur Realität untersucht, die es verdoppelt, bestehe sie nun im eigenen Körper oder in den Personen oder sogar in Objekten, die sich neben ihm befinden.

Dieses Ereignis kann – wir wissen es seit Baldwin – vom sechsten Monat an ausgelöst werden; seine Wiederholung hat – als ein ergreifendes Schauspiel – unser Nachdenken oft festgehalten: vor dem Spiegel ein Säugling, der noch nicht gehen, ja nicht einmal aufrecht stehen kann, der aber, von einem Menschen oder einem Apparat (in Frankreich nennt man ihn »trotte-bébé«) umfangen, in einer Art jubilatorischer Geschäftigkeit aus den Fesseln eben dieser Stütze aussteigen, sich in eine mehr oder weniger labile Position bringen und einen momentanen Aspekt des Bildes noch einmal erhaschen will, um ihn zu fixieren.

Solche Aktivität behält für uns bis zum Alter von achtzehn Monaten den Sinn, den wir ihr geben. Sie verrät nicht nur einen libidinösen Dynamismus, der bis dahin problematisch geblieben ist, sondern auch eine ontologische Struktur der menschlichen Welt, die in unsere Reflexionen über paranoische Erkenntnis eingeht.

Man kann das Spiegelstadium *als eine Identifikation* verstehen im vollen Sinne, den die Psychoanalyse diesem Terminus gibt: als eine beim Subjekt durch die Aufnahme eines Bildes ausgelöste Verwandlung. Daß ein Bild für einen solchen Phasen-Effekt prädestiniert ist, zeigt sich bereits zur Genüge in der Verwendung, die der antike Terminus *Imago* in der Theorie findet.

Die jubilatorische Aufnahme seines Spiegelbildes durch ein Wesen, das noch eingetaucht ist in motorische Ohnmacht und Abhängigkeit von Pflege, wie es der Säugling in diesem *infans*-Stadium ist, wird von nun an – wie uns scheint – in einer exemplarischen Situation die symbolische Matrix darstellen, an der das *Ich* (je) in einer ursprünglichen Form sich niederschlägt, bevor es sich objektiviert in der

Dialektik der Identifikation mit dem andern und bevor ihm die Sprache im Allgemeinen die Funktion eines Subjektes wiedergibt.

Diese Form könnte man als *Ideal-Ich*[2] bezeichnen und sie so in ein bereits bekanntes Begriffsregister zurückholen; damit würde sie zum Stamm der sekundären Identifikationen, worunter wir die Funktionen der Libido-Normalisierung verstehen. Aber von besonderer Wichtigkeit ist gerade, daß diese Form vor jeder gesellschaftlichen Determinierung die Instanz des *Ich* (moi) auf einer fiktiven Linie situiert, die das Individuum allein nie mehr auslöschen kann, oder vielmehr: die nur asymptotisch das Werden des Subjekts erreichen wird, wie erfolgreich immer die dialektischen Synthesen verlaufen mögen, durch die es, als *Ich* (je), seine Nichtübereinstimmung mit der eigenen Realität überwinden muß.

Die totale Form des Körpers, kraft der das Subjekt in einer Fata Morgana die Reifung seiner Macht vorwegnimmt, ist ihm nur als »Gestalt« gegeben, in einem Außerhalb, wo zwar diese Form eher bestimmend als bestimmt ist, wo sie ihm aber als Relief in Lebensgröße erscheint, das sie erstarren läßt, und einer Symmetrie unterworfen wird, die ihre Seiten verkehrt – und dies im Gegensatz zu der Bewegungsfülle, mit der es sie auszustatten meint. Solchermaßen symbolisiert diese »Gestalt« – deren Prägnanz offenbar als artgebunden zu betrachten ist, obschon ihr Bewegungsstil noch verkannt werden könnte – durch die zwei Aspekte ihrer Erscheinungsweise die mentale Permanenz des *Ich* (je) und präfiguriert gleichzeitig dessen entfremdende Bestimmung; sie geht schwanger mit den Entsprechungen, die das *Ich* (je) vereinigen mit dem Standbild, auf das hin der

2 A. d. Ü.: Lacan übersetzte Freuds »Ideal-Ich« in diesem Aufsatz noch mit *je-idéal*. Dazu folgende Anmerkung in der Neuausgabe (J. Lacan: *Ecrits*, Paris 1966): »Wir lassen die Besonderheit der in diesem Aufsatz verwendeten Übersetzung des *Ideal-Ich* von Freud stehen, ohne die Gründe dafür weiter auszuführen, und fügen nur hinzu, daß wir sie nicht beibehalten haben.«

Mensch sich projiziert, wie mit den Phantomen, die es beherrschen, wie auch schließlich mit den Automaten, in dem sich, in mehrdeutiger Beziehung, die Welt seiner Produktion zu vollenden sucht.

Für die *Imagines* – wir haben das Vorrecht, zu sehen, wie ihre verschleierten Gesichter in unserer alltäglichen Erfahrung und im Halbschatten der symbolischen Wirksamkeit[3] Konturen gewinnen – scheint das Spiegelbild die Schwelle der sichtbaren Welt zu sein, falls wir uns der spiegelartigen Anordnung überlassen, welche die *Imago des eigenen Körpers* in der Halluzination und im Traum darbietet – handle es sich nun um seine individuellen Züge, seine Gebrechen oder seine Projektionen auf ein Objekt –, oder falls wir die Rolle des spiegelnden Apparates in den Erscheinungsweisen des *Doppelgängers* entdecken, in denen sich psychische Realitäten manifestieren, die im übrigen sehr verschiedenartig sein können.

Daß eine »Gestalt« bildnerische Wirkungen auf den Organismus auszuüben vermag, ist durch ein biologisches Experimentieren bezeugt, das der Idee einer psychischen Kausalität derart fremd gegenübersteht, daß es sich nicht entschließen kann, sie als solche zu formulieren. Dennoch erkennt es, daß die Reifung der Geschlechtsdrüsen bei der Taube den Anblick eines Artgenossen unbedingt voraussetzt – wobei dessen Geschlecht keine große Rolle spielt –, und daß die gleiche Wirkung auch erzielt wird durch das Aufstellen eines Spiegels in der Nähe des Individuums, so daß es sich darin sehen kann. In ähnlicher Weise kann der Generationswechsel bei den Wanderheuschrecken von der Form des Einzelgängers zu der des Schwarms erreicht werden, indem das Individuum in einem bestimmten Stadium dem bloßen Anblick eines bewegten Bildes von einem Artgenossen ausgesetzt wird – wobei die künstlichen Bewe-

3 Vgl. Claude Lévi-Strauss, »L'efficacité symbolique«, in: *Revue d'histoire des religions*, Jg. 1949, H. Januar–März.

gungen allerdings möglichst denen ähnlich sein müssen, die der Art entsprechen. Diese Tatsachen fügen sich in eine Ordnung homomorpher Identifikation, welche in die Frage nach dem Sinn der Schönheit als einer bildenden und erogenen miteinbezogen wäre.

Doch die Tatsachen der Mimikry, begriffen als heteromorphe Identifikation, interessieren uns hier nicht weniger, um so mehr als sie das Problem der Bedeutung des Raumes für den lebenden Organismus stellen; die psychologischen Begriffe scheinen mindestens so geeignet zu sein, einiges Licht in diese Dinge zu bringen, wie die lächerlichen Versuche, solche Tatsachen auf ein angeblich vorherrschendes Gesetz der Anpassung zurückzuführen. Erinnern wir uns nur an die Einblicke, die uns das Denken eines Roger Caillois (das damals eben den Bruch mit der Soziologie, wo es entstanden war, vollzogen hatte) verschaffte, als er unter dem Begriff *psychasthénie légendaire* die morphologische Mimikry einer Zwangsvorstellung vom Raum in ihrer entrealisierenden Wirkung zuordnete.

Wir haben in der gesellschaftlichen Dialektik, welche die menschliche Erkenntnis als eine paranoische strukturiert[4], den Grund gezeigt, der diese Erkenntnis im Kraftfeld des Begehrens autonomer macht als die des Tieres, der sie aber auch auf jenes »bißchen Realität« beschränkt, das die surrealistische Unzufriedenheit an ihr denunziert. Auch zwingen uns diese Überlegungen, in der räumlichen Befangenheit, die das Spiegelstadium manifestiert, beim Menschen die Wirkung einer organischen Unzulänglichkeit seiner *natürlichen* Realität anzuerkennen, die sogar jener Dialektik vorausgeht – wenn wir überhaupt dem Terminus *Natur* einen Sinn geben wollen.

Die Funktion des Spiegelstadiums erweist sich uns nun als ein Spezialfall der Funktion der *Imago*, die darin besteht, daß sie eine Beziehung herstellt zwischen dem Orga-

---

4 Vgl. darüber *Ecrits* (s. Anm. 2), S. 111 und 180.

nismus und seiner Realität – oder, wie man zu sagen pflegt, zwischen der *Innenwelt* und der *Umwelt*[5].

Aber diese Beziehung zur Natur ist beim Menschen gestört durch ein gewisses Aufspringen (*déhiscence*) des Organismus in seinem Innern, durch eine ursprüngliche Zwietracht[6], die sich durch die Zeichen von Unbehagen und motorischer Inkoordination in den ersten Monaten des Neugeborenen verrät. Das objektive Wissen um die anatomische Unvollendetheit des Pyramidalsystems und um die Remanenz gewisser organischer Flüssigkeiten des mütterlichen Körpers bestätigt, was wir als Gegebenheiten einer tatsächlichen, *spezifischen Vorzeitigkeit der* menschlichen *Geburt* formulieren.

Erinnern wir uns zwischendurch, daß diese Gegebenheit von den Embryologen als solche anerkannt und als *Foetalisation* bezeichnet wird; sie bestimmt den Vorrang der sogenannten höheren Nervensysteme und speziell der Hirnrinde, die ja seit den Eingriffen der Psycho-Chirurgen als intraorganischer Spiegel zu gelten hat.

Diese Entwicklung wird erlebt als eine zeitliche Dialektik, welche die Bildung des Individuums entscheidend als Geschichte projiziert: das *Spiegelstadium* ist ein Drama, dessen innere Spannung von der Unzulänglichkeit auf die Antizipation überspringt und für das an der lockenden Täuschung der räumlichen Identifikation festgehaltene Subjekt die Phantasmen ausheckt, die, ausgehend von einem zerstückelten Bild des Körpers, in einer Form enden, die wir in ihrer Ganzheit eine orthopädische nennen könnten, und in einem Panzer, der aufgenommen wird von einer wahnhaften Identität, deren starre Strukturen die ganze mentale Entwicklung des Subjekts bestimmen werden. So bringt der Bruch des Kreises von der *Innenwelt* zur *Umwelt*[7] die unerschöpfliche Quadratur der *Ich*-Prüfungen (*récolements du moi*) hervor.

5 A. d. Ü.: Deutsch im Original.
6 A. d. Ü.: Im Original *Discorde* (mit großem D).
7 A. d. Ü.: Deutsch im Original.

Dieser zerstückelte Körper, dessen Begriff ich ebenfalls in unser System theoretischer Bezüge eingeführt habe, zeigt sich regelmäßig in den Träumen, wenn die fortschreitende Analyse auf eine bestimmte Ebene aggressiver Desintegration des Individuums stößt. Er erscheint dann in der Form losgelöster Glieder und exoskopisch dargestellter, geflügelter und bewaffneter Organe, die jene inneren Verfolgungen aufnehmen, die der Visionär Hieronymus Bosch in seiner Malerei für immer festgehalten hat, als sie im fünfzehnten Jahrhundert zum imaginären Zenit des modernen Menschen heraufstiegen. Aber diese Form erweist sich als greifbar im Organischen selbst, an den Bruchlinien nämlich, welche die fantasmatische Anatomie umreißen und die offenbar werden in Spaltungs- und Krampfsymptomen, in hysterischen Symptomen.

Entsprechend symbolisiert sich die *Ich*-Bildung (formation du *je*) in Träumen als ein befestigtes Lager, als ein Stadion[8], das – quer durch die innere Arena bis zur äußeren Umgrenzung, einem Gürtel aus Schutt und Sumpfland – geteilt ist in zwei einander gegenüberliegende Kampffelder, wo das Subjekt verstrickt ist in die Suche nach dem erhabenen und fernen inneren Schloß, dessen Form – manchmal im gleichen Szenario danebengestellt – in ergreifender Weise das *Es* symbolisiert. Wir finden diese Strukturen einer Befestigungsanlage – deren Metaphorik spontan auftaucht, als würde sie unmittelbar aus den Symptomen des Subjekts hervorgehen – in ähnlicher Weise auf mentaler Ebene realisiert; sie markieren dort Mechanismen der Inversion, Isolation, Verdoppelung, Annullierung, Verschiebung, die der Zwangsneurose zugeschrieben werden.

Doch wollten wir uns auf solche subjektive Gegebenheiten allein stützen – so wenig auch immer wir sie aus den Bedingungen des Experiments lösen, die uns ermöglichen, sie

---

8 A. d. Ü.: Das französische Wort *stade* kann sowohl »Stadium« wie »Stadion« bedeuten, also sowohl etwas zeitlich wie etwas räumlich Begrenztes.

durch eine Sprachtechnik zu erfahren –, blieben unsere theoretischen Versuche dem Vorwurf ausgesetzt, daß sie in das Undenkbare eines absoluten Subjekts hineinprojiziert würden: Deshalb haben wir in der hier auf das Zusammentreffen objektiver Gegebenheiten gegründeten Hypothese das Leitgitter einer *Methode der symbolischen Reduktion* gesucht.

Diese errichtet in den *Abwehrhandlungen des Ich* (défenses du moi) eine genetische Ordnung, die dem von Anna Freud im ersten Teil ihres großen Werks formulierten Wunsch entspricht, und verlegt die hysterische Verdrängung und deren wiederholte Rückkehr – entgegen einem oft geäußerten Vorurteil – in ein archaischeres Stadium als die zwangsneurotische Inversion und deren isolierende Vorgänge und zeigt darüber hinaus, daß diese der paranoischen Entfremdung vorausgehen, welche mit der Wendung vom Spiegel-*Ich* (je spéculaire) zum sozialen *Ich* (je social) zusammenhängt.

Der Augenblick, in dem sich das Spiegelstadium vollendet, begründet – durch die Identifikation mit der *Imago* des Nächsten und das Drama der Ur-Eifersucht (dessen Wichtigkeit die Schule von Charlotte Bühler bei der Beobachtung des kindlichen *Transitivismus* erkannt hat) – die Dialektik, welche von nun an das *Ich* (je) mit sozial erarbeiteten Situationen verbindet.

Dieser Augenblick läßt auf entscheidende Weise das ganze menschliche Wissen in die Vermittlung durch das Begehren des andern umkippen, konstituiert seine Objekte in abstrakter Gleichwertigkeit durch die Konkurrenz der andern und macht aus dem *Ich* (je) jenen Apparat, für den jede instinktive Regung auch dann eine Gefahr bedeutet, wenn sie einem natürlichen Reifeprozeß entspricht – wobei selbst die Normalisierung dieses Reifens von nun an beim Menschen von einer kulturellen Umsetzung abhängt: wie beim Sexualobjekt im Ödipuskomplex zu sehen ist.

Der Begriff »primärer Narzißmus«, mit dem die Doktrin die libidinöse Besetzung, die diesem Augenblick eignet, bezeichnet, verrät im Lichte unserer Konzeption bei seinen Erfindern ein tiefes Gefühl für das Latente im Semantischen. Aber sie macht auch deutlich, welch dynamischen Gegensatz zwischen dieser Libido und der sexuellen jene Erfinder zu definieren versuchten, als sie sich auf Destruktions- oder Todesinstinkte beriefen, um den offensichtlichen Zusammenhang zwischen der narzißtischen Libido und der entfremdenden *Ich*-Funktion, der Aggressivität, zu erklären, die sich in jeder Beziehung zum andern, und sei sie noch so karitativer Art, abzeichnet.

Das bedeutet, daß sie an jene existentielle Negativität gerührt haben, deren Wirklichkeit so lebhaft gefördert wird durch das zeitgenössische Philosophieren über Sein und Nichts.

Doch dieses Philosophieren begreift jene Negativität leider nur, soweit sie in den Grenzen bewußtseinsmäßiger *self*-Genügsamkeit bleibt, die, weil sie bereits in ihre Voraussetzungen eingeschrieben ist, die Illusion der Autonomie – der sie sich überläßt – verkettet mit den konstitutiven Verkennungen des *Ich* (moi). Ein Spiel des Geistes, das von den Anleihen bei der analytischen Erfahrung ganz besonders zehrt, um in der Anmaßung zu gipfeln, es könne eine existentielle Psychoanalyse begründen.

Am Ende des historischen Unterfangens einer Gesellschaft, sich keine andere als eine nützliche Funktion mehr zuzuerkennen, und angesichts der Angst des Individuums vor sozialen Bindungen in der Masse, deren Aufkommen der Lohn jenes Unterfangens zu sein scheint, läßt sich der Existentialismus an den Rechtfertigungen abschätzen, die er den subjektiven Sackgassen gibt, die eben daraus resultieren: Eine Freiheit, die sich nirgends so authentisch bejaht wie innerhalb der Mauern eines Gefängnisses; ein Fordern von Engagement, in dem sich die Ohnmacht des reinen Bewußtseins ausdrückt, irgendeine Situation zu übersteigen;

eine voyeurhaft-sadistische Idealisierung der sexuellen Beziehung; eine Persönlichkeit, die sich nur im Selbstmord realisiert; ein Bewußtsein des andern, das sich erst mit dem hegelschen Mord zufrieden gibt.

Solchen Vorstellungen widersetzt sich unsere ganze Erfahrung; diese führt uns weg von der Annahme, daß das *Ich* (moi) auf das *Wahrnehmungs- und Bewußtseinssystem* zentriert und von jenem »Realitätsprinzip« organisiert sei, in dem sich jenes szientistische Vorurteil formuliert, das der Dialektik der Erkenntnis entschieden widerspricht; diese unsere Erfahrung läßt uns vielmehr von der *Verkennungsfunktion* ausgehen, die das Ich in all den von Anna Freud so genau artikulierten Strukturen charakterisiert; denn wenn die *Verneinung* deren offenbare Form darstellt, so bleiben doch deren Wirkungen zum größten Teil verborgen, solange sie nicht erhellt werden in irgendeinem Lichte, das von der Ebene der Fatalität reflektiert wird, wo sich das *Es* manifestiert.

Solchermaßen kann jene Trägheit verstanden werden, die den Bildungen des *Ich* eignet, in denen die ausführlichste Definition der Neurose zu sehen ist: die Befangenheit des Subjekts in der Situation gibt die allgemeinste Formel für den Wahnsinn ab, sowohl für den zwischen den Mauern der Asyle wie für den, der mit seinem Lärm und seiner Wut die Erde betäubt.

Die Leiden der Neurose und der Psychose sind für uns die Schule der seelischen Leidenschaften, so wie der Balken der psychoanalytischen Waage – wenn wir den Grad der Bedrohung ganzer Bevölkerungsgruppen ermessen wollen – uns anzeigt, wie weit die Leidenschaften im Staate abgetötet sind.

In diesem Punkt, wo sich Natur und Gesellschaft treffen und den die heutige Anthropologie so hartnäckig erforscht, erkennt allein die Psychoanalyse jenen Knoten imaginärer Knechtschaft, den die Liebe immer neu lösen oder zerschneiden muß.

Für ein solches Werk erweist sich nach unserer Meinung das altruistische Gefühl als eitel; wir setzen die Aggressivität ins Licht, welche unter den Aktionen des Philanthropen, des Idealisten, des Pädagogen, sogar des Reformators liegt.

In der Zuflucht, welche wir vor dem Subjekt für das Subjekt retten, kann die Psychoanalyse den Patienten bis zu der Grenze der Entzückung begleiten, wo sich ihm in der Formel »*du bist es*« die Chiffre seiner irdischen Bestimmung enthüllt, aber es steht nicht allein in unsrer Macht als Praktiker, ihn dahin zu führen, wo die wahre Reise beginnt.

V
Strukturalismus und Semiotik

Einleitung

Die von 1906 bis 1911 gehaltenen Vorlesungen des Schweizer Sprachwissenschaftlers Ferdinand de Saussure, die 1916 postum unter dem Titel *Cours de linguistique générale* in einer geglätteten Form herausgegeben wurden, markieren nicht nur den Beginn der modernen Linguistik, sondern auch den des Strukturalismus. Auch wenn Saussure den Begriff *Struktur*, der erstmals beim ersten Internationalen Kongreß der Linguisten 1928 in die Diskussion kam, noch nicht verwendete, führte er doch fast alle begrifflichen Unterscheidungen ein, die für den Strukturalismus wesentlich wurden. Saussure versteht Sprache nicht als Substanz, sondern als Form, als ein System von Zeichen, das nach internen Regeln organisiert ist. Die strukturalistischen Analysen sind daher wesentlich formalisierend, da sie die sprachlichen Zeichensysteme in ihrem Funktionszusammenhang, ihrer ›Struktur‹ zu erklären suchen.

Saussure führt eine Reihe von fundamentalen Unterscheidungen ein, die zugleich die Arbeitsfelder der linguistischen Forschung bestimmen. So unterscheidet er die Sprache (*langue*) vom Sprechen (*parole*). Die sich durch ihre Vielfalt und Heterogenität einem analytischen Zugriff entziehende menschliche Rede (*langage*) wird analysierbar, wenn die Sprache (*langue*) als ein rein soziales Objekt herausgenommen wird, das als ein System von unterschiedenen Zeichen und als systematische Gesamtheit der für die Kommunikation notwendigen Konventionen bestimmt werden kann.

Gegenstand der Sprachwissenschaft ist nicht die menschliche Rede, die einen individuellen Akt der Auswahl und Aktualisierung der sprachlichen Regeln darstellt, sondern die Sprache mit ihren allgemeinen Gesetzen, die unabhängig vom Individuum existieren. *Langue* (Sprache) ist ein gesellschaftliches Produkt mit eigenen Regeln und einem bestimmten festgelegten System, das die Beziehung zwischen den einzelnen Elementen regelt. Jedes Sprechen ist eine regelgeleitete Operation, die der Sprecher ausführt, ohne die zugrundeliegenden Regeln zu reflektieren, die in ihren Funktionsregeln aber analysierbar ist. Die Linguistik versucht, die unbewußten allgemeinen Gesetze aufzuzeigen, auf denen die sprachliche Kommunikation beruht.

Das sprachliche Zeichen besteht nach Saussure aus einer Verknüpfung eines Lautbildes (*image acoustique*, Signifikant) und eines Vorstellungsbildes oder Begriffs (*concept*, Signifikat). Die Beziehung zwischen Signifikant und Signifikat ist arbiträr und einzig durch gesellschaftliche Konvention geregelt und ist daher weder natürlich, noch abhängig vom einzelnen Sprecher. Nur in einer gegebenen Ordnung und in bezug auf andere Zeichen können die einzelnen sprachlichen Zeichen eine Bedeutung haben. Weder Begriffe noch Laute gehen der Sprache als positive bedeutungsbildende Entitäten voraus. Das einzelne Zeichen bestimmt sich auch nicht durch einen Bezug auf einem externen Gegenstand, sondern durch seine relative Position im Sprachsystem. Erst im abgeschlossenen System gewinnen die einzelnen Elemente dadurch eine identifizierbare Bedeutung, daß sie sich von anderen Zeichen unterscheiden. Saussures Bestimmung, daß es in der Sprache nur Differenzen gibt, formuliert das bedeutungskonstituierende Prinzip von Kommunikationssystemen. Zugleich wird deutlich, daß die formale Organisation des Zeichensystems Bedingung aller inhaltlichen Bestimmungen und Bedeutungen ist. Gegenstand der strukturalistischen Analyse sind daher die formalen Relationen der einzelnen Elemente innerhalb eines abgeschlossenen Systems, die unter einem bestimmten Gesichtspunkt beschrieben werden. Ziel ist es, die Struktur eines Systems, das den Sinn und die Bedeutung der einzelnen Elemente erst produziert, d. h. ein Modell der Beziehungen zwischen den einzelnen Elementen eines komplexen Gegenstandes zu bestimmen.

Saussures Unterscheidung zwischen Synchronie (dem »Zustand« eines Sprachsystems) und Diachronie (der historischen Sprachentwicklung) versucht, diesen systematischen Anspruch auch methodisch umzusetzen. Der Systemgedanke des Strukturalismus geht von einer Unterordnung der Diachronie unter die Synchronie und der Individualität unter die allgemeinen Gesetze aus. Im Strukturalismus werden individuelle sprachliche Erscheinungen auf allgemeine Strukturen zurückgeführt und einzelne Ausdrücke auf ihre Beziehung zu anderen. Kritisch wurde eingewendet, daß der Strukturalismus weder das Individuum oder einzelne Phänomene berücksichtige, noch der Bedeutung der geschichtlichen Entwicklung gerecht werde, sondern abstrakte Modelle entwickele, in denen wie in einem Kristallgitter jedes einzelne Element eine genau festgelegte Position habe. Der Strukturalismus versteht jedoch Zeichensysteme nicht als Abbilder einer äußeren Wirklichkeit und kann auch nicht die einzelne sprachliche Äußerung auf die subjektive Intention oder den Ausdruck einer Persönlichkeit zurückführen. Im Mittelpunkt der strukturalistischen Forschung stehen Regelmäßigkeiten, Ordnungen und Gesetzlichkeiten innerhalb von Zeichensystemen. Geschichte wird als eine Geschichte der Formen gedacht.

Für den französischen Literaturtheoretiker Gérard Genette ist der Gegenstand der Poetik nicht der einzelne Text in seiner Einzigartigkeit, sondern der »Architext«, d. h. die Gesamtheit der allgemeinen übergreifenden Kategorien, auf die jeder Text zurückgreift. Die einzelnen Texte, die als abgeschlossene Bedeutungseinheiten verstanden und analysiert werden, gewinnen ihre historische Bedeutung durch ihre Position in einem Tableau, das die verschiedenen textuellen Ordnungs- und Funktionsmodelle typologisiert und klassifiziert. Literaturgeschichte ist die Geschichte eines Systems, das in ständiger Wandlung begriffen ist und in seinen Funktionsänderungen analysiert werden kann. Sprachliche Form und sachlicher Inhalt sind nicht unabhängig voneinander zu denken und damit ist die Literaturwissenschaft eine Wissenschaft von den sprachlichen Bedingungen von Inhalt, d. h. der Formen. Die einzelnen (literarischen) Texte stellen Variationen bestimmter Grundformen dar, die als eine semantische Tiefenstruktur von allen narrativen Prozessen bestimmbar sind.

In den Blick der Literaturwissenschaft rückt so vor allem die Funktionsweise und Strukturiertheit von literarischen Texten und ihre Position im umfassenden Kommunikationssystem einer Kultur. Roland Barthes hat die strukturalistische Tätigkeit als Verfahren des Segmentierens, Vergleichens und Klassifizierens bestimmt. Ein abgeschlossenes Untersuchungscorpus wird ohne Bezug auf externe Gegebenheiten zerlegt und durch die Beziehungen zwischen den einzelnen Elementen rekonstruiert. Was in dieser Rekonstruktion erscheint, ist ein Modell der Funktionsgesetze des Objekts. Was erreicht werden soll, ist eine Typologie der signifikanten Praktiken, d. h. eine Klassifikation der verschiedenen Formen von Bedeutungsproduktion durch Zeichensysteme. In dieser Betrachtungsweise spielen die Instanzen des ›Autors‹ und des ›Werkganzen‹ keine Rolle mehr. Im Strukturalismus wird der einzelne Text grundsätzlich als in sich strukturierter völlig unabhängig von seinen möglichen Kontexten betrachtet und analysiert. Zugleich wird auch der Versuch unternommen, Strukturen oder grundlegende allgemeine Organisationsmuster zu bestimmen, die viele Texte prägen. Die Theorie der Intertextualität übernimmt Begriffe des Strukturalismus, geht aber mit der Annahme eines »allgemeinen Textes« über ihn hinaus. Im Mittelpunkt stehen dort die Überschreitung der Textgrenzen und das unendliche Spiel der Textverweise, die die Konzeption eines abgeschlossenen Strukturganzen unmöglich macht.

Die Theorie Saussures hatte einen maßgeblichen Einfluß auf verschiedene linguistische Schulen in Prag, Kopenhagen (zu nennen ist vor allem Louis Hjelmslev), Paris (André Martinet, Emil Benveniste, Algirdas Julien Greimas, Roland Barthes, Julia Kristeva, Claude Lévi-Strauss, Gérard Genette) und den USA (Zellig Sabbetai Harris, Morris Halle, Noam Chomsky), die dann ihre Theorien allerdings meist unabhängig voneinander entwickelten. Eine besondere Integrationsfigur zwischen den Schulen war Roman Jakobson, der nicht nur mit u. a. Viktor Sklovskij, Vladimir Propp und Nikolaj Trubetzkoy dem Moskauer Linguistischen Kreis angehörte, sondern nach seiner Emigration in die Tschechoslowakei aktives Mitglied des Prager Linguistischen Kreises (Mitglied war u. a. Jan Mukařovský) war, um dann, nach Beginn des Zweiten Weltkrieges, in den Vereinigten Staaten den französischen Ethnologen Claude Lévi-Strauss kennenzulernen. Während die Prager Schule versuchte, die Möglichkeit, Geschichte und Veränderung innerhalb von Systemen zu bestimmen und somit die Diachronie gegenüber der Synchronie aufzuwerten, übertrug Lévi-Strauss die linguistische Theorie Saussures auf die anthropologische Forschung, indem er Sprache und Kultur auf kollektive Gesetze zurückführte, die als Tätigkeit des menschlichen Geistes auf der Stufe des unbewußten Denkens begriffen werden können und überzeitliche Gültigkeit haben. Der Strukturalismus fand in Frankreich als Untersuchungsmethode eine breite Anwendung in zahlreichen Wissenschaftsbereichen über die Linguistik hinaus, wie z. B. in der Geschichtswissenschaft, Philosophie oder Ethnologie.

Zentral für die semiotische Forschung Jakobsons (und dann auch Umberto Ecos) war die Rezeption der Zeichentheorie von Charles Sanders Peirce. Dessen unabhängig von Saussure entwickelte allgemeine Theorie der Zeichen, die zu seinen Lebzeiten fast völlig unbeachtet geblieben war, umfaßt auch nicht-linguistische Zeichen. Peirce' wichtigste Texte erschienen unter dem Titel *Collected Papers* zwischen 1931 und 1935, wurden aber erst später intensiv rezipiert.

Die Semiologie hätte nach Saussure eine umfassende Wissenschaft von den Zeichen sein sollen. Saussures zeichentheoretische Überlegungen im *Cours de linguistique générale* wurden dann aber vor allem in der Linguistik weiterentwickelt und weitergedacht. Die französischen Theoretiker Roland Barthes und Julia Kristeva nehmen zudem eine Vorrangstellung der Sprache gegenüber anderen Zeichensystemen an. Alle Zeichensysteme sind nur, so die These, durch eine sprachliche Vermittlung verstehbar und die Semiologie ist dementsprechend ein Teilbereich der Linguistik, die zu einer Grundlagenwissenschaft erklärt wird.

Demgegenüber gehen semiotische Theoretiker wie Peirce, Charles W. Morris oder Eco von einer Vielfalt von unterschiedlichen Zeichensystemen aus, die mittels allgemeiner Zeichenmodelle analysierbar sind und die Unabhängigkeit von der Linguistik erproben. Ihre Klassifikationen und Differenzierungen von Zeichen und Kommunikationsprozessen stellen ein begriffliches Instrumentarium bereit, das es gestattet, auch beispielsweise Filme und Photographien, Werbung und Verhaltenssysteme, d.h. eine Vielzahl von Zeichensystemen als gesellschaftliche Phänomene zu verstehen und zu analysieren. Bereits Peirce hatte versucht, mit einer Klassifikation aller Zeichen eine allgemeine Kommunikationstheorie als Erkenntnistheorie zu entwickeln. Der Anwendungsbereich der Semiotik als allgemeiner Zeichentheorie umfaßt so auch Bereiche wie Medizin (Symptome), Musik, visuelle Kommunikation und die Massenkommunikation, kurz die gesamte Kultur.

Umberto Eco unterschied die einzelnen Forschungsrichtungen, indem er den Strukturalismus als Untersuchungsmethode auffaßte, während die Semiotik durch den Untersuchungsbereich bestimmt ist. Semiotik und Strukturalismus sind die Verfahren der Formalisierung und Klassifizierung gemeinsam. Beide verstehen die gesamte Kultur als Kommunikations- und Zeichensysteme und versuchen sich an der Dechiffrierung ihrer Regeln. Wenn die Gesetze der Kommunikation die Gesetze der Kultur sind, kann eine Analyse der Kultur im Blickwinkel der Kommunikation den systematischen Charakter kultureller Prozesse im Rahmen von Zeichensystemen aufzeigen. Die Analyse der Zeichen als Ergebnis gesellschaftlicher Prozesse zielt auf eine Aufdeckung von Tiefenstrukturen, die jede Kommunikation steuern. Die Thesen Umberto Ecos berühren sich mit der Theorie Roland Barthes': beide weisen der Semiotik (Eco) bzw. Semiologie (Barthes) eine ideologiekritische Funktion zu. Wenn Sprache und Kommunikation als Formen der gesellschaftlichen Organisation verstanden werden können und zudem die unterschiedlichen Zeichensysteme durch bestimmte stereotype Muster gesteuert werden, ist die Semiologie eine Form der Aufklärung. Sie versucht, die Produktion und Funktionsweise von Stereotypen, die als Ausdrucksformen gesellschaftlicher Herrschaft bestimmt werden, zu analysieren. Literatur und Kunst kommen bei Eco und Barthes eine besondere Stellung zu, da sie wesentlich durch ihre Vieldeutigkeit charakterisiert sind. Indem literarische Texte den umgangssprachlichen Zeichen eine neue Bedeutung geben und offene Bedeutungsprozesse möglich machen, widersetzen sie sich den Stereotypen und eröffnen neue Kommunikationsmöglichkeiten. Barthes und Eco nähern sich der Vorstellung des Dekonstruktivismus an, daß, im Gegensatz zu Grundannahmen des Strukturalismus, Zeichensysteme wesentlich durch ihre Offenheit und Unabschließbarkeit charakterisiert sind.

B. St.

Literatur

Albrecht, J.: Europäischer Strukturalismus. Ein forschungsge-schichtlicher Überblick. Tübingen 1988.

Barthes, R.: Elemente der Semiologie. Frankfurt a. M. 1983.

Blumensath, H. (Hrsg.): Strukturalismus in der Literaturwissen-schaft. Köln 1972.

Eco, U.: Einführung in die Semiotik. München 1972.

– Zeichen. Einführung in einen Begriff und seine Geschichte. Frankfurt a. M. 1977.

Genette, G.: Die Erzählung. München 1994.

Jakobson, R.: Poetik. Frankfurt a. M. 1993.

Kursbuch 5 (1966). [Darin Aufsätze von M. Bierwisch, R. Barthes und C. Lévi-Strauss.]

Lévi-Strauss, C.: Strukturale Anthropologie. Frankfurt a. M. 1967.

Peirce, Ch. S.: Schriften. 2 Bde. Hrsg. von K.-O. Apel. Frankfurt a. M. 1970–76.

– Semiotische Schriften. 2 Bde. Hrsg. von Ch. Kloesel und H. Pape. Frankfurt a. M. 1986–90.

Saussure, F. de: Grundfragen der allgemeinen Sprachwissenschaft. Berlin 1967.

Wahl, F. (Hrsg.): Einführung in den Strukturalismus. Frankfurt a. M. 1972.

Zima, P. V. (Hrsg.): Textsemiotik als Ideologiekritik. Frankfurt a. M. 1977.

Strukturalismus und Literaturwissenschaft

I

In einem heute klassisch gewordenen Kapitel des *Wilden Denkens* charakterisiert Claude Lévi-Strauss das mythische Denken als »eine Art intellektuellen Bastelns«. Das Eigentümliche des Bastelns besteht ja darin, daß es von instrumentalen Einheiten ausgeht, die im Gegensatz zu denen z. B. des Ingenieurs nicht zu einem solchen Zweck konstituiert wurden. Die Regel des Bastelns ist es, »stets mit Restbeständen fertig zu werden« und aus alten Strukturen entlassene Rückstände in eine neue Struktur zu überführen. Hierdurch wird die spezielle Herstellung eingespart, und zwar vermittels einer doppelten Operation von Analyse (verschiedene Elemente aus verschiedenen konstituierten Einheiten lösen) und Synthese (ausgehend von diesen heterogenen Elementen wird eine neue Einheit geschaffen, in der im äußersten Fall keines der wieder verwendeten Elemente seine ursprüngliche Funktion zurückerhält). Diese typisch »strukturalistische« Operation, mit der ein bestimmter Produktionsmangel durch außerordentlichen Einfallsreichtum bei der Aufteilung von Restbeständen wettgemacht wird, diese Operation nun findet der Ethnologe, wie man sich erinnert, beim Studium der »primitiven« Kulturen auf der Ebene mythologischer Invention wieder. Indessen könnte diese Analyse fast Wort für Wort auf eine andere intellektuelle Tätigkeit angewandt werden, die ihrerseits den am höchsten »entwickelten« Kulturen eigen ist: auf die Kritik nämlich, und ganz besonders auf die Literaturwissenschaft. Diese unterscheidet sich von allen anderen Arten der Kritik ausdrücklich dadurch, daß sie dasselbe Material (das geschriebene Wort) benutzt wie die Werke, mit denen sie sich beschäftigt. Die Kunst- oder die Musikwissenschaft

drücken sich offensichtlich ja nicht in Tönen oder Farben
aus, die Literaturwissenschaft jedoch spricht nun einmal die
Sprache ihres Gegenstandes. Sie ist Meta-Sprache, »Diskurs
über einen Diskurs«. Somit kann sie zu Meta-Literatur
werden, d. h. zu »einer Literatur, der als Gegenstand eben
die Literatur aufgegeben ist«.

Werden die beiden deutlichsten Funktionen der literaturwissenschaftlichen Tätigkeit – die »kritische« Funktion im
eigentlichen Wortsinn, die darin besteht, die jüngsten Werke
zu beurteilen und zu würdigen und damit die Leserschaft
aufzuklären (eine Bildungsfunktion, die an publizistische
Organe gebunden ist), und die »wissenschaftliche« Funktion, die ihrerseits wesentlich an die Ausbildung durch die
Universitäten gebunden ist und in einem positiven Studium
der Existenzbedingungen literarischer Werke (Materialität
des Textes, Quellen, psychologische oder historische Genese usw.) mit dem ausschließlichen Ziel des Wissens besteht – getrennt, so bleibt natürlich noch eine dritte übrig,
die literarische schlechthin. Ein Werk der Literaturkritik
wie *Port-Royal* oder *L'Espace littéraire* ist unter anderem ja
auch ein Buch, und sein Verfasser ist in seiner Art und mindestens bis zu einem gewissen Grade das, was Roland Barthes im Gegensatz zum einfachen Schreiber einen Schriftsteller nennt, nämlich Sender einer Nachricht, die teilweise
dahin tendiert, in Schaustellung aufzugehen. Diese »Enttäu-
schung« des Sinns, der erstarrt und sich zu einem Objekt
ästhetischen Konsums verfestigt, ist zweifellos die für alle
Literatur konstitutive Bewegung (oder eher noch ihr Inne-
halten). Das literarische Objekt existiert nur durch sich
selbst. Umgekehrt ist es auch nur von sich selbst abhängig,
so daß jeglicher Text unter Umständen Literatur sein kann
oder nicht, je nachdem, ob er mehr als Schauspiel oder als
Nachricht aufgefaßt wird.

Die Literaturgeschichte ist voll von solchem Hin und
Her, von solchen Fluktuationen. Das läuft nun aber darauf
hinaus, daß es gar kein eigentliches literarisches Objekt gibt,

sondern nur eine *literarische Funktion*, die jedwedes Geschriebene bald erfüllen, bald verlassen kann. Ihr partieller, unbeständiger, ambivalenter Literaturcharakter macht also nicht das Eigentümliche der Kritik aus. Was diese von den anderen literarischen »Gattungen« unterscheidet, ist ihr Sekundärcharakter. Und genau hier nun finden die Bemerkungen von Claude Lévi-Strauss über das Basteln eine vielleicht unerwartete Anwendung.

Die Instrumentalwelt des Bastlers, sagt Lévi-Strauss, ist eine »geschlossene« Welt. Sein Repertoire bleibt, so ausgedehnt es sein mag, doch »begrenzt«. Diese Begrenzung unterscheidet den Bastler vom Ingenieur, der grundsätzlich jederzeit das einem technischen Bedürfnis speziell entsprechende Instrument schaffen kann. Der Ingenieur nämlich »befragt die Welt, während der Bastler sich an eine Kollektion von Restbeständen aus menschlichen Werken wendet, d. h. an eine Unter-Einheit der Kultur«. Man braucht in diesem letzten Satz die Wörter »Ingenieur« und »Bastler« nur jeweils durch z. B. *Romancier* und *Literaturwissenschaftler* zu ersetzen, um den literarischen Status der Kritik zu definieren. Die Materialien des Kritikers sind in der Tat solche »Restbestände aus menschlichen Werken«, nämlich aus den Büchern, sobald diese einmal in Themen, Motive, Schlüsselwörter, beherrschende Metaphern, Zitate, Zettelkästen und Verweise aufgespalten sind. Das ursprüngliche Werk ist eine Struktur genau wie jene ursprünglichen Einheiten, die der Bastler zerlegt, um ihnen Allzweckelemente zu entnehmen. Auch der Literaturwissenschaftler zergliedert eine Struktur in Elemente: jeweils ein Element pro Zettel. Und die Devise des Bastlers, »das kann man immer noch gebrauchen«, beseelt genauso den Wissenschaftler, wenn er seinen materiellen oder geistigen Zettelkasten anlegt. Dann geht es darum, durch Ordnen dieser Restbestände eine neue Struktur zu erarbeiten. »Das *kritische* Denken«, so könnte man, Lévi-Strauss paraphrasierend, sagen, »baut mit Hilfe einer strukturierten Einheit, die das *Werk* ist, mehrere strukturierte

Einheiten auf. Indessen bemächtigt es sich des Werkes selbst nicht auf der Ebene seiner Struktur. Es errichtet seine ideologischen Paläste aus dem Schutt eines früheren *literarischen Diskurses.«*

Der Unterschied zwischen Kritiker und Schriftsteller liegt nicht nur im Begrenzten und Sekundären des Materials der Kritik (der Literatur also) im Gegensatz zum Unbegrenzten und Ursprünglichen des poetischen oder romanesken Materials (der Welt also). Jene in gewissem Grade quantitative Inferiorität, die darauf beruht, daß der Kritiker stets nach dem Schriftsteller am Zug ist und nur über die durch dessen vorangegangene Auswahl ihm auferlegten Materialien verfügt, wird durch einen anderen Unterschied gesteigert, vielleicht aber auch ausgeglichen: »Der *Schriftsteller* operiert mit Konzepten, der *Literaturwissenschaftler* mit Zeichen. Auf der Achse der Opposition zwischen Natur und Kultur treten die Einheiten, deren sie sich bedienen, unmerklich auseinander. Zumindest eine der Arten, wie das Zeichen zum Konzept in Opposition tritt, hängt nämlich davon ab, daß sich letzteres für die Realität völlig transparent halten will, während ersteres es akzeptiert, ja sogar verlangt, daß in diese Realität eine gewisse menschliche Dichte eingeschlossen ist.« Befragt der Schriftsteller die Welt, so befragt der Literaturwissenschaftler die Literatur, d. h. eine Welt der Zeichen. Was indes beim Schriftsteller (dem Werk) Zeichen war, wird beim Literaturwissenschaftler zu Sinn (da Gegenstand des kritischen Diskurses), und umgekehrt wird, was beim Schriftsteller Sinn war (seine Weltsicht) beim Literaturwissenschaftler als Thema und Symbol für eine bestimmte literarische Wesensart zum Zeichen. Es ist wiederum genau das, was Lévi-Strauss vom mythischen Denken sagt, das, wie Boas bemerkte, unaufhörlich neue Welten schafft, jedoch unter Umkehrung der Zwecke und Mittel: »Bezeichnetes verwandelt sich in Bezeichnendes und umgekehrt.« Dieses unablässige Gebräu, diese ständige Umkehrung von Zeichen und Sinn weist deutlich auf die Doppelfunktion der literaturwissenschaftlichen Tätigkeit hin. Sie besteht nämlich darin, mit dem Werk anderer Sinn zu produzieren, zudem aber auch darin, mit diesem Sinn das eigene Werk hervorzubringen. Wenn es eine »kritische Poesie« gibt, dann in dem Sinne, wie es nach Lévi-Strauss eine »Poesie des Bastelns« gibt. So wie der Bastler »vermittels der Dinge redet«, spricht – im stärksten Sinne, also des Sich-Aussprechens – der Literaturwissenschaftler vermittels der Bücher. Man würde Lévi-Strauss nur noch ein letztes Mal paraphrasieren, wenn man sagte, »er lege, ohne seinen Plan je zu erfüllen, stets etwas von sich selbst hinein«.

So verstanden, kann man die Literaturwissenschaft als eine »strukturalistische Tätigkeit« betrachten. Hierbei handelt es sich jedoch, wie man wohl sieht, lediglich um einen impliziten, unreflektierten Strukturalismus. Die durch eine Neuorientierung der Wissenschaften vom Menschen, wie Linguistik oder Anthropologie, gestellte Frage läuft darauf hinaus, ob die Literaturwissenschaft nicht aufgefordert ist, ihre strukturalistische Berufung ausdrücklich in strukturaler Methode zu realisieren. Hier geht es nur darum, den Sinn und die Reichweite dieser Frage durch den Entwurf der Hauptwege zu präzisieren, auf denen der Strukturalismus dem Gegenstand der Literaturwissenschaft beikommt und sich ihr als ein fruchtbares Verfahren empfehlen kann. (71–73) [...]

III

Der strukturale Charakter der Sprache auf all ihren Ebenen wird heute so allgemein anerkannt, daß der strukturalistische »Ansatz« sich beim literarischen Ausdruck sozusagen von selber aufdrängt. Sobald man den Sektor der Linguistik verläßt (oder jene »zwischen Linguistik und Literaturgeschichte geschlagene Brücke«, die nach Spitzer Form- und Stilstudien darstellen), um den traditionell der Kritik vorbehaltenen Raum zu betreten, nämlich den des »Inhalts«, erheben sich hinsichtlich der Legitimität des strukturalen Gesichtspunktes ziemlich ernste Prinzipienfragen. Gewiß ist der Strukturalismus a priori berechtigt, Strukturen überall da zu studieren, wo er welche antrifft. Aber erstens sind Strukturen bei weitem keine Zufallsbewegungen, sondern Systeme von latenten Beziehungen, eher Konzepte als Apperzeptionen, die die Analyse in dem Maße konstruiert, wie sie sie freilegt, und mitunter in der Meinung, sie entdecke sie, auch zu erfinden versucht ist. Und andererseits ist der Strukturalismus nicht nur eine Methode, sondern auch das, was Cassirer eine »allgemeine Tendenz des Denkens« nennt (andere würden etwas brutaler von Ideologie sprechen), deren Vorurteil gerade darin besteht, daß sie Strukturen auf Kosten von Substanzen hoch bewertet und damit deren Erklärungswert auch überbewerten kann. Es ist ja nicht so sehr die Frage, ob es in dem oder jenem Forschungsobjekt ein Beziehungssystem gibt oder nicht, denn natürlich gibt es das überall, vielmehr kommt es darauf an, die relative Wichtigkeit dieses Systems im Verhältnis zu anderen Verständniselementen zu bestimmen: An dieser Wichtigkeit mißt sich der Gültigkeitsgrad der strukturalen Methode. Wie aber soll man diese Wichtigkeit selbst messen, ohne sich auf diese Methode zu beziehen? Das ist der circulus vitiosus.

Augenscheinlich müßte der Strukturalismus überall da zu Hause sein, wo die Literaturwissenschaft das Forschen nach Existenzbedingungen oder äußeren Determinanten – seien es psychologische, soziale oder andere – des literarischen Werkes aufgibt und ihre Aufmerksamkeit diesem Werk selbst, nicht mehr als einem Ergebnis von etwas, sondern als einem absoluten Sein, intensiv zuwendet. In dieser Beziehung macht der Strukturalismus gemeinsame Sache mit der allgemeinen Bewegung nachlassender Wertschätzung gegenüber dem Positivismus, dem »Historismus« und der »biographistischen Illusion«, einer Bewegung, die in dem kritischen Werk eines Proust, eines Eliot, eines Valéry, im russischen Formalismus, in der »thematisch orientierten Kritik« Frankreichs oder im angelsächsischen New Criticism ihren verschiedenartigsten Ausdruck findet. In gewisser Weise kann der Begriff »strukturale Analyse« als ein bloßes Äquivalent dessen angesehen werden, was die Amerikaner *close reading* nennen und was man in Europa, Spitzers Beispiel folgend, wohl *immanente Interpretation* nennen würde. Spitzer hat 1960 die Entwicklung aufgezeichnet, die ihn vom Psychologismus seiner ersten Stilstudien hin zu einer von jedem Bezug auf das *Erlebnis* freien Forschung geführt hatte, »die die Stilanalyse der Interpretation von Werken unterordnete, die als ›poetische Organismen an sich‹ etwas Besonderes waren, ohne daß man auf die Psychologie des Autors zurückging«. Diese seine neue Haltung hat Spitzer in dem oben gegebenen Sinn als »strukturalistisch« bezeichnet. So wäre denn jede Analyse, die sich in ein Werk einschließt, ohne seine Quellen oder Motive zu berücksichtigen, implizit schon eine strukturalistische, und die strukturale Methode müßte dieser immanenten Forschung eine Art Rationalität des Verständnisses verleihen, gleichsam als Ersatz für die mit der Erforschung von Ursachen zugleich aufgegebene Rationalität der Erklärung. Ein in gewisser Weise räumlicher Determinismus der Struktur würde somit in einem ganz modernen Geist den zeitlichen Determinismus der Genese ablösen, da jede Einheit mit Beziehungsbegriffen und nicht mehr mit Begriffen der Filiation definiert würde. Die Themaanalyse würde also natürlicherweise zur Vollendung und Selbsterprobung in einer strukturalen Synthese tendieren, bei der die verschiedenen Themen sich zu *Netzen* zusammenschließen, um ihren eigentlichen Sinn von ihrem Platz und ihrer Funktion innerhalb des Systems eines jeden Werkes zu beziehen. [...]

Der Strukturalismus wäre demnach für jede immanente Kritik eine Hilfe gegen die Gefahr der Verzettelung, in der die Themaanalyse schwebt, also das Mittel, die Einheit eines

Werkes wiederherzustellen, sein Kohärenzprinzip, das, was Spitzer sein geistiges *Etymon* nannte. In Wirklichkeit ist die Frage zweifellos komplizierter, denn die immanente Kritik kann angesichts eines literarischen Werkes zwei verschiedene, ja sogar gegensätzliche Haltungen einnehmen, je nachdem, ob sie dieses Werk als Objekt oder als Subjekt betrachtet. Den Gegensatz zwischen diesen beiden Haltungen bringt Georges Poulet in einem Text sehr deutlich zum Ausdruck, in dem er sich selbst als Anhänger der zweiten Möglichkeit bezeichnet: »Wie alle Welt glaube ich, daß es das Ziel der Kritik ist, zu einer Erkenntnis der kritisierten Realität von innen heraus zu gelangen. Nun scheint mir aber, daß eine solche Innerlichkeit nur in dem Maße möglich ist, wie das kritische Denken selbst zu dem kritisierten Denken wird, wie es ihm gelingt, dieses von innen heraus nachzuempfinden, nachzudenken, nachzuvollziehen. Nichts ist weniger objektiv als eine solche geistige Bewegung. Im Gegensatz zu landläufigen Vorstellungen muß sich die Kritik gerade davor hüten, irgendein *Objekt* (und sei es die Person des Autors als ein Anderer oder sein Werk als ein Ding betrachtet) ins Auge zu fassen, denn was erreicht werden muß, ist ein *Subjekt*, d. h. eine geistige Aktivität, die man nur verstehen kann, wenn man sich an ihre Stelle versetzt und sie in uns erneut ihre Rolle als Subjekt spielen läßt.«

Diese intersubjektive Kritik, die eben das Werk Georges Poulets in bewundernswerter Weise darstellt, schließt an den Typus von Verständnis an, den Paul Ricœur nach Dilthey und anderen (darunter Spitzer) *hermeneutisch* nennt. Der Sinn eines Werkes wird hier nicht über eine Reihe intellektueller Operationen erstellt, vielmehr nachgelebt, »wieder aufgenommen« wie eine zugleich alte und immer wieder erneuerte Nachricht. Umgekehrt nun aber ist auch klar, daß die strukturale Kritik aus eben jenem Objektivismus erwächst, den Poulet verurteilt, denn die Strukturen wurden weder vom schöpferischen Bewußtsein noch vom kritischen Bewußtsein *erlebt*. Sie bilden zwar das Herzstück des Werkes, aber sozusagen als sein latentes Gerüst, als ein Prinzip objektiver Intelligibilität, das durch Analyse und Kommutationen einzig einem geometrischen Geist zugänglich ist, den man nicht mit Bewußtsein gleichsetzen kann. Die strukturale Literaturwissenschaft ist frei von allen transzendentalen Reduktionen, denen z. B. der Psychoanalyse oder der marxistischen Auslegung, sie übt aber auf ihre Weise eine Art innerlicher Reduktion, indem sie die Substanz des Werkes durchstößt, um zu seinem Knochengerüst zu gelangen. Das ist gewiß kein Oberflächenblick, vielmehr ein gewissermaßen röntgenologischer Scharfblick, der um so äußerlicher ist, je tiefer er dringt.

Es zeichnet sich hier also eine Grenze ab, die ziemlich gut mit der vergleichbar ist, die Ricœur der strukturalen Mythologie zuweist: Überall da, wo die hermeneutische Wiederaufnahme des Sinnes im intuitiven Zusammenklang zweier Bewußtseinsträger möglich und wünschenswert ist, soll seiner Meinung nach die strukturale Analyse (zumindest teilweise) illegitim und nicht relevant sein. Demnach könnte man sich eine Art Aufteilung der Literatur in zwei Bereiche vorstellen. Die »lebendige« Literatur, d. h. diejenige, die dazu geeignet ist, vom kritischen Bewußtsein nacherlebt zu werden, müßte man der hermeneutischen Literaturwissenschaft vorbehalten, so wie Ricœur für sich den Bereich judaischer und hellenischer Traditionen beansprucht, die mit einem unerschöpflichen und stets gegenwärtigen *Sinnüberschuß* ausgestattet sind. Hinzu käme der Bereich der nicht gerade »toten«, aber in gewisser Weise fernen und schwer entzifferbaren Literatur, deren verlorener Sinn nur durch Operationen strukturalen Denkens erschließbar ist, wie z. B. die Totemkulturen, der ausschließliche Bereich von Ethnologen. [...] Der Anteil der Literatur »mit verlorenem Sinn« ist in der Tat viel größer als der andere, und nicht immer von geringerem Interesse. Es gibt ein ganzes sozusagen ethnographisches Gebiet der Literatur,

dessen Erforschung für den Strukturalismus äußerst span-
nend wäre: nach Zeit und Raum ferne Literaturen, Kinder-
und Volksliteratur, darunter auch die jüngsten Formen wie
Melodram oder Feuilletonroman, die von der Literaturwissenschaft stets vernachlässigt wurden, und zwar nicht nur
aus akademischem Vorurteil, sondern auch weil keinerlei
intersubjektive Teilhabe sie in ihrer Forschung beflügeln
oder leiten konnte. Eine strukturale Kritik dagegen könnte
diese Formen als anthropologisches Material behandeln und
auf dem von Folkloreforschern wie Propp und Shaftymov
vorgezeichneten Weg gruppenweise in ihren wiederkehrenden Funktionen studieren. Solche Arbeiten zeigen ebenso
wie die von Lévi-Strauss über primitive Mythologien, wie
fruchtbar die strukturale Methode in ihrer Anwendung auf
Texte dieser Art ist und wieviel sie über die unbekannten
Fundamente »kanonischer« Literatur ans Tageslicht bringen
könnte. Fantomas oder Blaubart sprechen nicht so beredt
zu uns wie Swann oder Hamlet. Sie hätten uns indessen
vielleicht genausoviel mitzuteilen. Und bestimmte, offiziell
geheiligte Werke, die uns in Wahrheit jedoch weitgehend
fremd geworden sind, wie die von Corneille, würden womöglich in dieser Sprache der Distanz und der Fremdheit
besser zu uns sprechen als in der Sprache falscher Nähe, die
man ihnen noch immer beharrlich – und oft ganz vergeblich
– auferlegt.

Hier nun würde der Strukturalismus vielleicht einen Teil
des an die Hermeneutik abgetretenen Terrains zurückge-
winnen. Denn die richtige Aufteilung unter diesen beiden
»Methoden« betrifft nicht das Objekt, sondern die kritische
Haltung. Paul Ricœur schlug die oben skizzierte Art der
Aufteilung vor und führte dafür an: »Ein Teil der Zivilisation und gerade jener, aus dem unsere Kultur nicht erwächst, eignet sich besser als ein anderer für die Anwendung der strukturalen Methode.« Hierauf hat Lévi-Strauss
mit der Frage geantwortet: »Handelt es sich um einen Unterschied zwischen zwei Arten des Denkens und der Zivili-

sation, der an ihr Innerstes rührt, oder einfach um die relative Position des Beobachters, der seiner eigenen Kultur gegenüber nicht dieselben Perspektiven wählen kann, die ihm einer andersartigen Kultur gegenüber normal erscheinen?« Wenn Ricœur eine eventuelle Anwendung des Strukturalismus auf jüdisch-christliche Mythologien als irrelevant ansieht, könnte ein melanesischer Philosoph die strukturale Analyse seiner eigenen mythischen Traditionen gleichfalls als irrelevant ansehen, denn er *verinnerlicht* diese genauso wie ein Christ die biblische Nachricht. Umgekehrt würde dieser Melanesier eine strukturale Analyse der Bibel vielleicht für relevant halten. Was Merleau-Ponty über die Ethnologie als Disziplin schrieb, kann man vom Strukturalismus als Methode sagen: »Es handelt sich hier nicht um ein Fach, das durch einen besonderen Gegenstand definiert würde, eben die »primitiven« Gesellschaften, sondern um eine bestimmte Denkweise, die sich einstellt, wenn der Gegenstand »anders« ist und von uns selbst eine Wandlung verlangt. So werden wir zu Ethnologen unserer eigenen Gesellschaft, sobald wir ihr gegenüber Distanz gewinnen.«

Somit könnten die den Strukturalismus und die Hermeneutik verbindenden Beziehungen durchaus komplementärer Art sein und nicht so sehr auf mechanischer Trennung und gegenseitiger Ausschließung beruhen. Ein und demselben Werk gegenüber würde die hermeneutische Literaturwissenschaft die Wiederaufnahme des Sinnes und das Nachschaffen von innen heraus vertreten, die strukturale Literaturwissenschaft Distanz und intellegible Rekonstruktion. Sie würden auf diese Weise komplementäre Bedeutungen freilegen, und ihr Dialog wäre dadurch nur noch fruchtbarer. Die Bedingung wäre allerdings, daß man niemals die Sprachen von Strukturalismus und Hermeneutik zugleich benutzte. Die Literaturwissenschaft hat jedenfalls keinen Grund, sich den neuen Bedeutungen gegenüber ablehnend zu verhalten, die der Strukturalismus Werken, die uns scheinbar am nächsten und vertrautesten sind, dann abzugewinnen vermag, wenn er ihre Sprache in eine gewisse Distanz rückt. Denn eine der tiefsten Erkenntnisse der modernen Anthropologie lehrt uns, daß auch das Ferne uns nah ist, und gerade durch seine Ferne.

Die psychologischen Verständnisbemühungen, die im 19. Jahrhundert in der Kritik einsetzten und heute mit den verschiedensten Variationen von der themenorientierten Literaturwissenschaft fortgesetzt werden, sind im übrigen vielleicht allzu einseitig auf die Psychologie der Autoren und zuwenig auf die von Publikum oder Leser gerichtet gewesen. Man kennt ja z. B. die Klippen der Themaanalyse, der es oft schwer genug fällt, zu bestimmen, welchen Anteil die Originalität eines schöpferischen Individuums hat und welchen Anteil ganz allgemein der Geschmack, die Sensibilität, die Ideologie einer Epoche oder noch weitergehend die Konventionen und permanenten Traditionen einer literarischen Gattung oder Form haben. Diese Schwierigkeit beruht in gewisser Weise darauf, daß die originelle, aus der »Tiefe« aufsteigende Thematik des schöpferischen Individuums mit dem zusammentrifft, was die alte Rhetorik die *Topik* nannte, d. h. mit jenem Schatz an Themen und Formen, der das Allgemeingut der Tradition und der Kultur ausmacht. Die persönliche Thematik stellt nur das Ergebnis einer Auswahl dar, die unter den verschiedenen, von der kollektiven Topik gebotenen Möglichkeiten getroffen wurde. Man erkennt ohne weiteres – um einmal sehr schematisch zu sprechen –, daß der Anteil des *Topischen* in sogenannten »niederen« Gattungen, die man besser »fundamentale« nennen sollte, wie Volksmärchen oder Abenteuerroman, größer ist. Die Rolle der schöpferischen Persönlichkeit verblaßt hier so sehr, daß die Kritik sich in ihren Untersuchungen zu diesem Gegenstand spontan dem Geschmack, den Ansprüchen und den Bedürfnissen zuwendet, welche gemeinsam die sogenannte *Publikumserwartung* ergeben. Indessen müßte man auch genau ausfindig machen, wieviel die »großen Werke« – und selbst die originellsten – solchen allgemein angelegten Mustern verdanken. Wie sollte man etwa die besondere Qualität eines Romans von Stendhal würdigen, wenn man die zugrunde liegende Thematik romanesker Imagination in ihrer historischen und transhistorischen Allgemeinheit außer acht ließe? [...] Jedoch ist der Übergang von dem, was man Psychologismus nennen könnte, zu einem absoluten Antipsychologismus vielleicht nicht so unvermeidlich, wie es scheint, denn so konventionell der Topos sein mag, ist er psychologisch doch ebensowenig willkürlich wie die persönliche Thematik. Er entspringt nur einer anderen Psychologie, der kollektiven diesmal, auf die uns eine zeitgenössische Anthropologie schon ein wenig vorbereitet hat und deren literarische Implikationen systematischer Erforschung wert wären. Der Fehler moderner Literaturwissenschaft ist womöglich weniger ihr Psychologismus als ihre allzu individualistische Auffassung von Psychologie.

Die klassische Literaturtheorie von Aristoteles bis La Harpe schenkte diesen anthropologischen Gegebenheiten der Literatur in gewissem Sinne viel größere Aufmerksamkeit, wußte sie doch in zwar so enger, aber doch so exakter Weise die Anforderungen dessen, was sie die *Wahrscheinlichkeit* nannte, zu messen, d. h. die Vorstellung des Publikums vom Wahren oder Möglichen. Die Unterscheidungen der Gattungen, die Begriffe episch, tragisch, heroisch, komisch, romanesk entsprachen bestimmten Kategorien, bestimmten geistigen Haltungen, die die Phantasie des Lesers auf dieses oder jenes Gleis bringen und ihn bestimmte Situationen, Handlungen und Werte (psychologische, moralische, ästhetische) herbeiwünschen und erwarten lassen. Man kann nicht eben behaupten, daß die Erforschung dieser großen Diathesen, die die literarische Sensibilität der Menschheit spalten und prägen (und die Gilbert Durand zu Recht die *anthropologischen Strukturen des Imaginären* genannt hat), von der Kritik und der Literaturtheorie bisher genügend betrieben worden ist. Bachelard hat uns eine Typologie der an den Elementen orientierten Phantasie gegeben. Zweifellos existiert auch so etwas wie eine auf Verhalten, Situationen, menschliche Beziehungen konzentrierte Phantasie, eine *dramatische* Phantasie im weitesten Sinne des Wortes, die bei der Produktion wie beim Konsum von Theaterstücken und Romanen machtvoll mitredet. Die Topik dieser Phantasie, die strukturalen Gesetze ihres Funktionierens sind für die Literaturwissenschaft offensichtlich zuallererst von Wichtigkeit. Dies wird gewiß zu den Aufgaben jener weitgesteckten Axiomatik der Literatur gehören, deren dringende Notwendigkeit uns Valéry enthüllte. Die höchste Wirksamkeit der Literatur beruht auf einem subtilen Zusammenspiel von Erwartung und Überraschung, »gegen die alle Erwartung der Welt nichts ausrichten kann«, einem Zusammenspiel zwischen dem vom Publikum vorhergesehenen und erwünschten »Wahrscheinlichen« und dem Unvorhersehbaren des Schöpferischen. Das Unvorhersehbare nun aber, der unendliche Schock, den große Werke auslösen, hallt er nicht mit aller Kraft in den geheimen Tiefen der Wahrscheinlichkeit nach? »Der große Dichter«, sagt Borges, »ist weniger ein Erfinder als ein Entdecker.« (77–82)

IV

[...] [Die Literatur] ist ein kohärentes Ganzes, ein homogener Raum, in dem die Werke einander berühren und gegenseitig durchdringen. Sie ist darüber hinaus selbst auch ein Teilstück, das in dem viel weiteren Raum der »Kultur« mit anderen verbunden ist und ihren Eigenwert aus der Funktion innerhalb des Ganzen bezieht. In dieser doppelten Hinsicht ist sie Objekt von Strukturstudien, inneren wie äußeren. Wie man weiß, erwirbt das Kind Sprache nicht durch einfache Ausweitung des Vokabulars, sondern über eine Reihe innerer Spaltungen, die an der Gesamtfähigkeit nichts ändern. Auf jeder Etappe des Weges stellen die wenigen Worte, über die das Kind verfügt, für es selbst die ganze

Sprache dar, und sie dienen ihm dazu, jegliches Ding zu bezeichnen, mit wachsender Präzision zwar, aber lückenlos. Ebenso stellt für einen Menschen, der nur ein Buch gelesen hat, dieses seine ganze »Literatur« im ursprünglichen Sinne des Wortes dar, und wenn er zwei kennt, werden sich diese beiden in sein literarisches Feld teilen, ohne eine Lücke zu lassen usw. Gerade weil eine Kultur keine Lücken hat, die zu füllen wären, gerade deshalb kann sie sich *bereichern*: Sie vertieft sich und differenziert sich, da sie sich nicht auszudehnen vermag.

In gewisser Weise könnte man der Meinung huldigen, die »Literatur« der gesamten Menschheit (d. h. die Art, wie geschriebene Werke sich im Geist der Menschen ordnen) entstehe einem analogen Prozeß folgend, wobei natürlich Vorbehalte wegen der groben Vereinfachung anzumelden sind: Die literarische »Produktion« ist ein *Sprechen* im Sinne Saussures, eine Reihe von individuellen, teilweise autonomen und unvorhersehbaren Akten. Der »Konsum« von Literatur durch die Gesellschaft ist hingegen eine *Sprache*, d. h. ein Ganzes, dessen Elemente, ganz gleich welcher Art und wieviel sie sind, dahin tendieren, sich zu einem kohärenten System zusammenzufügen. Raymond Queneau sagt im Scherz, jedes literarische Werk sei entweder eine *Ilias* oder eine *Odyssee*. Diese Dichotomie ist nicht immer eine Metapher gewesen. Noch bei Plato findet man den Nachklang einer »Literatur«, die fast auf diese beiden Dichtungen beschränkt war und die sich dennoch nicht für unvollständig hielt. Ion kennt nur Homer und will nichts anderes kennen. »Das dünkt mich auch genug«, sagt er, denn Homer spricht von allem mit großem Geschick, und die Kompetenz des Rhapsoden müßte enzyklopädisch sein, erwüchse die Dichtung wirklich aus einem Wissen (letzteres bestreitet Plato, nicht aber die Universalität des Werkes). Seither hat sich die Literatur eher aufgeteilt als ausgedehnt, und über Jahrhunderte hin hat man das Werk Homers als den Embryo und die Quelle jeglicher Literatur betrachtet.

Diesem Mythos fehlt es nicht an Wahrheit, und der Brandstifter in Alexandrien hatte seinerseits nicht ganz unrecht, wenn er meinte, der Koran allein wiege eine ganze Bibliothek auf. Ob diese nämlich ein, zwei oder mehrere tausend Bücher umfaßt, gewiß ist, daß die Bibliothek einer Kultur immer vollständig ist, weil sie im Geist der Menschen stets ein System bildet.

Die klassische Rhetorik war sich dieses Systemcharakters deutlichst bewußt. Sie hat ihm in der Gattungstheorie Rechnung getragen: Epopöe, Tragödie, Komödie usw. Alle diese Gattungen teilten sich lückenlos in die Totalität des literarischen Feldes. Was dieser Theorie fehlte, war die Zeitdimension, der Gedanke, daß ein System sich entwickeln kann. Boileau sah, wie unter seinen Augen die Epopöe unterging und der Roman geboren wurde, und war doch nicht fähig, diese Veränderungen in seine Ars Poetica zu integrieren. Das 19. Jahrhundert hat die Geschichte entdeckt, jedoch den Zusammenhang des Ganzen vergessen. Die individuelle Geschichte der Werke und Autoren läßt die Gattungen in den Hintergrund treten. Einzig Brunetière hat eine Synthese versucht, allerdings war die Verbindung Boileau-Darwin, wie man weiß, nicht eben sehr glücklich. Die Entwicklung der Gattungen beruht nach Brunetière auf rein organischem Funktionieren: Jede Gattung wird geboren, entwickelt sich und stirbt wie eine einsame Spezies, ohne sich um ihre Nachbarn zu kümmern.

Der Strukturalismus führt nun hier den Gedanken ein, man solle die Literatur in ihrer globalen Entwicklung verfolgen, indem man synchrone Schnitte in verschiedenen Epochen vornimmt und die Ergebnisse miteinander vergleicht. Die literarische Entwicklung erscheint dann in ihrer ganzen Fülle, die eben damit zusammenhängt, daß das System als solches bestehen bleibt, sich aber unablässig verändert. Auch hier wieder haben die russischen Formalisten den Weg gewiesen, indem sie den Phänomenen struktualer Dynamik ein sehr lebhaftes Interesse widmeten und auf den

Begriff des *Funktionswandels* stießen. Wenn man Vorhandensein oder Nichtvorhandensein einer literarischen Form oder eines literarischen Themas zu dem oder jenem Zeitpunkt der diachronischen Entwicklung für sich allein konstatiert, so bedeutet das nichts, solange eine synchronische Untersuchung nicht gezeigt hat, welche Funktion dieses Element im System innehat. Ein Element kann überleben, während es seine Funktion wandelt, oder im Gegenteil verschwinden, während es seine Funktion einem anderen überläßt. »Der Mechanismus der literarischen Entwicklung«, sagte Tomachevski, als er den Verlauf formalistischer Forschungen zu diesem Punkt skizzierte, »wurde so nach und nach immer deutlicher. Er stellte sich nicht so sehr als eine Abfolge von Formen dar, die sich gegenseitig ersetzen, denn vielmehr als eine ständige Variation der ästhetischen Funktion von literarischen Verfahrensmustern. Jedes Werk erhält seine Orientierung durch das Verhältnis zum literarischen Milieu, und jedes Element im Verhältnis zum Gesamtwerk. Ein Element, das zu einer bestimmten Epoche seinen ganz bestimmten Wert hatte, verändert seine Funktion in einer anderen Epoche völlig. Die Formen des Grotesken, in der Klassik als Mittel des Komischen angesehen, sind in der Romantik zu Quellen des Tragischen geworden. Im ständigen Wandel der Funktionen manifestiert sich das wahre Leben der Elemente von literarischen Werken.« [...]

Eine so verstandene Literaturgeschichte wird zur Geschichte eines Systems: Die Entwicklung der Funktionen ist das Bedeutsame, nicht die der Elemente, und die Erkenntnis synchroner Beziehungen geht notwendig der von Prozessen voraus. Andererseits aber beschreibt das literarische Bild einer Epoche, wie Jakobson betont, nicht nur eine Schöpfergegenwart, sondern auch eine Kulturgegenwart, somit also ein bestimmtes Gesicht der Vergangenheit, »nicht nur die literarische Produktion eines bestimmten Zeitpunktes, sondern auch jenen Teil der literarischen Tradition, der für diesen Zeitpunkt lebendig oder wiederbeleb-

bar geblieben ist ... Die Auswahl der Klassiker und ihre
Neudeutung durch eine neue Strömung ist ein wesentliches
Problem synchronischer Literaturwissenschaft«; folglich
auch für die strukturale Literaturgeschichte, die nichts weiter tut, als diese aufeinanderfolgenden synchronen Schnitte
in eine diachronische Perspektive zu bringen. In dem Bild
der französischen Klassik haben Homer und Vergil ihren
Platz, nicht aber Dante oder Shakespeare. [...]
   Zu dieser Geschichte von Aufteilungen innerhalb des literarischen Feldes, die bereits ein reichhaltiges Programm
beinhaltet (man bedenke nur, wie eine allgemeine Geschichte der Opposition Prosa/Poesie aussähe, einer Opposition, die grundlegend ist, elementar, konstant, in ihrer
Funktion unwandelbar, in ihren Mitteln aber stets Neuerungen offen), müßte man noch die Geschichte jener viel
weiterreichenden Aufteilung in die Literatur, da Nicht-Lite-
ratur hinzunehmen. Das wäre nicht mehr Literaturgeschichte, sondern eine Geschichte der Beziehungen zwischen Literatur und dem gesamten sozialen Leben: die Geschichte der *Funktion von Literatur.* [...]
Wird die Literatur an dem Tage, da das Buch aufhört, der
hauptsächliche Wissensträger zu sein, ihren Sinn nicht wiederum verändert haben? Vielleicht leben wir auch ganz einfach in den letzten Tagen des Buches. Dieses noch unabge-
schlossene Geschehen sollte uns vergangenen Episoden gegenüber aufmerksamer werden lassen. Wir können nicht für
alle Zeiten von Literatur sprechen, als sei ihre Existenz
selbstverständlich, als hätte ihr Verhältnis zur Welt und zu
den Menschen sich niemals zuvor geändert. [...] Schenkt
man Augustin (*Confessiones*, Liber VI,3) Glauben, so hat
sein Lehrer Ambrosius als erster Mensch in der Antike mit
den Augen gelesen, ohne den Text laut zu sprechen. Wahre
Geschichte besteht aus solchen großen Augenblicken des
Schweigens. Und der Wert einer Methode beruht vielleicht
auf ihrer Fähigkeit, in jedem Schweigen eine Frage aufzudecken.   (83–86)

ROLAND BARTHES

Die strukturalistische Tätigkeit

Was ist der Strukturalismus? Er ist keine Schule, nicht einmal eine Bewegung (zumindest noch nicht), denn die Mehrzahl der Autoren, die gemeinhin mit diesem Wort in Zusammenhang gebracht werden, fühlt sich keineswegs durch eine Solidarität der Doktrin oder des Kampfes verbunden. Er ist kaum eine Terminologie: *Struktur*, ein alter Begriff aus der Anatomie und der Linguistik, ist heute schon sehr abgegriffen; alle Sozialwissenschaften bedienen sich seiner, und niemand wird durch den Gebrauch dieses Wortes charakterisiert, so sehr auch über den Inhalt, den man ihm gibt, gestritten werden mag. Kaum relevanter sind *Funktion*, *Form*, *Zeichen* und *Bedeutung*; es sind heute allgemein gebräuchliche Wörter, von denen man alles verlangt und alles erhält, was man nur will, insbesondere die Kaschierung des alten deterministischen Schemas von Ursache und Wirkung. Wahrscheinlich muß man zurückkehren zu Begriffspaaren wie *Signifikat-Signifikant* und *Synchronie-Diachronie*, um sich dem zu nähern, was den Strukturalismus von anderen Denkweisen unterscheidet; zu dem ersten, weil es auf das linguistische, von Saussure stammende Modell verweist, und weil die Linguistik, neben der Ökonomie, gegenwärtig *die* Wissenschaft von der Struktur ist; und noch entschiedener zu dem zweiten, weil es offenbar eine gewisse Revision des Geschichtsbegriffs impliziert, insofern Idee der *Synchronie* (obschon bei Saussure ein vor allem operativer Begriff) für ein gewisses Stillstehen der Zeit bürgt, und weil die Idee der *Diachronie* darauf abzielt, den historischen Prozeß als bloße Aufeinanderfolge von Formen darzustellen; diese beiden Begriffe sind deshalb besonders distinktiv, weil es heute wirklich den Anschein hat, als komme der Hauptwiderstand gegen den Strukturalismus aus marxistischer Richtung und kreise um den Begriff der Geschichte, nicht um den der Struktur; wie dem auch sei, wahrscheinlich ist es die ernsthafte Hinwendung zur Wortbedeutung (und nicht zum Wort selbst, das paradoxerweise durchaus nicht distinktiv ist), in der man letztlich das Kennzeichen des Strukturalismus zu sehen hat: man achte darauf, wer *Signifikat* und *Signifikant*, *Synchronie* und *Diachronie* gebraucht, und man wird wissen, ob die strukturalistische Einstellung gegeben ist.

Dies gilt für die intellektuelle Metasprache, die sich methodologischer Begriffe bedient. Da jedoch der Strukturalismus weder eine Schule noch eine Bewegung ist, gibt es keinen Grund, ihn *a priori* auf das wissenschaftliche Denken zu beschränken. Man sollte lieber versuchen, ihn auf einem anderen Niveau als dem der reflektierenden Sprache so umfassend wie möglich zu beschreiben (wo nicht zu definieren). Es ist in der Tat anzunehmen, daß es Schriftsteller, Maler und Musiker gibt, in deren Augen das *Praktizieren* der Struktur (und nicht nur der Gedanke an sie) eine distinktive Erfahrung darstellt, und daß man Analytiker wie Schöpfer unter das gemeinsame Zeichen dessen stellen muß, was man den *strukturalen Menschen* nennen könnte, der nicht durch seine Ideen oder seine Sprache definiert wird, sondern durch seine Imagination oder noch besser durch sein *Imaginäres*, also durch die Art, wie er die Struktur geistig erlebt.

Der Strukturalismus ist demnach für *alle* seine Nutznießer im wesentlichen eine *Tätigkeit*, das heißt die geregelte Aufeinanderfolge einer bestimmten Anzahl geistiger Operationen: man könnte von strukturalistischer Tätigkeit sprechen, wie man von surrealistischer Tätigkeit gesprochen hat (und vielleicht hat der Surrealismus die erste Erfahrung struktualer Literatur hervorgebracht; man müßte einmal darauf zurückkommen). Doch bevor wir untersuchen, was dies für Operationen sind, muß ein Wort über ihr Ziel gesagt werden.

Das Ziel jeder strukturalistischen Tätigkeit, sei sie nun

reflexiv oder poetisch, besteht darin, ein »Objekt« derart zu rekonstituieren, daß in dieser Rekonstitution zutage tritt, nach welchen Regeln es funktioniert (welches seine »Funktionen« sind). Die Struktur ist in Wahrheit also nur ein *simulacrum* des Objekts, aber ein gezieltes, »interessiertes« Simulacrum, da das imitierte Objekt etwas zum Vorschein bringt, das im natürlichen Objekt unsichtbar oder, wenn man lieber will, unverständlich blieb. Der strukturale Mensch nimmt das Gegebene, zerlegt es, setzt es wieder zusammen; das ist scheinbar wenig (und veranlaßt manche Leute zu der Behauptung, die strukturalistische Arbeit sei »unbedeutend, uninteressant, unnütz« usw.). Und doch ist dieses Wenige, von einem anderen Standpunkt aus gesehen, entscheidend; denn zwischen den beiden Objekten, oder zwischen den beiden Momenten strukturalistischer Tätigkeit, bildet sich *etwas Neues*, und dieses Neue ist nichts Geringeres als das allgemein Intelligible: das Simulacrum, das ist der dem Objekt hinzugefügte Intellekt, und dieser Zusatz hat insofern einen anthropologischen Wert, als er der Mensch selbst ist, seine Geschichte, seine Situation, seine Freiheit und der Widerstand, den die Natur seinem Geist entgegensetzt.

Man sieht also, warum von strukturalistischer Tätigkeit gesprochen werden muß: Schöpfung oder Reflexion sind hier nicht originalgetreuer »Abdruck« der Welt, sondern wirkliche Erzeugung einer Welt, die der ersten ähnelt, sie aber nicht kopieren, sondern verständlich machen will. Man kann also sagen, der Strukturalismus sei im wesentlichen eine Tätigkeit der Nachahmung, und insofern gibt es streng genommen keinerlei *technischen Unterschied* zwischen wissenschaftlichem Strukturalismus einerseits und der Kunst andererseits, im besonderen der Literatur: beide unterstehen einer *Mimesis*, die nicht auf der Analogie der Substanzen gründet (wie in der sogenannten realistischen Kunst), sondern auf der der Funktionen (was Lévi-Strauss *Homologie* nennt). Wenn Trubetzkoj das phonetische Objekt in Gestalt eines Variationssystems rekonstruiert; wenn Georges

Dumézil eine funktionelle Mythologie erarbeitet; wenn
Propp ein Volksmärchen konstruiert, das mittels Struktu-
ration aus sämtlichen slawischen Märchen, die er zuvor
zerlegt hat, hervorgeht; wenn Claude Lévi-Strauss den
homologischen Prozeß des totemistischen Imaginären,
C.-G. Granger die formalen Regeln des ökonomischen
Denkens oder J.-C. Gardin die relevanten Eigenschaften
prähistorischer Bronzen entdeckt; wenn J.-P. Richard das
Mallarmésche Gedicht in seine distinktiven Schwingungen
zerlegt: so tun sie nichts anderes, als was Mondrian, Boulez
oder Butor tun, wenn sie, durch die geregelte Darstellung
bestimmter Einheiten und bestimmter Assoziationen dieser
Einheiten, ein bestimmtes Objekt arrangieren, eben jenes,
das man *Komposition* nennt. Ob nun das Objekt, das der
strukturalistischen Arbeit unterworfen wird, bereits als ein
komplexes vorliegt (wie im Fall der strukturalen Analyse
einer Sprache, einer Gesellschaft oder eines konstituierten
Werkes) oder noch diffus ist (wie im Fall der strukturalen
»Komposition«); ob man dieses Objekt der sozialen Wirklichkeit oder der imaginären Wirklichkeit entnimmt, tut
wenig zur Sache: nicht durch die Natur des kopierten Objekts wird eine Kunst definiert (ein hartnäckiges Vorurteil
jedes Realismus), sondern durch das, was der Mensch,
indem er es rekonstituiert, hinzufügt: die Technik ist das
Wesen jeder Schöpfung. Sofern also die Ziele der strukturalistischen Tätigkeit untrennbar an eine bestimmte Technik
gebunden sind, existiert der Strukturalismus auf eine im
Verhältnis zu anderen Arten der Analyse oder der Schöpfung distinktive Weise: das Objekt wird neu zusammenge-
setzt, um Funktionen in Erscheinung treten zu lassen, und
das ist, wenn man so sagen darf, der Weg, der das Werk hervorbringt; aus diesem Grund sollte man nicht von strukturalistischen Werken sprechen, sondern von strukturalistischer Tätigkeit.

Die strukturalistische Tätigkeit umfaßt zwei typische
Operationen: Zerlegung und Arrangement. Indem man das

erste Objekt zerlegt, findet man in ihm lose Fragmente, deren winzige Differenzen untereinander eine bestimmte Bedeutung hervorbringen; das Fragment an sich hat keine Bedeutung, ist aber so beschaffen, daß die geringste Veränderung, die man an seiner Lage und Gestalt vornimmt, eine Änderung des Ganzen bewirkt; ein *Viereck* von Mondrian, eine *Reihe* von Pousseur, eine *Zeile* in Butors *Mobile*, das »Mythem« bei Lévi-Strauss, das *Phonem* der Phonologen, das »Thema« dieses oder jenes Literaturkritikers: all diese Einheiten (was immer ihre im einzelnen sehr verschiedene innere Struktur und Ausdehnung sein mag) haben eine signifikative Existenz einzig durch ihre Grenzen: sowohl durch diejenigen, durch die sie von den anderen *aktuellen* Einheiten getrennt werden (das jedoch ist ein Problem des Arrangements), als auch durch diejenigen, durch die sie sich von anderen *möglichen* Einheiten, mit denen sie eine bestimmte Klasse bilden, unterscheiden. Die Linguisten sprechen im letzten Fall vom *Paradigma*; dieser Begriff scheint wesentlich zu sein für das Verständnis der strukturalistischen Einstellung: das Paradigma ist ein Vorrat von Objekten (Einheiten), so begrenzt wie nur möglich, aus dem man, durch einen Akt des Nennens, dasjenige Objekt (oder die Einheit) herausholt, das man mit einer aktuellen Bedeutung versehen will; das paradigmatische Objekt wird dadurch charakterisiert, daß es zu den anderen Objekten seiner Klasse in einer bestimmten Beziehung der Affinität und Verschiedenartigkeit steht: zwei Einheiten eines Paradigmas müssen sich in einigem gleichen, damit die Verschiedenheit, die sie trennt, Evidenz gewinnen kann: *s* und *z* müssen zugleich eine gemeinsame Eigenschaft (ihre Dentalität) und eine distinktive Eigenschaft (das Vorhandensein oder Fehlen von Sonorität) besitzen, damit wir im Französischen dem Wort *poisson* (Fisch) nicht dieselbe Bedeutung geben wie *poison* (Gift); die Vierecke von Mondrian müssen durch ihre viereckige Form affinitär und zugleich durch Proportion und Farbe unterschieden sein; die amerikanischen

Automobile (in Butors *Mobile*) müssen unaufhörlich auf
die gleiche Weise inspiziert werden, jedoch stets durch
Marke und Farbe differieren; die Episoden der Ödipus-Sage
(in der Analyse von Lévi-Strauss) müssen zugleich identisch
und verschieden sein, damit sie, wie alle diese Werke, verständlich werden. Die Operation des Zerlegens erzeugt somit einen ersten zersplitterten Zustand des Simulacrums,
doch die Einheiten der Struktur sind durchaus nicht anar-
chisch: bevor sie verteilt und in die Komposition eingeschlossen werden, bildet jede von ihnen zusammen mit dem
ihr zugehörigen möglichen Vorrat einen intelligenten Organismus, der einem obersten bewegenden Prinzip unterworfen ist: dem des kleinsten Unterschiedes.

Den gesetzten Einheiten muß der strukturale Mensch
Assoziationsregeln ablauschen oder zuweisen: das ist die
Tätigkeit des Arrangierens, die der Tätigkeit der Nennung
folgt. Die Syntax der Künste und Analysen ist, wie man
weiß, äußerst vielfältig; was sich jedoch in jedem Werk
strukturalen Entwurfs finden läßt, ist die Unterwerfung unter einen Regelzwang, für den der (fälschlich inkriminierte)
Formalismus viel weniger von Belang ist als die Stabilität;
denn was sich in diesem zweiten Stadium der strukturalistischen Tätigkeit abspielt, ist eine Art Kampf gegen den Zufall; deshalb haben die Rekurrenszwänge der Einheiten einen fast demiurgischen Wert: durch die regelmäßige Wiederkehr der Einheiten und Assoziationen von Einheiten
kommt das Werk als konstruiertes zum Vorschein, das heißt
mit Bedeutung versehen; die Linguisten nennen diese Kom-
binationsregeln *Formen*, und es wäre ratsam, diesen strengen Gebrauch eines so abgenutzten Wortes beizubehalten:
die *Form*, wurde gesagt, ist das, was der Kontiguität der
Einheiten gestattet, nicht als bloßes Zufallsergebnis in Erscheinung zu treten: das Kunstwerk ist, was der Mensch
dem Zufall entreißt. Und das macht vielleicht verständlich,
warum die sogenannten nichtgegenständlichen Werke dennoch im höchsten Grad Werke sind: weil das menschliche

Denken sich nicht in der Analogie von Kopie und Modell ausdrückt, sondern in der Genauigkeit der Anordnungen; und andererseits, warum diese Werke denen, die keinerlei *Form* in ihnen entdecken, zufällig und eben darum unnütz erscheinen.

Das derart errichtete Simulacrum gibt die Welt nicht so wieder, wie es sie aufgegriffen hat, und darin gründet die Bedeutung des Strukturalismus. Zunächst offenbart er eine neue Kategorie des Objekts, die weder das Reale noch das Rationelle ist, sondern das *Funktionelle*; er trifft hierin mit einem ganzen Wissenschaftskomplex zusammen, der sich im Augenblick im Umkreis der Informationstheorie entwickelt. Außerdem und vor allem beleuchtet er den spezifisch menschlichen Prozeß, durch den die Menschen den Dingen Bedeutung geben. Ist das neu? Bis zu einem gewissen Grad. Freilich hat die Welt seit je unermüdlich nach der Bedeutung dessen gesucht, was ihr gegeben ist und was sie erzeugt; neu ist ein Gedanke (oder eine »Poetik«), der weniger versucht, den Objekten, die er entdeckt, Bedeutungen zuzuweisen, als vielmehr zu erkennen, wodurch die Bedeutung möglich ist, zu welchem Preis und auf welchem Weg. Man könnte sogar sagen, daß das Objekt des Strukturalismus nicht der mit bestimmten Bedeutungen bedachte, sondern der Bedeutungen erzeugende Mensch ist, so als würden die semantischen Ziele – die Ziele der Menschheit – nicht etwa durch den Inhalt der Bedeutungen ausgeschöpft, sondern einzig durch den Akt, der jene Bedeutungen – geschichtliche und kontingente Variablen – erzeugt. *Homo significans*: das wäre der neue Mensch der strukturalen Forschung.

Wie Hegel sagte, staunte der alte Grieche über das *Natürliche* in der Natur; er lieh ihr unablässig sein Ohr, er fragte nach der Bedeutung der Quellen, der Berge, der Wälder, der Gewitter; ohne zu wissen, was alle diese Dinge ihm namentlich sagten, nahm er in der vegetabilischen oder kosmischen Ordnung einen ungeheuren Schauer der Bedeutung

wahr, dem er den Namen eines Gottes gab: Pan. Seither hat
die Natur sich gewandelt, sie ist gesellschaftlich geworden:
alles was dem Menschen gegeben ist, ist auch schon menschlich, bis hin zum Wald und zum Fluß, den wir auf unseren
Reisen durchqueren. Doch dieser gesellschaftlichen Natur,
die ganz einfach die Kultur ist, steht der strukturale Mensch
nicht anders gegenüber als der alte Grieche: auch er leiht
sein Ohr dem Natürlichen in der Kultur und nimmt unablässig in ihr nicht so sehr feststehende, endgültige, »wahre«
Bedeutungen als vielmehr den Schauer einer ungeheuren
Maschine wahr, nämlich der Menschheit, die unermüdlich
an der Schöpfung von Bedeutung arbeitet, ohne die sie nicht
mehr menschlich wäre. Und weil dieses Herstellen von Bedeutung in seinen Augen wesentlicher ist als die Bedeutung
selbst, weil die Funktion weiter reicht als die Werke, macht
sich der Strukturalismus zur Tätigkeit und stellt die Erschaffung des Werks und das Werk selber in ein und dieselbe Identität: eine serielle Komposition oder eine Analyse
von Lévi-Strauss sind nur insofern Objekte, als sie *gemacht*
worden sind: ihr gegenwärtiges Sein *ist* ihr vergangener
Akt: sie sind *Gemachtwordenes*; der Künstler, der Analytiker legt den Weg der Bedeutung noch einmal zurück, er
braucht ihn nicht zu bezeichnen: seine Funktion, um Hegels
Beispiel aufzugreifen, ist eine *Manteia*; gleich dem antiken
Seher *sagt* er den Ort der Bedeutung, aber nennt ihn nicht.
Und weil insbesondere die Literatur eine Mantik ist, ist sie
zugleich intelligibel und fragend, sprechend und stumm, en-
gagiert an die Welt durch den Weg der Bedeutung, den sie
mit ihr nochmals zurücklegt, aber degagiert von den kon-
tingenten Bedeutungen, die die Welt hervorbringt: Antwort
für den, der sie konsumiert, und dennoch stets Frage an die
Natur; Antwort die fragt, und Frage die antwortet.

Wie also könnte der strukturale Mensch die Anklage des
Irrationalismus hinnehmen, die zuweilen gegen ihn erhoben wird? Sind denn die Formen nicht in der Welt, sind
denn die Formen nicht verantwortlich? War das Revolutio-

näre bei Brecht wirklich der Marxismus? War es nicht vielmehr der Entschluß, den Marxismus an den Standort eines Bühnenscheinwerfers, die Zerschlissenheit eines Kostüms zu binden? Der Strukturalismus entzieht der Welt nicht die Geschichte: er versucht, die Geschichte nicht nur an Inhalte zu binden (das ist tausendfach getan worden), sondern auch an Formen; nicht nur an das Materielle, sondern auch an das Intelligible; nicht nur an das Ideologische, sondern auch an das Ästhetische. Und eben weil jeder Gedanke über das geschichtliche Intelligible auch ein Beitrag zu diesem Intelligiblen ist, liegt dem strukturalen Menschen wenig daran, ob er dauert: er weiß, daß auch der Strukturalismus eine bestimmte *Form* der Welt ist, die sich mit der Welt ändern wird; und so wie er seine Gültigkeit (nicht seine Wahrheit) in der Fähigkeit sieht, die alten Sprachen der Welt auf neue Weise zu sprechen, weiß er auch, daß, sobald aus der Geschichte eine neue Sprache auftauchen wird, die nun ihrerseits *ihn* spricht, seine Aufgabe beendet ist.

VI

Diskursanalyse und New Historicism

Einleitung

Der Begriff Diskurs hat verschiedene historische Wandlungen erfahren. Linguisten und Historiker verwenden ihn ebenso wie Soziologen und Psychologen; in die Politik- und Literaturwissenschaft hat er Eingang gefunden, aber auch in Philosophie und Ethnologie; nicht selten divergieren die verschiedenen Verwendungsweisen und Bedeutungen erheblich.

So schwierig es also sein dürfte, eine umfassende *und* präzise Definition des Diskurs-Begriffs zu finden, ist er doch darum keineswegs obsolet. Mit ihm verbinden sich bestimmte wissenschaftliche Anliegen und Erkenntnisinteressen, die im 20. Jahrhundert zu bedeutenden Veränderungen von Fragestellung und Forschungspraxis in vielen Geistes- und Gesellschaftswissenschaften geführt haben.

Die ersten Versuche, ›Diskurse‹ zu beschreiben, gehen auf die Linguistik und die Ethnologie bzw. auf deren fruchtbare Zusammenarbeit zurück. Die Linguistik ging über die Analyse der kleinen Einheit ›Satz‹ hinaus und versuchte, größere sprachliche Zusammenhänge zu beschreiben. Dabei wird nicht mehr nach grammatischen Verfahren gefragt, sondern nach der rhetorischen Organisation, den ›Operationen‹ von Texten. Die Ethno- bzw. Anthropologie versuchte dagegen, Texte, besonders Mythen und Märchen, auf einfache, immer wiederkehrende Strukturen hin zu befragen und so spezifische Elemente eines mythischen ›Diskurses‹ zu beschreiben. Diese frühen strukturalistischen

Arbeiten beschränken sich auf textinterne Beschreibungsverfahren.

In den sechziger und siebziger Jahren wurden diese Versuche kritisch wieder aufgenommen. Insbesondere der französische Philosoph und Ideenhistoriker Michel Foucault
initiierte eine Form der literaturwissenschaftlichen und historischen Diskursanalyse, deren Interesse gerade den textübergreifenden Strukturen gilt. Als Diskurse galten nun
›Redeweisen‹, sprachliche ›out-fits‹ von sozialen Klassen
und Berufsständen, Generationen, Epochen, literarischen
Gattungen, wissenschaftlichen Disziplinen und spezifischen
sozialen oder kulturellen Milieus. Zudem wird betont, daß
es nicht nur sprachliche Formen – mündliche oder schriftliche – der Bedeutungszuschreibung gibt, sondern auch noch
andere, ähnlich funktionierende Zeichensysteme kultureller
Symbolisationen. So können architektonische Grundformen ebenso interessieren wie Bestattungsriten oder Kleider-
moden. Wenn von diskursiver Praxis oder von diskursiven
Formationen die Rede ist, ist damit der Komplex einer bestimmten ›Redeweise‹ und ihren institutionellen Bedingungen, die Art und Weise der Medialisierung und der Zusammenhang von Kenntnissen und Wissen innerhalb eines bestimmten historischen Zeitraums gemeint. Untersucht und
beschrieben werden auf diese Weise z. B. der medizinische
Diskurs des 19. Jahrhunderts oder der juristische der Zwi-
schenkriegszeit. Dabei unterscheiden sich verschiedene Ansätze: einmal diejenigen, die – in Nachfolge Foucaults bzw.
seiner Werke über Verbrechen, Wahnsinn, Krankheit und
Sexualität in der Gesellschaft – jeweils bestimmte Diskurse
beschreiben und sie durch *verschiedene* historische Epochen
hindurch verfolgen; und dann diejenigen, die die verschiedenen gleichzeitigen Diskurse *einer* Epoche und ihre wech-
selseitige Abhängigkeit und Vernetzung untersuchen. In seinem Buch *Die Ordnung der Dinge* unternimmt Foucault einen solchen Versuch, aus dem Zusammenspiel verschiedener
gleichzeitiger Diskurse Epochenprofile zu gewinnen.

Innerhalb der Diskurstheorie bleibt umstritten, wie sich ein *literarischer* Diskurs charakterisieren ließe und in welchem Verhältnis er zu anderen Diskursen zu sehen wäre. Der literarische Diskurs zeichnet sich dadurch aus, daß er alle anderen Diskurse in sich aufnehmen kann und in spezifischer Form immer eine Verarbeitung, Umstellung und Neubestimmung zeitgenössischer oder historischer Diskurse zu sein scheint. Welche Bedeutung der ästhetischen Dimension im literarischen Diskurs zukommt, ist in letzter Zeit wieder verstärkt diskutiert worden.

Die Diskursanalyse hat insbesondere in allen historischen Wissenschaften nicht nur den Blick auf neues Material gelenkt – und dabei auch vom Erbe der französischen »Annales«-Schule profitiert –, sondern auch die Ordnung dieses Materials nach anderen Kriterien so gestaltet, daß neue Interpretationen entstanden. Die Diskursanalyse ist *nicht* interessiert an einzelnen Ereignissen oder deren kausaler Abhängigkeit, beschäftigt sich *nicht* mit handelnden, sprechenden oder schreibenden Individuen und den Folgen solcher Handlungen, sondern versucht, statt auf das besondere Einzelne zu achten, die Mechanismen und Strukturen des Zusammenspiels zu erhellen. Dabei wird meist nach Leitdifferenzen gesucht. Diskurse profilieren sich als »wahr« gegenüber dem »Falschen«, versuchen festzulegen, was unter »gesund« bzw. unter »krank« verstanden wird, was als »vernünftig« und was als »verrückt« gilt. Im Kontext solcher, je nach Ort und Zeit oft sehr verschiedener Seh- und Denk- und Redesysteme haben die einzelnen Daten der Ereignisgeschichte, d. h. also z. B. Kriege und Revolutionen, einen ganz anderen Stellenwert als im Rahmen herkömmlicher Geschichtsschreibung. Dabei wird deutlich, daß sich diskursanalytische Positionen gegen Formen der idealistisch-historischen Geschichtsschreibung und gegen bestimmte Positionen einer ›romantischen‹ Hermeneutik ausbilden. Das emphatische, autonome, selbstbewußte und handelnde Subjekt, sei es ein Autor, ein Revolutionär oder

ein Feldherr, gilt nicht mehr als Protagonist historischer Formationen. Vielmehr verweist die Diskursanalyse auf die vielfältig vernetzten Prozesse, auf Machtkonstellationen und
Ordnungssysteme innerhalb derer bzw. gegen die sich Gegenstände, Werke und Ereignisse profilieren. Während die
philosophische Kritik des 20. Jahrhunderts sich eher gegen
metaphysische Konstruktionen richtet, geht es in der ge-
schichtstheoretischen Reflexion mehr darum, alle versteckt
eschatologischen und teleologischen Vorstellungen zu vermeiden und auch geschichtsphilosophische Konzepte – wie
z. B. die eines ewigen Kreislaufs, einer stetigen Dekadenz
oder einer allmählichen Perfektionierung – zu unterlaufen.

In der diskursanalytisch geprägten Literaturwissenschaft
wurde mit dem Abschied von einem emphatischen Subjekt-
begriff v. a. die Vorstellung vom Werk als Ganzheit bzw. als
konsistentem Zusammenhang in Frage gestellt, ebenso die
herausragende Bedeutung der Zuordnung von Texten zu ihrem Autor. Der selbstverständliche Zusammenhang zwischen Autor und einem von ihm mit bestimmtem Ziel und
Zweck, mit Interessen und Formwillen geschaffenen Werk
wurde in Zweifel gezogen. Polemisch war vom Tod des Autors die Rede, und Foucault stellte provokativ die Frage,
was ein Autor überhaupt sei. Es ist nichts Neues, dem Autor die Autorität der Interpretation der eigenen Werke abzusprechen. Konsequenzen solcher radikaler Überlegungen
sind Literaturgeschichten mit neuen Einteilungskriterien,
wären auch Bibliotheken mit anderen Katalogsystemen etc.
Umgekehrt wird so auch klar, warum die Diskursanalyse
sich so stark für – insbesondere historisch oder ethnologisch
differente – Ordnungssysteme interessiert. Die Radikalität,
mit der Foucault am Beispiel der Autorschaft vorexerziert,
was es bedeutet, die Macht des Schöpferischen, die Autonomie des Individuums und die Gewißheit der Selbst- und
Naturbeherrschung in Frage zu stellen, ist außergewöhnlich. Damit wird klarer, wie sehr die Kriterien, nach denen
Wissen gesammelt und geordnet, die Muster, nach denen

Geschichten erzählt und die Pläne, nach denen gebaut wird, Hinweise sind auf die Organisation von Denken, Arbeiten und Herrschen in einer bestimmten Zeit und in einer bestimmten Gesellschaft.

Ein kontrovers diskutierter Punkt im Rahmen der Diskursanalyse ist das Verhältnis von Diskurs und Macht. Wenn Diskurse nach dem Prinzip der Aus- und Einschließung operieren, also z. B. nach krank/gesund, normal/verrückt, gerecht/ungerecht, wahr/falsch, männlich/weiblich differenzieren, ist das Ausgeschlossene nicht einfach neutral anderes, sondern das, was diffamiert und isoliert wird. Diskurs wäre somit Manifestation von Macht. Eine solche Position findet sich in den frühen Arbeiten von Foucault, z. B. in *Wahnsinn und Gesellschaft*. Die Dichotomie von unterdrückendem Machtdiskurs und unterdrücktem ohnmächtigem ›Gemurmel‹ fordert allerdings eine politische und moralische Stellungnahme. Die Identifikation des Unterdrückten mit dem Positiven, ja dem Guten und Wertvollen scheint durch die Beschreibung bereits vorgegeben. Foucault versucht, diesen Problemen mit einer Korrektur seines Machtbegriffs zu begegnen. Er bezieht sich dabei insbesondere auf Nietzsche und entwirft dann in seinem letzten Werk, *Sexualität und Wahrheit*, einen auf hellenistischen Konzeptionen beruhenden Begriff von Macht, verstanden auch als Selbstbemächtigung. Die Debatte um Machtkonzepte ist in gleichem Maß eine philosophische Auseinandersetzung wie auch Teil der politischen Diskussion der nachachtundsechziger Jahre in Frankreich.

So stark meist die Absetzung von hermeneutischen und kulturhistorischen bzw. ideengeschichtlichen Positionen betont wird, lassen sich doch gewisse Überschneidungen nicht übersehen. Hans Blumenberg gilt nicht als Vertreter einer Diskurstheorie und würde sich wohl auch selbst nicht so bezeichnet haben. Mit seinen *Paradigmen zu einer Metaphorologie* versucht er allerdings genau das, was in anderen Kontexten als Beschreibung des philosophischen Diskurses

bezeichnet wurde. Es handelt sich hierbei nicht vornehmlich um eine historische Analyse der *Themen* philosophischer Rede, sondern um die Beschreibung des Zusammenhangs von Redeweisen, d. h. untersucht werden rhetorische
Organisation, Themenbereiche und Wahrheitsanspruch.
Die Kritik der Diskurstheorien an der Trennung von Form
und Inhalt, ihre Absicht, nie von der *Redeweise* zu abstrahieren und keinen irgendwie gearteten ›Sinn‹ vor oder hinter seiner sprachlichen Artikulation zu vermuten, teilt Blumenberg in seinem Aufsatz.

Anders als Blumenberg stellen sich neuere, insbesondere
amerikanische Tendenzen in den Literatur- und Geschichts-
wissenschaften wieder ausdrücklich in die Tradition der
Diskursanalyse und beziehen sich insbesondere auf die
Schriften Foucaults. Der sogenannte New Historicism bemüht sich seit den achtziger Jahren in Abgrenzung von der
amerikanischen Dekonstruktion um neue Formen der Ge-
schichts- insbesondere der Literaturgeschichtsschreibung.
Literarische Texte sollen im historischen Kontext so veror-
tet werden, daß gerade der Austausch zwischen Geschichte
und ›Geschichten‹ und dessen verschiedene Mechanismen
deutlich werden. Literatur ist weder Widerspiegelung noch
Ergänzung von Wirklichkeit, sondern einbezogen in einen
komplexen Vorgang gegenseitiger Bestimmung, Transformation und Beeinflussung. Die Aneignung sozialer Praktiken und ihre spezifische Transformation durch die Kunst
nennt Stephen Greenblatt – einer der Hauptvertreter des
New Historicism – »cultural poetics« (»Kulturpoetik«):
Geschichte wird nicht als ›Hintergrund‹, als eine Ansamm-
lung von Ereignissen gesehen, sondern vorrangig selbst als
Text verhandelt. So werden zur Interpretation von Shakespeares Dramen beispielsweise Berichte aus den Kolonien,
Schriftstücke über Exorzismus und volkstümliche Erzählungen über Transvestitismus herangezogen. Dabei handelt
es sich unter dem Blickwinkel des New Historicism nicht
um exotische Randphänomene; in Anspruch genommen

wird, auf zentrale Grundkonzepte und Themen, die in den verschiedenen Texten verschieden behandelt werden, aufmerksam zu machen.

Die New Historicists sehen sich als kritische Historiker. Sie folgen dabei Foucaults Reflexionen zum Problem der Macht und grenzen sich ab gegenüber Positionen, die eine schematische Einteilung in unterdrückende Macht und Leiden der Unterdrückten vornehmen. Machtphänomene kritisch nicht nur in ihren restriktiven, sondern gerade auch in ihren produktiven Funktionen zu beschreiben, ist das Ziel so angelegter Untersuchungen. Dabei fällt auf, daß in den literaturwissenschaftlichen Arbeiten der New Historicists – anders als bei vielen älteren kulturhistorischen Arbeiten – das besondere Interesse häufig gerade der spezifischen Differenz zwischen literarischen und nichtliterarischen Texten gilt.

Der New Historicism nimmt viele Tendenzen der achtziger Jahre auf und setzt zugleich mit einer Wendung zum Pragmatischen und einer Distanz zu abstrakten Theoriekonzepten bzw. aufwendigen Begriffsapparaten neue Akzente. Im Vordergrund steht weniger die begriffliche Ordnung von Phänomenen, weniger die Reduktion auf Strukturen und Elemente, sondern vielmehr der Versuch, gerade die Vielfältigkeit bzw. Vielstimmigkeit von Texten zu betonen und zu beschreiben. Obwohl auch die New Historicists noch betonen, mit diskurstheoretischen Positionen zu arbeiten, wird deutlich, daß sich die ursprüngliche Bedeutung und Funktion des Diskursbegriffs im Laufe von fünfzig Jahren stark gewandelt hat. Dies illustriert ebenso die Bedeutung des Diskurs-Begriffs als Leitmotiv wichtiger wissenschaftlicher Entwicklungen als auch seine Problematik, die darin besteht, daß er aufgrund der Ausdifferenzierung unterschiedlichster wissenschaftlicher Standpunkte eine eindeutige und verbindliche Definition kaum zuläßt.

D. K.

Literatur

Dijk, T. A. van (Hrsg.): Handbook of Discourse Analyses. 3 Bde. London 1985.

Fohrmann, J. / Miller H. (Hrsg.): Diskurstheorien und Literaturwissenschaft. Frankfurt a. M. 1988.

Greenblatt, S.: Verhandlungen mit Shakespeare. Innenansichten der englischen Renaissance. Berlin 1980.

– Schmutzige Riten. Betrachtungen zwischen Weltbildern. Berlin 1991.

Link, J. / Link-Heer, U.: Diskurs/Interdiskurs und Literaturanalyse. In: Zeitschrift für Literaturwissenschaft und Linguistik 20 (1990) S. 88–100.

Macdonell, D.: Theories of Discourse. An Introduction. Glasgow 1986.

Veeser, H. A. (Hrsg.): The New Historicism. New York / London 1989.

– (Hrsg.): The New Historicism Reader. New York 1994.

MICHEL FOUCAULT

Was ist ein Autor?

Das Thema, das ich mir vorgenommen habe: »Was ist ein Autor?« muß ich wohl vor Ihnen etwas rechtfertigen.

Wenn ich mich dazu entschlossen habe, diese vielleicht ein wenig sonderbare Frage zu behandeln, so geschieht dies zunächst, weil ich da und dort Kritik üben wollte an dem, was mir früher einmal beim Schreiben unterlaufen ist. Und ich wollte auf eine Reihe von Unvorsichtigkeiten zurückkommen, die ich begangen habe. In *Les Mots et les Choses* habe ich versucht, Wortmassen zu untersuchen, in gewisser Weise Diskursschichten, die nicht nach den üblichen Einheiten Buch, Werk, Autor gegliedert sind. Ich sprach allgemein von der »Naturgeschichte« oder der »Analyse des Reichtums« oder von »politischer Ökonomie«, jedoch nicht von Werken und Schriftstellern. Allerdings habe ich durch den ganzen Text hindurch naiv, und das heißt barbarisch, Autorennamen verwendet. (9)

Der Begriff Autor ist der Angelpunkt für die Individualisierung in der Geistes-, Ideen- und Literaturgeschichte, auch in der Philosophie- und Wissenschaftsgeschichte. Selbst wenn man heute die Geschichte eines Begriffs, einer literarischen Gattung oder eines bestimmten Philosophietyps nachzeichnet, glaube ich, betrachtet man diese Einheiten wohl als relativ schwache, zweitrangige und überlagerte Ordnungsprinzipien verglichen mit der ersten, soliden und grundlegenden Einheit: Autor und Werk. (10)

Die Formulierung des Themas, von dem ich ausgehen möchte, übernehme ich von Beckett: »Wen kümmert's, wer spricht, hat jemand gesagt, wen kümmert's, wer spricht.« In dieser Gleichgültigkeit muß man wohl eines der ethischen Grundprinzipien heutigen Schreibens erkennen. Ich sage »ethisch«, denn diese Gleichgültigkeit kennzeichnet nicht eigentlich die Art, wie man spricht oder schreibt; sie ist eher eine Art immanenter Regel, die immer wieder aufgegriffen wird und deren man sich doch nie ganz bedient, ein Prinzip, das das Schreiben nicht als Ergebnis kennzeichnet, sondern es als Praxis beherrscht. Diese Regel ist so bekannt, daß man sie nicht noch lange analysieren muß; es soll hier damit getan sein, sie durch zwei ihrer großen Themen zu spezifizieren. Zunächst läßt sich sagen, daß sich das Schreiben heute vom Thema Ausdruck befreit hat: es ist auf sich selbst bezogen, und doch wird es nicht für eine Form von Innerlichkeit gehalten; es identifiziert sich mit seiner eigenen entfalteten Äußerlichkeit. Dies besagt, daß das Schreiben ein Zeichenspiel ist, das sich weniger nach seinem bedeuteten Inhalt als nach dem Wesen des Bedeutenden richtet; dies besagt aber ebenso, daß man mit dieser Schreibregularität immer wieder von seinen Grenzen her experimentiert; immer übertritt und kehrt es diese Regularität um, die es anerkennt und mit der es spielt. Das Schreiben entwickelt sich wie ein Spiel, das zwangsläufig seine Regeln überschreitet und so nach außen tritt. Im Schreiben geht es nicht um die Bekundung oder um die Lobpreisung des Schreibens als Geste, es handelt sich nicht darum, einen Stoff im Sprechen festzumachen; in Frage steht die Öffnung eines Raumes, in dem das schreibende Subjekt immer wieder verschwindet.

Das zweite Thema ist noch vertrauter; es ist die Verwandtschaft des Schreibens mit dem Tod. Diese Verbindung kehrt ein jahrtausendealtes Thema um; die Erzählung oder das Epos der Griechen war dazu bestimmt, die Unsterblichkeit des Helden zu verewigen, und wenn der Held zustimmte, jung zu sterben, so geschah dies, damit sein geweihtes und durch den Tod erhöhtes Leben in die Unsterblichkeit eingehen konnte; die Erzählung löste den hingenommenen Tod ein. In anderer Weise hatte auch die arabische Erzählung – ich denke an *Tausendundeine Nacht* – das Nichtsterben zur Motivation, zum Thema und zum Vorwand: man sprach, man erzählte bis zum Morgengrauen, um dem Tod auszuweichen, um die Frist hinauszuschieben, die dem Erzähler den Mund schließen sollte. Die Erzählungen Scheherazades sind die verbissene Kehrseite des Mords, sie sind die nächtelange Bemühung, den Tod aus dem Bezirk des Lebens fernzuhalten. Dieses Thema: Erzählen und Schreiben, um den Tod abzuwenden, hat in unserer Kultur eine Metamorphose erfahren; das Schreiben ist heute an das Opfer gebunden, selbst an das Opfer des Lebens; an das freiwillige Auslöschen, das in den Büchern nicht dargestellt werden soll, da es im Leben des Schriftstellers selbst sich vollzieht. Das Werk, das die Aufgabe hatte, unsterblich zu machen, hat das Recht erhalten, zu töten, seinen Autor umzubringen. Denken Sie an Flaubert, Proust, Kafka. Aber da ist noch etwas anderes: die Beziehung des Schreibens zum Tod äußert sich auch in der Verwischung der individuellen Züge des schreibenden Subjekts. Mit Hilfe all der Hindernisse, die das schreibende Subjekt zwischen sich und dem errichtet, was es schreibt, lenkt es alle Zeichen von seiner eigenen Individualität ab; das Kennzeichen des Schriftstellers ist nur noch die Einmaligkeit seiner Abwesenheit; er muß die Rolle des Toten im Schreib-Spiel übernehmen. All das ist bekannt; und schon seit geraumer Zeit haben Kritik und Philosophie von diesem Verschwinden oder diesem Tod des Autors Kenntnis genommen.

Ich bin jedoch nicht sicher, ob man auch rigoros alle notwendigen Konsequenzen aus dieser Feststellung gezogen und ob man das Ereignis in seiner Tragweite ganz erkannt hat. Genauer gesagt, es scheint mir, daß eine Reihe von Begriffen, die heute das Privileg des Autors ersetzen sollen, es eigentlich blockieren und das umgehen, was im Grunde ausgeräumt sein sollte. Ich nehme einfach zwei von diesen Begriffen heraus, die meiner Meinung nach heute ganz besonders wichtig sind.

Zunächst der Begriff Werk. Man sagt ja (und das ist eine weitere sehr bekannte These), daß das Besondere der Kritik nicht darin bestehe, die Beziehungen zwischen Werk und

Autor aufzudecken oder mit Hilfe der Texte, Denken oder Erfahrung zu rekonstruieren; die Kritik soll vielmehr das Werk in seiner Struktur analysieren, in seinem Bau, in seiner inneren Form und im Wechselspiel seiner inneren Beziehungen. Nun muß man aber gleich eine Frage stellen: »Was ist ein Werk?« was ist das für eine komische Einheit, die man mit dem Namen Werk bezeichnet? aus welchen Elementen besteht es? ist ein Werk nicht das, was der geschrieben hat, der Autor ist? Man sieht Schwierigkeiten auftauchen. Wenn nicht ein Individuum Autor wäre, könnte man dann sagen, daß das, was es geschrieben oder gesagt hat, das, was es in seinen Papieren hinterlassen hat, das, was man aus seinen Äußerungen anführen kann, »Werk« genannt werden könnte? Wäre also Sade kein Autor, was wären dann seine Papiere? Papierrollen, auf denen er während seiner Gefängnistage endlos seine Wahnvorstellungen entrollte.   (10–13)

Als Leeraussage zu wiederholen, daß der Autor verschwunden ist, reicht aber offenbar nicht aus. Ebenso reicht es nicht aus, endlos zu wiederholen, daß Gott und Mensch eines gemeinsamen Todes gestorben sind. Was man tun müßte, wäre, den durch das Verschwinden des Autors freigewordenen Raum ausfindig zu machen, der Verteilung der Lücken und Risse nachzugehen und die freien Stellen und Funktionen, die dieses Verschwinden sichtbar macht, auszukundschaften.

Ich möchte Ihnen zunächst in wenigen Worten eine Vorstellung von den Problemen geben, die mit dem Gebrauch des Autornamens verbunden sind. Was ist ein Autorname? Und wie funktioniert er? Ich bin weit davon entfernt, Ihnen eine Lösung anbieten zu können, sondern ich will nur auf einige der Schwierigkeiten hinweisen, die er aufwirft.

Der Autorname ist ein Eigenname; er stellt die gleichen Probleme wie dieser. (Ich beziehe mich unter anderem auf die Untersuchungen von Searle.) Es ist offenbar nicht möglich, aus dem Eigennamen einfach einen Verweis zu machen. Der Eigenname (und der Autorname ebenso) haben nicht nur hinweisende Funktionen. Er ist mehr als ein Hinweis, eine Geste, ein Fingerzeig; in gewisser Weise ist er das Äquivalent für eine Beschreibung. Sagt man »Aristoteles«, so verwendet man ein Wort, das Äquivalent für eine Beschreibung oder eine Reihe von Beschreibungen ist, etwa von der Art: »Der Autor der *Analytischen Schriften*« oder der »Begründer der Ontologie«, usw.   (15)

Wenn ich zum Beispiel [...] entdecke, daß Shakespeare nicht in dem Haus geboren wurde, das man heute als Shakespearehaus besucht, so ist das eine Modifizierung, die das Funktionieren des Autornamens nicht ungünstig beeinflußt; aber wenn man bewiese, daß Shakespeare nicht die *Sonette* geschrieben hat, die man für die seinen hält, so wäre das eine Veränderung anderer Art: sie zieht das Funktionieren des Autornamens in Mitleidenschaft. Und wenn man bewiese, daß Shakespeare das *Organon* von Bacon geschrieben hat, einfach weil der Autor der Werke Bacons und der Shakespeares der gleiche ist, so wäre das ein dritter Typ von Veränderung, der das Funktionieren des Autornamens gänzlich modifizierte. Der Autorname ist also nicht unbedingt ein Eigenname wie alle anderen. [...]

Ganz andere Fakten signalisieren die paradoxe Einmaligkeit des Autornamens. Es ist keineswegs gleich, ob ich sage, daß es Pierre Dupont nicht gibt oder ob ich sage, daß es Homer oder Hermes Trismegistos nicht gab; im einen Fall will man sagen, daß niemand den Namen Pierre Dupont trägt; im anderen, daß mehrere mit dem gleichen Namen verwechselt wurden oder daß der wirkliche Autor keinen der Züge trägt, die man herkömmlicherweise mit Homer oder mit Hermes verbindet. Es ist auch nicht gleich, ob ich sage, daß Pierre Dupont nicht der wirkliche Name von X ist sondern Jacques Durand, oder ob ich sage, daß Stendhal Henri Beyle hieß. Man könnte sich auch Gedanken machen über Sinn und Wirkung eines Satzes wie »Bourbaki ist der und der, usw.« und »Victor Eremita, Climacus, Anticlimacus, Frater Taciturnus, Constantin Constantius ist Kierkegaard. (16)

Folglich könnte man sagen, daß es in einer Kultur wie der unseren eine bestimmte Anzahl von Diskursen gibt, die die Funktion »Autor« haben, während andere sie nicht haben. Ein Privatbrief kann einen Schreiber haben, er hat aber keinen Autor; ein Vertrag kann wohl einen Bürgen haben, aber keinen Autor. Ein anonymer Text, den man an einer Hauswand liest, wird einen Verfasser haben, aber keinen Autor. Die Funktion Autor ist also charakteristisch für Existenz-, Verbreitungs- und Funktionsweise bestimmter Diskurse in einer Gesellschaft.

Wir sollten jetzt die Funktion »Autor« untersuchen. Wie bestimmt sich in unserer Kultur ein Diskurs, der Träger der Funktion Autor ist? Worin unterscheidet er sich von anderen Diskursen? Betrachtet man nur den Autor eines Buches oder eines Textes, so glaube ich, daß man ihn an vier verschiedenen Merkmalen erkennen kann.

Zunächst sind sie Aneignungsobjekte; die Eigentumsform, auf der sie beruhen, ist recht eigenartig; sie ist inzwischen seit einer Reihe von Jahren rechtlich fixiert. Angemerkt werden muß, daß dieses Eigentum später kam als das, was man widerrechtliche Aneignung nennen könnte. Texte, Bücher, Reden haben wirkliche Autoren (die sich von mythischen Personen und von den großen geheiligten und heiligenden Figuren unterscheiden) in dem Maße, wie der Autor bestraft werden oder die Reden Gesetze übertreten konnten. Die Rede war am Ursprung unserer Kultur (und wohl auch in anderen) kein Produkt, keine Sache, kein Gut; sie war wesentlich ein Akt – ein Akt, der seinen Platz hatte in der Bipolarität des Heiligen und Profanen, des Erlaubten und Verbotenen, des Religiösen und Blasphemischen. Historisch gesehen war sie eine gefahrenreiche Tat, bevor sie zu einem Gut im Einzugsbereich des Eigentums wurde.

Und als man Eigentumsverhältnisse für Texte schuf, als man Gesetze erließ über Autorenrechte, über die Beziehungen zwischen Autor und Verleger, über Wiedergaberechte usw. – das heißt zwischen Ende des 18. und Anfang des 19. Jahrhunderts – wurde aus der Möglichkeit der Übertretung, die dem Schreibakt eigen war, immer mehr ein der Literatur eigener Imperativ. [...]

Andererseits gilt die Funktion Autor nicht überall und nicht ständig für alle Diskurse. In unserer Kultur haben nicht immer die gleichen Texte einer Zuschreibung bedurft. Es gab eine Zeit, in der die Texte, die wir heute »literarisch« nennen (Berichte, Erzählungen, Epen, Tragödien, Komödien), aufgenommen, verbreitet und gewertet wurden, ohne daß sich die Autorfrage stellte. Ihre Anonymität machte keine Schwierigkeit, ihr echtes oder vermutetes Alter war für sie Garantie genug. Im Gegensatz dazu wurden die Texte, die wir heute wissenschaftlich nennen, über die Kosmologie und den Himmel, die Medizin und die Krankheiten, die Naturwissenschaften oder die Geographie im Mittelalter nur akzeptiert und hatten nur dann Wahrheitswert, wenn sie durch den Namen des Autors gekennzeichnet waren. »Hippokrates sagte«, »Plinius erzählt« waren nicht nur die Formeln eines Autoritätsverweises, sondern die Indizien für Diskurse, die als bewiesen angenommen werden sollten. Zu einer Umkehrung kam es im 17. oder im 18. Jahrhundert [...]. (17–19)

Drittes Merkmal der Funktion Autor. Sie bildet sich nicht so spontan, wie man einen Diskurs einem Autor zuschreibt. Sie ist das Ergebnis einer komplizierten Operation, die ein gewisses Vernunftwesen konstruiert, das man Autor nennt. Zwar versucht man, diesem Vernunftwesen einen realistischen Status zu geben: im Individuum soll es einen »tiefen« Drang geben, schöpferische Kraft, einen »Entwurf«, und das soll der Ursprungsort des Schreibens sein, tatsächlich aber ist das, was man an einem Individuum als Autor bezeichnet (oder das, was aus einem Individuum einen Autor macht) nur die mehr bis minder psychologisierende Projektion der Behandlung, die man Texten angedeihen läßt, der Annäherungen, die man vornimmt, der Merkmale, die man für erheblich hält, der Kontinuitäten, die man zuläßt, oder der Ausschlüsse, die man macht. (20)

Autor ist derjenige, durch den gewisse Ereignisse in einem Werk ebenso wie deren Transformationen erklärt werden können, deren Deformationen, deren verschiedene Modifikationen (und dies durch die Autorbiographie, die Suche nach der individuellen Sichtweise, die Analyse seiner sozialen Zugehörigkeit oder seiner Klassenlage, die Entdeckung seines Grundentwurfs). Der Autor ist ebenso das Prinzip einer gewissen Einheit des Schreibens, da alle Unterschiede mindestens durch Entwicklung, Reifung oder Einfluß reduziert werden. Mit Hilfe des Autors kann man auch Widersprüche lösen, die sich in einer Reihe von Texten finden mögen: es muß da – in einer gewissen Schicht seines Denkens oder seines Wünschens, seines Bewußtseins oder seines Unterbewußtseins – einen Punkt geben, von dem her sich die Widersprüche lösen, an dem sich die unvereinbaren Elemente endlich verketten lassen oder sich um einen tiefen und ursprünglichen Widerspruch gruppieren. Schließlich ist der Autor ein bestimmter Brennpunkt des Ausdrucks, der sich in mehr oder minder vollendeter Form genauso und im gleichen Wert in den Werken, den Skizzen, den Briefen und den Fragmenten offenbart. [...]

Aber die Funktion Autor ist nicht einfach eine Rekonstruktion aus zweiter Hand, die von einem gegebenen Text wie von einer trägen Masse ausgeht. Der Text trägt in sich immer eine Reihe von Zeichen, die auf den Autor verweisen. Diese Zeichen sind den Grammatikern wohlbekannt: es sind die Personalpronomen, die Adverbien der Zeit und des Ortes, die Verbkonjugation. Es muß jedoch darauf hingewiesen werden, daß diese Elemente in den Diskursen mit Autor-Funktion nicht genauso wirken wie in denen ohne. In denen ohne die Funktion Autor verweisen solche »Einschübe« auf den realen Sprecher und die räumlich-zeitlichen Koordinaten seines Diskurses (obgleich es gewisse Abweichungen gibt: so zum Beispiel, wenn man einen Diskurs in der ersten Person wiedergibt). In den Diskursen mit Autor-Funktion ist ihre Rolle schwieriger und veränderlicher. Es ist bekannt, daß in einem Roman, der so aussieht wie der Bericht eines Erzählers, das Personalpronomen in der ersten Person, das Präsens Indikativ, die Zeichen für die Ortsbestimmung nie genau auf einen Schriftsteller verweisen, weder auf den Augenblick, in dem er schreibt, noch auf die Schreibgeste, sondern auf ein *alter ego*, dessen Distanz zum Schriftsteller verschieden groß sein und im selben Werk auch variieren kann. Es wäre also ebenso falsch, wollte man den Autor beim wirklichen Schriftsteller oder auch beim fiktionalen Sprecher suchen; die Funktion Autor vollzieht sich gerade in diesem Bruch – in dieser Trennung und dieser Distanz. Vielleicht wird jemand sagen, daß das nur eine Eigenheit des romanhaften oder des poetischen Diskurses sei: eines Spiels, bei dem nur »Quasi-Diskurse« eingesetzt werden. Alle Diskurse mit der Funktion Autor haben diese Ego-Pluralität. Das Ego, das im Vorwort eines mathematischen Traktats spricht – und auf die Umstände der Abfassung hinweist – ist weder in seiner Position noch in seiner Funktion identisch mit demjenigen, der im Unterricht von einem Beweis spricht und sich in der Form eines »ich schließe daraus« oder »ich nehme an« ausdrückt: in dem einen Fall verweist das »ich« auf ein Individuum ohne Äquivalent, das an einem bestimmten Ort und zu einer bestimmten Zeit eine bestimmte Arbeit getan hat; im zweiten Fall bezeichnet das »ich« einen Plan und einen Moment des Beweises, den jedes Individuum nachvollziehen kann, vorausgesetzt es hat das gleiche Zeichensystem anerkannt, das gleiche Axiomspiel, die gleiche Menge von vorheriger Beweisen. Man könnte aber auch im gleichen Traktat noch ein drittes Ich ausfindig machen; denjenigen, der spricht, um über den Sinn der Arbeit, die Schwierigkeiten, die Ergebnisse, die sich noch stellenden Probleme zu reden; dieses Ego findet seinen Platz im Bereich schon bestehender oder noch entstehender mathematischer Texte. Die Funktion Autor wird nicht durch eines dieser Egos (das erste) gewährleistet auf Kosten der beiden anderen, die dann ja nichts weiter wären als dessen fiktive Verdoppelung. Im Gegenteil muß gesagt werden, daß in solchen Diskursen die Funktion Autor die Zersplitterung dieser drei simultanen Egos bewirkt.

Die Analyse könnte wohl noch andere charakteristische Züge der Funktion Autor herausfinden. Ich aber werde mich heute an die vier halten, die ich aufgezählt habe, weil sie mir zugleich die sichtbarsten und die wichtigsten scheinen. Ich will sie so zusammenfassen: die Funktion Autor ist an das Rechts- und Staatssystem gebunden, das die Gesamtheit der Diskurse einschließt, determiniert, ausdrückt; sie wirkt nicht einheitlich und gleichmäßig auf alle Diskurse zu allen Zeiten und in allen Kulturformen; sie läßt sich nicht dadurch definieren, daß man spontan einen Diskurs einem Produzenten zuschreibt, sondern dazu sind eine Reihe spezifischer und komplizierter Operationen nötig; sie verweist nicht einfach auf ein reales Individuum, sie kann gleichzeitig mehreren Egos in mehreren Subjekt-Stellungen Raum geben, die von verschiedenen Gruppen von Individuen besetzt werden können.

Ich bin mir im klaren darüber, daß ich bisher mein Thema ungerechtfertigt eng gefaßt habe. Sicherlich hätte man darüber sprechen sollen, was die Funktion Autor in der Malerei, in der Musik, in der Technik usw. ist. Einmal angenommen jedoch, man hielte sich an die Welt der Diskurse, wie ich es heute abend tun möchte, so glaube ich doch, dem Begriff »Autor« eine viel zu enge Bedeutung gegeben zu haben. Ich habe mich auf den Autor eines Buchtexts oder eines Werks beschränkt, dessen Produktion man ihm rechtmäßig zuschreiben kann. Nun ist aber leicht einzusehen, daß man im Ordnungsbereich des Diskurses Autor von weit mehr als einem Buch sein kann – Autor einer Theorie, einer Tradition, eines Fachs, in denen dann andere Bücher und andere Autoren ihrerseits Platz finden können. Mit einem Wort würde ich sagen, daß diese Autoren sich in einer »transdiskursiven« Position befinden. (21–24)

Sie haben Raum gegeben für etwas anderes als sie selbst, das jedoch zu dem gehört, was sie begründet haben. Sagt man, daß Freud die Psychoanalyse begründet hat, so heißt das nicht (so heißt das nicht einfach), daß man den Libidobegriff oder die Technik der Traumdeutung bei Abraham und Melanie Klein wiederfindet, sondern daß Freud eine Reihe von Unterschieden ermöglichte verglichen mit seinen Texten, seinen Begriffen, seinen Hypothesen, die alle aus dem psychoanalytischen Diskurs stammen.

Sogleich taucht, glaube ich, eine neue Schwierigkeit oder wenigstens ein neues Problem auf: trifft das nicht letzten Endes auf jeden Wissenschaftsbegründer oder jeden Autor zu, der in einer Wissenschaft Wandlungen herbeigeführt hat, die man fruchtbar nennen kann? Schließlich hat Galilei nicht einfach die ermöglicht, die nach ihm die von ihm formulierten Gesetze wiederholten, sondern er hat Aussagen ermöglicht, die sich sehr von dem unterscheiden, was er selbst gesagt hatte. [...] Also scheint die Begründung einer Diskursivität auf den ersten Blick zumindest von der gleichen Art zu sein wie die Begründung jeder beliebigen Wissenschaftlichkeit. Ich glaube jedoch, daß es da einen Unterschied, einen beachtlichen Unterschied gibt. Denn im Fall einer wissenschaftlichen Disziplin ist der Akt, der sie begründet, auf gleicher Höhe wie ihre späteren Transformationen; er gehört in gewisser Weise zu all den Modifikationen, die er ermöglicht. [...]

Nun glaube ich aber, daß die Begründung einer Diskursivität heterogen im Verhältnis zu ihren späteren Transformationen ist. Wenn man einen Diskursivitätstyp wie die Psychoanalyse, so wie sie von Freud begründet wurde, auswei-

tet, so heißt das nicht, ihr formale Allgemeinverbindlichkeit
geben, die sie etwa zu Beginn nicht zugelassen habe, sondern einfach ihr eine gewisse Zahl von Anwendungsmög-
lichkeiten erschließen. Wenn man sie einengt, so bedeutet
das eigentlich, daß man im Begründungsakt eine möglicherweise begrenzte Zahl von Sätzen und Aussagen zu isolieren
sucht, denen man allein begründenden Wert zuerkennt und
verglichen mit denen bestimmte von Freud angenommene
Begriffe und Theorien als abgeleitet, sekundär, zusätzlich
angesehen werden können. [...]

Anders gesagt, im Unterschied zur Begründung einer
Wissenschaft ist die Diskursivitätsbegründung nicht Teil ihrer späteren Transformationen, notwendigerweise scheidet
sie aus oder sie überragt sie. Folge davon ist, daß man die
theoretische Gültigkeit in bezug auf das Werk dieser Begründer selbst definiert, während man im Fall Galilei und
Newton die Gültigkeit der von ihnen aufgestellten Sätze in
bezug zur Physik oder zur Kosmologie und ihrer inneren
Struktur und Normativität bestimmt. Sehr schematisch formuliert heißt das: das Werk dieser Begründer steht nicht in
bezug zur Wissenschaft und nicht in dem Raum, den sie
umreißt, sondern die Wissenschaft oder die Diskursivität
beziehen sich auf das Werk ihrer Begründer wie auf primäre
Koordinaten. (25–27)

Daraus folgt natürlich, [...] daß die Rückkehr zum Text
nicht ein geschichtlicher Zusatz ist, der zur Diskursivität
hinzukommt und sie mit letztlich unwichtigen Verzierun-
gen ausstattet; es ist eine nützliche und notwendige Trans-
formationsarbeit an der Diskursivität selbst. Die Überprüfung eines Galilei-Textes kann unsere Kenntnisse über die
Geschichte der Mechanik modifizieren, aber nie die Mechanik selbst. Die Überprüfung der Texte von Freud hingegen
modifiziert die Psychoanalyse und die von Marx den Marxismus. Um eine solche Rückkehr charakterisieren zu können, müssen wir noch ein letztes Merkmal angeben: sie ist
auf eine Art rätselhaften Zuschnitt der Texte und des Au-

tors aus. Weil der Text nämlich Text von einem Autor ist, hat er begründenden Wert und weil er der Text von diesem bestimmten Autor ist, muß man auf ihn zurückkommen. Es besteht überhaupt keine Aussicht darauf, daß die Wiederentdeckung eines unbekannten Newton- oder Cantortexts die klassische Kosmologie oder die Mengenlehre, so wie sie sich entwickelt haben, verändern könnte (allerhöchstens kann diese Ausgrabung vielleicht unsere historische Kenntnis über ihre Entwicklung ändern). Im Gegensatz dazu kann das Auftauchen eines Textes wie *Der Abriß* von Freud – und in dem Maß wie es ein Freudtext ist – nicht etwa das historische Wissen über die Psychoanalyse, sondern ihr theoretisches Feld verändern – wenn wohl auch nur durch eine Verschiebung der Akzente und des Gravitätszentrums. Solche Formen der Rückkehr, die zur Struktur der Diskursivitätsfelder gehören, von denen ich spreche, bringen für ihren »fundamentalen« und vermittelten Autor einen Bezug ein, der nicht identisch ist mit dem Bezug, den ein beliebiger Text zu seinem unmittelbaren Autor hat.

Was ich zum Thema »Diskursivitätsbegründung« skizziert habe, ist selbstverständlich sehr schematisch. Besonders die Opposition, die ich zwischen einer Diskursivitäts- und einer Wissenschaftsbegründung eingeführt habe. [. . .]

Ich bedaure sehr, daß ich in die jetzt folgende Debatte keinen positiven Vorschlag habe einbringen können: höchstens Leitlinien für mögliche Arbeiten, Wege für eine Analyse. Aber ich muß Ihnen doch wenigstens zum Schluß noch in einigen Worten sagen, warum ich das doch wichtig finde.

Würde man eine solche Analyse weiterentwickeln, so könnte sie vielleicht zu einer Typologie der Diskurse führen. Es scheint mir nämlich, zumindest bei erster Annäherung, daß eine solche Typologie nicht nur ausgehen dürfte von den grammatischen Merkmalen der Diskurse, ihren formalen Strukturen oder gar ihren Gegenständen; es gibt nämlich besondere diskursive Eigenschaften oder Relationen (die nicht auf die Regeln der Grammatik oder der Logik, auch nicht auf die Gesetze der Gegenstände zurückgeführt werden können) und gerade auf diese sollte man seinen Blick richten, um die großen Diskurskategorien unterscheiden zu können. Der Bezug (oder der Nicht-Bezug) zu einem Autor und die verschiedenen Formen dieses Bezugs bilden – recht sichtbar – eines der diskursiven Merkmale.

Ich glaube andererseits, daß man hier einen Einstieg in die historische Analyse der Diskurse finden könnte. Vielleicht ist es an der Zeit, Diskurse nicht mehr nur nach ihrem Ausdruckswert oder ihren formalen Transformationen zu untersuchen, sondern in ihren Existenzweisen: die Art der Verbreitung, der Wertung, der Zuschreibung, der Aneignung ist in jeder Kultur anders und wandelt sich in jeder einzelnen; die Art, wie sie sich über die gesellschaftlichen Beziehungen äußern, läßt sich meiner Meinung nach direkter durch die Funktion Autor und ihre Veränderungen entziffern als in den Themen und Begriffen, die sie verwenden.   (28–30)

Betrachtet man die Wandlungen, zu denen es im Laufe der Geschichte gekommen ist, so muß die Funktion Autor keineswegs konstant in ihrer Form, in ihrer Komplexität oder gar in ihrem Vorhandensein bleiben – ganz im Gegenteil. Man kann sich eine Kultur vorstellen, in der Diskurse verbreitet oder rezipiert würden, ohne daß die Funktion Autor jemals erschiene. Ganz gleich welchen Status, welche Form und welchen Wert ein Diskurs hätte und welche Behandlung man ihm angedeihen ließe, alle würden sich in der Namenlosigkeit des Gemurmels entrollen. Folgende so lange wiedergekäute Fragen würde man nicht mehr hören: »Wer hat eigentlich gesprochen? Ist das auch er und kein anderer? Mit welcher Authentizität oder welcher Originalität? Und was hat er vom Tiefsten seiner selbst in seiner Rede ausgedrückt?« Dafür wird man andere hören: »Welche Existenz-

bedingungen hat dieser Diskurs? Von woher kommt er?
Wie kann er sich verbreiten, wer kann ihn sich aneignen?
[...] Und hinter all diesen Fragen würde man kaum mehr
als das gleichgültige Geräusch hören: »Wen kümmert's, wer
spricht?« (31)

HANS BLUMENBERG

Paradigmen zu einer Metaphorologie

Einleitung

Versuchen wir uns einmal vorzustellen, der Fortgang der neuzeitlichen Philosophie hätte sich nach dem methodischen Programm des *Descartes* vollzogen und wäre zu dem endgültigen Abschluß gekommen, den Descartes durchaus für erreichbar hielt. Dieser für unsere Geschichtserfahrung nur noch hypothetische »Endzustand« der Philosophie wäre definiert durch die in den vier Regeln des cartesischen *Discours de la Méthode* angegebenen Kriterien, insbesondere durch die in der ersten Regel geforderte Klarheit und Bestimmtheit aller in Urteilen erfaßten Gegebenheiten. Diesem Ideal voller Vergegenständlichung[1] entspräche die Vollendung der Terminologie, die die Präsenz und Präzision der Gegebenheit in definierten Begriffen auffängt. In diesem Endzustand wäre die philosophische Sprache rein »begrifflich« im strengen Sinne: alles *kann* definiert werden, also *muß* auch alles definiert werden, es gibt nichts logisch »Vorläufiges« mehr, so wie es die *morale provisoire* nicht mehr gibt. Alle Formen und Elemente *übertragener* Redeweise im weitesten Sinne erwiesen sich von hier aus als vorläufig und logisch überholbar; sie hätten nur funktionale Übergangsbedeutung, in ihnen eilte der menschliche Geist seinem verantwortlichen Vollzug voraus, sie wären Aus-

---

1 Die Merkmale der Klarheit und Bestimmtheit werden von Descartes folgendermaßen definiert: *Claram voco illam (sc. ideam) quae menti attendenti praesens et aperta est ... (Œuvres,* hrsg. von Adam-Tannery, VIII 13) *Distinctam autem illam, quae, cum clara sit, ab omnibus aliis ita seiuncta est et praecisa, ut nihil plane aliud, quam quod clarum est, in se contineat.* (l. c. VIII 22) Die Abhängigkeit von der stoischen Erkenntnislehre und ihrem Ideal der kataleptischen Vorstellung ist unverkennbar, aber noch nicht ausreichend geklärt.

druck jener *précipitation*, die Descartes gleichfalls in der ersten Regel zu vermeiden gebietet.

Zugleich aber mit der Erreichung ihres endgültigen begrifflichen Zustandes müßte die Philosophie jedes vertret-
bare Interesse an der Erforschung der *Geschichte* ihrer
Begriffe verlieren. (285 f.)

Mythos und Metaphorik

Wenn wir nun versuchen, eine *Typologie von Metapherng-
schichten* zu erarbeiten und an Paradigmen auszuweisen, so
bedeutet das nicht, daß das thematische Ziel und Ideal einer
Metaphorologie, wie es uns vorschwebt, eine solche Typologie wäre. Vielmehr soll uns über dieser Aufgabe lebendig
bewußt bleiben, daß eine Metaphorologie – als Teilaufgabe
der Begriffshistorie und wie diese selbst als Ganzes – immer
eine Hilfsdisziplin der aus ihrer Geschichte sich selbst verstehenden und ihre Gegenwärtigkeit erfüllenden Philosophie zu sein hat. Dementsprechend ist die Typologie von
Metapherngeschichten darauf aus, Aspekte – vielleicht neue
Aspekte – des geschichtlichen Sich-verstehens der Philosophie zu gewinnen und zu differenzieren. Dabei werden vor
allem die *Übergänge* die Spezifität der Metapher und ihrer
Ausdrucksfunktion schärfer heraustreten lassen.

Ein solches Phänomen des »Übergangs« ergibt sich im
Verhältnis von *Mythos und Metaphorik*. Unter diesem Gesichtspunkt erweisen sich die »Mythen« *Platos* als keineswegs homogene Mittel der Aussage; auch zeigt sich, daß das
Schema der Dualität von Mythos und Logos bzw. des
Übergangs »vom Mythos zum Logos« nicht genügt, um die
funktionalen Differenzen zureichend zu erfassen. Die allegorische Mythenexegese, wie sie zuerst die Sophistik, dann
vor allem die Stoa praktiziert haben, hat den Mythos als
»Vorform« des Logos, als prinzipiell umwandelbare Aussage aufgefaßt, und mit diesem Schema deckt sich eine noch
heute nicht überwundene Deutung des Mythos, die ihn als

»prälogisches« Phänomen versteht, zugeordnet einer Früh-
form der menschlichen Geistes»entwicklung«, die überholt
und ersetzt wurde durch präzisere Formen des Weltver-
ständnisses. Aber was in unseren Überlegungen als »absolute Metapher« herausgestellt wurde, gibt in seiner Unauf-
lösbarkeit in Logizität einen Anhalt dafür, daß solcher vor-
weggenommen Cartesianismus eine unangemessene Norm
an den geschichtlichen Befund heranträgt. Auch im Mythos
sind Fragen lebendig, die sich theoretischer Beantwortung
entziehen, ohne durch diese Einsicht verzichtbar zu werden.   (291 f.)

Terminologisierung einer Metapher: »Wahrscheinlichkeit«

Der im Titel dieser Studien niedergelegten Ankündigung
entsprechend, haben wir nicht versucht, das Verhältnis von
Mythos, Metapher und Logos erschöpfend »abzuhandeln«,
sondern beanspruchen nur, eine Fragestellung und analytische Arbeitsweise zu exemplifizieren. Das gilt als Maxime
der Bescheidung vielleicht noch stärker für das diffizile Feld
der *Übergänge von der Metapher zum Begriff*. Wir versuchen, dem am Paradigma der *»Wahrscheinlichkeit«* Profil
abzugewinnen. Hier ist die Metapher im Wort aufgegangen,
zwar nivelliert im terminologisierten Ausdruck, aber doch
mit einer bloßen Wendung der Aufmerksamkeit heraushör-
bar: der *Schein* der Wahrheit mit der Doppeldeutigkeit von
Schein als Abglanz, Ausstrahlung, Aura, Durchscheinen,
vertretendes und richtungweisendes Aufscheinen einerseits,
von Schein als leere Prätention, irreführendes Trugbild,
Vortäuschung, anmaßliche Einschleichung in die legitime Signatur andererseits.   (295)

Das Wahrscheinliche ist gnädig gewährte »Vertretung«
des Wahren; es rettet den suchenden Menschen, wenn er es
»durchhält« ([Plato, *Timaios*,] 56 A). Die Wahrheit bekommt geradezu »theologische« Dignität: die Gewißheit,

die aus der erlangten Wahrheit entsteht, kann nur mit der Zustimmung der Gottheit (θεου ξυμφήσαντος) dem Menschen zuteil werden, das Wahrscheinliche dagegen ist dem Status des Menschen καὶ νῦν angemessen (72D). Im *Kritias* (107D) wird die geringe Wahrscheinlichkeit, die dem Himmlischen und Göttlichen als Gegenstand unserer Verehrung beiwohnt, abgehoben von der Exaktheit unserer Erforschung der vergänglichen und menschlichen Dinge; die Ferne der Transzendenz läßt unserem Sehvermögen nur den schwachen Abschein der Wahrheit. Diese Differenz ist insofern bedeutsam, als sie den Gewißheitsgrad umgekehrt bestimmt, wie es im christlichen Denken geschehen wird, wo die Glaubensgewißheit die bloße »Wahrscheinlichkeit« des Naturwissens überragt. Diese Umkehrung wird die Geschichte der Wahrscheinlichkeitsvorstellung entscheidend beeinflussen. (297)

Bei *Augustin* kommt die Ambivalenz der »Wahrscheinlichkeit« mit beiden Aspekten zur Geltung. In der Auseinandersetzung mit der akademischen Skepsis wird der »platonische Rest« wieder voll aufgewertet. In dem Dialog *Contra Academicos* (II 7,16) fragt Augustin den Gesprächspartner Licentius, ob er die Lehre der Akademiker für wahr halte; dieser erwidert: *Utrum verum sit, nescio: probabile est tamen.* Augustin, um am Leitfaden der Metapher weiterzukommen, wechselt zum *verisimile* über: *Probabile ... scisne ab ipsis etiam verisimile nominari?* Und die Metapher bietet nun in der Tat den platonischen Einstieg. Wenn jemand, so stellt Augustin seinem Partner vor, noch niemals dessen Vater gesehen habe und nun, da er seinen Bruder erblickt, versichere, er sehe dem Vater ähnlich – werde er den nicht für geistig gestört oder einen Schwätzer halten? Das Wahrheitsähnliche wird als Abbild in ein Abkunftsverhältnis zum Urbild des Wahren gesetzt, so erlaubt es die Metapher. Nach einem Umweg des augustinischen Dialogs wird die aus der Metapher entwickelte Geschichte von dem Mann, der die Ähnlichkeit eines Sohnes mit dem Vater behauptet, ohne

den Vater zu kennen, noch einmal lebendig-szenisch vorgeführt und geschlossen: *Ipsa res clamat similiter ridendos esse*
Academicos tuos, qui se in vita veri similitudinem sequi di-
cunt, cum ipsum verum quid sit, ignorent (II, 7,19). Der nun
ins Gespräch einspringende Trygetius möchte Augustin
vom *verisimile* zum *probabile* zurückführen, um den platonischen Konsequenzen zu entgehen (II 8,20); auch Alypius
hält Augustin entgegen, er klammere sich an ein Wort, das
ihm zufällige Hilfe biete und doch austauschbar sei. Aber
Augustin gibt die Schatzanweisung nicht aus der Hand:
Non est ista ... verborum, sed rerum ipsarum magna con-
troversia: non enim illos viros eos fuisse arbitror, qui rebus
nescirent nomina imponere; sed mihi haec vocabula viden-
tur elegisse, et ad occultandam tardioribus, et ad significan-
dam vigilantioribus sententiam suam (II 10,24). Worte
erschließen und verschließen die Sache, je nach der Einstellung des Subjekts; das ist ein neuplatonischer Grundgedanke. Im vorliegenden Fall bedeutet diese Einstellungs-
bedingtheit: der Metapher gewahr werden, ihre Anweisung
auf die Sache annehmen. So ist denn auch am folgenden Ge-
sprächstag Licentius für die Metapher wach geworden: *nihil*
mihi videtur esse absurdius, quam dicere, se verisimile sequi
eum qui verum quid sit ignoret (II 12,27). Die Positivität des
Wahrscheinlichen liegt in seiner Verweisungsfunktion: man
kann sich mit ihm nicht begnügen. Für sich selbst genommen, im Genügenlassen der Skeptiker, schlägt es ins Negative um; das wird im dritten Buch von *Contra Academicos*
(15,33–16,36) herausgestellt und in den *Retractationes*
(I 1,4) nochmals zurechtgerückt. Wo es der Verweisung
nicht bedarf, wo das Wahre selbst seine unmittelbare Anwesenheit hat, in der trinitarischen Urgewißheit des *et su-*
mus et nos esse novimus et id esse ac nosse diligimus, da fällt
das Wahrscheinliche ab und der Unwahrheit zu: *in his au-*
tem tribus quae dixi nulla nos falsitas verisimilis turbat.[2]

2 *De civitate dei* XI 26.

Der entscheidende Funktionswandel der »Wahrschein-lichkeit« tritt im ausgehenden Mittelalter ein. Der Vorgang ist strukturell der Entstehung der akademischen Skepsis ähnlich: eine Übersteigerung der Transzendenz des Wahren führt zur Autarkie des Wahrscheinlichen. Die neue Skepsis des 14. und 15. Jahrhunderts tritt in den Dienst des *Fideismus*: im *credo quia absurdum* wird das der Vernunft als Gehorsams»leistung« zugemutete Wahre des Glaubens selbst zum Unwahrscheinlichen; diese Art von Wahrheit »sieht nicht so aus«, daß man es ihr ansehen könnte oder dürfte, wahr zu sein. Das Wahrscheinliche andererseits wird autonom, verliert sein Gemessenwerdenkönnen an einer absoluten Wahrheit. (301 f.)

Kehren wir zum eigentlich philosophischen »Übergang« in dieser Metapher-Begriffsgeschichte zurück. 1756 veröffentlicht *Moses Mendelssohn* seine *Gedanken von der Wahrscheinlichkeit*; hier übersehen wir, wie von einem erhöhten Standort aus, noch einmal den ganzen Vorstellungskomplex. »Unter allen Erkenntnissen, zu welchen der menschliche Verstand aufgelegt ist; kan die Erkenntniß der Wahrscheinlichkeit vielleicht für die vornehmste gehalten werden, weil sie unsrer eingeschränkten Einsicht angemessen ist, und in den meisten Fällen die Stelle der Gewißheit vertreten muß. Ihr Einfluß in das Tun und Lassen der Menschen, und vermittelst dieser in ihre Glückseligkeit, hat den Weltweisen von jeher so in die Augen geleuchtet, daß sie sich eher haben einkommen lassen, die Stützen der Wahrheit selbst, als die Stützen der Wahrscheinlichkeit wanken zu machen.«[3] (307)

---

3 Moses Mendelssohn, *Gesammelte Schriften*, hrsg. von Elbogen, Guttmann und Mittwoch, Bd. 1, Berlin 1929, S. 149. Eine wenig, aber sehr aufschlußreich geänderte Fassung dieser Stelle findet sich in der ›verbesserten Auflage‹ der ›Philosophischen Schriften‹ (Berlin 1771; zit. Ausg. Bd. 1, S. 497): »Unter den Erkenntnissen, die *wir zu erlangen* haben, kann die Wahrscheinlichkeit vielleicht für die *nothwendigste* gehalten werden; weil sie unsrer eingeschränkten *Sphäre* angemessen ist, und in den meisten Fällen die Stelle der Gewißheit vertreten muß.«

Die Wolffsche Deutung der Wahrscheinlichkeit als einer unvollständige Wahrheit macht sich bei Mendelssohn geltend in der Idee einer Integration des Wahrscheinlichen zum Wahren: »Öfters ist die Wahrscheinlichkeit auch der Weg, dadurch man zur untrüglichen Gewißheit gelangt. Wenn wir alle Wahrheitsgründe, die in einem Subjekte liegen, nicht auf einmal übersehen können, so nimmt man vorerst einige von diesen Wahrheitsgründen an, um zu sehen, was aus ihnen erfolgen würde, wenn sie allein das Wesen des Subjekts wirklich erschöpften. Den Erfolg, den man solchergestalt herausgebracht, nennet man eine *Hypothese*.«[4] Das in der ganzen Geschichte der Wahrscheinlichkeitsvorstellungen immer hineinspielende theologische Moment kommt auch bei Mendelssohn ins Spiel: »S'Gravesand beweiset, in seiner Einleitung in die Weltweisheit, die Zuverlässigkeit dieser (sc. induktiven) Schlüsse aus dem Willen Gottes, weil das allervollkommenste Wesen beständig nach allgemeinen Gesetzen handeln müsse. Allein ich trage Bedenken, den Grund unserer Experimentalschlüsse auf den Willen Gottes zu legen.«[5] Interessant ist in diesem Zusammenhang Mendelssohns Auseinandersetzung mit der These »einiger Weltweisen«, daß es eine auch für den unendlichen Verstand wesenhaft unübersteigbare Wahrscheinlichkeit geben müsse, wenn freie Akte sittlicher Subjekte möglich sein sollen.[6] Das müßte die Bestimmung der Wahrscheinlichkeit als einer »unvollständigen Wahrheit« ebenso wie den traditionellen Allwissenheitsbegriff berühren. Nun macht aber Freiheit, wie Mendelssohn sie faßt, nämlich als *indifferentia aequilibrii*, nicht einmal eine wahrscheinliche Erkenntnis möglich, nähme also Gott noch dieses Wissen. Diese Konsequenz bestimmt Mendelssohn, der Meinung von einer essentiellen Wahrscheinlichkeit mit einer deterministischen Konzeption entgegenzutreten: »Ich glaube also aus den

---

4 Mendelssohn (s. Anm. 2), S. 504.
5 Ebd., S. 506. [...]
6 Ebd., S. 512.

göttlichen Eigenschaften sowohl, als aus der gemeinen Erfahrung dargethan zu haben, daß alle willkürlichen Entschließungen zum voraus ihre bestimmte Gewißheit haben müssen . . .«.[7]

Wir haben angedeutet, welche Rolle die »Wahrscheinlichkeit« in dem Streit um das kopernikanische Weltbild gespielt hatte. Hier gibt uns Mendelssohn Gelegenheit, den Übergang von der metaphorischen zur terminologischen Rede gerade in diesem spezifischen Bezug zu belegen[8]. »Das kopernikanische Weltgebäude wird jetzt durchgehends als *wahrscheinlicher* erkannt, als das alte ptolemäische, ob es gleich den Alten nicht an Excentricitäten und Epicyklen gefehlt haben dürfte, alle nachher beobachtete Erscheinungen zu erklären. Allein nach dem neuern Weltgebäude erkläret man alles durch einfache Voraussetzungen, und folglich *aus wenigen Ursachen*; da die Alten für eine jede besondere Erscheinung auf eine neue Hypothese bedacht seyn mußten. Man kann also gewissermaßen den *Grad* der Wahrscheinlichkeit bestimmen, den das neue Weltgebäude vor dem alten voraus hat.« (308–310)

Dem gegenwärtigen Betrachter entgeht leicht ein weites Feld in der Geschichte des Ausdrucks »Wahrscheinlichkeit«, der Bereich der *Ästhetik*. Unsere metaphysische Aufhöhung des Kunstwerks hat uns so daran gewöhnt, der Kunst ihre eigene »Wahrheit«, ja ihr »Wahrheit« in einem besonderen Maße zuzuschreiben, daß uns »Wahrscheinlichkeit«, als ein Ausdruck zu geringen Ranges, nicht einschlägig für Fragen der Kunsttheorie zu sein scheint. Dabei ist der klassischen Ästhetik die Formulierung ganz geläufig, daß am Kunstwerk »Wahrscheinlichkeit« der »Wahrheit« vorzuziehen sei, wobei dies ganz im Rahmen der aristotelischen Poetik gedacht ist, deren Mimesis ja nicht die »Wahrheit« des konkrethyletischen Realen als eines Singulären,

7 Ebd., S. 515.
8 Ebd., S. 511.

sondern die »Wahrscheinlichkeit« des real nicht existierenden Universalen betrifft. Die ästhetische Wahrscheinlichkeit
hält nun durchaus an dem metaphorischen Sinn des *verisimile* fest, insofern für das Kunstwerk nicht sein in bezug
auf Fakten nachprüfbares Wahr*sein*, sondern sein an ihm
selbst evidentes Wahr*scheinen* wesentlich ist. *Lessing* kritisiert die Caylussche These der Äquivalenz von Dichtung
und Malerei bei Homer u. a. durch den Hinweis, daß die im
Epos mögliche Vorstellung einer Göttin, die einen gewaltigen Stein schleudert, im gedachten Gemälde zu einer »an-
schaulichen Unwahrscheinlichkeit« wird.[9] An anderer Stelle
des *Laokoon* (XXIX) referiert Lessing Winckelmanns
These, daß »sich durch die bloße Nachahmung der Natur
das Höchste in der Kunst ebensowenig wie in der Poesie erreichen lasse, daß sowohl Dichter als Maler lieber das Un-
mögliche, welches wahrscheinlich ist, als das bloß Mögliche
wählen müsse«. Hier fällt der metaphorische Doppelsinn
des Wahrscheinlichen derart ineins zusammen, daß es einerseits »bloßer Schein« ist insofern, als es gar nicht wahr sein
kann, daß aber andererseits dieser Schein auch Erscheinen
und Aufscheinen einer Wahrheit ist, die mit dem real unmöglichen Gegenständlichen des Kunstwerks nichts zu tun
hat. Hier bietet sich geradezu die Konsequenz an (die aber
weder Winckelmann noch Lessing ergreifen konnten, die
ehestens Kant hätte ziehen können), daß man auf das Gegenständliche als ein Ausfällbares im Wahrheitswert des

9 *Laokoon* XII (Gotthold Ephraim Lessing, *Werke*, hrsg. von P. Rilla, Bd. 5,
S. 102). Eine prägnante Verdeutlichung des »Wahrscheinlichen« bei Lessing
findet sich im neununddreißigsten der *Briefe antiquarischen Inhalts*, Lessing hatte im 38. Brief seine Deutung des Borghesischen Fechters revoziert
und rechtfertigt nun gleichsam den ästhetischen Wert der These als solcher:
»In dem antiquarischen Studio ist es öfters mehr Ehre, das Wahrscheinliche
gefunden zu haben, als das Wahre.« Die Begründung ist nun wichtig, weil
sie »Wahrheit« als Qualität des rein Rezipierten, dagegen »Wahrscheinlichkeit« als Qualität des Produzierten sieht: »Bei Ausbildung des erstern (sc.
des Wahrscheinlichen der Chabrias-These) war unsere ganze Seele geschäf-
tig: bei Erkennung des andern (sc. des faktischen Sachverhalts) kam uns vielleicht nur ein glücklicher Zufall zustatten.«

Kunstwerks auch müßte ganz verzichten können, um es gar nicht mehr unter dem Aspekt der »Wahrscheinlichkeit«, sondern nur noch unter dem der »Wahrheit« betrachten zu können. Bei Lessing, auf den wir uns beschränken, um nicht diesen Abschnitt zu einer autonomen Abhandlung anschwellen zu lassen, ließe sich in eingehenderer Untersuchung zeigen, daß sein Begriff der ästhetischen »Wahrscheinlichkeit« sehr genau dem der »inneren Wahrheit« in seiner Religionsphilosophie korrespondiert. Die »innere Wahrheit« bedeutet vor allem die Unabhängigkeit der religiösen Gehalte von historischen Tatsachen und ihrem Grad der Verifizierbarkeit.[10] Die »Wahrscheinlichkeit« des Kunstwerks ist genauso eine immanente Qualität, die sich nur als Überzeugungskraft manifestiert, so daß es gleichgültig wird, ob z. B. das in der Fabel als wirklicher Fall Vorgestellte Bezug auf irgendein Faktum hat: »Ich glaube bloß deswegen, daß ein Ding geschehen, und daß es so und so geschehen ist, weil es höchst wahrscheinlich ist, und höchst unwahrscheinlich sein würde, wenn es nicht, oder wenn es anders geschehen wäre. Da also einzig und allein die *innere Wahrscheinlichkeit* mich die ehemalige Wirklichkeit eines Falles glauben macht, und diese innere Wahrscheinlichkeit sich ebensowohl in einem erdichteten Falle finden kann: was kann die Wirklichkeit des erstern für eine größere Kraft auf meine Überzeugung haben, als die Wirklichkeit des andern?«[11] Ja noch mehr, da »das historische Wahre nicht immer auch wahrscheinlich ist«, während der Dichter die »freie Gewalt« hat, »alles, was er für wahr ausgibt, auch wahrscheinlich zu machen«, gebührt der Fabel wegen ihrer Überzeugungskraft der Vorzug vor den »historischen Exempeln«. Lessings Erwägungen kann man als Stück einer ästhetischen Ausbildung jener Lehre vom Wahrscheinlichen ansehen, deren Forderung durch Leibniz schon *Johann*

10 Vgl. die Stellen in Lessing (s. Anm. 8), Bd. 7, S. 171, 179, 189, 190, 193.
11 *Abhandlung über die Fabel* I. Ebd., Bd. 4, S. 45.

Jakob Bodmer in seinen *Critischen Betrachtungen über die Poetischen Gemählde der Dichter* (1741) auf die Ästhetik übertragen hatte. »Darum kann ich nicht gutheißen, daß man so wenig Fleiß auf die Kunst der wahrscheinlichen Dinge wendet, welcher es nicht nur an einem tiefsinnigen Mann fehlet, der sie in einer dogmatischen Lehrart abhandle, wie schon der Herr von Leibnitz vielfältig darauf gedrungen hat, sondern welche auch an denen Orten, wo sie sich in der Ausübung und Ausführung zeigen sollte, ziemlich mangelhaft erscheinet.« Lessing freilich sollte das Problem von den »poetischen Gemählden der Dichter« entschieden wegführen und ihm eine neue, noch heute sich ausschöpfende Potentialität geben.   (313–315)

STEPHEN GREENBLATT

Grundzüge einer Poetik der Kultur

Ich befinde mich in einer etwas mißlichen Lage, und weil
ich so schlecht beginnen kann, sollte ich meine Ausgangssi-
tuation erläutern.[1] Meiner Arbeit bin ich immer nachgegan-
gen mit dem Gedanken, einfach zu tun, was zu tun war,
ohne zunächst zu klären, aus welcher theoretischen Position
heraus ich schreiben würde. Vor einigen Jahren bat mich die
Redaktion der Zeitschrift *Genre*, ausgewählte Aufsätze zur
Renaissance herauszugeben, und ich stimmte zu. Ich traf
meine Wahl und dann, beim Versuch auch die Einleitung
hinter mich zu bringen, faßte ich die Aufsätze unter dem eigens dafür erfundenen Stichwort Neuer Historismus zusammen. Ich war nie besonders erfolgreich beim Entwerfen
solcher Slogans; aber aus Gründen, die ich gern einmal untersuchen würde, hielt sich diese Bezeichnung besser als alle
die anderen, die ich im Laufe der Jahre erfinden mußte. Wie
ich festgestellt habe, wird seither immer wieder über den
Neuen Historismus gesprochen; es gibt Untersuchungen
dazu, Kritiken, Verweise in Dissertationen. Mich überrascht
dieser Wirbel. Und natürlich, auch das gehört zu diesem
Wirbel, bin ich gebeten worden, etwas Theoretisches zu
meiner gegenwärtigen Arbeit zu sagen. Ich werde deshalb
versuchen, den Neuen Historismus, wenn nicht zu definieren, so wenigstens aus der praktischen Arbeit zu erläutern
– denn, soweit ich feststellen kann, ist der Neue Historismus eher eine Arbeitsweise und keine Schule.

Bezeichnend für den Neuen Historismus ist, wie unent-
schieden und im Grunde unaufrichtig dieser ist, was sein

1 Dieser Text ist der Wortlaut eines Vortrags, gehalten an der University of
Western Australia am 4. September 1986. Eine etwas veränderte Fassung er-
schien in: Murray Krieger (Hrsg.), *The Aims of Representation. Subject/
Text/History*, New York 1987, S. 257–273.

Verhältnis zur Literaturtheorie angeht. Einerseits ist es
wohl die Offenheit, mit welcher der Neue Historismus den
theoretischen Aufbrüchen der letzten Jahre begegnet ist, die
ihn von der positivistischen Geschichtswissenschaft des frühen 20. Jahrhunderts unterscheidet. Gewiß, meine eigene li-
teraturkritische Praxis ist durch Michel Foucaults Zeit in
Berkeley geprägt worden, seine ausgedehnten Besuche dort
in den letzten fünf, sechs Jahren seines Lebens, darüber hinaus überhaupt durch den Einfluß europäischer (und insbesondere französischer) Anthropologen und Gesellschafts-
wissenschaftler. Andererseits zeigten die dem Neuen Historismus verbundenen Kritiker und Forscher wenig Neigung,
sich einer der einflußreichen theoretischen Schulen anzu-
schließen.

Ich will versuchen, die Gründe hierfür zu untersuchen,
indem ich meine eigene Position bestimme; einerseits zum
Marxismus und andererseits zum Poststrukturalismus.
Während der siebziger Jahre habe ich in Berkeley Seminare
angekündigt mit Titeln wie »Marxistische Ästhetik«. Das
nahm ein schmähliches Ende, als – es muß Mitte der Siebziger gewesen sein – in einem solchen Seminar ein Student
sehr zornig auf mich wurde. Ich hielt mich zu jener Zeit vor
allem an solche marxistische Denker, deren Beziehungen
zum Marxismus problematisch waren – an Walter Benjamin
etwa oder an den frühen und nicht an den späten Lukács,
usw. –, und ich erinnere mich, wie irgendwann jemand auf-
sprang, durchs Seminar brüllte: »Entweder du bist ein Bolschewik oder ein Menschewik, entscheide dich endlich, ver-
dammt noch mal«, und die Tür hinter sich zuknallte. Das
war beunruhigend, aber als ich nachdachte, wurde mir klar,
daß ich in der Tat nicht ganz sicher war, ob ich denn ein
Menschewik sei, sicher allerdings war ich, kein Bolschewik
zu sein. Danach begann ich mit Kursen zu Themen wie
»Poetik der Kultur«. Ich gebe zu, daß ich mich immer noch
nicht mit einer politischen oder literarischen Perspektive
anfreunden kann, die vom Marxismus nicht beeinflußt wor-

den ist, aber das hat nicht zur Folge, daß ich irgendwelche Lehrsätze unterschreibe oder mir eine bestimmte Philosophie, politische Anschauung oder Rhetorik zu eigen mache, *faute de mieux*.

Deshalb erscheinen mir Gesten grundsätzlicher Abgrenzung, die Fredric Jameson, der renommierteste marxistische Ästhetiker Amerikas, ins Feld führt, äußerst problematisch. Nehmen wir, beispielsweise, folgende bezeichnende Stelle aus seinem Buch *Das politische Unbewußte*:

»[...] die gängige Unterscheidung zwischen kulturellen Texten, die sozial und politisch orientiert sind, und solchen, die es nicht sind, führt zu etwas Schlimmerem als zu einem bloßen Irrtum: nämlich zum Symptom und zur Bestärkung der Verdinglichung und Vereinzelung des gegenwärtigen Lebens. Eine solche Unterscheidung bestätigt Struktur, Erfahrung und Begriff jener Lücke, die klafft zwischen Privatem und Öffentlichem, zwischen Psychologischem und Sozialem, Politischem und Poetischem, zwischen Geschichte bzw. Gesellschaft und dem ›Individuellen‹. Deren Trennung – ein Entwicklungsgesetz des gesellschaftlichen Lebens unter dem Kapital – verstümmelt unsere Existenz als individuelle Subjekte und lähmt ebenso unausweichlich unser Nachdenken über Zeit und Veränderung wie sie uns auch unsere Sprache entfremdet.«[2]   (107 f.)

Jamesons Buch zufolge ist jede Abgrenzung des Ästhetischen notwendig mit der des Privaten verbunden, das wiederum verbunden ist mit dem Psychologischen, dem Poetischen und dem Individuellen; im Unterschied zum Öffentlichen, Sozialen und Politischen. Schuld an all diesen verzahnten Unterscheidungen (und keine davon scheint mir mit jener »gängigen Unterscheidung« theoretisch oder geschichtlich zusammenzuhängen) ist der Kapitalismus, der die Macht besitzt, unsere Existenz als individuelle Subjekte

---

2 Fredric Jameson, *Das politische Unbewußte. Literatur als Symbol sozialen Handelns*, übers. von Ursula Bauer, Gerd Bürger und Bruni Röhm, Reinbek 1988, S. 16.

zu »verstümmeln« oder zu »lähmen«. Obwohl man eine Unterscheidung zwischen kulturellen Diskursen künstlerischer und solchen sozialer oder politischer Natur lange vor dem 17. Jahrhundert in Europa finden kann, und auch in Kulturen, die von der kapitalistischen Produktionsweise weit entfernt scheinen, beharrt Jameson darauf, daß es der Kapitalismus sei, der lähmt bzw. für die Lähmung verantwortlich ist. Er unterstellt einen undeutlichen Gegensatz zwischen dem »Individuellen« (schlecht) und »individuellen Subjekten« (gut); deren Lähmung soll es sein, die jenes hervorruft.

Die zitierte Stelle klingt wie eine Allegorie des Sündenfalls: Wir waren einmal lebendige, ganzheitliche Wesen; wir waren individuelle Subjekte, aber keine Individuen, hatten keine Psyche, die sich unterscheiden ließ vom gemeinsamen Leben der Gesellschaft; Politik und Dichtkunst waren eins. Dann kam der Kapitalismus und zerstörte dieses herrliche und gute Leben. Dieser Mythos geistert durch das ganze Buch, obwohl seine eschatologische Richtung schließlich eine Umkehrung erfährt: Die gelungene Totalität liegt nicht mehr in der Vergangenheit, die immer schon nach dem Sündenfall existierte, sondern in der klassenlosen Zukunft. Eine theoretische Behauptung gründet sich also auf ein empirisches Ereignis, das gar nicht der Fall ist. Und umstandslos wird die Literatur zitiert als düsteres Zeichen des Sündenfalls und schimmerndes Emblem zu erwartender Verklärung.

Es war der Poststrukturalismus, der solche Vorstellungen ernsthaft in Frage gestellt, die Oppositionen, auf denen sie beruht, kritisiert und Zweifel angemeldet hat an der Unterstellung eines entweder paradiesischen Ursprungs oder eines utopisch-eschatologischen Ziels.[3] Diese Herausforderung hat auch den marxistischen Diskurs sehr verändert,

---

3 Vgl. Mark Poster, »Foucault, Poststructuralism, and the Mode of Information«, in: *The Aims of Representation* (s. Anm. 1).

wenn auch keineswegs außer Kraft gesetzt. Ich könnte diese komplexe Wechselwirkung zwischen Marxismus und Poststrukturalismus exemplarisch darstellen anhand der jüngsten Arbeit von Jameson, in der er, jetzt aus postmoderner Perspektive, dazu übergeht, den Verlust jener »gängigen Unterscheidung« zu beklagen, die immerhin die Linke in die Lage versetzt habe, ihre Feinde zu identifizieren und ein radikales Programm zu artikulieren.[4] Aber um keine Verwirrung zu stiften, werde ich mich statt dessen den Schriften von Jean-François Lyotard widmen. Auch hier steht, wie in *Das Politische Unbewußte*, die Unterscheidung zwischen verschiedenen Feldern des Diskurses zur Debatte. Lyotard zufolge ist es die Existenz von Eigennamen, die die »Koexistenz jener Welten ermöglicht, die Kant Felder, Gebiete und Bereiche nennt – jene Welten, die selbstverständ-

---

4 Jameson selbst gibt keine direkte Erklärung dieser plötzlichen Kehrtwendung; er behauptet, nicht sein Denken, sondern der Kapitalismus habe sich verändert. Er nimmt die Position von Ernest Mandel auf und stellt fest, der Spätkapitalismus würde sich langsam anbahnen, ein Zustand, in dem sowohl kulturelle Produktion wie auch Konsumption nach gänzlich neuen Regeln funktionieren. In einer postmodernen kulturellen Logik sind die »vorläufigen Unterscheidungen« (die »bequeme Praxis«), die Jameson vorher als so lähmend und verstümmelnd empfand, verschwunden, und haben den Weg freigegeben für eine Form, Diskurs und Wahrnehmung zu ordnen, die zugleich schrecklich und visionär ist. Sie ist schrecklich, weil die neue postmoderne Lage all jene Platzmarkierungen ausgelöscht hat – Innen und Außen, Kultur und Gesellschaft, Orthodoxie und Subversion – mittels derer es möglich war, die Welt kartographisch nicht nur zu erschließen, sondern ihre Machtstrukturen auch einer Kritik zu unterziehen. Sie ist visionär, weil diese neue multi-nationale Welt – und sie ist eine Welt voll Intensitäten statt Emotionen, beschriebener Oberflächen statt versteckter Tiefen, beliebiger, nicht lesbarer Zeichen statt Signifikanten – die Form einer utopischen Befreiung vom Alptraum der traditionellen Geschichte andeutet. Das vollkommenste Beispiel dieses Doppelcharakters des Postmodernen ist in den Augen Jamesons in der gegenwärtigen Architektur zu finden, am vollkommensten im Bonaventura Hotel in Los Angeles. Es ist zumindest verblüffend, wie schnell die Veränderung vom Modernen zum Postmodernen vollzogen wird, eine Veränderung, die in der Veränderung der Position Jamesons nachgezeichnet wird: von *Dem politischen Unbewußten* (1981) zum »Postmodernism, or The Cultural Logic of Late Capitalism«, in: *New Left Review* 146 (1984) S. 53–93.

lich dasselbe Objekt darstellen, die es aber auch zum Ziel heterogener (oder inkommensurabler) Erwartungen in Universen von Ausdrücken macht, wobei keiner der letzteren in irgendeinen anderen Ausdruck verwandelt werden kann«.[5]

Lyotards Modell für diese differenzierten Diskurse ist die Existenz von Eigennamen. Aber dem Kapitalismus fällt hier nicht die Rolle zu, Diskursbereiche voneinander zu trennen, sondern, ganz im Gegenteil, für ihre Auflösung zu sorgen. »Es ist das Kapital, das eine einzige Sprache verlangt sowie ein einziges Netzwerk, und es wird immer wieder versuchen, sie hervorzubringen.« (S. 55) Lyotards Hauptbeweis für diese Tendenz des Kapitals, eine Einheitssprache in Kraft zu setzen – Bachtin würde von einem Monologismus sprechen –, ist Faurissons Leugnung des Holocaust, und, hinter dieser Leugnung, der Versuch der Nazis, die Existenz von Millionen von Juden und anderen Unerwünschten auszulöschen, ein Versuch, den Lyotard charakterisiert als den Willen, »die ganze Welt der Namen aus der Geschichte und von der Landkarte zu streichen«.

Problematisch an dieser Beschreibung ist jedoch, daß die Nazis offenbar gar nicht so sehr daran interessiert waren, mit den Personen auch deren Namen auszulöschen. Im Gegenteil, sie fertigten, soweit sich dies mit dem organisierten Massenmord vereinbaren ließ, erstaunlich vollständige Aufzeichnungen an. Und sie träumten von einer Zeit, in der sie die Vollendung ihrer Aufgabe einer dankbaren Welt mit einem Museum würden dokumentieren können, das der Kultur der von ihnen vernichteten Unglücklichen gewidmet sein sollte. Die Affäre Faurisson ist im Kern kein epistemologisches Dilemma, wie Lyotard behauptet, sondern der Wunsch, Beweise aus der Welt zu schaffen, die erdrückend und auch verifizierbar sind. Die Frage ist kein Epikurei-

---

5 Jean-François Lyotard, »Judiciousness in Dispute or Kant after Marx«, in: *The Aims of Representation*, S. 37 (s. Anm. 1).

sches Paradox von der Art: »Wo der Tod ist, bist du nicht; wo du bist, ist der Tod nicht; deshalb ist es dir unmöglich zu beweisen, daß es den Tod gibt«. Es geht um ein Problem der Geschichtswissenschaft: Welche Beweise für den Massenmord gibt es? Wie verläßlich sind die Beweise? Gibt es überzeugende Gründe, die dokumentierten Ereignisse zu leugnen oder anzuzweifeln? Und wenn es keine solchen Gründe gibt, wie haben wir die Motive derer zu interpretieren, die dennoch versuchen, die geschichtlichen Aufzeichnungen in Zweifel zu ziehen?

Es gibt ein weiteres Problem mit Lyotards Versuch, die Affäre Faurisson als Beleg für die Feindseligkeit des Kapitalismus gegenüber Eigennamen anzuführen. Die Vermengung von faschistischer Apologetik und Kapitalismus scheint ihrerseits ein Fall von Monologismus, denn sie übergeht all jene Aspekte des Kapitalismus, die mit der Hervorbringung und Einschreibung individueller Identitäten und ihrer Abgrenzung gegeneinander zu tun haben. Zwar ließe sich argumentieren, daß das kapitalistische Beharren auf Individualität auf Täuschung beruht, aber es ist m. E. schwer, das Prinzip einer endlos sich vermehrenden, irreduziblen Individualität von der Charaktermaske des Warenbesitzers zu unterscheiden, der sie entgegengehalten wird. Es ist nämlich, wie Marx gezeigt hat, der Kapitalismus, der den stärksten und nachhaltigsten Angriff des Westens auf kollektive, gemeinschaftliche Werte und Identitäten einleitet. Gerade auf dem Markt und im Staatsapparat, der an Zirkulation und Akkumulation des Kapitals gebunden ist, müssen Namen gefälscht werden. Im Unterschied zu kollektiven Namen scheinen Eigennamen weniger Opfer als vielmehr das Ergebnis von Eigentum zu sein – sie sind nicht nur mit dem Besitz verknüpft, den man an sich selbst hat, d. h. mit der Theorie des Besitzindividualismus, sondern wortwörtlich mit dem, was man wirklich besitzt. Denn schon in der Frühmoderne besteht der Staat auf Eigennamen, um sie in amtlichen Aufzeichnungen erfassen zu können, die den Staat erst befähigen, persönliches Eigentum zu schätzen und besteuern.[6]

Die Differenz zwischen dem Kapitalismus, wie Jameson ihn auffaßt – als Agenten der Trennung der verschiedenen Diskurs-Bereiche, als Agenten des Privaten, des Psychologischen und des Individuellen – und Lyotards Kapitalismus – dem Feind solcher Bereiche, dem Zerstörer des Privaten, Psychologischen und Individuellen – läßt sich teilweise auf eine Differenz zwischen den marxistischen und poststrukturalistischen Entwürfen zurückführen. Jameson, der beweisen will, es sei ein Trugschluß, eine getrennte Sphäre der Kunst anzunehmen, und der die materialistische Integration aller Diskurse feiern möchte, sieht im Kapitalismus die Wurzel aller falschen Differenzierung. Lyotard, der die Differenzierung aller Diskurse feiern möchte und nachweisen will, die monologische Einheit sei der Trugschluß, sieht im Kapitalismus die Wurzel aller falschen Integration. Beiden dient Geschichte als ein passendes anekdotisches Ornament auf einer theoretischen Struktur, und der Kapitalismus erscheint dann nicht als eine komplexe gesellschaftliche und wirtschaftliche Form der Entwicklung im Westen, sondern als zerstörerisches theoretisches Prinzip.

Ich vermute, daß die allgemeine Frage, die Jameson und Lyotard stellen – nämlich: Was ist die historische Beziehung zwischen Kunst und Gesellschaft bzw. zwischen der diskursiven Praxis eines institutionell abgegrenzten Bereichs und der eines anderen? – nicht zu einer eindeutigen, theoretisch zufriedenstellenden Antwort führen wird. Die theoretische Befriedigung wird offensichtlich in beiden Fällen von einer utopischen Perspektive gespeist, in welcher historische Widersprüche in moralischen Imperativen aufgehen. [...] Dies Beiseitewischen des Widerspruchs ist nicht Ergebnis eines zufälligen Fehlers, sondern logische Folge der Suche einer

---

6 Siehe z. B. William E. Tate, *The Parish Chest. A Study in the Records of Parochial Administration in England*, Cambridge 1946.

Theorie nach dem Hindernis, das der Verwirklichung ihrer eschatologischen Vision im Wege steht.

Wenn man, statt als vereinheitlichendes dämonisches Prinzip, den Kapitalismus als eine komplexe geschichtliche Bewegung in einer Welt ohne paradiesische Ursprünge oder chiliastische Erwartungen betrachtet, dann muß eine Untersuchung der Beziehung zwischen Kunst und Gesellschaft in kapitalistischen Kulturen sowohl auf die Bildung der von Jameson erwähnten gängigen Unterscheidung wie auf den von Lyotard bemerkten totalisierenden Impuls eingehen. Denn der Kapitalismus hat charakteristischerweise weder Herrschaftsformen hervorgerufen, in denen alle Diskurse miteinander koordiniert zu sein scheinen, noch solche, in denen sie radikal voneinander isoliert oder diskontinuierlich zu sein scheinen. Er hat vielmehr Herrschaftsformen ins Leben gerufen, in denen die Tendenz der Differenzierung und die der monologischen Organisation gleichzeitig wirksam sind, zumindest einander so schnell abwechseln, daß der Eindruck der Gleichzeitigkeit entsteht.

In einem brillanten Aufsatz [...] hat der Politologe und Geschichtswissenschaftler Michael Rogin aufgezählt, wie oft Präsident Reagan in kritischen Augenblicken seiner Karriere Zeilen aus seinen eigenen oder anderen populären Filmen zitiert hat. Der Präsident ist eine Person, bemerkt Rogin, »deren Augenblicke größter Spontaneität (über die Gefallenen bei der Landung der Alliierten in der Normandie: ›Wo findet man solche Männer?‹; während der Debatte anläßlich der Vorwahl 1980 in New Hampshire: ›Mr. Green, ich bin es, der dieses Mikrofon bezahlt.‹) nicht nur filmisch aufbewahrt worden sind, sondern sich als Zeilen aus alten Filmen herausstellen.«[7] Ronald Reagan, der zuletzt 1957 in *Hellcats of the Navy* aufgetreten ist, lebte weiterhin in der Welt der Filme; er ist von ihnen geprägt worden, entleiht

---

7 Michael Rogin, »›Ronald Reagan‹. The Movie« and other Episodes in Political Demonology, Berkeley 1987.

ihnen viele Bestandteile seiner Rhetorik des Kalten Krieges und ist nicht fähig oder willens, zwischen ihnen und der Wirklichkeit außerhalb der Filme zu unterscheiden. [...]

Die Antwort Anthony Dolans, jener Redenschreiber des Weißen Hauses, der gebeten wurde, den Artikel Rogins zu kommentieren, spricht Bände: »Eigentlich sagt er«, interpretierte Dolan, »daß wir alle von einer einzigartig amerikanischen Kunstform tief beeinflußt sind, nämlich von den Movies«.[8] Tatsächlich hatte Rogin behauptet, entstanden sei der Charakter des Präsidenten durch das Zusammenwirken »zweier Ersatzbildungen, die die Anti-Subversions-Strategie des Kalten Krieges in den vierziger Jahren erzeugten und dessen Wiederauflage in den achtziger Jahren zugrunde liegen: nämlich einerseits die politische Ersetzung des Faschismus durch den Kommunismus, woraus der Sicherheitsstaat geboren wurde, und andererseits die psychologische Verschiebung des körperlichen Selbst zu seinem Simulakrum auf der Leinwand.« Sowohl die politische als auch die psychologische Ersatzbildung waren eng mit der Filmkarriere Ronald Reagans verbunden [...]. (109–113)

Eine solche Behauptung scheint den Zusammenbruch der gängigen Unterscheidung zwischen Ästhetischem und Wirklichem eher zu begrüßen. Das Ästhetische bildet hier keine eigene Welt, sondern eine Möglichkeit, die Welt, in der wir alle leben, intensiver erfahrbar zu machen. Aber der Sprecher fuhr dann fort und versicherte, der Präsident gebe »gewöhnlich die Filme an, aus denen er zitiert«. Das bedeutet nichts anderes, als daß der Präsident, sobald er die Zitate sich zu eigen macht, auch anerkennt, daß er sie dem Bereich des Ästhetischen entlehnt, womit er auch die Existenz der gängigen Unterscheidung wieder bestätigt. Hierbei achtet er auf den Unterschied zwischen dem eigenen präsidialen Diskurs und den Fiktionen, an denen er zu anderer Zeit betei-

---

8 Zitiert von dem Journalisten Michael Tolchin in der Berichterstattung der *New York Times* zum Aufsatz Rogins unter dem Titel »How Reagan Always Gets the Best Lines«, in: *New York Times*, 9. September 1985, S. 10.

ligt war, ja er betont ihn sogar. Auf dieser Differenz beruht seine eigene Verwandlung vom Schauspieler zum Politiker, und sie ist Zeichen des Rechts- und Wirtschaftssystems, das er vertritt. Denn die kapitalistische Ästhetik verlangt, daß man Urheberrechte auf diese Art anerkennt – daher die vielfältige Markierung von Eigentumsrechten, die über die Leinwand flimmern oder in einem Text eingetragen sind –, und die Arena der Politik beharrt darauf, keine Fiktion zu sein. Es scheint niemand zu kümmern, daß ein Präsident Reden hält, die von anderen geschrieben werden. Das ist längst gängige Praxis amerikanischer Politiker geworden. Anstoß nehmen würden die Leute aber, wenn der Präsident in seinen Reden aus alten Movies zitieren würde, ohne die Quellen zu nennen. Denn dann gäbe er zu erkennen, daß er mit dem Unterschied zwischen Phantasie und Wirklichkeit nicht zurechtkommt, und das wäre Grund zur Sorge.

Das Weiße Haus beantwortete natürlich keine theoretische Frage, sondern die implizite Behauptung, der Präsident habe Schwierigkeiten zu erkennen, daß er zitiere, und sollte ihm dies bewußt sein, dann versuche er dies zu verschleiern, um einen besseren Eindruck zu machen. Der einen Version zufolge wäre er eine Art Schlafwandler, nach der anderen ein Plagiator. Um mit diesen Unterstellungen aufzuräumen, mußte sich der Sprecher auf genau die Unterscheidung berufen, die er kurz vorher gegenstandslos gemacht hatte.

Seine Bemerkungen waren überhastet und improvisiert, aber man braucht nicht lange nachzudenken, um hinter jene komplexe Dialektik zwischen Differenzierung und Identität zu kommen, die solche Bemerkungen zum Ausdruck bringen. Diese Dialektik ist deshalb so wirksam, weil sie quasi automatisch vollzogen wird. Es bedarf einiger intellektueller Anstrengungen, um die Grenzen der Kunst und deren Mißachtung auseinanderzuhalten – eine Anstrengung, die exemplarisch in den Arbeiten von Jameson und Lyotard geleistet wird. Aber dieses angestrengte Denken klammert sich im Endeffekt selbst aus dem zu analysierenden Phänomen aus, nämlich aus der Beziehung der Kunst zu den benachbarten Diskursen in der kapitalistischen Kultur. Daß man ohne weiteres zwei scheinbar einander widersprechende Beschreibungen von Kunst in einem Atemzug nennen kann, ist charakteristisch für den amerikanischen Kapitalismus des späten 20. Jahrhunderts und Ergebnis der langfristigen Tendenzen im Verhältnis zwischen Kunst und Kapital. In ein und demselben Augenblick wird eine gängige Unterscheidung zwischen Kunst und Wirklichkeit getroffen und zurückgenommen.

Wir könnten, dem Beispiel Jamesons folgend, behaupten, dies habe vor allem die Etablierung der Differenz zur Folge, mit dem Ziel, uns unseren eigenen Vorstellungen zu entfremden, indem Phantasien in einem privaten, apolitischen Bereich isoliert werden. Oder wir könnten, zum Beispiel Lyotards folgend, argumentieren, das Außerkraftsetzen der Differenz sei der eigentliche Effekt, mit dem Ziel, Unterschiede auszulöschen oder zu umgehen, indem eine monolithische ideologische Struktur errichtet wird. Wenn wir aber aufgefordert werden, zwischen diesen Alternativen zu wählen, wird unsere Aufmerksamkeit abgelenkt von einer Analyse der Beziehung zwischen Kapitalismus und ästhetischer Produktion. Denn seit dem 16. Jahrhundert – als die Aktiengesellschaften begannen, die Kunst zu beeinflussen – bis zum heutigen Tag ist eines der Begleitphänomene des Kapitalismus das starke und nachhaltige Oszillieren zwischen der Etablierung abgegrenzter diskursiver Bereiche und der Vermengung solcher Bereiche miteinander. Die Kraft, die den Kapitalismus auszeichnet, bezieht er eher aus diesem unaufhörlichen Oszillieren als aus der Etablierung eines bestimmten unveränderlichen Zustands. Die einzelnen Elemente – eine Reihe diskontinuierlicher Diskurse einerseits und die monologische Vereinigung aller Diskurse andererseits – kommen in ausgeprägter Form vielleicht auch in anderen Gesellschafts- und Wirtschaftssystemen vor, aber nur der Kapitalismus hat das schwindelerregende und scheinbar unerschöpfliche Hin und Her zwischen beiden zustande gebracht.

Den Begriff »Zirkulation« gebrauche ich zwar in Anlehnung an Derrida, aber das Gespür für die praktischen Strategien von Verhandlung und Austausch hängt weniger von poststrukturalistischer Theorie ab als von den zirkulatorischen Rhythmen amerikanischer Politik. Und es ist wesentlich an dieser Stelle, daß es nicht die Politik alleine ist, sondern die Gesamtstruktur von Produktion und Konsumtion – die systematische Organisation von Alltag und Bewußtsein –, die dieses Schema von Grenzsetzungen und -verletzungen ins Leben ruft, d. h. das Oszillieren zwischen abgegrenzten Objekten und monologischer Totalität, das ich oben skizziert habe. (114 f.)

Meine These lautet mit anderen Worten: Das Oszillieren zwischen Totalisierung und Differenz, zwischen Einheitlichkeit und Verschiedenheit der Namen, zwischen einer einheitstiftenden Wahrheit und ihrer Vervielfältigung in deutlich geschiedenen Seinsweisen – kurz: zwischen einem Kapitalismus à la Lyotard und einem à la Jameson – ist in der Poetik des Alltagsverhaltens in den Vereinigten Staaten schon ausgestaltet.[9] Nehmen wir als Beispiel nicht die Hollywoodkarriere des Präsidenten, sondern eine ganz harmlose Freizeitbeschäftigung in Kalifornien – einen Ausflug in den Yosemite National Park. Der Nevada Falls-Weg ist einer der beliebtesten in Yosemite, so beliebt, daß das Forstamt die ersten Kilometer hat asphaltieren lassen müssen, um zu verhindern, daß er durch den dichten Verkehr in einen regelrechten Hohlweg verwandelt würde. An einem bestimmten Punkt endet die Asphaltierung, und man trifft auf ein Schild, das den Beginn der Wildnis annonciert. Man hat an dieser Stelle bereits die National Forests verlassen, die den Park umgeben – Wälder, die vorwiegend als staat-

---

9 Die Beschreibung »die Poetik von Alltagsverhalten« ist Jurij Lotman entliehen. Siehe seinen Aufsatz in: *The Semiotics of Russian Cultural History*, hrsg. von A. D. Nakhimovsky und A. S. Nakhimovsky, Cornell 1985.

lich subventionierte Baumschulen für große Holzfirmen
dienen und sich in ihrem Aussehen entsprechend kaum von
den Waldstreifen im Privatbesitz unterscheiden, an die sie
angrenzen –, und ist in den Park selbst eingetreten. Dieser
Eintritt wird betont durch das Eintrittsgeld, das man einem
uniformierten Feldpolizisten am Eingangskiosk zahlt. Von
hier gelangt man weiter in eine dritte und besondere Zone
öffentlich designierter Natur. Diese Zone, Wildnis genannt,
gibt sich zu erkennen durch das abrupte Ende jeglichen As-
phalts und durch eine Hinweistafel, die Verhaltensregeln
aufführt, welche an dieser Stelle in Kraft treten: keine
Hunde, keine Abfälle, kein wildes Zelten usw. Mit anderen
Worten, die Wildnis wird durch eine Verschärfung der Regeln angekündigt, eine Verschärfung, welche die Bedingung
dafür darstellt, dem Asphalt zu entkommen.

Man kann diesem Weg folgen, bis man zu einer steilen
Kuppe gelangt, in welche die Hüter der Wildnis freundli-
cherweise eine Gußstahltreppe eingelassen haben. Diese
führt zu einer Brücke, die einen reißenden Strom über-
spannt, und auf der Mitte der Brücke wird man belohnt mit
einem wundervollen Ausblick auf die Nevada-Wasserfälle.
Am Geländer, das einen daran hindern soll, in den Tod zu
stürzen, während man den Blick auf die Wildnis genießt,
sind Hinweistafeln angebracht: Daten zur Größe des Wasserfalls, Warnungen, nicht auf die tückischen, von Gischt
rutschigen Felsen zu klettern, Wegweiser für alle, die weiter
wandern wollen – und eine eloxierte Aluminiumplatte, auf
der inspirierende, etwa im Stil Wordsworths formulierte
Ansichten des kalifornischen Umweltschützers John Muir
zu lesen sind. Die zitierte Passage, soweit ich mich entsin-
nen kann, versichert dem Lesenden, daß er noch für Jahre
diesen Ausblick im Kopf bewahren wird. Und neben diesen
Worten, auch in Aluminium eingeätzt, findet sich genau
dieser Ausblick: ein Photo der Nevada-Wasserfälle, aufgenommen von eben dieser Stelle auf der Brücke.

Das Vergnügen dieses Augenblicks – einmal abgesehen

von der Freude an Bergluft und Wasserfall, mächtigen Felsen und weiten Wäldern aus Lodgepole- und Jeffrey-Kiefern – rührt aus dem ungewöhnlich offenen Einblick in den Zirkulationsprozeß, der die ganze Erfahrung des Parks prägt. Die Wildnis wird gleichzeitig festgehalten und ausradiert durch die amtlichen Gesten, die ihre Grenzen festlegen; das Natürliche wird dem Künstlichen gegenübergestellt in einer Weise, die deren Unterscheidung sinnlos macht. Das Auge wandert vom »natürlichen« Bild des Wasserfalls zum Aluminiumbild, als ob es einen Unterschied festhalten (denn warum sonst geht man in dem Park wandern? Warum betrachtet man nicht gleich einen Bildband?) und zugleich auslöschen wollte. Dies Auslöschen gelingt aber keineswegs vollkommen – im Gegenteil, Parks wie Yosemite sind eine der Möglichkeiten, die Unterscheidung zwischen Natürlichem und Künstlichem in unserer Gesellschaft zustande zu bringen. Zugleich gibt die Tafel des Forstamts am Nevada-Wasserfall uns aber auch die Chance, das Sich-Durchdringen von Natürlichem und Künstlichem, das deren Unterscheidung überhaupt erst ermöglicht, zu erkennen.

Was bei diesem Bericht aus dem Reich kapitalistischer Ästhetik noch offenbleibt, ist die Frage nach den Eigentumsverhältnissen, denn die Nationalparks sind eingerichtet, um genau diese Frage auszusetzen oder bedeutungslos zu machen durch die Ideologie des geschützten öffentlichen Raumes. Jeder ist Mitbesitzer der Parks. Diese Ideologie aber wird durch die tatsächlichen Entwicklungen eines Parks wie Yosemite erschüttert, mit seinem teuren Hotel, einem Restaurant, in dem auf Kleiderordnung geachtet wird, teuren Souvenirläden usw. Aber sie wird nicht ganz zu Fall gebracht, denn sogar zur Regierungszeit des eindeutig der Rechten zugehörenden Innenministers James Watts ging man nicht so weit, die Genehmigung für die Einrichtung eines privaten Golfplatzes im Gebiet des Parks zu erteilen; und es gab einen Aufschrei öffentlicher Empörung, als eine private Fernsehproduktionsfirma, die die vertragliche Zusicherung hatte, eine Serie in Yosemite filmen zu dürfen, sich entschloß, die Felsen zu bemalen, um sie realistischer zu machen. Was wir brauchen, ist ein Beispiel, das Erholung oder Unterhaltung verbindet mit Ästhetik, Öffentlichkeit und Privateigentum. Und natürlich findet der Literaturkritiker das zwingendste Beispiel weder in einer politischen Karriere noch in einem Nationalpark, sondern in einem Roman.

1976 wurde ein Häftling namens Gary Gilmore aus einer Bundeshaftanstalt entlassen und zog nach Provo im Bundesland Utah. Einige Monate später überfiel er zwei Männer, die er tötete, wurde deswegen verhaftet, und des Mordes für schuldig befunden. Der Fall erlangte Berühmtheit, weil Gilmore darauf bestand, hingerichtet zu werden – eine Strafe, die zu dem Zeitpunkt in den Vereinigten Staaten seit einigen Jahren nicht mehr verhängt worden war wegen gesetzlicher Schutzvorschriften – und seinem Gesuch trotz heftiger Einwände der American Civil Liberties Union (eine Initiative zur Unterstützung der Bürgerrechte) und der National Association for the Advancement of Colored People (Gesellschaft zum Ausbau der gesellschaftlichen Position von Schwarzen) stattgegeben wurde. Die gerichtlichen Auseinandersetzungen und die schließliche Hinrichtung durch ein Erschießungskommando wurden zu einem nationalen Medienereignis. Lange vor seinem Abschluß war der Vorfall Norman Mailer und seinem Verlag Warner Books aufgefallen – laut Impressum eine Firma der Warner Communications. Mailers Forschungsassistent, Jere Herzenberg, sowie der journalistische Schreiberling und Interviewer Lawrence Schiller, führten extensive Gespräche und sammelten Dokumente, Protokolle der Gerichtsverhandlungen und persönliche Dokumente wie den privaten Briefwechsel zwischen Gilmore und seiner Freundin. Manche dieser Materialien waren urheberrechtlich nicht geschützt, d. h. gehörten der Öffentlichkeit, andere mußten gekauft werden; auch die Details dieser Transaktionen wurden Teil der Materialien, die von Mailer in *Gnadenlos*[10] verarbeitet wurden, einem Roman aus dem »echten Leben«, wie man so sagt, in dem dokumentarischer Realismus auf brillante Weise mit den romanhaften Geschichten, die für Mailers Werk so typisch sind, verknüpft wird. Der Roman war ein Erfolg bei Kritikern und Lesern – ein Erfolg, der nicht nur durch Bündel bewundernder Rezensionen bezeugt wird, sondern auch durch den Barcode, den die Taschenbuchausgabe auf dem Titelblatt wiedergibt. Der Roman wurde nachträglich verfilmt für eine NBC-Kurzfilmserie und half, an aufeinanderfolgenden Abenden ausgestrahlt, Autos, Waschpulver und Deodorants zu verkaufen.

Mailers Buch hatte noch ganz andere Nachwirkungen, die weniger vorauszusehen waren. Während er an *Gnadenlos* arbeitete, brachte die Zeitschrift *People* einen Beitrag über Mailer. Dieser Artikel fand die Aufmerksamkeit des Sträflings Jack H. Abbott, der Mailer schrieb und ihm Fakten aus erster Hand anbot über das Leben im Gefängnis. Ein Briefwechsel entwickelte sich, und Mailer war zunehmend beeindruckt nicht nur von den detaillierten Informationen, welche die Briefe enthielten, sondern auch von dem, was er ihr »Maß an literarischer Kraft« nannte. Die Briefe wurden von Erroll McDonald, einem Lektor im Verlag Random House, zusammengestellt und erschienen als Buch unter dem Titel *Mitteilungen aus dem Bauch der Hölle*. Auch dieses Buch wurde von der Kritik hochgelobt und trug dazu bei, wiederum mit Unterstützung von Mailer, daß Abbott auf Bewährung entlassen wurde.

»Während ich diese Worte schreibe«, heißt es in Mailers Einführung zu Abbotts Buch, »sieht es ganz so aus, als würde Abbott diesen Sommer auf Bewährung entlassen werden. Es ist gewiß Zeit, daß er herauskommt.«[11] »Seit fast

---

10 N. Mailer, *Gnadenlos*, übers. von Edith Walter, München 1979.
11 *Mitteilungen aus dem Bauch der Hölle*, übers. von Jürgen Abel, Frankfurt a. M. / Berlin / Wien 1982, S. 18.

zwanzig Jahren bin ich nie mit einem anderen menschlichen
Wesen in körperlichen Kontakt gekommen«, schreibt Abbott, »höchstens im Kampf, bei Prügeleien, bei Gewaltta-
ten.« (S. 82) Kurz nach seiner Entlassung wandte sich Abbott, mittlerweile eine berühmte Persönlichkeit, in einem
Lokal, das nachts durchgehend geöffnet hatte, an einen
Kellner und bat darum, die Herrentoilette benutzen zu dürfen. Der Kellner – Richard Adan, ein aufstrebender Schauspieler und Dramatiker – sagte Abbott, es gebe keine Toi-
lette und forderte ihn auf, doch nach draußen zu gehen. Als
Adan ihm vor die Tür folgte, stieß Abbott ihm, anscheinend
im Glauben, Adan wolle ihn herausfordern, ein Küchen-
messer ins Herz. Abbott wurde verhaftet und nochmals des
Mordes schuldig befunden. Diese Ereignisse sind zu einem
Theaterstück verarbeitet worden, das ebenfalls *Mitteilungen
aus dem Bauch der Hölle* heißt und dessen Premiere gute
Kritiken erhielt.

Die Literaturkritik hat eine vertraute Reihe von Termini,
um die Beziehung zwischen Kunstwerk und den geschichtlichen Ereignissen, auf die es sich bezieht, zu bezeichnen.
Wir sprechen von Andeutung, Symbolisierung, Allegorisie-
rung, Darstellung und, vor allem, Mimesis. Jeder dieser Begriffe hat eine reiche Geschichte und ist fast unersetzbar,
und dennoch scheinen sie alle inadäquat zu sein, wenn es
darauf ankommt, solche kulturellen Phänomene zu beschreiben, die Mailers und Abbotts Bücher, Fernsehserie
und Theaterstück konstituieren. Diese Unangemessenheit
erstreckt sich auf Aspekte nicht nur der gegenwärtigen Kultur, sondern auch der Vergangenheit. Wir müssen Begriffe
entwickeln, mit denen wir darlegen können, wie Material –
in diesem Fall amtliche Dokumente, private Papiere, Zei-
tungsausschnitte usw. – von einem Bereich des Diskurses in
einen anderen übersetzt und damit ästhetisches Eigentum
wird. Es wäre falsch, diesen Prozeß für eine Einbahnstraße
zu halten, so als würde er nur vom sozialen zum ästhetischen Diskurs führen. Nicht nur, weil der ästhetische Dis-

kurs hier unlösbar mit kapitalistischen Unternehmungen verschränkt ist, sondern auch, weil der soziale Diskurs schon mit ästhetischer Kraft geladen ist. Gilmore war nicht nur, wie er selber sagte, sehr von der Filmversion von *Einer flog über das Kuckucksnest* bewegt, sondern das ganze Muster seines Verhaltens scheint darüber hinaus durch die für amerikanische Bestseller charakteristischen Darstellungen geprägt worden zu sein, eingeschlossen auch die Bücher von Mailer selbst.

Michael Baxandall hat neuerdings behauptet, »Kunst und Gesellschaft sind analytische Begriffe zweier verschiedener Weisen, menschliche Erfahrung zu kategorisieren ... nichthomologe und systematische Konstrukte, die sich verzahnenden Themen übergestülpt werden«. Daraus folge, daß jeder Versuch, die beiden aufeinander zu beziehen, zuerst »einen der beiden Termini modifizieren muß, bis er dem anderen gleicht, dabei aber beachten muß, welche Art Modifizierung notwendig war, denn dies ist ein notwendiger Bestandteil der Information, die man gewinnen kann.« Es ist unbedingt erforderlich, daß wir die Modifizierung nicht nur erkennen, sondern auch einen Weg finden, sie zu messen, denn nur mittels solcher Messungen können wir hoffen, die Beziehung zwischen Kunst und Gesellschaft beschreiben zu können. Dieser Hinweis ist wichtig – Bewußtsein über die eigene Methodologie zu erlangen, ist eines der Erkennungsmerkmale des Neuen Historismus in den Kulturwissenschaften, dies setzt ihn ab von einem Historismus, der auf blindem Vertrauen in die Verständlichkeit von Zeichen und interpretativen Vorgehensweisen beruht. Aber man muß zusätzlich auch zur Kenntnis nehmen, daß das Kunstwerk selbst nicht die reine Flamme ist, welche unsere Spekulationen nährt. Im Gegenteil, das Kunstwerk ist selbst ein Produkt einer Reihe von Manipulationen, wobei einige von uns, den Interpreten, stammen (das fällt am meisten auf bei Kunstwerken, die nicht ursprünglich als »Kunst« konzipiert wurden, sondern beispielsweise als Votivgabe, als Propaganda, als Gebet, usw.), während viele andere während der Konstitution des ursprünglichen Werkes geschehen sind. Mit anderen Worten, das Kunstwerk ist Produkt eines Geschäfts zwischen einem Schöpfer oder einer Klasse von Schöpfern – ausgestattet mit einem komplexen, gemeinschaftlichen Repertoire an Konventionen – und den Institutionen und Praktiken der Gesellschaft. Um das Geschäft zu ermöglichen, müssen Künstler eine Währung prägen, die für einen sinnvollen, gegenseitig gewinnbringenden Austausch tauglich sein muß. Es ist an dieser Stelle wichtig zu betonen, daß dies ein Prozeß nicht nur der Aneignung, sondern auch des Austauschs ist, denn die Existenz der Kunst bedeutet immer auch eine Gegengabe, normalerweise etwas, das man im Sinn von Genuß oder Interesse messen kann. Ich muß hinzufügen, daß die herrschenden Währungen der Gesellschaft – Geld und Prestige – sicherlich in diesen Prozeß miteinbezogen sind. Aber ich benutze den Ausdruck »Währung« als Metapher für systematische Anpassungen, Symbolisierungen und Kreditrahmen, die notwendig sind, um einen Austausch in Gang zu setzen. Mit Termini wie »Währung« und »Geschäft« zeigen wir unsere Manipulation und unsere Veränderung der jeweiligen Referenzsysteme an.

Die meisten theoretischen Anstrengungen müssen m. E. verstanden werden im Kontext einer Suche nach einem neuen Set von Termini, mit denen man die kulturellen Phänomene, die ich soeben zu beschreiben versucht habe, verstehen kann.   (116–121)

VII
Dekonstruktion

Einleitung

Die Auffassung des literarischen Werks als eines geschlossenen und autonomen Sinnganzen wurde bereits durch die Rezeptionsästhetik in Frage gestellt, die entschieden auf die Aktivität des Lesers setzt. Für Wolfgang Iser muß dessen »wandernder Blickpunkt« die »Leerstellen« des Textes durch Konsistenzbildungen überbrücken. Bedeutend ist der Text nicht, weil er mimetisch, also Abbildung von Wirklichkeit wäre, sondern dadurch, daß er geschichtsspezifische »Wirklichkeitsmodelle« entwirft, einen virtuellen Bezugsrahmen schafft. Im Spiel dieser textuellen Reorganisation von Wirklichkeit kann der Leser vorübergehend seine »individuellen Dispositionen« verlassen. Diese texttheoretische Überlegung verbindet Iser mit einer anthropologischen: das Imaginäre, die noch nicht eingeholte Möglichkeit des Menschen, wird durch das Fiktive, die Fingierungsstrategien des Textes, spielerisch gestaltet. Sie zeigen, was noch nicht eingelöst und nicht einfach abgebildet werden kann, unterliegen damit dem Gesetz der Aufschiebung.

Die Annahme eines allein textuell verbürgten virtuellen Bezugsrahmens, der nach Iser im Zusammenwirken von Text und Leser entsteht, erfährt in der Theorie der Dekonstruktion auf philosophischer und linguistischer Grundlage eine grundsätzlich andere Bewertung. Mit Blick auf zentrale Texte der Identitätsphilosophie und des Strukturalismus kritisieren die Dekonstruktivisten deren Prämissen, woraus sich neue theoretische Vorgaben für die Lektüre literarischer

Texte ergeben. Die traditionelle hermeneutische Interpretation sieht in jedem Text einen durchlaufenden, entzifferbaren und mitteilbaren Sinn. Die Ideologiekritik beschreibt gewissermaßen von außen die Irrtümer und Verstellungen eines Textes. Dagegen sucht die Dekonstruktion nicht nur nach der Wirklichkeitsfiktion, sondern auch nach den inneren Widersprüchen, die jeder Text hat, die er aber durch »Figurationen« im Sinne Paul de Mans, durch nicht hinterfragte Grundannahmen und textuelle Ordnungen verdeckt. Weil sie diese Figurationen erfassen und auflösen will, initiiert die dekonstruktive Lektüre eine Bewegung innerhalb der Struktur des Textes, die sich schließlich auch gegen diese selbst richtet.

Die damit einhergehende Widerlegung der Annahme eines durchlaufenden Sinns begründet die Dekonstruktion aus einem kritischen Blick auf die philosophische Metaphysik. Sie wendet sich gegen den von Platon bis Husserl geltenden Grundsatz, daß, analog zur Präexistenz Gottes vor der Welt, das Bewußtsein als eine ideale Selbstpräsenz vor der Sprache verstanden werden muß. Diese zeichentheoretische Bestimmung von Signifikant und Signifikat, Zeichen und Bezeichnetem, führt nach Derridas Meinung zur philosophischen Setzung eines »transzendentalen Signifikats«, der Annahme, daß es einen ordnungsstiftenden Zentralbegriff gibt, der vom Spiel der Signifikanten unabhängig ist. Er soll den Zusammenhang und die systematische Organisation der Zeichen garantieren. Indem er gleichzeitig innerhalb und außerhalb der Zeichenordnung gedacht wird, ist er zentraler Referenzpunkt aller Zeichen und gewissermaßen ihre metaphysische Begründung.

Die Subversion dieser Vorstellung, die sich als Figuration bezeichnen ließe, versucht Derrida zunächst durch eine Kritik an Saussures Zeichenbegriff. Er bestimmt mit diesem das Schriftzeichen als einen Signifikanten besonderer Art, weil es zwar Signifikant des gedachten oder gesprochenen Wortes ist, dieses Signifikat aber seinerseits zum Signifikanten für eine innere Vorstellung werden kann. Die Trennung zwischen Signifikant und Signifikat ist für Derrida deshalb nicht stabil, sondern gilt allein innerhalb eines strukturellen Zusammenhangs: Jedes Signifikat ist immer schon in der Position eines Signifikanten, Moment eines Verweisungszusammenhangs. Deshalb sieht Derrida die ideelle Bedeutungsbildung untrennbar mit dem materiellen Prozeß der Artikulation verwoben. Damit stellt er den Begriff des Zeichens als eines Zeichens von etwas grundsätzlich in Frage.

Derridas Kunstwort der »différance« radikalisiert diesen Gedanken der Strukturalität der Struktur. Es meint ›unterscheiden‹ und ›aufschieben‹ zugleich und charakterisiert so das Ineinander von Sprachordnung und Denkordnung. Daß alles Struktur ist, meint bei Derrida gerade nicht, daß alles Taxonomie, sondern daß vielmehr alles unendliches Spiel von Differenzen ist. Aus diesem Grund gibt es für ihn »keine an und für sich und für alle Zeit geltende Interpretation des Seins und der Welt«. Sowohl die Vorstellung, daß das Subjekt mit sich selbst präsent ist im Selbstbewußtsein, als auch die Überlegung, daß ein wahrgenommener Gegenstand im Bewußtsein unmittelbar präsent sein kann, stehen so grundsätzlich in Frage. Die Prämissen des ›Logozentrismus‹ werden zurückgewiesen, zugleich fällt die damit verbundene Vorstellung, daß das Subjekt im Zentrum aller Denk- und Sprechakte steht: es wird im Vollsinn des Wortes dezentriert.

Die Dekonstruktion mündet hier in eine diskursanalytische Überlegung ein und verbindet sich zudem mit intertextuellen Gedanken. Im Begriff des Buches, in der Vorstellung eines abgeschlossenen, sinnzentrierten Werks, sieht Derrida den metaphysischen Logozentrismus fortleben. Der Idee des Buches wie der Vorstellung eines selbstgewissen und selbstpräsenten Subjekts, das sich in seiner Selbstreflexion zu spiegeln und zu begegnen versucht, setzt Derrida deshalb den Begriff »Text« entgegen. Er wird zum Schlüssel-

punkt seiner *Grammatologie*. So wie das Sprachzeichen nur
als Differenz funktioniert und niemals in seiner Fülle präsent sein kann, weil es Zeichen ist, unterscheidend auf andere Zeichen verweist und die Spur anderer Zeichen in sich
trägt, fällt auch die Vorstellung, daß das Bewußtsein sich
selbst ungebrochen begegnen könne. Vielmehr wird es als in
ein Sprachfeld eingelassen gedacht, in dem es sich mit Notwendigkeit zerstreut; es ist mit unterschiedlichen Zeichen
verwoben und läßt sich wie ein Text betrachten, dessen Autor unbekannt ist. Sinn wird in einem Text nur »nach Maß-
gabe der jeweiligen textuellen Ordnung« erzeugt. Niemals
geht das Bewußtsein der Sprache voraus, immer schon ist es
durch ein Zeichen ersetzt.

Diese Annahmen sind grundlegend für die Lektüre fik-
tionaler Texte. So wie Zeichen immer Umwandlungen anderer Zeichen darstellen, sind für Derrida auch Texte immer
Transformationen anderer Texte. Die dekonstruktivistische
Lektüre sucht deshalb nicht nach Originalität, sondern beschreibt das Gesetz der Intertextualität: Sie zeichnet eine
Bewegung nach, die sich im Text und durch sein Verhältnis
zu anderen Texten vollzieht. Da es weder einen abgeschlossenen Text als Buch noch ein selbstpräsentes Subjekt oder
das synthetisierende Selbstbewußtsein des Autors gibt,
bleibt einzig »die Erfahrung der unendlichen Derivation der
Zeichen«. Daraus folgt für Derrida auch: Das Subjekt ist
nicht Autor oder Herr der Sprache, sondern die Sprache ist
Herr über das Subjekt: die Etymologie des Wortes ›sujet‹
benennt denn auch eine Unterwerfung. »Je suis celui qui
suit«, formuliert Derrida mit Blick auf diese Überlegung
wortspielerisch. Auch das Zeichen ist nicht seiner selbst
gegenwärtig, weil der Signifikant nicht durch ein genau
bestimmbares Signifikat festgelegt ist. Es erhält seinen Sinn
allein durch Differentialität. Die Unverwechselbarkeit des
Signifikanten geht aus seiner Unterscheidung von allen anderen Zeichen, nicht aber aus der Referenz auf ein eindeuti-
ges Signifikat zurück.

Texte disseminieren, verstreuen also Sinn, statt ihn zu fixieren, sie verlangen nach einer pluralistischen Lektüre anstelle der identifizierenden Interpretation, nach der Herausarbeitung einer sich ständig wandelnden Struktur anstelle einer Bedeutung. Die dekonstruktive Lektüre unterstellt sich selbst den gleichen Gesetzen; sie vollzieht sich als ein Spiel, das sich dem der Zeichenbildung und Bedeutungszuweisung vergleichen läßt. Im Spiel der Lektüre wendet sie sich gegen die Metaphysik der Präsenz. Allerdings gelingt es Derrida in der eigenen Argumentation nicht völlig, ontologische und metaphysische Implikate zu vermeiden. Notwendig bringt sein kritischer Umgang mit einer Sprache, die sich der metaphysischen Tradition nicht völlig entziehen kann, zwar eine neue Terminologie hervor. Doch diese führt ihrerseits zu neuen Setzungen, die auch dadurch nicht vermieden werden können, daß sie bewußt gehalten werden. Selbst in Derridas Perspektive ist die Dekonstruktion ständig in Gefahr, sich im Netz der eigenen Argumentation zu verfangen. Andererseits läßt sich sehen, daß das von der Dekonstruktion organisierte Spiel der Zerschlagung und Reorganisation von Bedeutung, der Aufhebung der Grenze zwischen Signifikat und Signifikant dem Gesetz einer Erzählweise entspricht, die Autoren seit der Moderne häufig wählen.

Unter diesen Voraussetzungen sind Derridas Textanalysen einer poetischen Simulation vergleichbar. Seine kritischen Texte praktizieren ein Verfahren, das er »Pfropfung« nennt. Sie zitieren fremde Texte und fügen sie ihrer eigenen Argumentation ein: auf diese Weise wird das für jeden Text konstitutive Zusammenspiel von Wiederholung, Identität und Idealität vorgestellt, ohne daß es begrifflich gefaßt werden muß.

Stellvertretend für die amerikanische Schule der Deconstruction, die mittlerweile auf Europa zurückwirkt, kritisiert Paul de Man an Derrida, daß er sein Verfahren der Lektüre nicht entschieden genug auf seine eigenen Texte angewandt habe. Vor allem an Derridas Rousseaukritik glaubt er zu erkennen, daß diese hinter das subversive Potential des Textes von Rousseau zurückfalle. De Man radikalisiert deshalb Derridas theoretische Überlegungen, indem er die Bedingungen jeder Lektüre, der hermeneutischen wie der dekonstruktivistischen bedenkt. Texte lesend weist er auf das zwangsläufige Scheitern allen Lesens, das auf Erkenntnis aus ist. De Man beschreibt, so ein programmatischer Titel seiner literarkritischen Essays, die *Allegorien des Lesens*. Damit folgt er einerseits den von Derrida entwickelten erkenntnistheoretischen Vorgaben, andererseits wird bei ihm die interpretatorische Praxis bestimmend. Im Bemühen, diese selbst zu theoretisieren, setzt er seinen kritischen Ansatz und den philologischen Kommentar zueinander in Beziehung. Wie Derrida bricht er dabei mit zwei gewohnten Bezugsgrößen: zum einen mit der Vorstellung einer durch Interpretation erschließbaren Wahrheit, zum anderen mit der Annahme einer für die Interpretation maßgebenden subjektiven Intention von Autor oder Leser.

Zur Grundlage des Kommentars, zu seiner epistemologischen Basis wird für de Man allein das Lesen; Kritik ist dessen Metapher. In ihr denkt er sich Werk und Interpretation als miteinander verbunden; Text und Leser stehen einander nicht wie Objekt und Subjekt gegenüber. Der Kommentar de Mans, der einerseits immer wieder auf Nichtverstehbares stößt, andererseits durch eine komplexe Struktur von »Einsicht« und »Blindheit« bestimmt ist, findet im Literarischen eine Sprache, die ambivalent ist und »falsche« Lektüren geradezu herausfordert. Die Uneindeutigkeit des literarischen Textes, die Unsicherheit, ob er allegorisch oder wörtlich, figural oder nach dem Wortsinn gelesen werden muß, ist die Grunderfahrung der Interpretation. Sie hat keine metaphysischen Ursachen, sondern liegt vielmehr in der Rhetorizität der Sprache begründet. Die Rhetorik, insofern sie Sprache als Sprache thematisiert, wird für de Man deshalb zu einer Epistemologie der Sprache, sie arbeitet deren Selbstbezüglichkeit heraus.

Was für den literarischen Text gilt, bestimmt gleichermaßen seinen Kommentar. Auch er ist figural und literal zugleich, er spricht nicht selten im Modus des Uneigentlichen. Er wird prinzipiell mißverständlich, wenn die Interpretation auf der Möglichkeit einer Unterscheidung zwischen literaler und figuraler Sprache, auf einer »Wahrheit der Literatur im Sinne einer *entscheidbaren* Bedeutung des Textes« beharrt.

De Mans Begriff der Rhetorik überschreitet deshalb die Überlegungen des Strukturalismus, auf die er zurückgeht. Dessen ›Grammatisierung von Rhetorik‹ stellt er seine ›Rhetorisierung von Grammatik‹ gegenüber. Dabei versteht er unter Rhetorik eine strukturelle Eigengesetzlichkeit, die literarisch bedeutsam und wirksam wird. Auf sie zielt die Dekonstruktion.

Fixiert auf diese Struktur stößt das Lesen auf die ›Unlesbarkeit‹ von Texten; das allegorische Lesen als selbstreflexiver Prozeß liest das Scheitern des Lesens. Es sprengt immer wieder den hermeneutischen Zirkel des Verstehens, um die Vieldeutigkeit sprachlicher Ausdrücke auf einen unlösbaren und unvermeidbaren Widerspruch zuzuspitzen. De Mans von innen operierende Lektüre durchschneidet die Verbindung zwischen ›rhetorisch‹ zu verstehender Grammatik und außersprachlicher Realität.

Die Radikalität dieses Verfahrens stößt allerdings auch an eine Grenze. Es verliert sein kritisches Potential, wenn es seine eigene Historizität nicht mehr bedenkt und sich zugleich durch eine hermetische Terminologie immunisiert. Als Kritik vor der Folie einer bewußt gehaltenen Tradition hermeneutischen Textverstehens hat die Dekonstruktion ihre Bedeutung. Sie verfehlt diese aber, wenn sie sich autonomisiert und allein auf eine provokative Abkoppelung von der europäischen Tradition zielt, wie sich dies in der amerikanischen Schule der Deconstruction beobachten läßt, deren Vertreter sich zudem mit einem relativ schmalen Kanon von Referenztexten begnügen, um ihre Überlegungen zu demonstrieren. Auch der derzeit radikalste methodische Neuansatz in der Literaturwissenschaft untersteht damit einem historischen Funktionswandel, von dem er sich ursprünglich frei glaubte.

R. G. R.

Literatur

Bohrer, K.-H. (Hrsg.): Ästhetik und Rhetorik. Lektüren zu Paul de Man. Frankfurt a. M. 1993.

Frank, M.: Was ist Neostrukturalismus? Frankfurt a. M. 1983.

Gasché, R.: In-Difference to Philosophy: de Man on Kant, Hegel, and Nietzsche. In: W. Godzich / L. Waters (Hrsg.): Reading de Man Reading. Minneapolis 1987. S. 259–294.

Gasché, R.: The Tain of the Mirror. Cambridge/London 1986.

Haverkamp, A. / Frank, M. (Hrsg.): Individualität. München 1987. (Poetik und Hermeneutik. 13.) [Vgl. bes. die Beiträge von A. Haverkamp, W. Iser, R. Warning, M. Frank zu: Fragmente der Schlußdiskussion.]

Haverkamp, A. (Hrsg.): Gewalt und Gerechtigkeit. Frankfurt a. M. 1994.

Jacobs, C.: Reading Allegories of Reading. In: W. Godzich / L. Waters (Hrsg.): Reading de Man Reading. Minneapolis 1987. S. 105–120.

Kofman, S.: Derrida lesen. Wien 1987.

Major, R.: Lacan avec Derrida. Analyse désistentielle. Paris 1991.

Man, P. de: The Rhetoric of Blindness. Jacques Derrida's Reading of Rousseau. In: P. d. M.: Blindness and Insight. Minneapolis 1983.

Miller, J. H.: The Ethics of Reading. New York 1987. [Bes. S. 41–60.]

Nancy, J.-L.: Sens elliptique. In: J.-L. N.: Une pensée finie. Paris 1990.

Renner, R. G.: Die postmoderne Konstellation. Theorie, Text und Kunst im Ausgang der Moderne. Freiburg 1988.

Wetzel, M.: J. Derridas Postkarte. In: Psyche 38 (1984) S. 186–191.

Wills, D.: Dem Buchstaben nach geben. In: M. Wetzel / J.-M. Rabaté (Hrsg.): Ethik der Gabe. Denken nach Derrida. Berlin 1993. S. 285–300.

Zima, P. V.: Die Dekonstruktion. Einführung und Kritik. Tübingen 1994.

WOLFGANG ISER

Das Zusammenspiel des Fiktiven und des Imaginären

So verschiedenartig sich die Konzeptualisierung des Imaginären als Vermögen, Akt und radikal Imaginäres auch ausnimmt, so sind gewisse Gemeinsamkeiten unübersehbar. Das Imaginäre ist kein sich selbst aktivierendes Potential, sondern bedarf der Mobilisierung von außerhalb seiner, sei es durch das Subjekt (Coleridge), das Bewußtsein (Sartre) oder die Psyche und das Gesellschaftlich-Geschichtliche (Castoriadis), womit die Reihe der Aktivierungsmöglichkeiten beileibe nicht erschöpft ist. Daraus folgt: dem Imaginären eignet keine Intentionalität, vielmehr wird es erst mit einer solchen durch die jeweils erfolgte Inanspruchnahme aufgeladen. Daraus ließe sich weiter folgern: gerade weil das Imaginäre ohne Intentionalität ist, scheint es für jede Intention aufnahmebereit zu sein. Dadurch binden sich jedoch die Intentionen an das, was sie mobilisiert haben, weshalb den aktivierenden Instanzen auch immer etwas widerfährt. Das Imaginäre fällt daher niemals vollständig mit seiner intentional erfolgten Mobilisierung zusammen, sondern entfaltet sich als Spiel mit seinen Aktivierungsinstanzen – ein Spiel, das allerdings weder mit den Absichten der Inanspruchnahme noch mit einem in die Gestalt gezogenen Imaginären bereits identisch wäre, obwohl es dieses ohne die intentionale Mobilisierung des Imaginären nicht gäbe. Entsteht Spiel aus einer zweckorientierten Aktivierung des Imaginären, so wird es gleichzeitig zum Ort, an dem die verschiedenartigsten Interaktionen des Imaginären mit seinen Mobilisierungsinstanzen ausgetragen werden. Das läßt Spiel zum einen als Produkt erfolgter Aktivierung erscheinen und zum anderen als Bedingung von Produktivität durch die von ihm bewirkte Interaktion.

Demzufolge ist der Sprachgebrauch, Imaginäres manifestiere sich als Spiel, eine Rede des Diskurses über das Imaginäre, in die zugleich der Vorbehalt eingeschrieben ist, daß man Imaginäres als ›Ganzes‹ oder als das, was es sei, niemals gewärtigen, geschweige denn bestimmen kann. Zwar ist die Rede vom Imaginären als Spiel eine kognitive Aussage, die sich aber nicht als ontologische Fundierung des Imaginären versteht. Denn etwas als etwas zu verstehen heißt lediglich, es in seiner Aspekthaftigkeit zu begreifen. Spiel, so hat es den Anschein, ist ein prominenter Aspekt des manifest gewordenen Imaginären, das zu einer Vielfalt von Funktionen entfaltet werden kann, mit keiner jedoch zu verrechnen ist. Folglich ist jede Aussage darüber, was denn die Funktion des Spiels sei, *eo ipso* eine Philosophie des Spiels, an deren Spielarten wiederum kein Mangel herrscht. Bestimmt die philosophische Aussage, was die Funktion des Spiels sei, so ist die basale Spielbewegung des Hin und Her, in der sich ein manifest gewordenes Imaginäres zeigt, niemals *a priori* durch eine bestimmte Funktion determiniert.

Wenn sich in den besprochenen Paradigmen Imaginäres als Spiel entfaltet, als Spiel jedoch nicht thematisiert wird, so deshalb, weil es als Vermögen, als Akt oder als radikal Imaginäres auf je bestimmte pragmatische Erfordernisse bezogen bleibt. Das Spiel als Oszillation mündet in die Selbstkonstitution des Subjekts. Das Spiel als Gleiten und Kippen bringt wechselnde Bewußtseinseinstellungen hervor. Das Spiel als Interferenz treibt über die Selbstabspaltungen der Psyche diese in ihr Anderswerden hinein, und das Spiel als Figuration reguliert die Selbstveränderung der Gesellschaft. Bedenkt man, daß Oszillation, Gleiten und Kippen, Interferenz und Figuration Bewegungen verkörpern, die asymmetrisch verlaufen und oft mehrstellig bezogen sind, dann wird das Transitorische zur Signatur eines solchen Spielens, und zwar nicht zuletzt deshalb, weil die ausdifferenzierte Spielbewegung des Hin und Her nicht Selbstzweck ist, sondern der Realisierung bestimmter Zwecke dient, seien diese nun die Interiorisierung der Natur im Geist, das kaleido-skopartige Gleiten und Kippen der Bewußtseinseinstellun-gen, die Psychogenese oder das Anderswerden der Gesell-schaft. Wenn immer solche Realisierungen erfolgen – und das heißt, die pragmatisch gesetzten Zwecke eingelöst sind –, verschwindet das Spiel, das im Blick auf die dann gewonnene Aktualität der Resultate sich retrospektiv als ein Übergangs-stadium von hoher Latenz zeigt. Eine solche Latenz ausdiffe-renzierter Spielbewegungen, zu der sich die Mobilisierung des Imaginären durch je unterschiedliche Instanzen entfaltet, läßt dieses Spiel als eine Erzeugungsmatrix erscheinen.

Ist der transitorische Charakter des Spielens in seiner le-benswertlichen Pragmatik immer auf Zwecke bezogen, so muß eine Philosophie des Spiels Zwecke postulieren, um die Eigentümlichkeit des Transitorischen fassen zu können. Das geschieht in der Regel durch das Zuschreiben einer Symbolqualität, und das heißt, daß man Zuordnungen po-stuliert, durch die der transitorische Charakter des Spielens eher verschwindet als gefaßt wird. Paradoxerweise ließe sich daher sagen: es gibt nur eine ›Philosophie des Spiels‹, die dem transitorischen Charakter des Spielens gerecht wird, und das ist die Verschiedenartigkeit der Spiele (*games*) selbst. Denn erst diese entfalten die operative Mächtigkeit des Transitorischen zu je bestimmten Ausprägungen. Zwar münden auch die Spiele in ein Resultat, das jedoch nur de-ren Ende anzeigt, während das Spiel selbst, solange es an-dauert, aus dem transitorischen Charakter des Spielens lebt.

Wenn sich eine Aktivierung des Imaginären als Spiel ent-faltet, so zeigen die besprochenen Paradigmen, in welcher Weise die aktivierende Instanz über die Ausgestaltung der basalen Spielbewegung des Hin und Her verfügt. Wenn es von der aktivierenden Instanz abhängt, wie sich das Spielen vollzieht, dann werden sich die Möglichkeiten des transito-rischen Charakters dort stärker entfalten lassen, wo die pragmatischen Zwecke von minderer Bedeutung sind. Insofern läßt das Fiktive als Mobilisierung des Imaginären im literarischen Text eine andere Konstellation des Spielens erwarten. Denn es ist beileibe nicht so sehr auf das Erreichen von Zwecken ausgerichtet, wie das für das Subjekt, das thetische Bewußtsein und das Gesellschaftlich-Geschichtliche gilt, die allesamt Imaginäres in je bestimmte Verwendungen überführen. Deshalb wird ein aktiviertes Imaginäres als Spiel dort ungleich variantenreicher, wo die mobilisierende Instanz nicht von vornherein die transitorische Spielbewegung für das Verwirklichen vorgegebener Ziele nutzt. In dieser Hinsicht unterscheidet sich das Fiktive als die Entfaltung des Imaginären zu seinen Spielmöglichkeiten auch von jeder Philosophie des Spiels, die die transitorische Bewegung durch Symbole verdinglicht. Folglich läßt sich das Fiktive nicht als Bestimmung von Spiel verstehen, sondern funktioniert als Instanz, Imaginäres über seinen pragmatischen Gebrauch hinaus erfahrbar zu machen, ohne von dessen ›Entfesselung‹ überschwemmt zu werden, wie etwa im Traum oder in Halluzinationen. (377–381)

Auch Freud war der Meinung, daß »die ›schöpferische‹ Phantasie . . . überhaupt nichts erfinden, sondern nur einander fremde Bestandteile zusammen setzen« könne.[1] Deshalb braucht das Imaginäre ein Medium – nicht allein, um überhaupt zu erscheinen, sondern um im Erscheinen das zu bewerkstelligen, was durch das Medium in das Imaginäre zum Zweck seiner intentionalen Mobilisierung hineingetragen wurde. Das heißt auch: das Imaginäre kann nicht mit seinem Medium zusammenfallen; denn von einem Medium ließe sich nicht mehr sprechen, wenn das Imaginäre durch das Fingieren nicht eine gebrauchsspezifische Perspektivierung erführe. Die »Einbildungskraft« erwartet, wie es Caillois einmal formulierte, »die Stunde, um an die Oberfläche zu treten: gewissermaßen den Augenblick ihrer Gerinnung

---

1 S. Freud, *Vorlesungen zur Einführung in die Psychoanalyse*, hrsg. von A. Freud [u. a.], Frankfurt a. M. ⁵1969 (Gesammelte Werke, Bd. 11.), S. 175.

... Ihre Lebensweise insgesamt sowie einzelne bezeichnende äußere Eigenheiten können auf die Einbildungskraft
wie ein Impfstoff mit positiver Reaktion wirken; sie gerät
dadurch in Bewegung«.[2]

Die Akte des Fingierens verkörpern einen solchen »Impfstoff« und bringen durch ihre Intentionalität Imaginäres im
Text zu kontrollierter Entfaltung. Die Gemeinsamkeit der
Akte, Grenzüberschreitung zu sein, differenziert sich in der
Besonderheit ihrer jeweiligen Tendenz. In jedem Stadium
widerfährt dem überschrittenen, wenngleich parat gehaltenen Bereich eine bestimmte Negativierung: in der Selektion
wird die Organisation der Bezugsrealitäten durchgestrichen; in der Kombination werden Bezeichnen und Repräsentieren zur Latenz verschoben, und in der Selbstanzeige
wird die dargestellte Textwelt irrealisiert.

Da immer etwas Bestimmtes durchgestrichen, latent
gemacht bzw. irrealisiert wird, bewirkt die vom Fingieren
ausgelöste Modifikation den Imaginären die Verwandlung
von Wirklichkeiten in Möglichkeiten. Die Selektion hat
Bezugsrealitäten zu ihren Vorgaben, die – zur Vergangenheit entrückt – die Motivation solcher Verschiebungen als
abstrakte Möglichkeiten abschatten. Die Kombination hat
konventionsstabilisierte Bezeichnungs- und Repräsentations-
funktionen zu ihren Vorgaben, die – in die Latenz gedrückt –
Relationierbarkeit als Anderswerden freisetzen. Die Selbstanzeige dagegen schneidet sich von solchen Realbezügen
ab und macht durch ihr Als-Ob die aus Selektion und Kombination hervorgegangene Textwelt zur reinen Möglichkeit.
Diese verkörpert nun insofern eine radikale Alternative zur
Bezugswelt des Textes, als sie aus deren Realität nicht ableitbar ist und gerade dadurch zum Modell für das Erzeugen von Welten wird. Denn sie ist das Analogon einer Vorstellbarkeit, und das bedeutet, zu einer Möglichkeit eine

---

2 R. Caillois, *Der Krake. Versuch über die Logik des Imaginativen*, übers.
  von Brigitte Weidmann, München 1986, S. 63 und 7.

Realität hinzuzudenken. Das aber scheint dem durch Erfahrung eingeübten Verhältnis von Wirklichkeit und Möglichkeit zu widersprechen, welches uns glauben macht, daß es Möglichkeiten immer nur in Beziehung auf Wirklichkeiten – und nicht umgekehrt – gibt. Denn Möglichkeiten, so meint man, liegen den Realitäten nicht voraus. Wenn aber Realitäten ihrerseits Konstrukte sind, dann können sie nicht aus sich selbst hervorgegangen sein. Das Zusammenspiel von Fiktivem und Imaginärem bezeugt folglich, daß die Bezugsrealitäten des Textes – weil aus Möglichkeiten hervorgegangen – wieder in solche zerlegt werden, um weitere Möglichkeiten freizusetzen, die dem Hervorbringen anderer Welten dienen.

Wie aber wäre ein solches Entstehen von Möglichkeiten zu denken, und was könnte damit angezeigt sein? Zunächst gilt es festzuhalten, daß sich ein unter Formzwang stehendes Imaginäres einer letzten Faßbarkeit entzieht und folglich als ein gewisses Nichts erscheint. Dieses wird seinerseits in den Akten des Fingierens als Durchstreichen, Entgrenzen und Irrealisieren virulent, was wiederum auf eine Motivation schließen läßt, die diesen Negativierungsoperationen unterliegt. Wenn die Ordnungen von Bezugsrealitäten außer Kurs gesetzt, das Bezeichnen und Repräsentieren zur Latenz verschoben und die Textwelt zum Analogon für die Vorstellbarkeit eines Nicht-Existenten reduziert werden, dann ist ein solches Nichten immer zugleich auch ein Ermöglichen von etwas. Imaginäres wird folglich durch Fiktives zur Gegenwendigkeit von Dekomposition und Hervorbringung entfaltet. Gegenwendigkeit ist ein Terminus, den Heidegger in seine Diskussion um den »Ursprung des Kunstwerks« eingeführt hat und der hier nur insoweit von Belang ist, als »Streit« und »Riß« elementare Bedingungen von Hervorbringung sind. »Der Streit ist kein Riß als das Aufreißen einer bloßen Kluft, sondern der Streit ist die Innigkeit des Sichzugehörens der Streitenden.«[3] Ohne eine solche Gegen-

---

3 M. Heidegger, *Holzwege*, Frankfurt a. M. 1950, S. 51.

wendigkeit käme Imaginäres nicht zur Erscheinung; als ein Gegenwendiges aber bezeugt es, daß Nichten und Hervorbringen zusammengehören.

So sehr Fiktives Imaginäres zu solcher Gegenwendigkeit ›aufspaltet‹, so sehr bleibt es seinerseits auf Imaginäres angewiesen. Denn als Grenzüberschreitung ist das Fingieren reiner Bewußtseinsakt, der sich auf etwas richtet, das leer bleibt, weil Richtung nur die Bedingung für das Durchhalten der Intention schafft. Zwar ist durch den fingierenden Akt ein Rahmen gesetzt, aber die Intention des Aktes bewirkt noch nicht dessen konkrete Füllung. Bestenfalls entsteht eine Leervorstellung, die der Absättigung bedarf. Ohne das Imaginäre bliebe das Fiktive eine Leerform des Bewußtseins; ohne das Fiktive käme das Imaginäre nicht zur Gegenwendigkeit. Sofern das Fiktive Medium ist, setzt es Imaginäres zu Nichten und Ermöglichen frei, verliert aber zugleich die Kontrolle über das Ausagieren dieser Differenz. Denn die Gegenwendigkeit des Imaginären geschieht instantan, weshalb sich Dekomposition und Hervorbringung nicht als ein regulierbares Nacheinander vollziehen. Das ist nun auch ein wesentlicher Grund dafür, weshalb die dem Nichten unterliegende Motivation sich in der Vielgestaltigkeit von Möglichkeiten zeigt. Sofern die Doppelungsstruktur des Fiktiven in diesem Zusammenspiel stark bleibt, verschattet sich Abwesendes in Anwesendem, kehren sich die Rückansichten der Phänomene hervor, werden Bezeichnen und Repräsentieren zur Mehrsinnigkeit entfaltet und wird die Irrealität zu einer Wahrnehmungsillusion gemacht. Sofern die Gegenwendigkeit des Imaginären die Oberhand gewinnt, wird die Doppelungsstruktur zu Dualität, Ambivalenz und Duplizität verzerrt, die ihrerseits zu einer unabsehbaren Ausdifferenzierung von Möglichkeiten führen.

Das aber heißt zugleich: diese Möglichkeiten gewinnen ihre Kontur durch genichtete Realitäten, die deswegen genichtet werden können, weil sie ihrerseits realisierte

Möglichkeiten sind. Das Zusammenspiel von Fiktivem und Imaginärem erwiese sich dann als die Inszenierung eines solchen Vorgangs, der in der Literatur deshalb so paradigmatisch erfolgen kann, weil hier das Fiktive die Aktivierung des Imaginären als ein von lebensweltlicher Pragmatik entlastetes Widerspiel entfaltet.

Wozu aber bedarf es einer solchen Inszenierung? Nun, zunächst um anzuzeigen, daß es Wirklichkeit als Beschränkung des Möglichen nicht geben kann, nicht zuletzt, weil Möglichkeiten sich aus dem, was ist, nicht ableiten lassen. Zwar können Möglichkeiten zum Horizont des Wirklichen werden, doch gerade dann wird sich dieses nicht gleich bleiben. (398–404)

Demnach wäre der Mensch das Plenum seiner Möglichkeiten. Doch wenn es sich so verhielte und der Mensch alle seine Möglichkeiten in sich trüge, könnte er mit keiner von ihnen zusammenfallen, sondern würde immer dazwischenhängen. Das heißt zugleich: als er selbst vermag er sich nicht gegenwärtig zu werden, weil er – als der Urheber seiner Möglichkeiten – diesen immer schon vorausläge. Wenn er aber mit keiner seiner Möglichkeiten identisch ist, kann das Plenum der Möglichkeiten wiederum nicht reine Vorgegebenheit sein, sondern wäre nur als ein unausgesetztes Entstehen denkbar, wodurch es allererst zu einer Unterscheidung von Möglichkeiten kommen könnte. Denn von einem Plenum der Möglichkeiten ließe sich ohne die Differenzierung ihrer Vielfalt gar nicht reden.

Verhielte es sich so, dann wäre das Zusammenspiel von Fiktivem und Imaginärem als Zeichen einer anthropologischen Disponiertheit zu verstehen. Wenn sich der Mensch nur als die Entfaltung seiner selbst vor sich zu bringen vermag, so können seine Möglichkeiten nicht von vornherein eine bestimmte Kontur besitzen; denn das hieße, einer solchen Selbstentfaltung vorhandene Muster aufzuprägen. Wenn aber Profile und Unterscheidungen von Möglichkeiten nicht vorgegeben sind, dann müssen die Möglichkeiten erspielt werden, und da sie von Realitäten nicht ableitbar sind, lassen sie sich nur aus dem Zerspielen von Realitäten gewinnen. Das aber heißt dann auch, daß sich der Mensch als die Entfaltung seiner selbst niemals gegenwärtig zu werden vermag, da er sich immer nur in der Vergegenständlichung der einen von ihm realisierten Möglichkeit und folglich nur in einer jeweiligen Beschränktheit hat. Deshalb gilt es, die Entfaltung seiner selbst als Spiel zu verstetigen, und das gelingt vornehmlich im ständigen Herstellen und Aufheben hergestellter Welten. Da aber das *Wie* eines solchen Vorgangs nicht zu einer Bestimmtheit kommen kann, läßt es sich nur in Variationen inszenieren. Das gelingt durch ein vom Fiktiven zur Gegenwendigkeit gebrachtes Imaginäres, das sich immer anders zu realisieren vermag. Inszenierung wäre dann die transzendentale Bedingung dafür, einer Sache ansichtig zu werden, die ihrer Natur nach gegenstandsunfähig ist, und sie wäre zugleich auch ein Ersatz dafür, etwas zu erfahren, wovon es kein Wissen gibt.

Eine solche Inszenierung kann daher nur Spiel sein, das sich zunächst aus dem grenzüberschreitenden Fingieren ergibt; dieses läßt im Text Referenzwelten sowie andere Texte wiederkehren, die selbst dann, wenn sie wie bloße Abbilder wirken, stets eine Wiederkehr mit Differenz sind. Folglich entsteht ein Hin und Her zwischen dem, was in den Text eingegangen ist, und der Referenzrealität, aus der es herausgebrochen wurde. Ähnliches gilt für das vom Fiktiven zur Gegenwendigkeit entfaltete Imaginäre, das sich als Durchstreichen und Hervorbringen, Entgrenzen und Kombinieren sowie als Irrealisieren und Vorstellen entwickelt, wodurch die Referenzrealitäten des Textes in das daraus entspringende Hin und Her hineingezogen werden. Diese Spielbewegung ist weder dialektisch, noch verläuft sie teleologisch, und sie läßt sich auch nicht in dem verankern, was durch sie ins Spiel gebracht worden ist. [...] Die Bewegung des Hin und Her ist für die Wesensbestimmung des Spieles offenbar so zentral, daß es gleichgültig ist, wer oder was

diese Bewegung ausführt. Die Spielbewegung als solche ist
gleichsam ohne Substrat. Es ist das Spiel, das gespielt wird
oder sich abspielt – es ist kein Subjekt dabei festgehalten,
das da spielt. Das Spiel ist Vollzug der Bewegung als solcher. So reden wir etwa von Farbenspiel und meinen in diesem Falle nicht einmal, daß da eine einzelne Farbe ist, die in
eine andere spielt, sondern wir meinen den einheitlichen
Vorgang oder Anblick, in dem sich eine wechselnde Mannigfaltigkeit von Farben zeigt.«[4] Ist die »Spielbewegung als
solche . . . ohne Substrat«, so indiziert das Hin und Her eine
Grundlosigkeit, die in eine Antriebsenergie möglicher Be-
setzbarkeit umschlägt. Dieses Wechselverhältnis ist nicht
gänzlich ohne Struktur, wenngleich diese ebensowenig in
den intentionalen Akten grenzüberschreitenden Fingierens
wie in dem zur Gegenwendigkeit entfalteten Imaginären
gründet.

Die im Fingieren waltende Intentionalität ist dort ver-
gleichsweise bestimmt, wo sie sich von dem zu Überschrei-
tenden abstößt, während ihre Richtung das Ziel nur leer an-
visieren kann. Das heißt: Fingieren wird freies Spiel, das
sich im Übersteigen dessen, was ist, dem zuwendet, was
nicht ist. Freies Spiel indes zöge den fingierenden Akt in
eine transzendierende Bewegung hinein, die das vergessen
ließe, wovon es sich abgestoßen hat. Transzendieren aber ist
nicht die Signatur des fingierenden Aktes, weshalb das
Überschrittene im Spiel gehalten wird, um es dem Anderswerden auszusetzen. Das wiederum bindet ein freies Spielen an ein Spielen zurück, das auf ein Hervorkehren der
Motivationen solcher Grenzüberschreitung zielt. Indem das
Fingieren eine Differenz aufreißt, die vom Bewußtsein
nicht mehr zu schließen ist – weil es kein Wissen davon
gibt, was nur leer anvisiert werden kann –, entfaltet sich
diese Differenz zur Gegenläufigkeit von freiem und instrumentellem Spielen. Dieses Hin und Her läßt das freie Spie-

4 H.-G. Gadamer, *Wahrheit und Methode*, Tübingen 1986, S. 109.

len letztlich nicht über das hinausgelangen, wovon es sich abstößt; es verweigert aber auch dem instrumentellen Spielen seine Erfüllung, das davon »träumt ... eine Wahrheit und einen Ursprung zu entziffern, die dem Spiel und der Ordnung des Zeichens entzogen sind«.[5] Das freie Spielen muß daher gegen ein Beenden spielen und das instrumentelle gegen sein Zerspieltwerden. Dieses Spiel der Differenz, obzwar vom Fingieren eröffnet, ist durch das Fingieren nicht mehr zu beherrschen; es kann daher nur ausgespielt werden.

Zwar hat es den Anschein, als ob die Grenzüberschreitung das freie Spielen privilegiere, während die Vorstellbarkeit konstitutiver Bedingungen eher ein instrumentelles Spielen darstelle, doch das Fingieren hält die überschrittenen Welten ebenso parat, wie die Gegenwendigkeit des Imaginären als Durchstreichen, Entgrenzen und Irrealisieren ein freies Spiel zu sein scheint. Zum Spiel indes wird das Ineinander von Fiktivem und Imaginärem erst dadurch, daß freies und instrumentelles Spielen sich zu einem Wechselverhältnis entfalten, ja, letztlich gegen- und ineinander spielen. *Das Spiel ist folglich die Ko-Existenz von Fiktivem und Imaginärem.* Im Zerspielen des Überschrittenen ist die Tendenz des freien Spielens virulent, sich von dem abzustoßen, was ist, wenngleich diese Bewegung zurückgebunden bleibt an Referenzwelten, die das freie Spielen allererst konkret werden lassen. Dadurch wird die Tendenz des instrumentellen Spielens virulent; denn die zerspielten Welten werden zur Bedingung der Vorstellbarkeit möglicher Gründe ihres Überschrittenseins. So heben sich Fiktives und Imaginäres in eine Gemeinsamkeit auf, und diese bezeugt, daß sie je für sich funktionsunfähig bleiben würden, im wechselseitigen Freisetzen der basalen Spielbewegung jedoch zur Möglichkeit ihres Wirksamwerdens finden. Diese Möglichkeit ist

---

5 J. Derrida, *Die Schrift und die Differenz*, übers. von R. Gasché, Frankfurt a. M. 1972, S. 441.

nicht setzbar und muß allein schon deshalb immer wieder erspielt werden, weil es für sie keinerlei Referenz gibt, auf die sie zu beziehen wäre. Das Spiel enthüllt sich daher als Beseitigung eines Mangels, der im Fiktiven durch das leere Visieren seiner Intentionalität und im Imaginären durch seine Formlosigkeit angezeigt ist. Doch gerade weil dieser Mangel hinsichtlich dessen, was er eigentlich sei, dem kognitiven Zugriff entzogen bleibt, entfaltet sich ein Spiel, das in seiner elementaren Gegenläufigkeit von freiem und instrumentellem Spielen den Mangel zwar nicht aufhebt, ihn aber in eine Ausdifferenzierung von Spielmöglichkeiten umschlagen läßt.

Ein solches Spiel würde dann auch die Konstitutionsbedingung für das Ästhetische abgeben, das sich diskursiv allenfalls als ein leeres Dazwischen beschreiben ließe. Wenn das Hin und Her ein Fiktives als freies Spielen auf einen Grund bezieht und wenn ein Imaginäres das Überschrittene zerspielen läßt, um Motivationen vorstellbar zu machen, dann vollzieht sich ein solches Spiel als Gewinnen und Überspielen der Gewinne zugleich. Es wird dadurch nicht nur variabel, sondern im Prinzip auch seriell. Serielle Variabilität als das Ausspielen jenes Dazwischen wäre dann ein Kennzeichen des Ästhetischen. Was sich darin verbirgt, ließe sich durch einen Satz von Borges verdeutlichen: »Dieses Bevorstehen einer Offenbarung, zu der es nicht kommt, ist vielleicht das Ästhetische an sich.«[6] Diese Anmutung eines Versprechens macht den transitorischen Charakter zum Anstoß von Verarbeitungen, deren Vollzug allerdings mit der Aufhebung des Ästhetischen identisch ist; als die Voraussetzung eines anderen seiner selbst schwindet das Ästhetische in dem von ihm Ermöglichten.

Ein solches Schwinden indes hinterläßt seine Spur in den erfolgten Verarbeitungen. Zu deren Einschätzung gilt es zu

---

6 Dieses Zitat verdanke ich der Arbeit von H. Schlaffer, *Poesie und Wissen*, Frankfurt a. M. 1990, S. 140, der auch den damit verbundenen Zusammenhang einleuchtend analysiert.

bedenken, daß das Hin und Her nicht nur als isolierte Bewegung im Text spielt, sondern noch einmal zwischen dem Text und seinem Leser. Sind die variablen und seriellen Spielmöglichkeiten des Textes Ausdifferenzierungen der Leitdifferenz zwischen Fiktivem und Imaginärem, so indizieren sie das Aufheben der Differenz und die Unmöglichkeit eines solchen Bestrebens zugleich. Diese Bewegung vermag der Leser nicht durchzuhalten; er wird daher ein bestimmtes Spiel versuchen, um dadurch jedoch selbst gespielt zu werden. Denn er kann die Vorstellungsvorgaben nicht gleichzeitig, sondern immer nur selektiv realisieren, wodurch er die Differenz besetzt und das Spiel durch die von ihm gefundene Bedeutung zum Stillstand bringt. Er hat gewonnen; das Spiel ist aus. Indes, er gewinnt immer nur von Fall zu Fall, und so geht das Spiel weiter, denn die inhärente Gegenläufigkeit von freiem und instrumentellem Spielen gestattet dem Leser nicht, nur die instrumentelle Bewegung auszuspielen, weshalb ihn die andere den Gewinn wieder zerspielen läßt. Das aber macht jede Besetzung der Differenz zu einem Supplement, und »diese Zutat bleibt flottierend, weil sie die Funktion der Stellvertretung, der Supplementierung eines Mangels auf seiten des Signifikats erfüllt«.[7]

Zerspielt der Leser seine Besetzungen, dann bleibt er im Spiel, nicht zuletzt, weil er jene als Supplementarität gewärtigt. Damit ist die gegenläufige Bewegung des Hin und Her im Leser selbst gegenwärtig, der sich zur Besetzung der Differenz sowie zum Zerspielen seiner Besetzungen gleichermaßen gedrängt sieht. Daraus ergibt sich die Situation, daß ein auf Gewinn spielender Leser sich am Ende im Besitz einer Bedeutung wähnen darf, die als Resultat jedoch nicht mehr Spiel ist; die instrumentelle Spielbewegung hat dann das freie Spiel ausgeschaltet. Bleibt aber der Besetzung die Supplementarität eingeschrieben, dann hält sich die Of-

---

7 Derrida (s. Anm. 5), S. 437.

fenheit des Spiels durch. Daraus folgt, daß die Bedeutung
dem Text nicht vorgegeben ist; vielmehr entsteht sie erst aus
dem Spiel, das im Falle des Findens einer bestimmten Bedeutung verschwindet und im Falle der Supplementarität
die Semantik zum Medium der Übersetzbarkeit dessen
macht, was seiner Natur nach nicht semantisch ist. So spiegeln sich im supplementären Charakter der Besetzung die
variierenden und seriellen Spielmöglichkeiten des Textes,
die insofern eine Beziehung zu dieser Supplementarität un-
terhalten, als sie das Hin und Her in des Wortes doppelsin-
niger Bedeutung ausspielen: als Möglichkeitsvielfalt und als
Zuendespielen.   (405–411)

JACQUES DERRIDA

Die Struktur, das Zeichen und das Spiel im Diskurs der Wissenschaften vom Menschen

>»Il y a plus affaire à interpréter les interprétations
qu'à interpréter les choses.«

Montaigne

Vielleicht hat sich in der Geschichte des Begriffs der Struktur etwas vollzogen, das man ein »Ereignis« nennen könnte, wäre dieses Wort nicht mit einem Sinn beladen, den die strukturale – oder strukturalistische – Theorie von ihrem Selbstverständnis her auflösen oder zumindest verdächtigen muß. Nichtsdestoweniger wollen wir »Ereignis« sagen und dieses Wort vorsichtshalber in Anführungszeichen setzen. Was für ein Ereignis könnte dies nun sein? Äußerlich hätte es die Gestalt eines *Bruchs* und einer *Verdoppelung*.

Es ließe sich leicht zeigen, daß der Begriff und sogar das Wort Struktur so alt sind wie die »episteme«, d. h. gleichzeitig mit der Wissenschaft und der okzidentalen Philosophie entstanden sind. Sie wurzeln im Boden der natürlichen Sprache, auf deren Grund die »episteme« sie einsammelt und in einer metaphorischen Verschiebung an sich bringt. Die Struktur oder vielmehr die Strukturalität der Struktur wurde, obgleich sie immer schon am Werk war, bis zu dem Ereignis, das ich festhalten möchte, immer wieder neutralisiert, reduziert: und zwar durch einen Gestus, der der Struktur ein Zentrum geben und sie auf einen Punkt der Präsenz, auf einen festen Ursprung beziehen wollte. Dieses Zentrum hatte nicht nur die Aufgabe, die Struktur zu orientieren, ins Gleichgewicht zu bringen und zu organisieren – es läßt sich in der Tat keine unorganisierte Struktur denken –, sondern es sollte vor allem dafür Sorge tragen, daß das Organisationsprinzip der Struktur dasjenige in Grenzen hielt, was wir das Spiel der Struktur nennen könnten. Indem das Zentrum einer Struktur die Kohärenz des Systems orientiert und organisiert, erlaubt es das Spiel der Elemente im Innern der Formtotalität. Und noch heute stellt eine Struktur, der jegliches Zentrum fehlt, das Undenkbare selbst dar.

Doch das Zentrum setzt auch dem Spiel, das es eröffnet und ermöglicht, eine Grenze. Als Zentrum ist es der Punkt, an dem die Substitution der Inhalte, der Elemente, der Terme nicht mehr möglich ist. Im Zentrum ist die Permutation oder Transformation der Elemente (die übrigens Strukturen sein können, die in einer Struktur enthalten sind) untersagt. Zumindest blieb sie immerfort *untersagt* (dieses Wort verwende ich nicht ohne Absicht). Man hat daher immer gedacht, daß das seiner Definition nach einzige Zentrum in einer Struktur genau dasjenige ist, das der Strukturalität sich entzieht, weil es sie beherrscht. Daher läßt sich vom klassischen Gedanken der Struktur paradoxerweise sagen, daß das Zentrum sowohl *innerhalb* der Struktur als *auch außerhalb* der Struktur liegt. Es liegt im Zentrum der Totalität, und dennoch hat die Totalität *ihr Zentrum anderswo*, weil es ihr nicht angehört. Das Zentrum ist nicht das Zentrum. Der Begriff der zentrierten Struktur ist auf widersprüchliche Weise kohärent, obgleich dieser Begriff die Kohärenz selber, die Bedingung der *episteme* als Philosophie oder als Wissenschaft darstellt. Und wie immer gibt die Kohärenz im Widerspruch einer Begierde Ausdruck. Der Begriff der zentrierten Struktur ist in der Tat der Begriff eines *begründeten* Spiels, das von einer begründenden Unbeweglichkeit und einer versichernden Gewißheit, die selber dem Spiel entzogen sind, ausgeht. Von dieser Gewißheit her kann die Angst gemeistert werden, die stets aus einer gewissen Art, ins Spiel verwickelt zu sein, vom Spiel gefesselt zu sein, mit Beginn des Spiels immer schon in der Weise des Im-Spiele-Seins zu sein, entsteht. Von dem also ausgehend, was wir das Zentrum nennen und das, sofern es ebensowohl draußen als drinnen sein kann, ohne Unterschied den Namen des Ursprungs oder des Endes, der *arche* oder des *telos* erhält, sind die Wiederholungen, die Substitutionen, die Transformationen und die Permutationen immer wieder in eine Geschichte des Sinns – das heißt kurzweg in eine Geschichte – *verstrickt*, deren Ursprung stets neu belebt und deren Ende immer wieder in der Gestalt der Präsenz antizipiert wird. Daher könnte man vielleicht sagen, daß die Bewegung jeder Archäologie wie auch jeder Eschatologie an dieser Reduktion der Strukturalität der Struktur mitschuldig ist und immer wieder versucht, letztere aus einer vollen, dem Spiel enthobenen Präsenz zu denken.

Wenn es sich so verhält, dann muß die ganze Geschichte des Begriffs der Struktur vor dem Bruch, von dem wir sprechen, als eine Reihe einander substituierender Zentren, als eine Verkettung von Bestimmungen des Zentrums gedacht werden. Das Zentrum erhält nacheinander und in geregelter Abfolge verschiedene Formen oder Namen. Die Geschichte der Metaphysik wie die Geschichte des Abendlandes wäre die Geschichte dieser Metaphern und dieser Metonymien. Ihre Matrix wäre – man gestatte mir die verkürzte Beweisführung und das elliptische Vorgehen: so komme ich schneller zu meinem Hauptthema – die Bestimmung des Seins als *Präsenz* in allen Bedeutungen des Wortes. Man könnte zeigen, daß alle Namen für Begründung, Prinzip oder Zentrum immer nur die Invariante einer Präsenz (*eidos, arche, telos, energeia, ousia* [Essenz, Existenz, Substanz, Subjekt], *aletheia*, Transzendentalität, Bewußtsein, Gott, Mensch usw.) bezeichnet haben.

Das Ereignis eines Bruches, der Riß, auf den ich anfänglich anspielte, hat sich vielleicht in dem Augenblick vollzogen, als man damit beginnen mußte, die Strukturalität zu denken, das heißt zu wiederholen. Daher habe ich auch gesagt, daß dieser Riß Wiederholung sei in allen Bedeutungen, die diesem Wort zukommen. Folglich mußte von da an das Gesetz gedacht werden, das über das Verlangen nach einem Zentrum in der Konstitution der Struktur in bestimmter

Weise gebot, wie auch der Vorgang des Bezeichnens, der seine Verschiebungen und seine Substitutionen diesem Gesetz der Präsenz im Zentrum unterordnete. Diese zentrale Präsenz ist aber niemals sie selbst gewesen, sie ist immer schon in ihrem Substitut über sich selbst hinausgetrieben worden. Das Substitut ersetzt nichts, das ihm irgendwie präexistiert hätte. Infolgedessen mußte man sich wohl eingestehen, daß es kein Zentrum gibt, daß das Zentrum nicht in der Gestalt eines Anwesenden gedacht werden kann, daß es keinen natürlichen Ort besitzt, daß es kein fester Ort ist, sondern eine Funktion, eine Art von Nicht-Ort, worin sich ein unendlicher Austausch von Zeichen abspielt. Mit diesem Augenblick bemächtigt sich die Sprache des universellen Problemfeldes. Es ist dies auch der Augenblick, da infolge der Abwesenheit eines Zentrums oder eines Ursprungs alles zum Diskurs wird – vorausgesetzt, man kann sich über dieses Wort verständigen –, das heißt zum System, in dem das zentrale, originäre oder transzendentale Signifikat niemals absolut, außerhalb eines Systems von Differenzen, präsent ist. Die Abwesenheit eines transzendentalen Signifikats erweitert das Feld und das Spiel des Bezeichnens ins Unendliche.

Wo und wie ereignet sich diese Dezentrierung als Denken der Strukturalität der Struktur? Es wäre ziemlich naiv, wollte man sich auf eine Lehre oder auf den Namen eines Autors berufen, um diese Produktion zu bezeichnen. Ohne Zweifel gehört sie der Totalität einer Epoche, der unseren, an, obgleich sie immer schon begonnen hat, sich anzukündigen und *wirksam* zu sein. Wollte man trotzdem, bloß hinweisend, einige »Eigennamen« auswählen und die Autoren der Diskurse, in denen diese Produktion ihrer radikalsten Formulierung am nächsten gekommen ist, in Erinnerung rufen, so müßte man zweifellos Nietzsches Kritik an der Metaphysik, an den Begriffen des Seins und der Wahrheit zitieren, die er durch die Begriffe des Spiels, der Interpretation und des Zeichens (des jeglicher präsenten Wahrheit baren Zeichens) ersetzt hat. Freuds Kritik am Sich-selbst-ge-

genwärtig-Sein, das heißt am Bewußtsein, am Subjekt, an
der Identität mit sich selbst, an der Nähe zu sich selbst oder
am Sich-selbst-Innehaben wäre ebenfalls zu nennen. Auch
wäre Heideggers noch radikalere Destruktion der Metaphysik, der Ontotheologie und der Bestimmung des Seins
als Präsenz anzuführen. Diese destruktiven Diskurse (und
alles ihnen Entsprechende) sind aber allesamt in einer Art
von Zirkel gefangen. Dieser Zirkel ist einzigartig; er beschreibt die Form des Verhältnisses zwischen der Geschichte der Metaphysik und ihrer Destruktion: *es ist sinnlos*, auf die Begriffe der Metaphysik zu verzichten, wenn
man die Metaphysik erschüttern will. Wir verfügen über
keine Sprache – über keine Syntax und keine Lexik –, die
nicht an dieser Geschichte beteiligt wäre. Wir können keinen einzigen destruktiven Satz bilden, der nicht schon der
Form, der Logik, den impliziten Erfordernissen dessen sich
gefügt hätte, was er gerade in Frage stellen wollte. Nehmen
wir ein Beispiel unter vielen: Mit Hilfe des Begriffs des *Zeichens* erschüttert man die Metaphysik der Präsenz. Von
dem Augenblick an jedoch, wo man damit, wie ich es nahegelegt habe, beweisen will, daß es kein transzendentales
oder privilegiertes Signifikat gibt und daß das Feld oder das
Spiel des Bezeichnens von nun an keine Grenzen mehr hat,
müßte man sogar den Begriff und das Wort des Zeichens
zurückweisen. Gerade dazu aber ist man nicht in der Lage.
Denn der Ausdruck »Zeichen« wurde seinem Sinn nach
stets als Zeichen-von, als auf ein Signifikat hinweisender
Signifikant, als von seinem Signifikat unterschiedener Signifikant begriffen und bestimmt. Tilgte man die radikale Differenz zwischen Signifikant und Signifikat, müßte man das
Wort für den Signifikanten selbst als einen metaphysischen
Begriff aufgeben. [...] Wir können uns des Begriffs des Zeichens aber nicht entledigen, wir können auf seine metaphysische Komplizenschaft nicht verzichten, ohne gleichzeitig
die kritische Arbeit, die wir gegen sie richten, aufzugeben
und ohne Gefahr zu laufen, die Differenz in der Identität

eines Signifikats mit sich selbst auszustreichen – eines Signifikats, das seinen Signifikanten in sich auflöst oder, was dasselbe ist, einfach von sich abstößt. Denn es gibt zwei ungleichartige Weisen, die Differenz zwischen dem Signifikanten und dem Signifikat auszustreichen: die eine, die klassische, besteht darin, den Signifikanten zu reduzieren oder abzuleiten, das heißt letztlich das Zeichen dem Denken *unterzuordnen*; die andere, die wir hier gegen die vorhergehende halten, besteht darin, das System, in dem diese Reduktion funktionierte, in Frage zu stellen: zuallererst die Entgegensetzung von Sinnlichem und Intelligiblem. Denn das *Paradox* dabei ist, daß die metaphysische Reduktion des Zeichens der Entgegensetzung bedurfte, die sie reduzierte. Die Entgegensetzung steht in einem systematischen Zusammenhang mit der Reduktion. Was wir hier über das Zeichen sagen, läßt sich auf alle Begriffe und auf alle Sätze der Metaphysik, insbesondere auf die Rede über »Struktur« ausdehnen. Es gibt jedoch mehrere Arten, in diesem Zirkel gefangen zu sein. Sie sind alle mehr oder weniger naiv, mehr oder weniger empirisch, mehr oder weniger systematisch, der Formulierung oder gar der Formalisierung dieses Zirkels mehr oder weniger nahe. Es sind dies die Unterschiede, die die Vielfalt der destruktiven Diskurse und die Uneinigkeit unter denen, die sie führen, erklären. So haben beispielsweise Nietzsche, Freud und Heidegger mit den überlieferten Begriffen der Metaphysik gearbeitet. Da diese Begriffe aber keine Elemente, keine Atome sind, denn sie sind in einer Syntax und in einem System eingebunden, beschwört jede Anleihe die gesamte Metaphysik herauf. Infolgedessen können sich die genannten Destrukteure gegenseitig destruieren. Heidegger kann beispielsweise mit ebensoviel Klarheit und Strenge wie Unredlichkeit und Unverständlichkeit Nietzsche zum letzten Metaphysiker, zum letzten »Platoniker« erklären. Dieses Verfahren ließe sich auf Heidegger selbst, auf Freud und einige andere anwenden. Kein anderes Verfahren ist heute so verbreitet wie dieses. (422–426)

Wenn wir uns jetzt den Texten von Claude Lévi-Strauss als einem Beispiel zuwenden, dann tun wir das nicht nur aufgrund des Privilegs, das die Ethnologie heute unter den Wissenschaften vom Menschen genießt, auch nicht, weil es sich bei ihr um ein Denken handelt, das in der gegenwärtigen theoretischen Konstellation großes Gewicht hat, sondern vor allem deswegen, weil in der Arbeit von Lévi-Strauss eine bestimmte Wahl zum Ausdruck kommt und weil in ihr eine bestimmte Lehre gerade *mehr oder weniger expliziter Form* ausgearbeitet ist, die für diese Kritik der Sprache und für diese kritische Sprache in den Wissenschaften vom Menschen von Belang ist.

Um dieser Bewegung im Text von Lévi-Strauss zu folgen, greifen wir als einen Leitfaden neben anderen den Gegensatz Natur/Kultur heraus. Trotz all seiner Verjüngungen und Kostümierungen ist dieser Gegensatz gleichursprünglich mit der Philosophie. Er ist sogar älter als Platon. Er ist mindestens so alt wie die Sophistik. Vom Gegensatz *physis/ nomos, physis/techne* ausgehend, ist er durch eine ganze historische Kette bis zu uns fortgetragen worden, indem die »Natur« dem Gesetz, der Institution, der Kunst, der Technik, aber auch der Freiheit, der Arbitrarität, der Geschichte, der Gesellschaft, dem Geist usf. entgegengesetzt wurde. Schon von Anbeginn seiner Forschung und mit seinem ersten Buch[1] hat Lévi-Strauss die Notwendigkeit, sich dieser Entgegensetzung zu bedienen, wie auch die Unmöglichkeit, ihr Kredit zu verschaffen, bezeugt.   (427 f.)

Einen Skandal kann es offensichtlich nur *innerhalb* eines Systems von Begriffen geben, das sich auf die Differenz von Natur und Kultur verläßt. Indem Lévi-Strauss sein Werk über dem *factum* des Inzestverbotes errichtet, faßt er dort Fuß, wo diese Differenz, die bislang als selbstverständlich hingenommen wurde, ausgelöscht oder in Frage gestellt ist. Denn von dem Augenblick an, da das Inzestverbot sich

---

1 C. Lévi-Strauss, *Les structures élémentaires de la parenté*, Paris 1949.

308   *Dekonstruktion*

nicht mehr in der Entgegensetzung Natur/Kultur denken läßt, kann man nicht mehr sagen, daß es ein skandalöser Sachverhalt sei, ein dunkler Kern im Innern eines Netzes transparenter Bedeutungen. Es ist dann kein Skandal mehr, dem man im Feld der traditionellen Begriffe begegnet. Es ist dasjenige, das sich diesen Begriffen entzieht und ihnen zweifellos – wahrscheinlich als ihre Möglichkeitsbedingung – vorausgeht. Man könnte vielleicht sagen, daß die ganze philosophische Begrifflichkeit, die mit dem Gegensatz Natur/Kultur in einem systematischen Zusammenhang steht, darauf angelegt ist, das, was sie ermöglicht, im Ungedachten zu lassen: den Ursprung des Inzestverbots.

Dieses Beispiel, auf das man sich vielleicht allzu leicht berufen kann, ist nur ein Beispiel unter vielen anderen, aber es läßt schon deutlich werden, daß die Sprache in sich die Notwendigkeit ihrer eigenen Kritik birgt. Diese Kritik läßt sich auf zwei Wegen entwickeln und auf zweifache Weise »handhaben«. In dem Augenblick, in dem sich die Grenze des Gegensatzes Natur/Kultur bemerkbar macht, kann man die Geschichte dieser Begriffe systematisch und streng befragen wollen. Dieses erste Vorgehen, ein derart systematisches und historisches Befragen, dürfte weder ein philologisches noch ein philosophisches Vorgehen im klassischen Sinn dieser Worte sein. Sich über die begründenden Begriffe der gesamten Geschichte der Philosophie zu beunruhigen, sie zu dekonstituieren, heißt keineswegs, die Arbeit eines Philologen oder eines klassischen Historikers der Philosophie zu tun. Es ist ohne Zweifel, entgegen allem Anschein, die gewagteste Art, einen Schritt aus der Philosophie hinaus anzudeuten. Der Schritt »aus der Philosophie hinaus« ist viel schwieriger zu denken, als es sich gewöhnlich jene einbilden, die in weltmännischer Leichtigkeit ihn schon längst geleistet zu haben glauben und die im allgemeinen mit dem Ganzen des Diskurses, den sie von der Metaphysik befreit zu haben vorgeben, ihr ausgeliefert sind.   (429 f.)

Nennt man Bastelei die Notwendigkeit, seine Begriffe dem Text einer mehr oder weniger kohärenten oder zerfallenen Überlieferung entlehnen zu müssen, dann muß man zugeben, daß jeder Diskurs Bastelei ist. Der Ingenieur, den Lévi-Strauss dem Bastler entgegensetzt, müßte dann aber seinerseits die Totalität seiner Sprache, Syntax und Lexik, konstruieren. In diesem Sinne ist der Ingenieur ein Mythos: ein Subjekt, das der absolute Ursprung seines eigenen Diskurses wäre. Ein derartiges Subjekt, welches das Ganze seines Diskurses »aus einem Stück« erzeugte, wäre der Schöpfer des Wortes, das Wort selbst. Die Vorstellung eines Ingenieurs, der mit jeder Bastelei gebrochen hätte, ist daher eine theologische Vorstellung; da Lévi-Strauss uns an anderer Stelle mitteilt, daß die Bastelei mythopoetisch sei, kann man ganz sicher sein, daß der Ingenieur ein vom Bastler erzeugter Mythos ist. Von dem Augenblick an, wo man aufhört, an einen solchen Ingenieur und an einen Diskurs zu glauben, der mit der historischen Rezeption bricht, sobald man also zugibt, daß jeder endliche Diskurs zu einer gewissen Bastelei genötigt ist und daß der Ingenieur oder der Wissenschaftler ebenfalls von der Art des Bastlers sind, wird selbst die Vorstellung der Bastelei gefährdet, und die ihr Sinn verleihende Differenz löst sich auf.   (431 f.)

Die Gesamtheit der Mythen einer Population gehört in den Bereich der Rede. Falls die Population nicht physisch oder moralisch erlischt, ist diese Gesamtheit niemals abgeschlossen. Ebensogut könnte man einem Linguisten vorwerfen, daß er die Grammatik einer Sprache schreibt, ohne zuvor die Totalität der Wörter verzeichnet zu haben, die in dieser Sprache seit ihrem Bestehen ausgesprochen wurden, und ohne den verbalen Austausch zu kennen, der, solange es diese Sprache gibt, stattfinden wird. Die Erfahrung beweist, daß eine lächerlich kleine Anzahl von Sätzen ... es dem Linguisten gestattet, eine Grammatik der Sprache zu erarbeiten, die er untersucht. Und selbst eine lückenhafte Grammatik oder nur der Entwurf einer Grammatik stellt schon eine kostbare Errungenschaft dar, wenn es sich um unbekannte Sprachen handelt. Um sich kundzutun, wartet die Syntax nicht, bis eine theoretisch unbegrenzte Reihe von Ereignissen gezählt werden konnte, weil sie in der Gesamtheit von Regeln besteht, die ihre Erzeugung lenkt. Nun wollten wir wirklich eine Syntax der südamerikanischen Mythologie skizzieren. Wenn neue Texte die mythische Rede bereichern werden, wird man Gelegenheit haben, die Art und Weise zu kontrollieren oder zu modifizieren, wie gewisse grammatikalische Gesetze formuliert wurden, auf einige von ihnen zu verzichten und neue zu entdecken. In keinem Fall aber kann uns die Forderung nach einer totalen mythischen Rede entgegengehalten werden. Denn wir sahen soeben, daß eine solche Forderung keinen Sinn hat. Die Totalisierung wird folglich als ebenso *unnötig* wie *unmöglich* bestimmt. Das hängt zweifellos damit zusammen, daß es zwei Arten gibt, die Grenze der Totalisierung zu denken. Ich möchte noch einmal wiederholen, daß beide Bestimmungen im Diskurs von Lévi-Strauss unausgesprochen nebeneinander bestehen. Die Totalisierung kann im klassischen Stil für unmöglich gehalten werden: man weist dann gewöhnlich auf die empirische Leistung eines Subjekts oder eines endlichen Diskurses hin, die sich vergeblich um einen unendlichen Reichtum bemühen, den sie niemals werden meistern können. Es gibt zu Vieles und immer mehr, als man zu sagen vermag. Die Unmöglichkeit der Totalisierung kann aber auch anders definiert werden: nicht länger mit Hilfe des Begriffs der Endlichkeit, als Angewiesensein auf die Empirizität, sondern mit Hilfe des Begriffs des *Spiels*. Wenn sich die Totalisierung alsdann als sinnlos herausstellt, so nicht, weil sich die Unendlichkeit eines Feldes nicht mit einem Blick oder einem endlichen Diskurs erfassen läßt, sondern weil die Beschaffenheit dieses Feldes – eine Sprache, und zwar eine endliche Sprache – die Totalisierung ausschließt: dieses Feld ist in der Tat das eines *Spiels*, das heißt unendlicher Substitutionen in der Abgeschlossenheit (*clôture*) eines begrenzten Ganzen. Dieses Feld erlaubt die unendlichen Substitutionen nur deswegen, weil es endlich ist, das heißt, weil ihm im Gegensatz zum unausschöpfbaren, allzu großen Feld der klassischen Hypothese etwas fehlt: ein Zentrum, das das Spiel der Substitutionen aufhält und begründet. Wollte man sich des Wortes bedienen, dessen ärgerliche Bedeutung im Französischen immer wieder ausgelöscht wird, könnte man sagen, daß diese Bewegung des Spiels, die durch den Mangel, die Abwesenheit eines Zentrums oder eines Ursprungs möglich wird, die Bewegung der *Supplementarität* (*supplémentarité*) ist. Man kann das Zentrum nicht bestimmen und die Totalisierung nicht ausschöpfen, weil das Zeichen, welches das Zentrum ersetzt, es *supplementiert*, in seiner Abwesenheit seinen Platz hält, – weil dieses Zeichen sich als *Supplement* noch hinzufügt. Die Bewegung des Bezeichnens fügt etwas hinzu, so daß immer ein Mehr vorhanden ist; diese Zutat aber bleibt flottierend, weil sie die Funktion der Stellvertretung, der Supplementierung eines Mangels auf seiten des Signifikats erfüllt. (436 f.)

Das Spiel ist Zerreißen der Präsenz. Die Präsenz eines Elementes ist stets eine bezeichnende und stellvertretende Referenz, die in einem System von Differenzen und in der Bewegung einer Kette eingeschrieben ist. Das Spiel ist immerfort ein Spiel von Abwesenheit und Präsenz, doch will man es radikal denken, so muß es der Alternative von Präsenz und Abwesenheit vorausgehend gedacht werden. Wenn Lévi-Strauss, besser als irgendein anderer, das Spiel der Wiederholung und die Wiederholung des Spiels sichtbar werden läßt, so nimmt man bei ihm doch eine Art Ethik der Präsenz, Heimweh nach dem Ursprung, nach der archaischen und natürlichen Unschuld, nach einer Reinheit der Präsenz und dem Sich-selbst-Gegenwärtig-sein in der Rede wahr. Diese Ethik, Nostalgie und gar Gewissensbisse stellt er oft als die Motivation des ethnologischen Vorhabens dar, wenn er sich den archaischen, das heißt in seinen Augen exemplarischen, Gesellschaften zuwendet. Diese Texte sind wohlbekannt.

Der verlorenen oder unmöglichen Präsenz des abwesenden Ursprungs zugewandt, ist diese strukturalistische Thematik der zerbrochenen Unmittelbarkeit also die traurige, *negative*, nostalgische, schuldige und rousseauistische Kehrseite jenes Denkens des Spiels, dessen andere Seite Nietzsches *Bejahung* darstellt, die fröhliche Bejahung des Spiels der Welt und der Unschuld der Zukunft, die Bejahung einer Welt aus Zeichen ohne Fehl, ohne Wahrheit, ohne Ursprung, die einer tätigen Deutung offen ist. *Diese Bejahung bestimmt demnach das* Nicht-Zentrum *anders denn als Verlust des Zentrums*. Sie spielt, ohne sich abzusichern. Denn es gibt ein *sicheres* Spiel: dasjenige, das sich beschränkt auf die *Substitution vorgegebener, existierender und präsenter Stücke*. Im absoluten Zufall liefert sich die Bejahung überdies der *genetischen* Unbestimmtheit aus, dem *seminalen* Abenteuer der Spur (*l'aventure séminale de la trace*).

Es gibt somit zwei Interpretationen der Interpretation, der Struktur, des Zeichens und des Spiels. Die eine träumt davon, eine Wahrheit und einen Ursprung zu entziffern, die dem Spiel und der Ordnung des Zeichens entzogen sind, und erlebt die Notwendigkeit der Interpretation gleich einem Exil. Die andere, die dem Ursprung nicht länger zugewandt bleibt, bejaht das Spiel und will über den Menschen und den Humanismus hinausgelangen, weil Mensch der Name des Wesens ist, das die Geschichte der Metaphysik und der Onto-theologie hindurch, das heißt im Ganzen seiner Geschichte, die volle Präsenz, den versichernden Grund, den Ursprung und das Ende des Spiels geträumt hat. Diese zweite Interpretation der Interpretation, deren Weg uns Nietzsche vorgezeichnet hat, sucht nicht in der Ethnographie, wie Lévi-Strauss es wollte [...] »die Inspiration zu einem neuen Humanismus«.

An mehr denn einem Anzeichen könnte man heute ablesen, daß diese beiden Interpretationen der Interpretation – die gänzlich unversöhnbar sind, wenn wir sie auch gleichzeitig erleben und in einer dunklen Ökonomie versöhnen – sich in das Feld dessen teilen, was auf so bedenkliche Art Wissenschaften vom Menschen genannt wird.

Ich für meinen Teil glaube nicht, daß man zwischen ihnen heute zu *wählen* hat, auch wenn diese beiden Interpretationen ihre Unterschiede und ihre Nichtreduzierbarkeit aufeinander schärfer hervortreten lassen müssen. Erstens, weil wir uns hier in einem Bereich – sagen wir, vorläufig, noch einmal: der Geschichtlichkeit – befinden, in dem die Kategorie der Wahl sehr leicht genommen wird. Sodann, weil man erst einmal versuchen muß, den gemeinsamen Boden und die »différance« dieser unreduzierbaren Differenz zu denken und weil es sich hier um einen Typus, sagen wir es noch einmal, historischen Fragens handelt, dessen *Konzeption*, *Bildung*, *Austragung* und *Arbeit* wir heute nur erst abzuschätzen vermögen. Gewiß, ich wähle diese Worte mit Blick auf die Vorgänge des Gebärens; doch ebenfalls mit Blick auf die Vorgänge, die in einer Gesellschaft, von der ich mich nicht ausschließe, den Blick ablenken angesichts des noch nicht Benennbaren, das sich erst ankündigt und dies nur tun kann – so, wie dies jedesmal bei einer Geburt der Fall ist – in der Gestalt der Nicht-Gestalt, in der unförmigen, stummen, embryonalen und schreckenerregenden Form der Monstrosität.   (440–442)

PAUL DE MAN

Der Widerstand gegen die Theorie

Man kann sagen, Literaturtheorie entsteht dann, wenn die
Betrachtungsweise von literarischen Texten nicht mehr auf
nichtsprachlichen, das heißt historischen und ästhetischen
Überlegungen basiert, oder, um es etwas weniger unfertig
zu sagen, wenn der Gegenstand der Diskussion nicht mehr
länger der Sinn oder der Wert, sondern die Modalitäten der
Produktion und Rezeption von Sinn und Wert sind, vor ihrer jeweilig bestimmten Erscheinungsform – das hängt damit zusammen, daß diese Erscheinungsweisen so problematisch sind, daß sie eine autonome Disziplin zu ihrer kritischen Untersuchung verlangen, die deren Möglichkeiten
und deren Status bedenkt. Literaturgeschichte ist, auch
wenn sie den größten Abstand zu den Platitüden eines positivistischen Historizismus hält, noch immer die Geschichte
eines Verstehens, dessen Möglichkeit für garantiert gehalten
wird. Die Frage der Beziehung zwischen Ästhetik und Sinn
ist komplexerer Natur, da Ästhetik es offenbar eher mit
dem *Effekt* von Sinn zu tun hat als mit seinem Gehalt *an
sich*. Aber die Ästhetik ist in Wirklichkeit schon seit der
Zeit ihrer Entfaltung vor und mit Kant der Phänomenalismus eines Prozesses von Sinn und Verstehen, und sie mag
darin naiv sein, daß sie (wie ihr Name anzeigt) eine Phänomenologie der Kunst und Literatur postuliert, die sehr
wohl eben das sein kann, was zur Debatte steht. Ästhetik ist
eher Teil eines umfassenden philosophischen Systems als
eine spezielle Theorie. In der philosophischen Tradition des
19. Jahrhunderts wird Nietzsches Angriff auf das System,
wie es von Kant, Hegel und deren Nachfolgern errichtet
worden ist, zu einer Hauptfrage der Philosophie. Nietzsches Kritik an der Metaphysik schließt das Ästhetische mit
ein, oder geht von ihm aus, und dasselbe kann von Heideg-

ger behauptet werden. Die Zitierung illustrer philosophischer Namen soll nicht zu verstehen geben, daß die gegenwärtige Entwicklung der Literaturtheorie ein Nebenprodukt weitreichenderer philosophischer Spekulation sei. In einigen wenigen Fällen mag eine direkte Verbindung zwischen Philosophie und Literaturtheorie bestehen. Häufiger jedoch entwickelt die zeitgenössische Literaturtheorie eine relativ autonome Version problematischer Themen, die, in anderem Zusammenhang, auch in der Philosophie auftauchen, obwohl nicht notwendigerweise in einer klareren und exakteren Form. Philosophie ist, in England wie auch auf dem Festland, weniger frei von traditionellen Mustern, als sie gelegentlich zu glauben vorgibt, und der ausgezeichnete, wenn auch nie dominierende Rang, den die Ästhetik unter den Hauptkomponenten des Systems einnimmt, ist ein konstitutiver Teil des Systems. Es ist daher nicht überraschend, daß die gegenwärtige Literaturtheorie außerhalb der Philosophie und manchmal in bewußter Rebellion gegen das Gewicht ihrer Tradition entstand. Nun mag es wohl so sein, daß die Literaturtheorie eine legitime Angelegenheit der Philosophie geworden ist, aber sie kann mit ihr nicht gleichgesetzt werden, weder praktisch noch theoretisch. Sie enthält ein notwendig pragmatisches Element, das sie als Theorie sicherlich schwächt, das ihr aber ein subversives Element von Unvorhersagbarkeit hinzufügt und sie zu so etwas wie einem Enfant terrible in dem seriösen Kreis der theoretischen Disziplinen macht.

Das Aufkommen der Theorie, der Bruch, der nun so oft bedauert wird und der sie von der Literaturgeschichte und der Literaturkritik trennt, geschieht mit der Einführung der linguistischen Terminologie in die Metasprache der Literatur. Mit linguistischer Terminologie ist eine Terminologie gemeint, die ungeachtet des Bezeichnens dessen, worauf Bezug genommen wird, das Bezugnehmen selbst bezeichnet und die der bezugnehmenden Funktion der Sprache bei der Erfahrung der Welt Rechnung trägt oder, um etwas be-

stimmter zu werden, die Bezugnahme als eine Funktion
von Sprache ansieht und nicht notwendig als eine Intuition.
Intuition beinhaltet Wahrnehmung, Bewußtsein, Erfahrung
und führt sogleich in die Welt der Logik und des Verstehens, mit all ihren Korrelaten, unter denen die Ästhetik
eine prominente Stelle einnimmt. Die Annahme, daß es eine
Wissenschaft von der Sprache geben kann, die nicht notwendigerweise eine Logik ist, führt zur Entwicklung einer
Terminologie, die nicht notwendigerweise ästhetisch ist.
Die gegenwärtige Literaturtheorie tritt in solchen Fällen
wie der Applikation Saussurescher Linguistik auf literarische Texte in ihr Recht.

Die Affinität von strukturaler Linguistik und literarischen Texten ist nicht so unmittelbar einleuchtend, wie es
heute, aus der geschichtlich gewonnenen Einsicht heraus,
scheinen mag. Peirce, Saussure, Sapir und Bloomfield beschäftigten sich ursprünglich in keiner Weise mit der Literatur, sondern mit der wissenschaftlichen Grundlegung der
Linguistik. Aber das Interesse von Philologen wie Roman
Jakobson oder Literaturkritikern wie Roland Barthes an
der Semiotik läßt die natürliche Anziehungskraft der Literatur für eine Theorie sprachlicher Zeichen hervortreten.
Indem man Sprache als ein System der Zeichen und der Bezeichnung betrachtet und nicht als ein etabliertes Gefüge
von Bedeutungen, verschiebt man die traditionellen Grenzen zwischen literarischen und vermeintlich nichtliterarischen Gebrauchsweisen von Sprache oder hebt sie sogar auf
und befreit den Gegenstandsbereich von der jahrhunderte-
alten Last der Kanonisierung als Textkorpus. Die Resultate
des Zusammentreffens von Semiotik und Literatur waren
erheblich weitreichender als die vieler anderer theoretischer
Modelle philologischer, psychologischer oder klassisch erkenntnistheoretischer Art, die zuvor schon von auf der Suche nach solchen Modellen befindlichen Literaturwissen-
schaftlern ausprobiert worden waren. Die Empfänglichkeit
literarischer Texte für die semiotische Analyse ist daran er-

kennbar, daß diese Analysen Gestaltungsmuster aufdeckten, die nur in Begriffen ihrer eigenen, spezifisch linguistischen Sehweise beschrieben werden können, während andere Ansätze nicht in der Lage waren, über Beobachtungen hinauszugelangen, die durch Begriffe aus dem Bereich der Allgemeinbildung umschrieben oder in sie übersetzt werden können. Die Linguistik der Semiotik und die der Literatur haben anscheinend etwas gemein, das nur in gemeinschaftlicher Perspektive entdeckt werden kann und das ihnen in charakteristischer Weise eignet. Die Definition dieses Etwas, auf das man sich oft mit dem Ausdruck »Literarizität« bezieht, ist zum Gegenstand der Literaturtheorie geworden.

Literarizität wird jedoch oft in einer Weise mißverstanden, die viel von der Konfusion bewirkt hat, die die heutigen Auseinandersetzungen beherrscht. Es wird zum Beispiel häufig angenommen, Literarizität meine ästhetisches Reagieren. Der Gebrauch von Begriffen wie Stil und Stilistik, Form oder gar »Poesie« (wie in »die Poesie der Grammatik«) in Verbindung mit Literarizität, die alle gewichtige ästhetische Konnotationen mit sich führen, trägt dazu bei, diese Konfusion zu fördern, selbst unter denen, die den Begriff zuerst in Umlauf brachten. [...] Insofern der Kratylismus eine Konvergenz des phänomenalen Aspekts der Sprache als Laut mit ihrer Zeichenfunktion als Bezeichnetes annimmt, ist er eine ästhetisch orientierte Konzeption; man könnte, ohne die Tatsachen zu verdrehen, die Theorie der Ästhetik, einschließlich ihrer systematischsten Fassung im Werk Hegels, als die vollständige Entfaltung jenes Modells betrachten, von dem die kratylische Auffassung der Sprache eine Version darstellt. Hegels ziemlich kryptischer Bezug auf Platon in seiner *Ästhetik* kann durchaus in diesem Sinne interpretiert werden. Barthes und Jakobson scheinen häufig eine rein ästhetische Lesart herauszufordern, dennoch eignet ihren Darlegungen ein Moment, das in die entgegengesetzte Richtung weist. Denn die Konvergenz von Laut und

Bedeutung, die Barthes bei Proust feiert und die, wie Gérard Genette endgültig gezeigt hat, später von Proust selbst
als eine verführerische Versuchung von Mystifizierung des
Geistes entlarvt worden ist, wird dort auch als ein bloßer
Effekt angesehen, den die Sprache in vollkommener Weise
hervorrufen kann, der jedoch keinen substantiellen Zusammenhang jenseits dieses besonderen Effektes beinhaltet, sei
es per Analogie oder mittels ontologisch fundierter Nachahmung. Sie ist eher eine rhetorische als eine ästhetische
Funktion der Sprache, ein identifizierbarer Tropus (Paranomasie), der auf der Ebene des Bezeichnenden funktioniert
und der als solcher keine Entscheidung über die Natur der
Welt beinhaltet – trotz seines gewaltigen Potentials, die ge-
genteilige Illusion hervorzurufen. Der phänomenale Charakter des Bezeichnenden als Laut ist unzweifelhaft an der
Entsprechung von Name und benanntem Ding beteiligt,
aber das Bindeglied, die Verwandtschaft zwischen Wort und
Ding, ist nicht phänomenal, sondern konventional.

Dies befreit die Sprache weitgehend von den Einschrän-
kungen in den Möglichkeiten der Bezugnahme, wodurch sie
in erkenntnistheoretischer Hinsicht äußerst fragwürdig und
unbeständig wird, da nicht mehr länger gesagt werden
kann, daß ihr Gebrauch durch Erwägungen von Wahrheit
und Falschheit, Gut und Böse, Schönheit und Häßlichkeit
oder Lust und Leid bestimmt würde. Wann immer dieses
autonome Potential der Sprache durch die Analyse aufge-
wiesen werden kann, haben wir es mit Literarizität zu tun
und also mit Literatur, als dem Ort, an dem dieses negative
Wissen von der Verläßlichkeit sprachlicher Äußerung erwiesen werden kann. Die sich einstellende Vordergründig-
keit der materiellen, phänomenalen Aspekte des Bezeichnenden schafft in dem Moment, da die eigentliche ästhetische Funktion zumindest außer acht gelassen wird, eine
starke Illusion ästhetischen Reizes. Es ist unvermeidlich,
daß die Semiotik oder ähnlich orientierte Methoden als formalistisch angesehen werden, in dem Sinne, daß man sie

eher als ästhetisch denn als semantisch einschätzt; aber dennoch ist eine solche Auffassung abwegig. An der Literatur werden ästhetische Kategorien eher zunichte, als daß sie Bestätigung finden. Eine der Konsequenzen davon ist, daß wir dort, wo wir traditionellerweise daran gewöhnt waren, Literatur in Analogie zu den bildenden Künsten und zur Musik aufzufassen, nun die Unumgänglichkeit eines nichtperzeptuellen, sprachlichen Momentes in der Malerei und der Musik anerkennen müssen und wir eher zu lernen haben, wie man Bilder *liest*, als wie man sich einen Sinn *vorstellt*.

Wenn Literarizität keine ästhetische Qualität ist, dann ist sie auch nicht in erster Linie mimetisch. Mimesis wird zu einem Tropus unter anderen, zur Wahl einer Sprache, um eine nichtsprachliche Entität zu imitieren, gerade so, wie die Paranomasie einen Laut »imitiert«, ohne jeden Anspruch auf Identität (oder Reflex auf den Unterschied) von verbalen und nichtverbalen Elementen. Die am meisten irreführende Darstellung von Literarizität, die auch der am häufigsten wiederholte Einwand gegen die heutige Literaturtheorie ist, betrachtet sie als reinen Verbalismus, als eine Leugnung des Realitätsprinzips im Namen absoluter Fiktion und aus Beweggründen, die als ethisch und politisch verwerflich bezeichnet werden. Dieser Angriff zeigt eher die Ängstlichkeit der Ankläger als die Schuld der Angeklagten. Läßt man die Unumgänglichkeit einer nichtphänomenalen Linguistik gelten, dann befreit man den Diskurs über Literatur von naiven Entgegensetzungen von Fiktion und Wirklichkeit, die selbst die Folgen einer unkritischen, mimetischen Auffassung der Kunst sind. Weder in einer reinen Semiotik noch in anderen linguistisch orientierten Theorien wird die referentielle Funktion der Sprache geleugnet; was vielmehr in Frage gestellt wird, ist ihre Tauglichkeit als Modell der natürlichen oder phänomenalen Erkenntnis. Literatur ist Fiktion nicht nur darum, weil sie sich irgendwie weigerte, »Realität« anzuerkennen, sondern weil nicht a priori feststeht, daß Sprache gemäß den Prinzipien (oder diesen *ähnlichen*) der phänomenalen Welt funktioniert. Es ist daher nicht a priori ausgemacht, daß Literatur eine glaubwürdige Informationsquelle über irgend etwas ist, außer über ihre eigene Sprache.

Es wäre beispielsweise verhängnisvoll, die Materialität des Bezeichnenden mit der Materialität dessen, was es bezeichnet, zu verwechseln. Das mag auf der Ebene von Laut und Licht offensichtlich sein, hinsichtlich des allgemeineren phänomenalen Charakters des Raumes, der Zeit und insbesondere des Ichs ist dies schon weniger der Fall: niemand, der bei Verstand ist, wird versuchen, im wärmenden Licht des Wortes »Tag« Wein zu ziehen, aber es ist sehr schwer, sich die Formen seiner vergangenen und zukünftigen Existenz nicht als mit Schemata des Raumes und der Zeit übereinstimmend vorzustellen, die zu fiktionalen Erzählungen und nicht zur Welt gehören. Dies bedeutet nicht, daß fiktionale Erzählungen kein Teil der Welt und der Wirklichkeit sind; ihre Auswirkungen auf die Welt mögen sogar zu stark sein, um erfreulich zu sein. Was wir Ideologie nennen, ist genau die Verwechslung von Sprache mit natürlicher Realität, von Bezugnahme auf ein Phänomen mit diesem selbst. Daraus folgt, daß die Linguistik der Literarizität, mehr als alle anderen Untersuchungsmethoden, einschließlich derer der ökonomischen Wissenschaften, ein wirkungsvolles und unentbehrliches Instrument zur Entlarvung ideologischer Irrwege ist und daß ihr ein maßgeblicher Anteil bei der Erklärung ihres Auftretens zukommt. Jene, die der Literaturtheorie vorwerfen, blind zu sein für die soziale und geschichtliche (das heißt ideologische) Wirklichkeit, drücken nur ihre Furcht aus, ihre eigenen ideologischen Mystifikationen durch das Instrument, das sie zu diskreditieren suchen, bloßgestellt zu sehen. Sie sind, kurz gesagt, sehr armselige Leser von Marxens *Deutscher Ideologie*.

In dieser allzu summarischen Rekapitulation von Argumenten, was andere viel umfassender und überzeugender geleistet haben, beginnen wir einige Antworten auf die

Ausgangsfrage wahrzunehmen: was ist an der Literaturtheorie so bedrohlich, daß es so starke Widerstände und Angriffe hervorruft? Sie stürzt verwurzelte Ideologien um, indem sie den Mechanismus ihres Funktionierens entblößt; sie wendet sich gegen eine mächtige philosophische Tradition, von der die Ästhetik ein bedeutender Teil ist; sie stürzt den etablierten Kanon literarischer Werke um und verwischt die Grenzen zwischen literarischem und nichtliterarischem Diskurs. Stillschweigend impliziert sie auch die Aufdeckung der Bindeglieder zwischen den Ideologien und der Philosophie. All dies liefert dem Argwohn reichlichen Grund, aber keine befriedigende Antwort auf die Frage. Denn es läßt die Spannung zwischen der gegenwärtigen Literaturtheorie und der Tradition des literaturwissenschaftlichen Arbeitens als bloßen historischen Konflikt von zwei Denkweisen erscheinen, die zur gleichen Zeit im Schwange waren. (87–93)

Es kann jedoch gut sein, daß die Entwicklung der Literaturtheorie selbst, durch die Komplikationen, die schon ihrem Plan innewohnen und sie hinsichtlich ihres Status als wissenschaftliche Disziplin erschüttern, überdeterminiert ist. Der Widerstand könnte ein immanenter, wesentlicher Bestandteil ihres Diskurses sein, in einer Weise, die in den Naturwissenschaften und in den Sozialwissenschaften undenkbar wäre. Mit anderen Worten, es kann sein, daß die polemische Opposition, das systematische Nichtverstehen und Verdrehen, die leeren, doch ewig wiederkehrenden Einwände, die verdrängten Symptome eines Widerstandes sind, der dem theoretischen Unternehmen selbst innewohnt. Zu behaupten, dies sei ein hinreichender Grund, Literaturtheorie zu unterlassen, wäre geradeso, als würde man die Anatomie verwerfen, weil es ihr nicht gelungen ist, die Sterblichkeit zu kurieren. Die wirkliche Diskussion führt die Literaturtheorie nicht mit ihren polemischen Gegnern, sondern vielmehr mit ihren eigenen methodologischen Voraussetzungen und Möglichkeiten. Statt zu fragen, warum die Literaturtheorie bedrohlich ist, sollten wir vielleicht fragen, warum ihr Geschäft solche Schwierigkeiten bereitet und warum sie so leicht in die Sprache der Selbstrechtfertigung und der Selbstverteidigung oder in die Überkompensation eines programmatisch euphorischen Utopismus abgleitet. (94)

Der Widerstand gegen die Theorie ist ein Widerstand gegen den Gebrauch von Sprache über Sprache. Er ist daher ein Widerstand gegen die Sprache selbst oder gegen die Möglichkeit, daß Sprache Faktoren oder Funktionen enthält, die nicht auf die Intuition reduziert werden können. Doch wir scheinen allzu bereitwillig anzunehmen, daß wir wissen, worüber wir sprechen, wenn wir uns auf etwas, das »Sprache« genannt wird, beziehen, obschon es wahrscheinlich kein Wort in der Sprache gibt, das so überbestimmt, sich selbst ausweichend, entstellt und entstellend ist wie »Sprache«. Selbst wenn wir bewußt auf jedes theoretische Modell verzichten – in der pragmatischen Geschichte der »Sprache«, nicht als Begriff, sondern als didaktische Aufgabe, die kein menschliches Wesen umgehen kann, finden wir uns bald mit theoretischen Rätseln konfrontiert. Das geläufigste und allgemeinste von allen linguistischen Modellen, das klassische Trivium, für das die Wissenschaften von der Sprache aus Grammatik, Rhetorik und Logik (oder Dialektik) bestehen, ist in Wahrheit eine Sammlung von ungelösten Spannungen, die einen unendlichen Diskurs von ständigen Enttäuschungen erzeugt haben, in dem die gegenwärtige Literaturtheorie, sogar in ihrer selbstsichersten Verfassung, nur ein weiteres Kapitel darstellt. (95)

Logik und Grammatik scheinen eine hinreichende natürliche Affinität zueinander zu haben, und in der Tradition Cartesianischer Linguistik hatten die Grammatiker von Port Royal kaum Schwierigkeiten, zugleich auch Logiker zu sein. Der gleiche Anspruch besteht heute in sehr verschiedenen Methoden und Terminologien fort, die dessen ungeachtet die gleiche Orientierung auf die Universalität hin aufrechterhalten, die die Logik mit der Wissenschaft gemeinsam hat. A. J. Greimas hat gegen jene, die die Einzigartigkeit besonderer Texte gegenüber der wissenschaftlichen Allgemeinheit des semiotischen Programms hervorheben, geltend gemacht, daß es das Wesen einer Grammatik ist, für eine unbestimmt große Anzahl von Texten Erklärungskraft zu besitzen, und daß der metaphorische Begriff der Grammatik des einzelnen poetischen Textes nicht darüber hinwegtäuschen kann, daß man das semiotische Konzept aufgegeben hat. [...]

Daraus folgt, daß jede Theorie der Sprache, einschließlich einer literarischen, solange sie in der Grammatik verankert bleibt, nicht das bedroht, was wir für das allen kognitiven und ästhetischen sprachlichen Systemen zugrunde liegende Prinzip halten. Grammatik steht im Dienst der Logik, die ihrerseits den Übergang zum Wissen über die Welt gestattet. Das Studium der Grammatik, der ersten der artes liberales, ist die notwendige Vorbedingung naturwissenschaftlicher und geisteswissenschaftlicher Erkenntnis. Solange sie dieses Prinzip unangetastet läßt, ist an der Literaturtheorie nichts Bedrohliches. Der Zusammenhang von Theorie und Phänomenalismus wird von dem System selbst behauptet und bewahrt. Schwierigkeiten treten nur auf, wenn es nicht mehr länger möglich ist, die erkenntnistheoretische Stoßkraft der rhetorischen Dimension des Diskurses zu ignorieren, das heißt, wenn es nicht mehr möglich ist, diese als bloßen Zusatz, als ein reines Ornament innerhalb der semantischen Funktion, zu betrachten.

Die ungewisse Beziehung zwischen Grammatik und Rhetorik (gegenüber der zwischen Grammatik und Logik) wird in der Geschichte des Triviums an dem ungewissen Status der rhetorischen Figuren oder Tropen sichtbar, einem Bestandteil der Sprache, der über die erörterte Grenzlinie zwischen den beiden Bereichen hinweggreicht. Tropen pflegten Teil des Studienobjektes der Grammatik zu sein, doch sie wurden auch als semantische Mittel der spezifischen

Funktion (oder des Effektes) angesehen, die die Rhetorik als Überredungskunst wie als Kunst des der Sache angemessenen Ausdrucks vollzieht. Tropen sind, im Unterschied zur Grammatik, ursprünglich auf die Sprache bezogen. Sie sind textproduzierende Funktionen, die nicht unbedingt auf eine nichtverbale Entität hin gestaltet sind, während die Grammatik per definitionem für eine Verallgemeinerung auf außersprachliche Gegenstände geeignet ist. Die latente Spannung zwischen der Rhetorik und der Grammatik schlägt sich in dem Problem des Lesens nieder, dem Prozeß, der notwendig von beiden etwas an sich hat. Es stellt sich heraus, daß der Widerstand gegen die Theorie in Wahrheit ein Widerstand gegen das Lesen ist, ein Widerstand, der gegenwärtig vielleicht dort am effektvollsten ist, wo Methodologien, die sich selbst als Theorien des Lesens bezeichnen, gleichwohl die Funktion, die sie als ihren Gegenstand in Anspruch nehmen, außer acht lassen.

Was ist gemeint, wenn wir sagen, daß die Untersuchung literarischer Texte notwendig abhängt von einem Akt des Lesens, oder wenn wir behaupten, daß dieser Akt systematisch außer acht gelassen wird? Gewiß mehr als die Tautologie, daß man zumindest einige Teile eines Textes, wie klein auch immer, gelesen haben muß (oder einen Teil, wie klein auch immer, eines Textes über diesen Text gelesen haben muß), um in der Lage zu sein, eine Aussage über ihn zu machen. So üblich sie auch sein mag, Literaturkritik, die auf Hörensagen beruht, wird nur selten als Beispiel hingestellt. Die keineswegs selbstevidente Notwendigkeit des Lesens zu betonen impliziert wenigstens zwei Dinge. Zunächst impliziert es, daß Literatur keine transparente Botschaft ist, in der die Unterscheidung zwischen der Botschaft und den Kommunikationsmitteln als gegeben unterstellt werden kann. Die zweite, problematischere Implikation ist, daß das grammatische Decodieren eines Textes einen Rest an Unbestimmtheit zurückläßt, der aufgelöst werden muß, aber selbst durch die extensivste Anwendung grammatischer

Mittel nicht aufgelöst werden kann. Die Ausdehnung der Grammatik, mit dem Ziel, auch parafigurale Dimensionen zu erfassen, ist tatsächlich die bemerkenswerteste und diskutabelste Strategie gegenwärtiger Semiotik, besonders für die Untersuchung syntagmatischer und narrativer Strukturen. Die Kodifizierung kontextueller Elemente, weit über die syntaktischen Grenzen des Satzes hinaus, führt zu der systematischen Untersuchung metaphrastischer Dimensionen und hat die Kenntnis textueller Codes erheblich erweitert und verfeinert. Es ist jedoch ebenso klar, daß diese Ausdehnung stets strategisch auf die Ersetzung rhetorischer Figuren durch grammatische Codes ausgerichtet ist. Die Tendenz, eine rhetorische durch eine grammatische Terminologie zu ersetzen (zum Beispiel von Hypotaxe zu sprechen, um anamorphe oder metonymische Tropen zu bezeichnen), ist Teil eines expliziten Programms, eines Programms, das in seinem Vorhaben durchaus bewunderungswürdig ist, da es auf die Beherrschung und Erklärung der Bedeutung hinausläuft. Die Ersetzung eines hermeneutischen Modells durch ein semiotisches, der Interpretation durch Decodierung, würde in Anbetracht der verwirrenden historischen Instabilität von Textbedeutungen (natürlich einschließlich der kanonisierten Texte) einen bedeutenden Fortschritt darstellen. Viele der Bedenken, die mit »Lesen« verbunden sind, könnten so zerstreut werden.   (97–99)

Der Widerstand gegen die Theorie ist ein Widerstand gegen die rhetorische oder tropologische Dimension der Sprache, eine Dimension, die vielleicht in der Literatur (in einem weiten Verständnis) ausdrücklicher im Vordergrund steht als in anderen verbalen Manifestationen oder – um etwas weniger vag zu sein – die in jedem verbalen Ereignis, wenn es als Text gelesen wird, aufgedeckt werden kann. Da die Grammatik ebenso wie die Metaphorik ein integraler Bestandteil des Lesens ist, ergibt sich, daß Lesen ein negativer Prozeß ist, in dem das grammatische Erkennen stets durch seine es verdrängende rhetorische Entsprechung aufgehoben wird. Das Modell des Triviums enthält in sich die Pseudodialektik seiner Selbstaufhebung, und seine Geschichte ist die dieser Dialektik.　(102)

VIII
Intertextualität

Einleitung

In der Intertextualitätsdebatte sind zwei Positionen zu unterscheiden. Die eine, vertreten vor allem durch Theoretiker der französischen Gruppe Tel Quel wie Julia Kristeva und Jacques Derrida, entwickelt eine allgemeine Texttheorie, die zugleich literatur- und kulturkritische Ziele verfolgt. Die von der traditionellen Literaturwissenschaft angenommene Einheit eines Textes wird ebenso wie die Instanzen *Autor*, *Subjekt* und *Werk* zugunsten eines textübergreifenden allgemeinen Zusammenhanges, der als Intertext bezeichnet wird, aufgelöst. Die andere Position, für die besonders der Hermeneutik und Semiotik verpflichtete Theoretiker wie Gérard Genette, Michael Riffaterre, Karlheinz Stierle, Renate Lachmann, Ulrich Broich und Manfred Pfister einstehen, geht von einem auf literarische Texte eingeschränkten Textbegriff aus. Ihr Interesse gilt bewußten, intentierten und markierten Verweisen eines Textes auf andere Texte, die dann in systematischer Weise erfaßt, klassifiziert und analysiert werden sollen.

Der Begriff »Intertextualität« wurde Ende der sechziger Jahre von Julia Kristeva in ihrem Aufsatz *Bachtin, das Wort, der Dialog und der Roman* geprägt. Kristeva entdeckte in den Texten des russischen Literaturtheoretikers Bachtin die Möglichkeit, Literatur und Gesellschaft zusammen zu denken. Beide werden in diesem Entwurf einer allgemeinen Kultursemiotik als Zeichensysteme verstanden und können daher auch aufeinander bezogen werden. Kristeva unterscheidet einen »allgemeinen Text« (die Kultur), der alle Zeichensysteme umfaßt, und einzelne textuelle Organisationen innerhalb dieser allgemeinen Ordnung.

Bachtin nahm »Dialogizität« und »Monologizität« als Grundprinzipien der Gesellschaft und der Literatur an. Autoritäre und hierarchische Gesellschaften sind durch eine monologische und zentralisierte Kommunikationsstruktur charakterisiert, während die Dialogizität oder Dezentralisation die bestehenden gesellschaftlichen Strukturen subvertiert. Bachtin identifizierte auch in literarischen Texten diese Grundformen und entwarf eine »Metalinguistik«, deren Aufgabe es ist, die sprachlichen Organisationsformen (literarischer) Texte als allgemeine kulturelle Kommunikationsformen herauszuarbeiten. Eine solche umfassende Kulturtheorie sieht in der Kunst Veränderungsmöglichkeiten für die Gesellschaft artikuliert und kann diese sogar kommunikationstheoretisch begründen. Prosatexte zeichnen sich durch eine dialogische Form aus, wenn es zu einer Vielfalt, Überlagerung, Dissonanz und Ambivalenz der Stimmen kommt. Literarische Texte gewinnen eine gesellschaftskritische Kraft, weil sie festgefügte Ordnungen aufbrechen und Positionen relativieren können, indem sie durch eine perspektivische Brechung, durch Ironie, Parodie und Polemik die Einsinnigkeit der tradierten Bedeutung und Deutung subvertieren.

Kristeva nennt dies eine »Dynamisierung des Strukturalismus«: Strukturen werden nicht als feste, beständige und unveränderliche Gegebenheiten, sondern als Prozeß und Transformation gedacht. Damit ergibt sich ein gesellschafts- und kulturkritisches Potential der Texte Bachtins, an das Julia Kristeva anknüpft. Sie ersetzt das Konzept der Dialogizität durch das der Intertextualität und radikalisiert zugleich den Textbegriff, der nun auch die Gesellschaft, Geschichte und Kultur als Zeichensysteme umfaßt. Für die Semiotik und den Strukturalismus sind die Gegenstände nie als solche gegeben, sondern immer nur dank Zeichensystemen er-

kennbar. Die von Kristeva geforderte umfassende Kultursemiotik, die alle kulturellen Zeichensysteme zum Gegenstand und zugleich die Ideologiekritik zur Aufgabe hat, fällt
auch unter diese Regel. Als gesetzte Theorie muß sie sich
selbst kritisieren und ist ebenfalls in einem unabschließba-
ren Prozeß begriffen. Intertextualität als texttheoretisches
Konzept und ideologiekritisches Modell impliziert die
Selbstreflexivität der Theorie.

Im Prozeß der Transformation und Ersetzung innerhalb
eines (allgemeinen) Textes, der alle (Sub-)Texte mitein-
schließt, ist jeder einzelne Text ein Mosaik aus Zitaten. Er
setzt sich nur durch die Transformation anderer Texte zusammen und ist wesentlich durch seine Aktivität und Pro-
zessualität gekennzeichnet. Er nimmt das vorhandene Zei-
chen- und Textmaterial auf und überführt es in eine neue
Ordnung. Damit sind für Kristeva nicht nur alle Texte In-
tertexte, sondern es müssen auch die traditionellen Kategorien von *Subjekt*, *Autor* und *Werk* einer kritischen Revision
unterzogen werden, da Werke keine abgrenzbaren Einheiten darstellen, immer kollektiv sind und der Autor im
Schreibprozeß implizit und explizit fortwährend Verbindungen mit anderen Texten herstellt. Der literarische Text
entsteht gerade durch diese intertextuellen Verbindungen
und kann nicht isoliert von ihnen gesehen werden. Zugleich
wird auch die Unterscheidung zwischen Autor und Leser
zugunsten einer textuellen Produktivität aufgegeben. Jeder
Leser nimmt aktiv an der Transformation des Zeichenmate-
rials teil und stellt in seiner Lektüre Beziehungen zu anderen Texten her. Roland Barthes spricht von der Unmöglichkeit, außerhalb des unendlichen Textes zu leben, dem beispielsweise Prousts *Recherche*, das Fernsehen oder die
Tageszeitung gleichermaßen angehören. Diese aktive Rolle
des Lesers wird auch in der Rezeptionsästhetik – vor allem
bei Wolfgang Iser – herausgestellt, in der dem Leser die
Aufgabe zukommt, »Leerstellen« des Textes zu überbrük-
ken und in ein Spiel textueller Reorganisation des Textes

und auch der entworfenen Wirklichkeitsmodelle einzutreten. Wenn poetische Sprache – und das macht ihre spezifische kulturkritische Kraft aus – sich durch unzählige Kombinationen, Verbindungen, Überschneidungen und Sinnvervielfältigungen auszeichnet, so kann ein Zeichenmodell, das in einem Wort *eine* Bedeutung und in einem Text *ein* Sinnzentrum sucht, keine Gültigkeit mehr haben. Die subversive, revolutionäre poetische Sprache ist für Kristeva nach anderen logischen Prinzipien organisiert und erfordert daher auch eine fortwährende Neubestimmung der Literaturwissenschaft. Diese Überlegungen Kristevas formulieren exemplarisch den Traum einer Überwindung der binären Logik. Heute erscheint er nicht nur merkwürdig antiquiert, sondern wird auch als zugehörig zu einer bestimmten Denktradition erkennbar. Diese suchte die gesamte abendländische Kultur durch eine Erneuerung ihrer logischen Grundsätze zu revolutionieren und wurde vor allem im Dekonstruktivismus und in den Gender Studies fortgeführt. Dieser Versuch steht im Verdacht, einem Irrationalismus zu verfallen und zugleich unbegründbare und beliebige neue Setzungen zu unternehmen.

Für die texttheoretisch-kulturkritische Richtung der Intertextualität ist die Sinnvervielfältigung kein Problem, sondern im Gegenteil gerade Kennzeichen der subversiven Kraft der Literatur. Für die hermeneutisch-textdeskriptive Richtung dagegen stellt die Sinnkomplexität ein zentrales Problem dar, das gelöst werden muß, um Beschreibungsverfahren von intertextuellen Bezügen entwickeln zu können. Einer Generalisierung des Textbegriffes (der Text wird zur Kultur) und der Intertextualität bei Kristeva steht eine Rückkehr zu einem eingeschränkten Textbegriff (Text ist ein isolierbarer literarischer Text) und einer notwendig ausgewiesenen und somit analysierbaren Intertextualität gegenüber. Ziel ist es, handhabbare Unterscheidungs- und Ordnungskriterien aufzustellen, die eine präzise Beschreibung intertextueller Verfahren ermöglichen. Das Problem der Intertextualität verschiebt sich somit vollkommen und ihr Feld wird radikal eingegrenzt. Für diese Tradition der Intertextualitätstheorie bleibt die Einheit des Kunstwerkes und des Textes bestehen.

Die beiden Grundpositionen der Intertextualitätstheorie verfolgen nicht nur unterschiedliche Interessen, sondern sind nur kompatibel, wenn auf die zugrundeliegende Texttheorie verzichtet wird. In der Aneignung der von Julia Kristeva formulierten Problematik durch die hermeneutische Tradition bleibt von den radikalen text- und gesellschaftstheoretischen Konsequenzen nichts bestehen. Herausgearbeitet wird eine intertexuelle Poetik, die ein Beschreibungsinstrumentarium für intertextuelle Bezüge bereitstellt. Analysierbar ist einzig eine im Text ausgewiesene bzw. markierte intertextuelle Relation und ihr gilt das literaturwissenschaftliche Interesse.

Für Karlheinz Stierle wird die Intertextualität erklärbar als eine Bewegung von Frage und Antwort in ständigem Rückgriff auf das gemeinsame Sachproblem von Text und Intertext. Text und Intertext sind durch eine Fragestellung verbunden, die zwar in den beiden Texten unterschiedliche Deutungen und Antworten erfahren kann, sie aber dennoch auf ein ihnen Gemeinsames bezieht. Die Intertextualität begründet für Stierle nicht einen unendlichen Verweisungszusammenhang von Texten, in dem jeder textexterne Weltbezug notwendig verschwindet oder, genauer, nur als Text denkbar wird, sondern weist über die Texte hinaus auf einen Sachbezug, der sie verbindet und auf den auch die Interpretation zurückgreifen kann.

In der Intertextualitätstheorie kommt es auch zu einer rezeptionsorientierten Ausrichtung. Michael Riffaterre unterscheidet eine lineare und eine intertextuelle Lektüre. Für ihn sind intertextuelle Bezüge durch Brüche in der sprachlichen Ordnung des Textes erkennbar, die durch überdeterminierte und vieldeutige einzelne Elemente entstehen. Spuren fremder Texte fügen sich nicht nahtlos in einen Text ein, sondern bleiben als Verweis lesbar und stören somit eine lineare Lektüre.

Gérard Genette stellt in seinem Buch *Palimpsestes* ein extrem detailliertes Beschreibungsmodell vor, das versucht, alle Formen der Intertextualität in ein Ordnungs- und Verteilungsschema zu überführen.

Ulrich Broich und Manfred Pfister unterscheiden verschiedene Grade oder Intensitäten von Intertextualität, die anhand bestimmter Kriterien bestimmt werden können. Kriterien sind so u. a. die semantische und ideologische Spannung zwischen den Texten; der Bekanntheitsgrad des Textes, auf den Bezug genommen wird; die Relevanz des Prätextes für den Text; die Häufigkeit, Genauigkeit und Ausdrücklichkeit der intertextuellen Verweise.

In der deutschen Rezeption der Intertextualitätsdiskussion findet eine Harmonisierung dieses ehemals im Wortsinne literaturkritischen Konzepts mit der traditionellen Literaturwissenschaft statt. Karlheinz Stierle nimmt nicht nur eine Priorität der Werkidentität gegenüber seiner Offenheit an, sondern skizziert auch eine Begründung literarischer Formen und Gattungen.

B. St.

Literatur

Bachtin, M.: Probleme der Poetik Dostojewskijs. München 1971.
– Die Ästhetik des Wortes. Frankfurt a. M. 1979.
Barthes, R.: Die Lust am Text. Frankfurt a. M. 1974.
Broich, U. / Pfister, M. (Hrsg.): Intertextualität. Formen, Funktionen, anglistische Fallstudien. Tübingen 1985.
Genette, G.: Palimpseste. Frankfurt a. M. 1993.
Kristeva, J.: Dialog und Roman bei Bachtin. In: J. Ihwe (Hrsg.): Literaturwissenschaft und Linguistik. Bd. 3. Frankfurt a. M. 1972. S. 345–375.
– Der geschlossene Text. In: P. V. Zima (Hrsg.): Textsemiotik als Ideologiekritik. Frankfurt a. M. 1977. S. 194–229.

Lachmann, R. (Hrsg.): Dialogizität. München 1982.

– Gedächtnis und Literatur. Intertextualität in der russischen Moderne, Frankfurt a. M. 1990.

Plett, H. F. (Hrsg.): Intertextuality. Berlin / New York 1991.

Riffaterre, M.: Sémiotique intertextuelle: L'interprétant. In: Revue d'Esthétique 1/2 (1979) S. 128–146.

– La production du texte. Paris 1983.

Schmid, W. / Stempel, W.-D. (Hrsg.): Dialog der Texte. Hamburger Kolloquium zur Intertextualität. Wien 1983.

Stierle, K. / Warning, R. (Hrsg.): Das Gespräch. München 1984 (Poetik und Hermeneutik. 11.)

JULIA KRISTEVA

Bachtin, das Wort, der Dialog und der Roman

Wenn die Wirksamkeit des wissenschaftlichen Verfahrens im Bereich der Geisteswissenschaften von jeher in Frage gestellt worden ist, so fällt auf, daß diese Infragestellung zum ersten Mal gerade auf der Ebene der untersuchten Strukturen erfolgt, die sich auf eine *andere* Logik als die der Wissenschaft berufen. Es handelt sich um die Logik der Sprache (und *a fortiori* der poetischen Sprache), die der »Schreibweise« (*écriture*) ihr Zutagetreten verdankt. Gemeint ist hier jene Literatur, die die Ausarbeitung des poetischen Sinnes als eines *dynamischen Gramms* fühlbar macht. Es bieten sich zwei Möglichkeiten der semiologischen Analyse von literarischen Texten: schweigen und sich der Stimme enthalten, oder sich darum bemühen, ein jener anderen Logik isomorphes Modell auszuarbeiten, ein Modell der Architektur der poetischen Bedeutung, die heute für die Semiologie ins Zentrum des Interesses gerückt ist.

Der russische Formalismus, auf den sich heute die strukturale Analyse beruft, sah sich vor eine ähnliche Entscheidung gestellt, als ihm aus außerliterarischen und außerwissenschaftlichen Gründen ein Ende gesetzt wurde. Diese Untersuchungen sind aber fortgesetzt worden; sie wurden vor kurzem durch Analysen von Michail Bachtin[1] bekannt. Bachtins Arbeiten stellen eines der bedeutendsten Ereignisse der formalen Schule dar und zugleich einen der fruchtbarsten Versuche ihrer Weiterführung. Weit entfernt von der technischen Strenge der Linguisten, impulsiv, mitunter gar prophetisch schreibend, erörtert Bachtin fundamentale

---

1 Michail Bachtin hat folgende Bücher veröffentlicht: *Problemy poetiki Dostojewskowo*, Moskau 1963, und *Twortschestwo François Rabelais*, Moskau 1965.

Probleme, denen sich die strukturale Analyse der Erzählung (récit) heute konfrontiert sieht und die die Lektüre der im Prinzip bereits vor vierzig Jahren konzipierten Texte wieder aktuell machen. Bachtin gehört zu den ersten, die die statische Zerlegung der Texte durch ein Modell ersetzen, in dem die literarische Struktur nicht *ist*, sondern sich erst aus der Beziehung zu einer *anderen* Struktur *herstellt*. Diese Dynamisierung des Strukturalismus wird erst durch eine Auffassung möglich, nach der das »literarische Wort« nicht ein *Punkt* (nicht ein feststehender Sinn) ist, sondern eine *Überlagerung von Text-Ebenen*, ein Dialog verschiedener Schreibweisen: der des Schriftstellers, der des Adressaten (oder auch der Person), der des gegenwärtigen oder vorangegangenen Kontextes.

Indem er den Begriff *Wortstatus* (statut du mot) als kleinste Einheit der Struktur einführt, stellt Bachtin den Text in die Geschichte und die Gesellschaft, welche wiederum als Texte angesehen werden, die der Schriftsteller liest, in die er sich einfügt, wenn er schreibt. Die Diachronie verwandelt sich in Synchronie, und im Lichte dieser Verwandlung erscheint die *lineare* Geschichte als eine *Abstraktion*; die einzige Möglichkeit für den Schriftsteller, an der Geschichte teilzunehmen, besteht nun im Überschreiten dieser Abstraktion durch ein Schreiben-Lesen (une écriture-lecture), d. h. durch die Anwendung einer bezeichnenden Struktur, die zu einer anderen in funktioneller oder oppositioneller Beziehung steht. Geschichte und Moral werden innerhalb der Infrastruktur der Texte ›geschrieben‹ und ›gelesen‹. So gehorcht das polyvalente und mehrfach bestimmte poetische Wort den Regeln einer Logik, die über die Logik des kodifizierten Diskurses hinausgelangt und sich nur am Rande der offiziellen Kultur völlig verwirklicht. Daher sucht Bachtin die Wurzeln dieser Logik konsequenterweise im *Karneval*. Die Rede des Karnevals (le discours carnavalesque) durchbricht die Regeln der von der Grammatik und der Semantik zensierten Sprache und ist dadurch gesell-

schaftliche und politische Widerrede: es handelt sich nicht
um eine Äquivalenz, sondern um die Identität zwischen der
Zurückweisung des anerkannten linguistischen Kodes und
der Zurückweisung des anerkannten Gesetzes.

1. Das Wort im intertextuellen Raum

Die Einführung des spezifischen Wortstatus innerhalb der
verschiedenen Gattungen bzw. Texte als eines Signifikanten
der Modi für das literarische Verständnis stellt die poetische
Analyse in den neuralgischen Punkt der heutigen Geisteswissenschaften: nämlich in den Schnittpunkt von *Sprache*
(der realen Praxis des Denkens) und *Raum* (der einzigen
Dimension, in der sich die Bedeutung durch eine Verbindung von Unterschieden artikuliert). Den Wortstatus untersuchen heißt, daß man die Artikulation des Wortes – als
eines semischen Komplexes – in bezug auf die übrigen
Wörter des Satzes untersuchen sollte, daß man dieselben
Funktionen (Relationen) auf der Ebene der Artikulationen
von umfangreicheren Sequenzen wiederfinden sollte. Gegenüber dieser räumlichen Auffassung des poetischen
Funktionierens der Sprache wird man zu allererst die drei
Dimensionen des textuellen Raumes definieren, in dem sich
die verschiedenen Operationen der semischen Mengen und
der poetischen Sequenzen realisieren. Die drei Dimensionen sind: das Subjekt der Schreibweise, der Adressat und die
anderen Texte. (Diese drei Elemente stehen miteinander
in einem Dialog.) Der Wortstatus läßt sich also folgendermaßen definieren: a) *horizontal:* das Wort im Text gehört zugleich dem Subjekt der Schreibweise und dem Adressat, und
b) *vertikal:* das Wort im Text orientiert sich an dem vorangegangenen oder synchronen literarischen Korpus.

Nun ist aber der Adressat in das diskursive Universum
des Buches lediglich als Diskurs einbezogen worden. Er
wird aber mit dem anderen Diskurs (dem anderen Buch),
auf den sich der Schriftsteller beim Schreiben des eigenen

Textes bezieht, so in eins gesetzt, daß die horizontale Achse (Subjekt-Adressat) und die vertikale Achse (Text-Kontext) koinzidieren. Diese Koinzidenz enthüllt eine wesentliche Tatsache: das Wort (der Text) ist Überschneidung von Wörtern (von Texten), in der sich zumindest ein anderes Wort (ein anderer Text) lesen läßt. Diese beiden Achsen, die Bachtin *Dialog* und *Ambivalenz* nennt, werden von ihm nicht immer klar voneinander unterschieden. Dieser Mangel an Strenge ist jedoch eher eine Entdeckung, die Bachtin als erster in die Theorie der Literatur einführt: jeder Text baut sich als Mosaik von Zitaten auf, jeder Text ist Absorption und Transformation eines anderen Textes. An die Stelle des Begriffs der Intersubjektivität tritt der Begriff der *Intertextualität*, und die poetische Sprache läßt sich zumindest als eine *doppelte* lesen.

So erweist sich der *Status* des Wortes – aufgefaßt als textuelle Minimaleinheit – sowohl als *Mediator*, der das strukturelle Modell mit dem kulturellen bzw. historischen Zusammenhang verbindet, wie auch als *Regulator* des Übergangs von Diachronie in Synchronie (in literarische Struktur). Durch den Begriff des Status wird das Wort verräumlicht: es fungiert in drei Dimensionen (Subjekt-Adressat-Kontext) als eine Gesamtheit semischer Elemente *im Dialog* oder als eine Gesamtheit *ambivalenter* Elemente. Somit wird die Aufgabe der literarischen Semiologie darin bestehen, Formalismen zu finden, die den verschiedenen Modi von Wort- oder Sequenzverknüpfungen im dialogischen Text-Raum entsprechen.

Die Beschreibung des spezifischen Funktionierens der Wörter in den verschiedenen Gattungen (oder Texten) der Literatur erfordert also ein *translinguistisches* Verfahren: 1) die literarische Gattung wird als ein unreines semiologisches System gefaßt werden müssen, das »unterhalb der Sprachebene, jedoch nie ohne sie bezeichnet«. 2) Man wird mit umfangreichen Einheiten von Diskurs-Sätzen, Repliken, Dialogen usw. arbeiten – ohne sich gezwungenermaßen nach dem linguistischen Modell zu richten –; dieses Verfahren wird durch das Prinzip der semantischen Expansion gerechtfertigt. Auf diese Weise könnte als Hypothese aufgestellt und bewiesen werden: *jegliche Entwicklung der literarischen Gattungen ist eine unbewußte Veräußerlichung der linguistischen Strukturen auf ihren verschiedenen Ebenen.* So exteriorisiert der Roman den linguistischen Dialog.

2. Wort und Dialog

Die russischen Formalisten beschäftigte der Begriff »linguistischer Dialog«. Sie betonten den dialogischen Charakter der linguistischen Kommunikation und hielten den Monolog, diese »embryonale Form« der *allgemeinen* Sprache für sekundär im Vergleich zum Dialog. Einige von ihnen unterschieden zwischen dem monologischen Diskurs als »Äquivalent eines psychischen Zustandes« und der Erzählung als »künstlerischer Nachahmung des monologischen Diskurses«. Eichenbaums berühmte Studie über Gogols *Mantel* geht von solchen Auffassungen aus. Eichenbaum stellt fest, daß der Gogolsche Text sich auf eine mündliche Form des Erzählens und auf deren linguistische Charakteristika (Intonation, syntaktischer Aufbau des oralen Diskurses, respektives Lexikon usw.) stützt. Während Eichenbaum also zwei erzählerische Modi einführt, den *indirekten* und den *direkten* Modus, und ihre gegenseitigen Beziehungen in der Erzählung untersucht, läßt er außer acht, daß sich in den meisten Fällen der Autor der Erzählung, bevor er sich auf den *oralen* Diskurs bezieht, zuerst auf den Diskurs des *Anderen* stützt; der orale Diskurs ist nur dessen Folge, der Andere ist der Träger des oralen Diskurses.

Für Bachtin erhält die Zerlegung in Dialog und Monolog eine Bedeutung, die weit über den konkreten Sinn hinausgeht, in dem die Formalisten von ihr Gebrauch machten. Sie entspricht nicht der Unterscheidung von direkt und indirekt (Monolog/Dialog) in der Erzählung oder im Theater-

stück. Bei Bachtin kann der Dialog monologisch sein, und
der sogenannte Monolog ist oft dialogischer Art. Für ihn
verweisen die Termini auf eine linguistische Infrastruktur,
deren Studium einer *Semiologie* der literarischen Texte zukommt, die weder mit den linguistischen Methoden noch
mit den logischen Gegebenheiten allein vorlieb nimmt, die
im Gegenteil ausgehend von beiden entstehen sollte. »Die
Linguistik untersucht die Sprache an sich, ihre spezifische
Logik und ihre Entitäten, die die dialogische Kommunikation ermöglichen, aber sie abstrahiert von den dialogischen
Beziehungen selbst. ... Die dialogischen Beziehungen sind
auch nicht auf logische oder signifikante Beziehungen, die
schon an sich des dialogischen Momentes entbehren, redu-
zierbar. Sie müssen erst in Worte gekleidet, zu Redensarten
werden durch das Aussagen von verschiedenen Subjekten in
bestimmten Positionen, damit dialogische Beziehungen
zwischen ihnen auftauchen ... Dialogische Beziehungen
sind zwar ohne logische und signifikante Beziehungen völlig undenkbar, haben jedoch ihre eigene Spezifik und lassen
sich also nicht auf sie reduzieren« (Bachtin 1963).

Auf den Unterschied zwischen dialogischen und rein linguistischen Beziehungen insistierend, hebt Bachtin doch
hervor, daß die Beziehungen, auf deren Basis die Erzählung
strukturiert wird (Autor/Person; wir können hinzufügen:
Subjekt des Aussagen/Subjekt der Aussage [sujet de l'énon-
ciation/sujet de l'énoncé]), nur dadurch möglich sind, daß
der Dialogismus der Sprache (langage) selbst inhärent ist.
Bachtin erklärt nicht, worin diese Zweiseitigkeit der Sprache (langue) besteht, unterstreicht aber, daß »der« Dialog
die einzig mögliche Sphäre für das Leben der Sprache (langage) ist«. Heute können wir dialogische Beziehungen auf
mehreren Ebenen der Sprache wiederentdecken: in der
kombinatorischen Dyade Sprachkompetenz/Sprachverwen-
dung (langue/parole); in den Systemen der Sprachkompe-
tenz (kollektive und monologische Vereinbarungen, sowie
das System von korrelativen Werten, die im Dialog mit den

anderen aktualisiert werden) und in den Systemen der Sprachverwendung (wesentlich »kombinatorisch«, keine reine Kreation, sondern individuelle Ausbildung auf der Basis des Zeichen-Austausches). Auf einem anderen Niveau (das mit dem des ambivalenten Raumes im Roman vergleichbar wäre) hat man sogar den »doppelten Charakter der Sprache« (langage) demonstriert: sie ist syntagmatisch (indem sie sich in Ausdehnung, Vorhandensein und durch Metonymie realisiert) und systematisch (indem sie sich in Verbindung, Abwesenheit und durch Metaphern realisiert). Es wäre wichtig, die dialogischen Austauschprozesse zwischen diesen beiden Achsen der Sprache als Basis der romanhaften Ambivalenz linguistisch zu analysieren. Erwähnen wir auch die doppelten Strukturen und ihr Ineinandergreifen in den Relationen Kode/Botschaft (code/message), die auch dazu beitragen, die bachtinsche Idee des der Sprache inhärenten Dialogismus zu verdeutlichen.

Der bachtinsche Diskurs weist auf das hin, was Benveniste meint, wenn er vom *Diskurs* spricht, d. h. von »der von dem Individuum als Ausübung übernommenen Sprache« (langage). In Bachtins eigenen Worten heißt es: »Damit die signifikanten und logischen Beziehungen dialogisch werden, müssen sie Gestalt annehmen, nämlich in eine andere existentielle Sphäre eingehen: Diskurs werden, d. h. Aussage, ferner einen Autor, d. h. ein Subjekt der Aussage erhalten« (Bachtin 1963). Für Bachtin, der aus einem mit gesellschaftlichen Problemen beladenen revolutionären Rußland stammt, ist der Dialog nicht nur die vom Subjekt übernommene Sprache, sondern vielmehr eine *Schreibweise* (écriture), in der man den *anderen* liest (ohne jegliche Anspielung auf Freud). So bezeichnet der bachtinsche Dialogismus die Schreibweise zugleich als Subjektivität und als Kommunikativität, oder besser gesagt, als *Intertextualität*. In Anbetracht dieses Dialogismus verwischt sich der Begriff »Person-Subjekt der Schreibweise« und macht einem anderen Platz: dem der »Ambivalenz der Schreibweise«.

3. Ambivalenz

Der Terminus »Ambivalenz« impliziert das Eindringen der Geschichte (der Gesellschaft) in den Text und des Textes in die Geschichte. Für den Schriftsteller ist dies ein und dasselbe. Wenn Bachtin von »zwei Wegen, die sich in der Erzählung vereinigen«, spricht, sieht er die Schreibweise als Lektüre des vorausgegangenen literarischen Korpus, versteht er den Text als Absorption eines anderen Textes und als Antwort auf einen anderen Text. (Der polyphone Roman wird als Absorption des Karnevals untersucht, der monologische Roman als Drosselung jener literarischen Struktur, die Bachtin wegen ihres Dialogismus eine »menippeische« nennt.) So gesehen kann der Text nicht allein von der Linguistik erfaßt werden. Bachtin postuliert die Notwendigkeit einer Wissenschaft, die er *Translinguistik* nennt, und die vom Dialogismus der Sprache ausgehend die intertextuellen Beziehungen begreifen könnte, Relationen, die der Diskurs des 19. Jahrhunderts »gesellschaftlichen Wert« oder »moralische Botschaft« der Literatur nennt. Lautréamont wollte im Dienste einer hohen Moralität schreiben. In seiner Praxis offenbart sich diese Moralität als Ambivalenz von Texten: die *Chants de Maldoror* und die *Poésies* sind ein ständiger Dialog mit dem vorausgegangenen literarischen Korpus, ein unaufhörliches Zurückweisen der vorausgegangenen Schreibweise. Dialog und Ambivalenz erweisen sich also als der einzige Weg, der es dem Schriftsteller erlaubt, in die Geschichte einzutreten, indem er eine ambivalente Moral predigt: die der Negation als Affirmation.

Dialog und Ambivalenz führen zu einer wichtigen Schlußfolgerung. Die poetische Sprache im inneren Raum der Texte sowie im Raum der *Texte* ist ein »Double«. Das poetische *Paragramm*, von dem bei Saussure die Rede ist (*Anagrammes*), geht von *Null* bis *Zwei*: in seinem Feld existiert die »Eins« (die Definition, »die Wahrheit«) nicht. Das bedeutet folgendes: Die Definition, die Bestimmung, das Zeichen »=« und der Begriff ›Zeichen‹ selber, der eine vertikale (hierarchische) Zerlegung in Signifikant (Sa) und Signifikat (Sé) voraussetzt, können nicht auf die poetische Sprache angewandt werden, die aus einer Unmenge von Verknüpfungen und Kombinationen besteht.

Der Begriff *Zeichen* (Sa-Sé) ist Ergebnis einer wissenschaftlichen Abstraktion (Identität – Substanz – Ursache – Ziel; Struktur des indogermanischen Satzes) und bezeichnet eine lineare, gleichzeitig vertikale und hierarchisierende Gliederung. Der Begriff *Double* ergibt sich aus der Reflexion über die poetische (nicht-wissenschaftliche) Sprache und bezeichnet eine »Spatialisierung« (Verräumlichung) und eine Korrelierung (ein In-Wechselbeziehung-Setzen) der literarischen (linguistischen) Sequenz. Er impliziert, daß die minimale Einheit der poetischen Sprache zumindest eine »doppelte« ist (nicht im Sinne der Dyade Signifikant/ Signifikat, sondern im Sinne von »die *eine und* die *andere*«), und er läßt das Funktionieren der poetischen Sprache wie ein »tabellenartiges Modell« erscheinen, in dem jede »Einheit« (von nun an darf das Wort nur mehr in Anführungszeichen verwendet werden, denn jede Einheit ist eine doppelte) als mehrfach bestimmter Gipfel fungiert. Das *Double* wäre also die minimale Sequenz dieser paragrammatischen Semiologie, die sich nach Saussure (*Anagrammes*) und Bachtin ausarbeiten ließe.

Wir sollen diesen Gedankengang hier nicht zu Ende führen, jedoch im folgenden eine der Konsequenzen hervorheben, die sich daraus ergeben: ein logisches System, das auf der Basis 0/1 arbeitet (falsch/wahr, Nichts/Notation), ist untauglich, um das Funktionieren der poetischen Sprache zu erklären.

In der Tat ist die wissenschaftliche Verfahrensweise eine auf dem griechischen (indogermanischen) Satz basierende logische Verfahrensweise, die auf der Subjekt/Prädikat-Konstruktion beruht und mit Identifikation, Determination und Kausalität operiert. Die moderne Logik von Frege und Peano bis Lukasiewicz, Ackermann oder Church, die sich in den 0/1-Dimensionen bewegt, oder auch die Logik eines Boole, die von der Mengentheorie ausgehend Formalisierungen liefert, die dem Funktionieren der Sprache schon eher isomorph sind, bleiben in der Sphäre der poetischen Sprache unanwendbar, wo die 1 keine Grenze ist.

Man könnte die poetische Sprache also nicht mittels der heute vorhandenen logischen (wissenschaftlichen) Verfahren formalisieren, ohne sie dadurch zu entstellen. Eine Semiologie der literarischen Texte muß mit einer *poetischen Logik* aufgebaut werden, in der der Begriff der »*Potenz der Kontinuität*« (puissance du continu) das Intervall von 0 bis 2 umfassen würde, eine Kontinuität, wo 0 denotiert und 1 implizit überschritten wird.

In dieser spezifisch poetischen »Potenz der Kontinuität« von Null zum Double ist das (linguistisch, psychisch und gesellschaftlich) »Verbotene« die 1 (Gott, das Gesetz, die Definition), und die einzige linguistische Praxis, die diesem »Verbot« entkommt, ist der poetische Diskurs. Es ist kein Zufall, daß die Unzulänglichkeiten der aristotelischen Logik hinsichtlich ihrer Anwendung auf die Sprache zum einen von dem chinesischen Philosophen Chang Tung-Sun hervorgehoben wurden, der einem anderen linguistischen Horizont entstammt (dem der Ideogramme, in dem sich statt Gott der Dialog Yin-Yang entfaltet); zum anderen von Bachtin, der versuchte, den Formalismus durch eine dynamische Theorie zu überwinden, die in einer revolutionären Gesellschaft entstand. Für ihn ist der erzählende Diskurs, den er mit dem epischen Diskurs gleichsetzt, ein Verbot, »ein *Monologismus*«, eine Unterwerfung des Kodes unter 1, unter Gott. Das Epische ist demzufolge religiös, theologisch, und jede »realistische« Erzählung, die der 0/1-Logik folgt, ist dogmatisch. Der realistische bürgerliche Roman (Tolstoj), den Bachtin monologisch nennt, tendiert dazu, sich in diesem Raum zu bewegen. Die realistische Schilderung, die Definition eines »Charakters«, die Erschaffung einer »Figur«, das Entfalten eines »Sujets«, all diese Elemente des beschreibenden Erzählens gehören in das 0/1-Intervall, sind also *monologischer Art*. Der einzige Diskurs, in dem sich die poetische 0/2-Logik völlig realisiert, wäre der des Karnevals: er durchbricht die Regeln des linguistischen Kodes und die Regeln der gesellschaftlichen Moral, indem er eine Logik des Traums annimmt.

Eigentlich ist dieses »Durchbrechen« des linguistischen (logischen, gesellschaftlichen) Kodex im Karneval erst möglich und wirksam, weil es sich ein *»anderes Gesetz«* gibt. Der Dialogismus ist nicht »die Freiheit, alles zu sagen, er ist ›Hohn‹« (Lautréamont) – und doch *tragisch*, ein Imperativ, der *anders* ist als der Imperativ der 1. Man müßte dies für den Dialog spezifische *Durchbrechen, das sich ein Gesetz gibt*, hervorheben, um es radikal und kategorisch von dem fiktiven Durchbrechen zu unterscheiden, das eine gewisse ›erotisch‹-parodierende moderne Literatur aufweist. Diese will sich als »Libertinage« und »relativierend« aufgefaßt sehen, sie läßt sich also in das Feld des *sein Durchbrechen vorhersehenden Gesetzes* eintragen; sie ist Kompensation des Monologismus, geht nicht über den 0/1-Bereich hinaus und hat nichts mit der revolutionären Problematik des Dialogismus zu tun, deren einen formalen »Bruch« gegenüber der Norm und eine Relation von gegensätzlichen, nicht-ausschließenden Termini impliziert.

Der Roman, der die Struktur des Karnevals einbezieht, wird *polyphoner Roman* genannt. Unter den Beispielen, die Bachtin anführt, sind Rabelais, Swift und Dostojewskij. Wir könnten den gesamten »modernen« Roman des 20. Jahrhunderts (Joyce, Proust, Kafka) hinzufügen und präzisieren, daß der polyphone »moderne« Roman, obwohl er im Vergleich zum Monologismus einen Status besitzt, der dem des dialogischen Romans früherer Epochen analog ist, sich von diesem jedoch deutlich unterscheidet. Ende des 19. Jahrhunderts hat sich eine Trennung vollzogen: der Dialog bei Rabelais, Swift oder Dostojewskij verharrt auf dem repräsentativen, fiktiven Niveau, während der polyphone Roman unseres Jahrhunderts sich »unlesbar« (Joyce) und der Sprache innerlich (Proust, Kafka) macht. Von nun an (nach dieser nicht nur literarischen, sondern auch gesellschaftlichen, politischen und philosophischen Trennung) stellt sich das Problem der Intertextualität (des intertextuellen Dialogs) als solches. Die Theorie selbst von Bachtin (ebenso wie die Theorie der saussureschen *Anagrammes*) datiert seit dieser Trennung. Bachtin entdeckte den textuellen Dialogismus in der Schreibweise von Majakowskij, Chlebnikow und Belyj (um nur einige der Schriftsteller der Revolution zu erwähnen, bei denen diese Trennung sichtbare Spuren hinterließ), bevor er den textuellen Dialogismus als Prinzip jeden Aufruhrs und jeder kontestativen Produktivität auf die Literaturgeschichte allgemein ausdehnte.

Der bachtinsche Begriff *»Dialogismus«* würde als semischer Komplex im Französischen implizieren: Double, Sprache (langage) und eine andere Logik. Von diesem Terminus her, den die literaturbezogene Semiologie übernehmen könnte, läßt sich ein neuer Zugang zu poetischen Texten gewinnen. Die vom »Dialogismus« implizierte Logik ist zugleich: 1) eine Logik der *Distanz* und der *Relation* zwischen den verschiedenen Termini des Satzes oder der Erzählstruktur, die auf ein *Werden* hinweist – im Gegensatz zur Ebene der Kontinuität und der Substanz, welche wiederum einer Logik des Seins folgen und als monologisch zu bezeichnen sind; 2) eine Logik der *Analogie* und der *nichtausschließenden Opposition* – im Gegensatz zur Ebene der Kausalität und der identifizierenden Determination, die als monologisch bezeichnet werden kann; 3) eine Logik des *»Transfiniten«* (diesen Begriff entlehnen wir Cantor), die von der »Potenz der Kontinuität« der poetischen Sprache (0–2) aus ein zweites Formationsprinzip einführt, nämlich daß eine poetische Sequenz allen vorausgegangenen Sequenzen der Aristotelischen Reihe (der wissenschaftlichen, der monologischen, der erzählenden) »unmittelbar überlegen« (nicht kausal deduziert) ist. So zeigt sich der ambivalente Raum im Roman von zwei Formationsprinzipien bestimmt: dem monologischen (jede Sequenz wird von der vorausgegangenen determiniert) und dem dialogischen (transfinite Sequenzen, die der vorausgegangenen kausalen Reihe unmittelbar überlegen sind). Am anschaulichsten wird der *Dialog* in der Struktur der karnevalesken Sprache, in der die symbolischen Relationen und die Analogie den Beziehungen Substanz-Kausalität überlegen sind. Der Begriff *Ambivalenz* wird für die Permutation der zwei Räume verwendet, die in der Romanstruktur auftreten: 1) des dialogischen Raumes, 2) des monologischen Raumes.

Die Auffassung der poetischen Sprache als Dialog und Ambivalenz bringt Bachtin nun dazu, die Romanstruktur neu zu bewerten; diese nimmt die Form einer mit einer Typologie des Diskurses verbundenen Klassifizierung der Worte der Erzählung an.

4. Die Klassifikation der Wörter in der Erzählung

Nach Bachtin lassen sich in der Erzählung (récit) drei Kategorien von Wörtern unterscheiden:

a) das *direkte* Wort, das auf sein Objekt verweist, bringt die letzte Bedeutungs-Instanz des Subjekts eines Diskurses innerhalb der Rahmen eines Kontextes zum Ausdruck; das Wort des Autors, dieses ansagende, aussagende, ausdrükkende, *denotative* Wort muß ihm das objektiv-unmittelbare Verständnis verschaffen. Es kennt nur sich selbst und sein Objekt, an das es sich anzupassen versucht. (Es ist sich der Einflüsse von fremden Wörtern nicht bewußt.)

b) das *objekthafte* Wort (mot objectal) ist die direkte Rede der »Personen«. Es erhält eine objektive, unmittelbare Bedeutung, befindet sich jedoch nicht auf derselben Ebene wie der Diskurs des Autors, der von ihm Abstand nimmt. Es orientiert sich zugleich an seinem Objekt und ist selbst Objekt der Orientierung des Autors. Es ist ein fremdes

Wort, das sich dem Wort der Erzählung als einem Gegenstand des Verständnisses des Autors unterwirft. Die Ausrichtung des Autors an dem objekthaften Wort dringt aber in dasselbe nicht ein; sie nimmt es als Ganzes, verändert weder seinen Sinn noch seine Tonalität; sie ordnet es ihren eigenen Aufgaben unter, ohne daß sie demselben eine andere Bedeutung verleiht. Auf diese Weise ist das (objekthafte) Wort, das zum Objekt eines anderen (denotativen) Wortes geworden ist, sich dessen nicht »bewußt«. Somit sind das objekthafte Wort sowie auch das denotative Wort eindeutig.

c) Der Autor kann sich aber des fremden Wortes bedienen, um diesem einen neuen Sinn zu geben, wobei er dessen ursprünglichen Sinn bewahrt. Daraus folgt, daß das Wort zwei Bedeutungen erhält, daß es *ambivalent* wird. Dieses ambivalente Wort ist also das Resultat der Verknüpfung zweier Zeichensysteme. In der Entwicklung der Gattungen taucht es in der Menippea (la ménippée) und im Karneval auf. Die Verknüpfung zweier Zeichensysteme relativiert den Text. Dieses ist der Stilisierung zu verdanken, die dem Wort des Anderen gegenüber einen Abstand herstellt – im Gegensatz zur *Imitation* (hier denkt Bachtin eher an die *Repetition*), die das Nachgeahmte (das Wiederholte) ernst nimmt, es sich eigen macht, es sich aneignet, ohne es zu relativieren. Diese Kategorie von ambivalenten Wörtern wird dadurch gekennzeichnet, daß der Autor die Rede des Anderen für seine eigenen Zwecke ausnutzt, ohne aber gegen deren Gedanken zu verstoßen; er verfolgt deren Weg, wobei er sie zugleich relativiert. Nichts dergleichen in der zweiten Kategorie von ambivalenten Wörtern, für die die *Parodie* ein typisches Beispiel ist. Hier führt der Autor eine der Bedeutung des anderen Wortes entgegengesetzte Bedeutung ein. Die dritte Kategorie des ambivalenten Wortes, für die die *versteckte innere Polemik* ein Beispiel ist, wird wiederum durch den aktiven (modifizierenden) Einfluß des fremden Wortes auf das Wort des Autors gekennzeichnet. Es »spricht« der Schriftsteller, aber ein fremder Diskurs ist stets anwesend in jener von ihm selbst entstellten Rede. In diesem *aktiven* Typus von ambivalentem Wort wird das Wort des Anderen durch das Wort des Erzählers (narrateur) dargestellt. Beispiele dafür sind die Autobiographie, das polemische Geständnis, die Beichte, die Replik eines Dialogs und der verschleierte Dialog. Der Roman ist die einzige Gattung, die ambivalente Wörter besitzt; dies ist die spezifische Charakteristik seiner Struktur.   (345–357)

KARLHEINZ STIERLE

Werk und Intertextualität

I

Jeder Text situiert sich in einem schon vorhandenen Universum der Texte, ob er dies beabsichtigt oder nicht. Die Konzeption eines Textes finden heißt, eine Leerstelle im System der Texte finden oder vielmehr in einer vorgängigen Konstellation von Texten. Diese kann weiter oder enger gedacht sein: weiter etwa als Konstellation einer Literatur oder einer Gattung, enger als Konstellation eines Gesamtwerks, oder als thematische Konfiguration, als Serie und schließlich als Fortsetzung oder Bearbeitung, sei es eines fremden oder eines eigenen Werks. [...] Der Konstellation entspringt die Möglichkeit des Textes, die der Text selbst einlöst, über- oder unterbietet. Indem aber die Leerstelle in der Konstellation der Texte besetzt wird, die Möglichkeit des Textes zu ihrer Realisierung kommt, verändert die Konstellation sich selbst und erzeugt damit neue Leerstellen. Da also das Universum der Texte sich unablässig erweitert, ist auch der Ort des Textes in ihm nicht statisch. Der Text ist Moment einer Bewegung, die über ihn hinausdrängt, und damit zugleich Moment einer sich beständig wandelnden Konfiguration. Kein Text setzt am Punkt Null an. So sind auch die Texte, die den Ursprung einer Gattung begründen, zunächst doch, und sei es in prekärer Weise, auf eine schon vorgängige Gattung zurückbezogen, ehe sie im nachhinein in eine Konfiguration eintreten, die ihre generische Potentialität ans Licht bringt. Die Konfiguration der Texte, der sich der Text verdankt, ist aber nicht identisch mit der Konfiguration, in die der Text für seinen Leser eintritt. Beide Konfigurationen streben immer weiter auseinander, je größer die Distanz zwischen dem ersten Leser und dem aktuellen Leser geworden ist, je mehr Texte sich zwischen den gegebenen Text und seinen Rezipienten schieben. So ist die Intertextualität des Textes eine unendlich vielfältige Bestimmtheit und Bezogenheit. Ihre Erfassung ist eine unendliche Aufgabe, die zwar theoretisch postulierbar, faktisch aber nicht einlösbar ist.

Was wir Text nennen, ist ein Zustand der Sprache, dessen Möglichkeiten an komplexe Voraussetzungen gebunden sind. Elementarer als der in sich selbst zurücklaufende, aus sich selbst herausgehende Text ist die sprachliche Interaktion des Gesprächs, bei dem die Beteiligten in wechselnden Rollen als Sprecher und Hörer agieren und so eine kontinuierliche Sprachbewegung hervorbringen, die indes von der Identität des Textes gewöhnlich weit entfernt ist. Nur im idealen Fall des gelungenen Gesprächs geht aus dem Hin und Her der Rede ein gemeinsamer Text hervor, dem im Hinblick auf seinen wechselnden Ursprung dennoch so etwas wie eine abgehobene Identität zukommt. Erst wenn die Rollen von Sprecher und Hörer asymmetrisch verteilt sind, kann der Text sich als ein in sich selbst ruhender Zusammenhang und Aufbau entfalten. Dann aber geht die Dialogizität in den Text selbst ein und bestimmt sein inneres Verhältnis. Nur der Text, der in sich selbst dialogisch ist, der das ursprüngliche Modell des Gesprächs in sich hineingezogen und damit zugleich das Prinzip der Intertextualität in sich aufgenommen hat, ist Text im eigentlichen Sinne. Die ›Selbstversorgtheit‹ des Textes projiziert zugleich das Prinzip der Loslösung von der Unmittelbarkeit der Situation durch die Mittelbarkeit des ›selbstversorgten‹ Satzes auf die höhere Einheit, die die Abfolge der Sätze in einer freilich nicht mehr formal gesicherten Ordnung organisiert. Dies gilt aber insbesondere für jene Texte, die wir kraft ihrer Selbstbezüglichkeit und inneren Verweisungsdichte im eigentlichen Sinne als Werke bezeichnen. Das Werk erfüllt die Bestimmung des Texts zur Schrift, indem es so angelegt ist, daß es sich erst in wiederholten Lektüren eines Lesers wie in wiederholten Lektüren einer Folge von Lesern erschließt.

Wenn das Werk sich bestimmt aus seiner Selbstbezüglichkeit, es andererseits aber seinen Ort hat in einer Konfiguration der Texte, wie ist dann das Verhältnis von werkimmanenter Intertextualität des Kontexts und werküberschreitender Intertextualität der Textkonstellation zu denken?

II

Es scheint zunächst notwendig, die beiden Perspektiven produktionsästhetischer und rezeptionsästhetischer Intertextualität voneinander zu scheiden. Es gibt eine produktionsästhetische Intertextualität elementarer Art, die allein darin besteht, daß ein Text eine Leerstelle in einer Textkonstellation finden muß. Die Besetzung dieser Leerstelle aber verlangt, daß der Text selbst in sich gesättigt ist und sich als Text aus der Abhängigkeit seiner Vorgegebenheiten emanzipiert. Andererseits kann der Prozeß der Textkonstitution selbst als ein Prozeß der produktiven Intertextualität aufgefaßt werden, sofern der Text aus einer Folge von Verbesserungen, Erweiterungen, Umstellungen etc., d. h. aus einer Varietät von ›Fassungen‹ hervorgeht. Für die rezeptionsästhetische Perspektive der Intertextualität stellt sich nun aber die Frage, ob jede produktionsästhetische Intertextualität auch eine rezeptionsästhetische sein muß. Ein Beispiel kann diese Frage verdeutlichen. Valérys Gedicht *Le cimetière marin* ist, wie sich klar nachweisen läßt, eine Replik auf das Kapitel *Mittags* in Nietzsches *Also sprach Zarathustra*. Doch hat das Gedicht seine eigene Wirkungsgeschichte gehabt, ohne daß dieser Zusammenhang deutlich gewesen wäre. Der Nachweis, daß Valérys Gedicht so etwas wie eine neue Variante von Nietzsches ›Mittagsmythos‹ ist, scheint für die poetische Wirkung des Gedichts nicht von entscheidender Bedeutung, wenngleich er in produktionsästhetischer Perspektive durchaus von Interesse sein dürfte. Wenn die Einsicht in diesen Zusammenhang also rezeptionsästhetisch gesehen keinesfalls unerläßlich ist, so kann die Kennt-

nis der produktionsästhetischen intertextuellen Beziehung
doch in die Erfahrung des Gedichts eingebracht werden,
und zwar sowohl im Sinne einer Erklärungsrelation wie
auch als ästhetisch wirksame Hintergrundgegebenheit, die
den Text selbst in seiner Eigenheit als eine konkrete Differenz heraushebt.

Das Beispiel zeigt, daß die bloße Feststellung einer intertextuellen Beziehung noch nicht ausreicht, um jene Besonderheit zu bestimmen, die sie ästhetisch charakterisiert.
Wenn aber das Werk in produktionsästhetischen intertextuellen Bezügen stehen kann, die der Aktualisierung durch
den Leser nicht bedürfen, obwohl sie für eine Steigerung
seiner Wahrnehmung nutzbar gemacht werden können, so
gibt es andererseits intertextuelle Relationen der Rezeption, die durch keine produktionsästhetische Relation ab-
gedeckt sind. Prinzipiell ist jedes Werk mit jedem korrelier-
bar. In jedem Fall ist das Ergebnis solcher Korrelation ein
Bewußtsein konkreter Differenz, das die pure Faktizität
des je einzelnen Werks aufhebt und perspektiviert. Jede
Korrelation solcher Art ist ein vom Interpreten in Gang
gesetztes Experiment, das das Bewußtsein des Werks stei-
gert. Die konkrete Differenz der experimentierend gesetzten intertextuellen Relation schafft ein Reflexionsmedium,
in dem das Werk als dieses zu gesteigertem Bewußtsein
kommen, sein Eigenes freigeben kann. Experimente solcher
Art sind geeignet, Stereotypen der Wahrnehmung aufzu-
brechen und das Werk in ungewohnte Beleuchtungen zu
stellen.

Wenn es also prinzipiell möglich ist, daß erst die Auslegung die intertextuelle Relation setzt oder aber der einfache
Zufall vorgängiger Lektüren, so wird die privilegierte, in
den Blick genommene intertextuelle Relation doch gewöhnlich dadurch gelenkt, daß der Text selbst eine oder mehrere
intertextuelle Relationen anzeigt. Der Text selbst hat die
Möglichkeit, ein Reflexionsmedium zu setzen, in dem er
sich als eine differenzierende Distanznahme zu einem oder

mehreren Texten präsentiert und diese Distanznahme in die
Konkretheit des Werks einschreibt. Es gibt elitäre literarische Kulturen, wie jene der griechischen und römischen
Antike, des Mittelalters und der Renaissance, wo mit der
Einlösung von werkspezifischen Differenzen gerechnet
wird und wo das neue Werk einen ganzen Kanon literarischer Bezüge notwendigerweise ins Spiel bringt. Jeder
Text ruft in solchen ausdifferenzierten literarischen Kommunikationssystemen eine ganze ins Spiel zu bringende
literarische Tradition auf und gibt ihr durch die produktive
Differenz gleichsam neue Gegenwärtigkeit. Aus der Dichte
der Bezüge aber erwächst eine Bildsprache, die nicht mehr
einzelnen Texten zuweisbar ist, sondern an der alle teil-
haben. Es gibt die diffuse Intertextualität der Topoi, die
immer schon über die eine konkrete, in den Blick zu bringende
intertextuelle Relation hinausreicht und diese ihrerseits
in ein reiches Netz intertextueller Bezüge einbringt. Eine
solche literarische Kultur setzt einen literarischen Kanon
voraus, der allen gemeinsam ist, die an dieser Kultur teil-
haben. (7–11)

Indem das Werk sich selbst in eine intertextuelle Relation
einrückt oder aber versuchsweise zum Moment einer intertextuellen Relation gemacht wird, scheint es sein Zentrum
zu verlieren und in eine bewegliche Identität einzutreten,
die erst aus der intertextuellen Relation selbst hervorgeht.
Die Kategorie der Intertextualität ist eine Kategorie der Dezentrierung und der Offenheit. J. Kristeva, die den Begriff
in die literaturwissenschaftliche Diskussion eingeführt hat,
sah in ihm die Chance, die Vorstellung von der Identität des
Werks sowie von seiner Zurückführbarkeit auf die perso-
nale Identität eines Autors wie schließlich auch die Auffassung von der referentiellen Determiniertheit des Werks als
literarische Mythen des bürgerlichen Bewußtseins zu entlarven. Während es der Rezeptionsästhetik in einer ersten
Phase ihrer Entwicklung zunächst darum ging, das Werk in
der Gebrochenheit seiner geschichtlich bedingten Rezep-

tions- und Aktualisierungsweisen zur Darstellung zu bringen, erblickte J. Kristeva in der Kategorie der Intertextualität die Möglichkeit, das im Rezeptionsakt aufgeworfene Problem der Intersubjektivität, wie es von Sartre zuerst formuliert worden war, grundsätzlich zu eliminieren. Die Auffassung der Tel Quel-Gruppe von der Subjektlosigkeit der literarischen Produktion erhielt durch das Theorem der Intertextualität ein neues Fundament. Doch wird zu prüfen sein, ob nicht die Kategorie der so verstandenen Intertextualität selbst einer neuen literaturwissenschaftlichen Mythenbildung entspringt.

III

Was Kristeva mit scheinbarer texttheoretischer Stringenz als Intertextualität bezeichnet, ist in Wirklichkeit ein komplexer Zusammenhang von Relationen, der der systematischen Durchdringung und Differenzierung bedarf, wenn der Bezug zwischen Texten im Spielraum seiner Möglichkeiten erfaßt werden soll. Im folgenden soll versucht werden, eine solche Differenzierung zu skizzieren, und zwar primär mit Bezug auf Aspekte der Intertextualität von Dichtung und Literatur. Während Kristeva, ausgehend von einer vermeintlich ›materialistischen‹ Literaturbetrachtung, die Kategorie der Intertextualität als eine einfache Relation auffaßt, soll im folgenden die Notwendigkeit verdeutlicht werden, zwischen semiotischer, phänomenologischer, hermeneutischer und pragmatischer Perspektive bei der Bezugnahme der Werke auf andere Werke zu unterscheiden.

Die Stimme des Textes ist begleitet vom Rauschen der Intertextualität. In jedem Wort ist das Rauschen seiner Bedeutungen und Verweisungen vernehmbar. Jeder Satz, jede Satzbewegung löst Erinnerungen, Verweisungen aus, und bei entsprechender Richtung der Aufmerksamkeit kann das Rauschen der Intertextualität die Stimme des Textes übertönen. Aber wie es ist, wenn die Intertextualität selbst Stimme wird, vernehmbar herausgehoben aus dem Rauschen der unbestimmten Verweisungen? Erst hier kann ja in einem prägnanten Sinne von Intertextualität die Rede sein.

Der Ausdruck »Intertextualität« bezeichnet ein Verhältnis, das zwischen einen Text und seinen Bezugstext gesetzt ist. Die Setzung dieses Verhältnisses ist semiotisch eine Verweisung oder beim bloß experimentierenden Bezug die Fiktion einer Verweisung. In dieser Verweisung selbst liegt aber schon eine prinzipielle Asymmetrie, die die Rede von der Intertextualität der Werke problematisch macht. Gegeben ist ein Text in seiner konkreten Artikulation. Dieser verweist durch partielle Rekurrenz zumindest auf einer der Ebenen seiner Konstitution auf einen oder mehrere andere Texte, die nicht selbst gegeben, sondern abwesend sind. Eine solche Verweisung kann übrigens durchaus auch allein von der Gleichgestaltigkeit eines Rhythmus ihren Ausgang nehmen. So gibt es Gelegenheitsgedichte Mörikes, wo der Pfarrer, der sich in die Welt des Dichtens flüchtet, – unbewußt? – in den Duktus protestantischer Kirchenlieder verfällt.

Eine Relation, bei der Gegebenes auf Abwesendes verweist, ist in allgemeinster Hinsicht eine semiotische Relation. In diesem Sinne ist die Intertextualitätsrelation eine komplexe semiotische Relation insofern, als in ihr ein sprachlich organisierter Zeichenzusammenhang auf einen anderen sprachlich organisierten Zeichenzusammenhang verweist, aber so, daß diese Verweisung selbst nicht sprachlicher Art ist. Doch sind in dieser Relation beide Zeichenzusammenhänge nicht gleichwertig. Einer von beiden ist artikuliert, denotativ gegeben, der andere unartikuliert, konnotativ. Der denotierte Text ist in der intertextuellen Relation die Basis des konnotierten Texts.

Diese Differenz aber ist gerade bei Werken der Dichtung und Literatur, die auf ästhetische Erfahrung angelegt sind, von grundsätzlicher Bedeutung. Denn sie bezeichnet zugleich eine Differenz der phänomenologisch erfaßbaren Ge-

gebenheitsweisen, von der die ästhetische Erfahrung selbst
wesentlich bestimmt ist. Erst wenn die semiotische Relation
der Intertextualität als phänomenologische Relation in den
Blick kommt, kann die Erfahrung der Öffnung des Werks
auf andere Werke wirklich erfaßt werden. Phänomenologisch ist das semiotische Verhältnis von Denotation und
Konnotation ein Verhältnis von Thema und Horizont. Das
Werk schafft sich einen Horizont, vor dem es sich in seiner
Besonderheit darstellt. Soll dieser Horizont aber ein erfahr-
barer, ästhetisch gegenwärtiger Horizont sein, nicht nur ein
gewußter Horizont, so bedarf es nicht nur der Verweisung
selbst, sondern ihrer ästhetischen Vergegenwärtigung.

   Werke sind nicht unendlich bedeutungsoffen. Es sind
Äquivalente von Aufmerksamkeitsleistungen. Im Gegensatz zur unendlichen Komplexität und Offenheit des alltäglichen Lebens ist das Werk eine Ausgrenzung, bei der sich
für den Leser Entlastung der Aufmerksamkeit vom ›quer
Einschießenden‹ mit Steigerung der Aufmerksamkeit verbindet. Es ist eine subtile Einsicht Lessings, daß der
menschliche Geist, gerade weil er von beschränktem Fas-
sungsvermögen ist, der ästhetischen Erfahrung eines Ganzen nur unter der Bedingung einer form- und gattungskon-
stitutiven Reduktion teilhaftig werden kann. Das Werk
setzt die Priorität seiner Werkidentität über seine Offenheit
und Unbestimmtheit. So läßt es sich als ein bestimmtes Verhältnis von Bestimmtheit und Unbestimmtheit beschreiben.
Das Werk selbst ist das Zentrum eines Sinns, der über es
hinausreicht. Es konstituiert ein Sinnfeld, dessen Mittelpunkt es zugleich ist. Alles, was in diesem Feld erscheint, ist
auf die Mitte zentriert, die das Werk selbst setzt. Eben deshalb kann auch die ›Intertextualität‹ das Werk nicht dezentrieren. Das dezentrierte, fremden Texten anheimgefallene
Werk müßte seine ästhetische Identität verlieren.

   Die intertextuelle Gegebenheit ist nicht nur die Funktion
eines semiotisch abgerufenen Vorwissens, das der Rezipient
ins Spiel zu bringen hat. Der Text vielmehr spielt den Be-

zugstext herein, und zwar in einer Artikuliertheit, Reliefhaftigkeit, die das Ganze des intertextuellen Bezugstexts nicht einfach als Wissen voraussetzt, sondern es im Medium seiner konkreten Aufgerufenheit erscheinen läßt. Die Weise, wie ein Text eines anderen Texts inne ist, bestimmt seine ästhetische Gegenwärtigkeit. Besonders deutlich kann dies werden, wenn man vergleichend das Medium des Bildes heranzieht. Gerade bei der ›intervisuellen‹ Relation eines Bildes zu einem anderen zeigt sich klar die Differenz der Gegebenheitsweisen. Das zitierte Bild muß im zitierenden Bild ›aufgehoben‹ sein, wenn dieses in seiner eigenen Logik nicht zerstört werden soll. [...]

Doch ist die intertextuelle Relation als Aufbau von semiotischer und phänomenologischer Relation noch nicht zureichend erfaßt. Sie erscheint in einer dritten Hinsicht als hermeneutische oder pragmatische Relation. Die Weise, wie ein Text einen Text vergegenwärtigt, sagt zugleich etwas darüber aus, wie der Text sich zu dem Text verhält, den er heraufruft. Die ›Intertextualität‹ ist keine bedeutungsleere und intentionslose Verweisung. Das hermeneutische oder pragmatische Verhältnis eines Textes zu einem Text mag das der Applikation sein oder der Überbietung, der Aufbietung einer Autorität, der ironischen Distanznahme, der Erweiterung, der Korrektur oder der Ausschöpfung eines Spielraums, der durch den vorgängigen Text oder durch eine Folge vorgängiger Texte gesetzt ist. Wenn bei poetischen und literarischen Werken der phänomenologische Aspekt offen sein muß auf einen hermeneutischen oder auch pragmatischen, so gilt dies mehr noch für argumentierende Texte. Texte, literarische wie nichtliterarische, stehen zueinander nicht nur in einem Verhältnis der semiotischen Differenz, sondern, auf der Grundlage einer semiotischen Differenz, in einem Sachbezug, der als dieser das Verhältnis der Texte zueinander überschreitet und damit auch die intertextuelle zu einer anderen als inter*textuellen* Relation macht. [...]

Die bisherigen Überlegungen erweisen den Ausdruck ›Intertextualität‹ als problematisch. Denn die Intertextualität selbst ist nur ein Moment einer komplexeren Beziehung, die über die bloße Textgestalt hinausreicht. Für diese ist die Gegebenheitsweise ebenso von Belang wie die, den Text überschreitende, Bezogenheit auf eine Sache. Diese Bezogenheit aber bedeutet nicht eine Dezentrierung des Textes, sondern vielmehr seine Situierung. Die ›intertextuelle‹ Relation ist Moment der Identität des Textes selbst und gewinnt nur im Hinblick auf diese ihre spezifische Bedeutung. Im Text, im Werk ereignet sich die neue Erfahrung als Reorganisation eines vorgängigen Wissens, das erst durch diese neue Gestalt seine Prägnanz und seine innere Kohärenz erhält. Das Werk ist nie eine bloße Maximierung von Referenzen auf andere Werke, sondern immer ein Vollzug unter Formbedingungen, die die Aufmerksamkeit auf eine je ins Werk gesetzte Relevanzfigur konzentrieren. Der Text als Werk spielt durch die Verfahren der partiellen Konvergenz ein anderes Werk herein, macht es gegenwärtig durch die Weise des Hereinspielens und gibt ihm so eine spezifische Konturiertheit, die es von sich selbst aus noch nicht hat. Erst so wird aber die intertextuelle Relation prägnant, doch hört sie eben damit zugleich auf, eine dezentrierende *intertextuelle* Relation zu sein. Der hereingespielte Text ist darüber hinaus auch gar nicht als Text hereingespielt, sondern als Erinnerung an die Lektüre eines Textes, das heißt als angeeigneter, umgesetzter, in Sinn oder Imagination überführter Text.

Der Text als Werk hat seine eigene Autorität in der Bestimmtheit seiner Form. Solche Autorität schließt aber Liberalität der Applikationsmöglichkeiten, der Auslegbarkeiten, Fortführbarkeiten und Bezugnahmen nicht aus. Beide betreffen ganz verschiedene Aspekte des Werks, die voneinander geschieden werden müssen. M. Bachtin, der mit seiner Theorie der Dialogizität, auf der J. Kristeva fußt, sich der Autorität des »monologischen Worts« widersetzte, sah nicht, daß die Autorität der Form, die die Identität des Werks bestimmt, nicht notwendig eine autoritäre, ideologische Vereinseitigung seiner ›Aussage‹ zur Folge haben muß. Die Liberalität der Sinndimensionen gerade des ästhetischen Texts erweist, daß Autorität und Liberalität des Werks keine sich ausschließenden, sondern komplementäre Momente sind.

Dialogisch in einem genaueren Sinne kann der Bezug zwischen Texten nicht heißen. Jeder Text macht den hereingeholten Text zum Moment seiner eigenen Bewegung. Dialog setzt die Autonomie der Aktanten des Dialogs voraus. Gerade diese aber erscheint in der intertextuellen Relation aufgehoben. (12–17)

Die große Vielfalt möglicher Bezüge, unter denen Texte zu Texten in ein Verhältnis treten können, wird durch den Begriff der Intertextualität nicht erhellt, sondern eher verdunkelt. Wird das Feld der Relationen zwischen Texten aber systematisch erschlossen, so erweist sich, daß der ›Intertextualität‹ keinesfalls jene Kraft zukommt, um derentwillen J. Kristeva das Konzept eingeführt hatte: die Kraft nämlich, die Identität der Werke zu dezentrieren, die Werke zum Moment eines subjektlosen Prozesses der sich ausspielenden textuellen Differenz zu machen. Der Mythos der Intertextualität hält, dies wäre als Resümee aus unserer Betrachtung zu ziehen, einer systematischen Betrachtung nicht stand. Daß aber das Konzept der Intertextualität, wenn es von einer textideologischen zu einer deskriptiven, auf das je einzelne Verhältnis bezogenen Kategorie gemacht wird, für das Verständnis einer noch zu wenig beachteten kommunikativen Dimension der Werke fruchtbar ist, steht dennoch außer Frage. (21)

IX

Systemtheorie und Konstruktivismus

Einleitung

Ähnlich wie Diskurstheorie, New Historicism, Strukturalismus und Dekonstruktivismus konstituieren sich Systemtheorie und Konstruktivismus in kritischer Distanzierung
zu einem positivistischen Wissenschaftsparadigma. Dabei
schließen sie zum einen an die lange Tradition skeptischer
Erkenntnistheorie an, die von der Antike über die europäi-
sche Aufklärung (besonders Kant) bis zu Nietzsche und ins
20. Jahrhundert reicht. Mit dieser philosophischen Tradition
teilen Systemtheorie und Konstruktivismus die Annahme,
daß Erkenntnis keine Abbildung der Wirklichkeit darstellt,
sondern von der Position des Beobachters abhängt. Im Mittelpunkt der Theorie steht nicht der Gegenstand der Wahrnehmung, sondern der Beobachter und das Beobachten
selbst.

Ihre grundlegenden Thesen verdanken Systemtheoretiker
und Konstruktivisten allerdings weniger der philosophischen als der psychologischen und insbesondere der biologischen und neurophysiologischen Forschung der siebziger
und achtziger Jahre. Zu nennen sind vor allem die Arbeiten
der beiden chilenischen Biologen Humberto R. Maturana
und Francisco J. Varela, des Kybernetikers Heinz von Foerster und des Soziologen Niklas Luhmann. So ist der Konstruktivismus zu einer disziplinübergreifenden Theorie geworden, die versucht, Prozesse zu beschreiben, in deren
Verlauf Wirklichkeitsentwürfe sich herausbilden. Dies gilt
sowohl für die Funktionsweise des Gehirns als auch für

Computersysteme und gesellschaftliche Systeme. In konstruktivistischer Perspektive ist diesen heterogenen Bereichen eines gemeinsam: Es handelt sich um geschlossene Systeme, die nach internen Regeln funktionieren und durch diese eine spezifische Konstruktion der Wirklichkeit entwerfen.

Daß Wissen bzw. Erkennen dem Menschen kein treues Abbild einer existierenden Realität liefern, ist eine allen konstruktivistischen Ansätzen und Anwendungen gemeinsame Überzeugung. Wahrnehmung und Interpretation lassen sich nicht trennen; die wahrgenommene Wirklichkeit ist wesentlich ein Konstrukt. Aussagen über ›die Wirklichkeit‹ lassen sich daher nicht machen. Die Welt ist den Systemen nur kognitiv zugänglich, d. h. sie ist abhängig von den internen Regeln der Unterscheidung und Benennung. Unterscheiden und Benennen sind aber systemrelative Operationen, d. h. stets bezogen auf die internen Regeln der Systeme. Es gibt, wie Niklas Luhmann formuliert, keine Korrelate für Unterscheidungen in der Umwelt. Unterscheidungen sind allein Operationen der Systeme. Konstruktivismus und Systemtheorie leugnen also keineswegs die Existenz einer Realität, betonen aber die Unhintergehbarkeit von geschlossenen (kognitiven) Systemen. Alle Aussagen über Wirklichkeit werden *in* Systemen getroffen und sind daher notwendig systemimmanent. Systemtheorie und Konstruktivismus legen daher den Akzent auf die Funktionsweise von Systemen und die Analyse ihrer internen Organisation.

Für die Systemtheorie und den Konstruktivismus sind geschlossene Systeme, die über eigene autonome Formen der Produktion und Reproduktion von Regeln verfügen, grundsätzlich autopoetisch, d. h. sie definieren und produzieren durch grundlegende Unterscheidungen ihre eigenen Regeln und Elemente, also sich selbst. Systeme sind daher durch Selbstorganisation und Selbstrefenz (d. h. den Bezug auf eigene Funktionsweise und Elemente) bestimmt. Im Gegensatz zum Strukturalismus, der die Funktionsweise von Systemen durch konstante – und häufig überzeitliche – Strukturen zu bestimmen versucht hat, gehen der Konstruktivismus und die Systemtheorie von einer ›dynamischen Stabilität‹ der Strukturen aus. Strukturen sind in diesen Theorien keineswegs unveränderliche Größen, sondern flexibel und änderbar. Zu untersuchen sind daher nicht nur die unterschiedlichen Formen der Autopoiesis von Systemen (d. h. die verschiedenen Formen der Selbstorganisation), sondern auch die internen Veränderungen, bei denen einzelnen Elementen neue Funktionen zugewiesen werden.

Systeme gewinnen ihre Geschlossenheit durch Abgrenzung. Sie können ihre Autonomie und Unabhängigkeit nur durch die Abgrenzung gegen die Umwelt und somit gegen andere Systeme bewahren. Niklas Luhmann hat dies durch die Operation der Beobachtung zu bestimmen versucht. Beobachtung ist für ihn eine Bezeichnung durch Unterscheidung und gehorcht somit einem Differenzschema. Ein System konstituiert sich durch die grundlegende Unterscheidung des Systems von seiner Umwelt. Es bestimmt durch Beobachtung, Abgrenzung und Benennung seine eigene Umwelt. Die Umwelt ist aufgrund dieser Operation, durch die internen Regeln des Systems also, bestimmt und existiert nicht mehr als Außenwelt. Systeme arbeiten – wie Niklas Luhmann formuliert – ausschließlich mit Innenbeleuchtung. Für die Systemtheorie gibt es daher keine Austauschbeziehung zwischen System und Umwelt, sondern nur Produktion und Reproduktion der Elemente, aus denen das System besteht.

Mit dieser Bestimmung der Funktionsweise von geschlossenen Systemen verändert sich auch die Perspektive der Forschung. Forschung zielt nicht auf Wahres, sondern auf Brauchbares; ihr geht es nicht um Aussagen über das *Was*, sondern über das *Wie* der Erkenntnis. Es geht nicht um exakte Deskription, sondern um Problemlösungskapazität. Objektivität wird durch bestimmte Formen der Intersubjektivität ersetzt. Ontologie spielt keine Rolle mehr.

Wie vielen anderen skeptisch-pragmatischen Modellen wurde auch dem Konstruktivismus vorgeworfen, in puren Relativismus abzugleiten. Dem leistete die Überzeugung von der ›subjektiven‹ Konstruktion von ›Wirklichkeit‹ Vorschub. Diese Auffassung wurde allerdings im Zusammenhang mit der Diskussion kommunikationstheoretischer Modelle korrigiert: »Realität ist eine interaktive Konzeption« (von Foerster).

Die Annahme, daß Wahrnehmung eine Konstruktion von Realität ist – durch Denken, Sprechen und Handeln – und nicht auf Übereinstimmung mit einer wahrnehmungsunabhängigen Realität beruht, ist für konstruktivistische Positionen kein Grund zur radikalen Kritik an wissenschaftlicher Erkenntnis. Das unterscheidet den Konstruktivismus von irrationalistischen Absagen an Verständigungsmöglichkeit und nähert sich Positionen an, wie sie liberale Pragmatiker (z. B. Richard Rorty) vertreten. In Anlehnung an ihre Vorbilder Maturana und Varela und in Adaptation der Positionen von Jean Piaget und Gregory Bateson wurde nun gerade das *Wie* der Realitätskonstruktion untersucht. Daß es dabei nicht um individuelle Fiktionen, sondern um soziale, interaktive Systeme geht, hat besonders der Systemtheoretiker Luhmann in zahlreichen Publikationen dargelegt.

Das Modell von Systemen, die selbstreferentiell und autopoetisch, d. h. operational geschlossen und ›konservativ‹ sind, ließ sich von den Naturwissenschaften auf die Soziologie, aber auch auf die Managementtheorie, Geschichte und Literaturgeschichte übertragen. Konstruktivismus in der Literaturwissenschaft – häufig etwas irreführend als »Empirische Literaturwissenschaft« bezeichnet – legt den Akzent einerseits auf die Entwicklung interdisziplinärer Forschung und versucht andererseits, in Absetzung von der traditionellen Hermeneutik, ein spezifisches Modell zu entwickeln, das Literatur als ein System von Produktion, Rezeption, Verteilung und Beurteilung von fiktionalen Texten innerhalb von Gesellschaften bzw. im Rahmen historischen und kulturellen Wandels versteht. Niklas Luhmann beschreibt Kunst als autopoetisches Teilsystem der modernen Gesellschaft und untersucht ihre Funktionsweise. Das heißt zugleich, daß der Kunst eine gesellschaftliche Funktion zukommt. Im Gegensatz zu Theodor W. Adorno ist für Luhmann die Kunst keine Verselbständigung *gegenüber* der Gesellschaft, sondern *in* der Gesellschaft. Kunst entwirft sich im Verständnis der Systemtheorie nicht in Opposition und Abgrenzung zu ihr, sondern im Prozeß der Ausdifferenzierung der Gesellschaft selbst. Die Kunst hat ihre Autonomie gerade durch eine spezifische Funktion im Rahmen der Gesellschaft, die nur ihr zukommt und nur durch sie ausgefüllt werden kann. Luhmanns allgemeine Bestimmung der Funktion von Kunst als Konfrontation der Realität mit einer anderen Version derselben Realität ist verstehbar als Pluralismus von Wirklichkeitsentwürfen, die abhängig sind von den verschiedenen Formen der Organisation von Systemen.

In den letzten Jahren haben die Tendenzen der Annäherung von Diskurstheorie, Kommunikationstheorie, Pragmatismus, aktueller Hermeneutik, bestimmten dekonstruktivistischen Positionen und neuen historischen Modellen dazu geführt, daß der in den achtziger Jahren noch vorherrschende Ton der theoretischen Innovation auch bei konstruktivistischen und systemtheoretischen Positionen nicht selten vorsichtigeren Standortbestimmungen gewichen ist. Ein Beispiel dafür stellen auch die ausgewählten Texte von S. J. Schmidt und Niklas Luhmann dar, die selbstkritische Positionen bereits miteinschließen.

D. K. / B. St.

Literatur

Luhmann, Niklas: Das Medium der Kunst. In: Delfin 7 (1986) S. 6 bis 15.
– Gesellschaftsstruktur und Semantik. Bd. 1–4. Frankfurt a. M. 1980–95.
– Liebe als Passion. Zur Codierung von Intimität. Frankfurt a. M. 1982.
– Soziale Systeme. Grundriß einer allgemeinen Theorie. Frankfurt a. M. 1984.
– Die Kunst der Gesellschaft. Frankfurt a. M. 1995.
Maturana, Humberto / Varela, Francisco J.: Der Baum der Erkenntnis. Bern/München/Wien 1987.
Scheffer, Bernd: Interpretation und Lebensroman. Zu einer konstruktivistischen Literaturtheorie. Frankfurt a. M. 1992.
Schmidt, Siegfried J. (Hrsg.): Literaturwissenschaft und Systemtheorie. Positionen, Kontroversen, Perspektiven. Opladen/Wiesbaden 1993.
– (Hrsg.): Der Diskurs des radikalen Konstruktivismus. Frankfurt a. M. 1987.
Schwanitz, Dietrich: Systemtheorie und Literatur. Ein neues Paradigma. Opladen/Wiesbaden 1990.
Watzlawick, Paul (Hrsg.): Die erfundene Wirklichkeit. München 1981.

SIEGFRIED J. SCHMIDT

Einige Vorschläge zur Ausdifferenzierung des konstruktivistischen Diskurses

1. Konstruktivismen:
Traditionen, Themen, Tendenzen

Philosophiegeschichtlich interessierte Konstruktivisten haben für ihr Zentralthema, nämlich die Frage nach dem Zusammenhang zwischen Wahrnehmen, Erkennen und Wirklichkeit, eine Ahnenreihe konstruiert, die von den griechischen Skeptikern bis heute reicht. In dieser Ahnenreihe erscheinen vor allem solche Philosophen, die mit den unterschiedlichsten Argumenten zu verdeutlichen versucht haben, daß Menschen die Wirklichkeit in der Wahrnehmung nicht abbilden, so wie sie »an und für sich« ist, sondern daß sie Modelle dieser Wirklichkeit entwerfen, deren Objektivität oder Wahrheit nie direkt überprüfbar ist. Die Hauptargumente lauten u. a.: (a) Wir können – wie schon Pyrrhon im 3. Jahrhundert v. Chr. formulierte – nicht hinter unsere Wahrnehmung zurückgehen, weil wir nur Wahrnehmungen mit Wahrnehmungen, nicht aber Wahrnehmungen mit (noch) nicht wahrgenommenen Dingen vergleichen können. (b) Wahrnehmung ist kein passiver Vorgang, sondern eine Tätigkeit unserer Sinne und des Gehirns, die nach ihren eigenen Operationsbedingungen arbeiten und nicht einfach die Eigenschaften des wahrgenommenen Objekts widerspiegeln (G. Berkeley und G. Vito bis I. Kant). (c) Wahrnehmung ist eine Aktivität, die stets implizit oder explizit sprach- und theoriegesteuert abläuft (K. R. Popper), entsprechend der Volksweisheit, daß wir nur sehen, was wir wissen.

Das erkenntnistheoretische Fazit, das aus solchen Überlegungen gezogen wird, lautet dann in seiner allgemeinsten

Form: Wir konstruieren durch unsere vielfältigen Tätigkeiten (Wahrnehmen, Denken, Handeln, Kommunizieren) eine Erfahrungswirklichkeit, die wir bestenfalls auf ihre Gangbarkeit oder Lebbarkeit (viability) hin erproben können, nicht aber auf ihre Übereinstimmung mit einer wahrnehmungsunabhängigen Realität. Oder als H. von Foersters sog. Grundprinzip des Konstruktivismus formuliert: »Erfahrung ist Ursache, die Welt die Folge.«

Versuche, kohärent darzustellen, was *der* Radikale Konstruktivismus *ist* ebenso wie Versuche, *den* Radikalen Konstruktivismus zu kritisieren, stoßen bald an eine Grenze: Konstruktivismus ist kein einheitliches Theoriegebäude[1], das von einer homogenen Gruppe von Forschern entwickelt worden ist und bereits in lehrbuchhafter Form vorliegt. Vielmehr handelt es sich eher um einen Diskurs, in dem viele Stimmen aus ganz unterschiedlichen Disziplinen zu hören sind – und manchmal durchaus dissonant. (13 f.)

In einer ersten groben Einteilung kann man drei Arten von Zugangsweisen zu grundsätzlichen konstruktivistischen Hypothesen voneinander unterscheiden: Biologisch-neurowissenschaftliche in der Tradition Maturanas, Varelas und Roths; kybernetische im Gefolge von Foersters; philosophisch-soziologische auf der Linie Luhmanns; sowie Zugangsweisen zu konstruktivistischen Hypothesen über eine neue Lektüre philosophischer und psychologischer Traditionen (so etwa bei von Glasersfeld).

Alle Zugangsweisen kommen in einem grundlegenden Punkt zu demselben Ergebnis: Es empfiehlt sich, von Was-Fragen auf Wie-Fragen umzustellen; denn wenn wir in einer Wirklichkeit leben, die durch unsere kognitiven und sozialen Aktivitäten bestimmt wird, ist es ratsam, von Operationen und deren Bedingungen auszugehen statt von Objekten oder von »der Natur«.

---

1 Die Neigung mancher Konstruktivisten, schon ein »neues Paradigma« zu unterstellen (so auch S. J. Schmidt 1987), muß gelinde gesagt als voreilig kritisiert werden.

Bei der kritischen Diskussion konstruktivistischer Theorien taucht immer wieder ein Mißverständnis auf, das durch die umgangssprachliche Verwendung von ›Konstruktion‹ nahegelegt wird. Umgangssprachlich bezeichnet man planvolle, intentionale Tätigkeiten willkürlicher Herstellung als Konstruktion. Ganz im Gegenteil dazu benutzen viele Konstruktivisten – leider meist ohne expliziten Hinweis – dieses Wort, um Prozesse zu bezeichnen, in deren Verlauf Wirklichkeitsentwürfe sich herausbilden, und zwar keineswegs willkürlich, sondern gemäß den biologischen, kognitiven, sozialen und kulturellen Bedingungen, denen sozialisierte Individuen in ihrer sozialen und natürlichen Umwelt unterworfen sind. Über viele dieser Bedingungen kann ein Individuum überhaupt nicht verfügen. Schon deshalb wäre es sinnlos, Wirklichkeitskonstruktion als planvollen und in jeder Phase bewußt gesteuerten Prozeß zu konzipieren. Wirklichkeitskonstruktion widerfährt uns mehr, als daß wir sie bewußt vollziehen – weshalb wir die Konstruiertheit unserer Wirklichkeit erst dann bemerken, wenn wir beobachten, *wie* wir beobachten, handeln und kommunizieren. Deshalb sollte der Konstruktivismus nach meinem Verständnis eher als eine Theorie der Beobachtung zweiter Ordnung bezeichnet werden.

Nun weisen Kritiker, die den Neuheitswert konstruktivistischer Hypothesen in Frage stellen, zu Recht darauf hin, daß Einsichten in die wirklichkeitskonstitutive Rolle von Individuen und Gesellschaft vor allem in diesem Jahrhundert von vielen Philosophen (so u. a. von H. Vaihinger, B. L. Whorf, L. Wittgenstein, K. R. Popper, W. O. Quine, P. Winch, Th. S. Kuhn, P. Feyerabend, N. Goodman, R. Rorty u. a. m.) und Wissenschaftlern formuliert worden sind [. . .]. »Soweit der Konstruktivismus«, resümiert also N. Luhmann zu Recht, »nichts anderes behauptet als die Unzulänglichkeit der Außenwelt ›an sich‹ und das Eingeschlossensein des Erkennens im kognitiven System, ohne damit dem alten (skeptischen oder solipsistischen) Zweifel zu verfallen, ob es eine Außenwelt überhaupt gibt – insoweit bringt er nichts Neues.« Neues sieht Luhmann allerdings in der »Theorieform« einer konstruktivistischen Theorie »... des selbstreferentiellen, in sich geschlossenen Erkennens« – einer Theorie, die prinzipiell ausgeht von Unterscheidungen (System/Umwelt), operativer Geschlossenheit und Selbstreferenz. Neu – oder zumindest doch produktiv – scheint vielen Konstruktivisten auch zu sein, daß konstruktivistische Überlegungen zur Erkenntnistheorie durch neuere Forschungsergebnisse der Neuro- und Kognitionswissenschaften gleichsam »unterfüttert« (nicht etwa bewiesen) werden können. Sie stellen einer »naturalisierten« Erkenntnistheorie vor allem die Einsicht zur Verfügung, daß *nur geschlossene* Systeme erkennen können. (15–17)

Die Frage Kants: »Wie ist Erkenntnis möglich?« beantwortet Luhmann mit der Hypothese: »Als Operation eines von seiner Umwelt abgekoppelten Systems.« Die Abkoppelung wird erreicht durch operationale Schließung, mit anderen Worten durch Rekursivität und Selbstreferenz der Operationen des Systems. Die grundlegende Operation ist die des Beobachtens, das heißt des Verwendens von Unterscheidungen und Bezeichnungen. Beobachten operiert mit Bezug auf eigene andere Operationen; ohne diese rekursive Vernetzung käme keine Beobachtung zustande. »Jede Operation reproduziert die Einheit des Systems und mit ihr die Grenze des Systems. Jede Operation reproduziert Schließung und Einschließung.« Die empirische Frage, die sich daraus ergibt, lautet also, wie operierende Systeme sich so gegen ihre Umwelt abschließen können, daß sie sich nur noch an eigenen Konstruktionen orientieren, obwohl die Umwelt dauernd auf sie einwirkt. Operativ geschlossene Systeme können nach Luhmann nicht außerhalb ihrer Grenzen operieren. Grenzen sichern ja gerade die Diskontinuität von System und Umwelt. Insofern eine Beobachtung zu Resultaten führt, die im System wiederverwendet werden können – die also andere Beobachtungen wahrscheinlich oder unwahrscheinlich machen –, produziert sie Erkenntnis. Alles hängt also davon ab, welche Unterscheidungen einer Beobachtung zugrunde gelegt werden. Die Wahl und Anwendung von Unterscheidungen erfolgt im Einzelsystem keineswegs willkürlich. Vielmehr sind kognitive Systeme durch Teilnahme an Kommunikation in einem solchen Maße sozialisiert, »... daß sie nur im Rahmen dafür freigegebener Möglichkeiten wählen können.« Die verwendeten Unterscheidungen und Bezeichnungen sind systemspezifisch. Darum ist Erkennen kein Abbilden der Außenwelt. Damit wird weder die Realität der Außenwelt noch die Existenz von Beziehungen zur Außenwelt bestritten, sondern lediglich deren kognitive Unzugänglichkeit behauptet. Bedeutsamer als die traditionell im Vordergrund stehende sachliche Übereinstimmung von Erkenntnis und Realität wird bei diesen Überlegungen das Problem der *Zeit*; denn kognitive Systeme operieren – so Luhmann – in Ereignisform. Operation folgt auf Operation, und damit entsteht Regelungsbedarf im Übergang von einem Ereignis zum anderen. Für Systeme in Umwelten ist das Zeitverhältnis als Gleichzeitigkeit zu denken: »Die Realitätsbasis des Systems, was immer die sinnhaften Konturen seiner eigenen Beobachtungen sein mögen, ist die Gleichzeitigkeit seines Operierens mit den es tragenden Realitätsbedingungen.« Anders gesagt: Ein Beobachter kann nur operieren, wenn gleichzeitig etwas anderes existiert als er selbst. Wenn solche Operationen als (flüchtige) Ereignisse geschehen, dann muß deren Verhältnis zueinander sachlich und zeitlich bestimmt werden (sonst würde immer nur dasselbe geschehen); andere Ereignisse müssen sich sachlich und zeitlich von den im Moment laufenden unterscheiden, etwa dadurch, daß das System sich diese Operationen selbst zurechnet (Selbstreferenz) oder der Umwelt (Fremdreferenz). Das System operiert also mit der Differenz von Ereignissen und baut durch einen Zurechnungsmechanismus (jetzt, vorher, nachher) eine Eigenzeit auf, um die Beziehungen zwischen

System und Umwelt in die Form der Zeitlichkeit zu
bringen. (24 f.)

Luhmann vertritt die Hypothese, daß Erkennen nur
möglich ist als Operation eines »von seiner Umwelt abgekoppelten Systems«. Damit wird die Autonomie in den
Vordergrund gerückt, die ein (kognitives) System durch
operationale Schließung gewinnt, also dadurch, daß es nur
mit seinen eigenen Zuständen umgehen kann, wie immer
diese auch durch die Umwelt beeinflußt sein mögen.

Diese Betonung der Abkopplung blendet die Beobachtung ab (oder aus), daß Systeme sich evolutionär und sozia-
lisationsgeschichtlich zusammen mit ihrer Umwelt ausdiffe-
renzieren. Indem das Zusammenspiel von Komponenten
und Organisation die spezifische Teilmenge aller für das System möglichen Interaktionsklassen festlegt, gewinnt ein
System Identität, »bestimmt« seine Umwelt und differenziert sich aus dieser Umwelt aus. Systementstehung und
Wirklichkeitsentstehung sind [...] parallele Prozesse – und
deshalb sind Kopplungsmöglichkeiten erwartbar, ohne daß
diese die Autonomie des Systems aufheben. [...]

Ohne aktive kognitive Systeme keine Sinnkonstruktion,
aber auch keine Sinnkonstruktion ohne sozio-kulturelle
»Regeln«, deren Kenntnis autonome (aber biologisch ver-
gleichbare) Individuen über Erwartungserwartungen für
Kopplungszwecke in allen Formen von Interaktion – nicht
nur in der Kommunikation – investieren können, ohne auf
ein Fundament für Kopplungen außerhalb der Interaktionen angewiesen zu sein. (28 f.)

5. Konstruktivismus:
Eine veränderte Perspektive

[...] Grundlegend ist [...] die Selbstverpflichtung, das Beob-
achtungsproblem ernst zu nehmen. Das bedeutet, daß
die jeweilige Systemabhängigkeit kognitiver wie sozialer
Handlungen berücksichtigt wird (= Kriterium der System-

relativität). Dabei wird folgendes Verständnis von Wahrnehmungen angesetzt. Ohne in etymologische Spielereien zu verfallen, lese ich das Wort ›wahrnehmen‹ als Hinweis auf zwei Aspekte:

- etwas – nämlich das von der/in der Wahrnehmung Perspektivierte – wird *für wahr* genommen; dies entspricht der Realitätsgewißheit des Beobachters erster Ordnung;
- etwas wird für wahr *genommen*, was auf den aktiven Charakter der Wahrnehmung verweist, die notwendig nach den Bedingungen des wahrnehmenden Systems erfolgt.

Der aktive Charakter des Wahrnehmens – ob visuell oder akustisch – ist heute bei Biologen verschiedenster Richtung unbestritten. Ohne die ständige Eigenbewegung des Auges (die bei etwa 50 Hz liegt) entsteht kein Seheindruck. Durch seine Eigenbewegung und die dadurch hergestellte Differenz von Fremdbewegung konstruiert der Organismus die Differenz von Figur und Hintergrund. E. von Holst und H. Mittelstaedt haben das mit dem Reafferenzkonzept beschrieben: Danach bilden das »ankommende« Sinnesdatum (die Afferenz) und die Aktion, in der es auf- und wahrgenommen wird (die Reafferenz), die Einheit der Wahrnehmung.

Aber auch ohne biologische Argumentation dürfte plausibel sein, daß wir Menschen nur *etwas als etwas* wahrnehmen können, nämlich als etwas, das wir bereits kennen, oder das wir als noch Unbekanntes wahrnehmen. In jedem Fall hat, was auch C. F. von Weizsäcker betont, Wahrnehmung eine prädikative Struktur – was J. Mitterers Argument der Notwendigkeit von Primärbeschreibungen korrespondiert.

Das »Wahrnehmen als . . .« deutet weiterhin darauf hin, daß Wahrnehmen immer in Handlungszusammenhängen geschieht, die zugleich als Interpretationsrahmen dienen, weil sie mit Erfahrung, Wissen, Gedächtnis und Gefühl verbunden sind. Darüber hinaus geschieht Wahrnehmen in (bewußter oder nicht bewußter) Hinsicht auf anschließbare bzw. nachfolgende Handlungen, so daß sie Sinn bekommen im Hinblick auf ihren Erfolg und Selektionswert.

Über diese komplizierten Voraussetzungen und Determinanten geht in »Wahrnehmen als …« die gesellschaftliche sinnhafte Konstruktion von Umwelt […] in jeden individuellen Wahrnehmungsprozeß ein und macht ihn so zugleich zu einem fait social.

Diese Auffassung des Wahrnehmungsprozesses macht auch deutlich, daß G. Spencer Browns Konzeption des Beobachtens als Einführen einer Unterscheidung in einen/einem »unmarked space« nicht plausibel ist. Offenbar ist dieser »space« für jeden Menschen als Ergebnis der Evolution der Hominiden wie als sozialisierten Wahrnehmenden bereits vielfach markiert, so daß seine Wahrnehmungen entweder »alte« Ordnungen erneut vollziehen oder »neue« Ordnungen vor dem Hintergrund »alter« Ordnungen konstruieren, was ihre Erkennbarkeit durch Differenz (Figur-Grund, Thema-Rhema u. ä.) erlaubt.

So gesehen operiert auch »Wahrnehmen als …« nach einem order-on-order-Prinzip, was die Spezifik der Wahrnehmung als Produkt von Gattungsevolution, Sozialstruktur und Kultur plausibel machen könnte.

In der Konsequenz dieser Überlegungen steht dann die methodologische Empfehlung, von Was- auf Wie-Fragen umzustellen, wodurch die konkreten Prozesse von Kognition und Kommunikation, ihre Bedingungen, Regeln und Kriterien in den Vordergrund des Interesses treten. Dabei wird das kognitive System als empirischer Ort der Sinn- bzw. Wissensproduktion angesehen, zugleich aber berücksichtigt, daß Sinn- und Wissensproduktion für das Individuum nur möglich ist durch die stammesgeschichtliche und die soziokulturelle Prägung kognitiver Operationen und deren ständigen Rückbezug auf kollektives Wissen.

Die Umstellung von Was- auf Wie-Fragen bringt es mit sich, daß die Rede über Wirklichkeit konsequent ersetzt wird durch die Rede über Wissen und Kommunikation, über empirisch konditionierte Beschreibungen, *so far* und *from now on* [...]: Die Rede über Wirklichkeit wird ersetzt durch die Rede »vom letzten Stand der Dinge«, d. h. sie wird sozio-historisch kontextbezüglich (= relativiert). Wirklichkeit im Sinne der jeweiligen System-Umwelt erscheint in dieser Perspektive als geordnete Gesamtheit von Wissen, das für die jeweiligen Systeme ökologisch valide ist und im Zuge der soziokulturellen Reproduktion von Gesellschaft an deren Mitglieder übermittelt wird. Entsprechend wird angenommen, daß jedes Individuum bereits in eine sinnhaft konstituierte Umwelt hineingeboren und auf sie hin sozialisiert wird. Entsprechend wird weiter angenommen, daß individuelles Wahrnehmen, Denken, Fühlen, Erinnern, Handeln und Kommunizieren entscheidend bestimmt ist von den Mustern und Möglichkeiten, die jeden Menschen als Gattungswesen, als Gesellschaftsmitglied, als Sprecher einer Muttersprache und als Angehörigen einer bestimmten Kultur prägen.

Daraus folgt, daß Wirklichkeit, Sprache, Kommunikation, Gesellschaft und Kultur co-evolvieren, sinnhaft-interpretativ aufeinander bezogen sind und sich in ihren Formen und Inhalten nach einem order-on-order-Prinzip [...] selbst legitimieren: Sprache bezieht sich auf (kollektives) Wissen, Kommunikation bezieht sich auf Kommunikation, die nur durch Bezug auf (kollektives) Wissen in Form symbolischer Ordnungen als Vollzug von Sozialität funktioniert; Gesellschaft co-evolviert aus Sprache und Kommunikation und vollzieht sich in Form von sozialen Handlungen (vor allem Kommunikationen), die ihrerseits von kulturellen Mustern geprägt sind, die sich in/an Handlungserfolgen stabilisieren.

Gibt man die Vorstellung von Sprache als Medium der Darstellung oder des Ausdrucks auf, dann folgt für den Wahrheitsbegriff, ». . . daß nur Sätze wahr sein können und daß Menschen Wahrheiten machen, indem sie Sprachen machen, in denen Sätze gebildet werden können«. Dabei muß allerdings ergänzt werden, daß Sprache aus Handeln hervorgeht und Handeln anleitet, indem sie Handlungserfahrungen sozial typisiert und für die Individuen gleichsam aufbewahrt oder vorhält. Entsprechend beziehen sich wahr/falsch auf ganze Handlungsweisen in Kontexten und nicht etwa – wie wohl nur Philosophen meinen – auf isolierte Sätze als Ausdrücke. Ebenso ist auch Rationalität kein abstrakt definierbarer Begriff, sondern Resultat und Korrektiv einschlägiger Kommunikationen, eben »negotiated intelligibility« [...]. Wissenschaft kann nach diesen Annahmen als ein soziokulturell konstituierter und operierender sozialer Handlungs- und Kommunikationszusammenhang beschrieben werden. M. a. W.: Wissenschaftliche Erkenntnisproduktion vollzieht sich primär auf der Ebene von Kommunikation im Rahmen des Sozialsystems Wissenschaft. Kommunikativ gehen Wissenschaftler mit kommunikativ stabilisierten Beschreibungen oder Unterscheidungen, d. h. mit sozio-kulturell geprägtem Wissen über Umwelten um. ›Empirisch forschen‹ kann dementsprechend bestimmt werden als Herstellung logischer, pragmatischer und sozialer Stabilitäten, mit denen Wissenschaftler wie mit unabhängigen Gegenständen kommunikativ umgehen. Alles was zu dieser Stabilitätskonstruktion argumentativ erfolgreich herangezogen werden kann, fungiert – je nach Kriterium und Kontext – als Datum oder Beleg. Die Erzeugung von empirischen Daten nach theoretisch-methodologisch kontrollierten Verfahren läßt sich mit Heinz von Foerster als *Trivialisierung* beschreiben, nämlich als eine Form der Konstruktion von stabilen Unterscheidungen unter zum Teil extrem komplexitätsreduzierten Bedingungen (etwa in Laborversuchen). Konsequenterweise muß dann ›empirisch‹ von der traditionellen Referenz auf »die Realität« und den Beobachter erster Ordnung umgepolt werden auf Kognition und methodisch kontrollierte Beobachtung zweiter Ordnung. Die aus empirischer Forschung resultierende Intersubjektivität trägt genau so lange, wie sich ihre Auswirkungen auf die wissenschaftliche Kommunikation stabil halten lassen; sie endet, wenn sie einer neuen Beobachtung zweiter Ordnung nicht (mehr) standhält. Wie M. Stadler und P. Kruse mit Nachdruck betonen, können empirische Untersuchungen »im Denken eines Konstruktivisten eher Hinweise als Beweise erzeugen; Hinweise nämlich auf eine in sich stimmige, konsistente Sichtweise von nach bestimmten Regeln erzeugten Daten, die beim Hinzukommen weiterer Daten oder Überlegungen durch jede andere Sichtweise abgelöst werden kann, die einen höheren Grad an Konsistenz aufweist.«

Wissenschaft operiert prinzipiell auf der Ebene von Beobachtungen zweiter Ordnung. Das bedeutet zweierlei. Zum einen beobachtet sie die Bedingungen und Konditionierungen des Unterscheidens und Benennens, betreibt Latenzbeobachtung und kommt damit ihrem Kritik- und Analyseauftrag nach, der ihr historisch im Zuge funktionaler Differenzierung zugewachsen ist. Zum zweiten betreibt sie – auch im Bereich der sogenannten Geisteswissenschaften – empirische Forschung, falls sie denn sinnvoll, das heißt zum Ziele jeweils bestmöglicher rationaler Problemlösungen betrieben wird.

Wissenschaftliches Denken ist also aus zwei Gründen zu einem theoretischen Pluralismus verpflichtet. Zum einen, um alle Möglichkeiten von Problemlösungen ausschöpfen zu können – Vielheit wird hier im Konflikt fruchtbar; und zum anderen, um Einzigkeits- und Alleinvertretungsansprüche auflösen zu können. In diesem Sinne ist es ein »Gegenmittel gegen die Allheilmittel« (K. Acham). »Der Wille zur Wahrheit als das Bestreben, nicht täuschen zu wollen, auch sich selbst nicht, bildet dabei das ethische Fundament jeder rationalen Argumentation.« [...]

Wissenschaft liefert Modelle von und für Wirklichkeit auf eine spezifische Weise, die so kein anderes Sozialsystem imitieren kann (und warum sollte es es auch?). Die sozio-historische Kontingenz ihrer Problemlösungen ist

heute unübersehbar, ihre traditionelle Wahrheitsgewißheit
ist verblaßt oder ganz geschwunden. Aber noch ist ihre
Unentbehrlichkeit unbestreitbar, eine Alternative nicht
in Sicht. Die Mühe lohnt, ihr Kritikbewußtsein durch Visi-
bilisierung ihres Status als kognitives Konstrukt zu beför-
dern.   (41–46)

NIKLAS LUHMANN

Das Kunstwerk
und die Selbstreproduktion der Kunst

I

Die folgenden Analysen lassen sich durch zwei Abstraktionen leiten. Zum einen sehen sie von allen Unterschieden zwischen einzelnen Kunstarten ab. Mag es sich um Literatur oder Theater, bildende Kunst oder Musik handeln – alles kommt in Betracht, sofern nur die gesellschaftliche Kommunikation den Tatbestand (unter welchen Kriterien immer) als Kunstwerk behandelt. Wir interessieren uns für Folgeerscheinungen der Ausdifferenzierung von Kunst unter dem Sondercode schön/häßlich, und es kommt dabei auf die Unterschiede der einzelnen Kunstarten zunächst nicht an.

Der zweite Abstraktionsgesichtspunkt regelt die Problemstellung. Er bedarf einer ausführlicheren Vorstellung. Man kann in der Realität bestimmte Arten von Systemen ausmachen, die nach einem Vorschlag von Humberto Maturana »autopoietische« Systeme genannt werden. Diese Systeme produzieren die Elemente, aus denen sie bestehen, durch die Elemente, aus denen sie bestehen. Es handelt sich mithin um selbstreferentiell-geschlossene Systeme, oder genauer, um Systeme, die ihr Umweltverhältnis auf zirkulär-geschlossene Operationsverknüpfungen stützen. Es geht bei dieser Art von Selbstreferenz nicht nur um Reflexion: nicht nur darum, daß das System seine eigene Identität beobachten und beschreiben kann. Sondern alles, was im System als Einheit funktioniert, erhält seine Einheit durch das System selbst, und das gilt nicht nur für Strukturen und Prozesse, sondern auch für die einzelnen Elemente, die für das System selbst nicht weiter dekomponierbar sind.

Es fällt nicht schwer, im Anschluß an diese Theorie das Gesellschaftssystem als autopoietisches System zu definieren. Es besteht aus Kommunikation, die durch die Kommunikationen, aus denen es besteht, ermöglicht und reproduziert werden. Was als Einheit einer Kommunikation angesehen und behandelt wird, kann nicht durch die Umwelt vorgegeben werden, sondern ergibt sich aus dem Zusammenhang mit anderen Kommunikationen – vor allem aus den Bedingungen sinnvoller Negation (Ablehnung). Auf die Gesellschaft als Ganzes paßt also der Begriff autopoietischer Systeme, und zugleich führt dieses Konzept zu einer eindeutigen Abgrenzung des Gesellschaftssystems gegen seine Umwelt, in der es keine Kommunikation gibt. Die Frage ist, ob dies der einzige Fall von Autopoiesis im Bereich sozialer Systeme ist, oder ob und unter welchen gesellschaftsgeschichtlichen Bedingungen auch andere soziale Systeme diese Strukturform selbstreferentieller Geschlossenheit und Autonomie in der Konstitution ihrer Elemente erreichen können.

Meine Hypothese ist, daß die Struktur der modernen Gesellschaft es ermöglicht, funktionsbezogene autopoietische Teilsysteme zu bilden. Die Art wie dies geschieht, ist durch die funktionale Differenzierung des Gesellschaftssystems bedingt. Durch funktionale Differenzierung gewinnt die Gesellschaft die Möglichkeit, die wichtigsten Teilsysteme im Hinblick auf ihre gesellschaftliche *Funktion* auszudifferenzieren und sie damit aus ihrer innergesellschaftlichen *Umwelt* stärker herauszulösen. Die Bedeutung von Input und Output im Konnex der gesellschaftlichen Teilsysteme tritt zurück. Damit wird es zunehmend inadäquat, die Kunst als Input-definiert zu begreifen, und ebensowenig bestimmt ein Bedarf anderer wichtiger Teilsysteme, zum Beispiel ein Schmuckbedarf, das, was als Kunst gilt. Kunst wird zu einem sich selbst bestimmenden, sich selbst produzierenden, sich an inneren Kohärenzen und Widersprüchen orientierenden System. Die Selbstbeschreibung der Kunst, ihre Semantik, ihre ästhetische Theorie muß dann die Vorstellung der »imitatio« aufgeben.

Wenn das der Tatbestand ist, muß nicht nur die interne (ästhetische), sondern auch die externe (soziologische) Beschreibung der Kunst darauf eingestellt werden. Sie erfordert eine Theorie, die erfassen kann, daß und wie die Kunst sich *unter gesellschaftlichen Bedingungen* (also keineswegs »frei schwebend«!) als ein *geschlossenes* System der Selbstreproduktion halten und entfalten kann. Genau das versucht eine Theorie autopoietischer Systeme zu leisten, indem sie die Organisation der autopoietischen Reproduktion unterscheidet von den Beschränkungen, die der Bereich (domain) vorgibt, in dem die Autopoiesis stattfindet.

Anscheinend werden aber nicht alle Funktionssysteme bis zu derjenigen Autonomie ausdifferenziert, die eine autopoietische Selbstproduktion ermöglicht. Ohne einen logischen oder gesetzmäßigen Zwang erkennen zu können, müssen wir daher von Fall zu Fall prüfen, ob und bei welchem Entwicklungsstande Funktionssysteme nicht nur eine gewisse Eigenständigkeit und Regulationsfähigkeit erreichen, sondern auch über Elemente, aus denen sie bestehen, selbst verfügen. Nur wenn diese Autonomie erreicht ist, sind sie auch für sich selbst und nicht nur für einen externen Beobachter soziale Systeme. [...]

Man kann für alle Funktionssysteme die gleiche Frage nach dem Zusammenhang von Ausdifferenzierung und selbstreferentieller Schließung als Basis für ein offenes und komplexes Umweltverhältnis stellen. Nur wenn dieser Zusammenhang herstellbar ist, können Geschlossenheit und Offenheit zugleich gesteigert, zugleich komplexer werden. Das Thema der folgenden Überlegungen bezieht sich auf eines dieser Funktionssysteme, auf das soziale System des Herstellens und Erlebens von Kunstwerken (Kunstsystem). Und auch in diesem eingeschränkten Rahmen werden wir nur einige Probleme behandeln können, die auftreten, wenn dies System Autonomie zur Bestimmung seiner Elemente erlangt, selbstreferentielle Schließung anstrebt und genau dadurch seine Umweltsensibilität zu entwickeln sucht.

Gegen Adorno gewendet, geht es dabei nicht um »Verselbständigung der Gesellschaft gegenüber«, sondern um *Verselbständigung in der Gesellschaft;* und wir sehen die Gesellschaftlichkeit der Kunst auch nicht in einer Negativität, in einer »Gegenposition zur Gesellschaft«, sondern darin, daß die Freisetzung für eine spezifische Funktion nur als *Vollzug von Gesellschaft* möglich ist. Entsprechend ist die in der Neuzeit erreichte Autonomie der Kunst auch nicht etwas, was der Abhängigkeit von Gesellschaft widerstreitet; nichts, was die Kunst in ein hoffnungsloses Abseits treibt. Im Gegenteil: die Kunst teilt das Schicksal der modernen Gesellschaft gerade dadurch, daß sie als autonom gewordenes System zurechtzukommen sucht.

Daß in der modernen Gesellschaft Kunst als autopoietisches Funktionssystem ausdifferenziert ist, zeigt sich besonders deutlich am Schicksal aller Versuche, traditionelle Kriterien des Schönen, Darstellungsfunktionen, ja schließlich sogar die symbolische Qualität von Kunstwerken in Frage zu stellen. Das Infragestellen selbst wird dabei zum Vollzug der Autopoiesis von Kunst. Die Leugnung jeder Ausdrucksabsicht wird als besonders raffinierte, versteckte, hintersinnige Ausdrucksabsicht aufgefaßt – aller Beteuerung zum Trotz. [...] Der Vollzug der künstlerischen Operation muß sich wie jede Operation eines selbstreferentiellen Systems auf Voraussetzungen einlassen, und sei es nur auf die Voraussetzung der Anschlußfähigkeit im System. Auch eine unbeschränkte Beliebigkeit in der Form- und Themenwahl würde daran nichts ändern können. Die Operationen schaffen sich »inviolate levels«, und diese sind nichts anders als der Bezug auf den Vollzug der Autopoiesis von Kunst. Man kann jede Fixierung dieser Voraussetzung zu vermeiden suchen und sie mit den Operationen fluktuieren lassen, macht damit aber um so deutlicher, daß es um Autopoiesis geht. Die Alternative wäre: das System zu verlassen.

II

Die Kunst denkt sich selbst gern als funktionslos. Das ist aber nichts weiter als eine Geste der Abwehr gegen Vereinnahmungsansprüche anderer Funktionsbereiche oder auch Fortschreibung einer alten Tradition, die die Kunst als nutzlos betrachtete. Innerhalb der modernen Gesellschaft ist eine Ausdifferenzierung von Kunst nur möglich mit Bezug auf eine spezifische Funktion, die in diesem System und nirgendwo sonst erfüllt wird. Funktionale Differenzierung bedeutet: Auf-sich-selbst-Stellen einzelner Funktionsbereiche mit jeweils spezifischen, unverwechselbaren Codes. Sie bedeutet auch: Auflösung alter Multifunktionalitäten und infolgedessen: Redundanzverzicht. Das heißt: Kein Funktionssystem kann durch ein anderes ersetzt werden; die Kunst zum Beispiel nicht durch Politik, aber auch die Politik nicht durch Kunst. Funktionssysteme sind selbstsubstitutive Ordnungen. In der modernen Gesellschaft hat mithin die Kunst eine Funktion oder sie besitzt keine Geschlossenheit der Selbstreproduktion, also keine Autonomie.

Zugleich muß man aber konzedieren, daß Funktionen nicht als »functional requisites«, als objektive Bestandserfordernisse des Gesellschaftssystems begriffen werden können (was Wissenschaft als externen Beobachter der Gesellschaft voraussetzen würde). Vielmehr verselbständigen und artikulieren sich Funktionen nur im Prozeß ihrer evolutionären Ausdifferenzierung, und niemand anders ist für ihre Bestimmung zuständig als das sich ausdifferenzierende Funktionssystem [...]. Wir müssen mithin Kunst beobachten und befragen, wenn wir ermitteln wollen, was die Funktion der Kunst ist und ob und inwieweit sie so ausdifferenziert ist, daß sie durch kein anderes Funktionssystem wahrgenommen werden kann.

Mit einer zunächst sehr unscharf angesetzten Beschreibung sehen wir die Funktion der Kunst in der *Konfrontierung der (jedermann geläufigen) Realität mit einer anderen*

Version derselben Realität. Die Kunst läßt die Welt in der Welt erscheinen, und wir werden noch sehen, daß dies mit Hilfe der Ausdifferenzierung der Differenz von Form und Kontext, also mit Hilfe einer kunstimmanenten Unterscheidung geschieht. Darin liegt ein Hinweis auf die Kontingenz der normalen Realitätssicht, ein Hinweis darauf, daß sie auch anders möglich ist. Schöner zum Beispiel. Oder weniger zufallsreich. Oder mit noch verborgenem Sinn durchsetzt. Dieser Hinweis wird mit eigenen artistischen Mitteln gegen die Normalsicht durchgesetzt. Die ältere Kunsttheorie hatte deshalb die Erregung von Erstaunen und Verblüffung als Merkmal der Kunst hervorgehoben. Damit konnte jedoch kein Endzweck gemeint sein, kein perfekter Dauerzustand des Verblüfftseins, sondern nur der Übergang zu etwas anderem. Die Frage nach dem, was die Überraschung und Verblüffung bewirken soll, führt dann auf die Frage nach der Funktion der Kunst, und an der Reihe der Antworten auf diese Frage läßt sich die fortschreitende Ausdifferenzierung der Kunst ablesen. Sie ist in diesem Sinne ein historischer Prozeß und abhängig von dem, was jeweils als Funktion der Kunst angenommen wird.

Zunächst ist und bleibt der Hinweis auf eine Alternativversion von Realität natürlich durch das bestimmt, was mit dieser Alternativversion gesagt sein soll. Man denkt an eine schönere, ideale, sinnreichere Welt und von hier aus an Religion und/oder an die politische Identität der Stadt oder des Herrschaftszentrums. Auf langen und verschlungenen Wegen werden solche Anlehnungen jedoch nach und nach aufgegeben bzw. in sekundäre, dekorative Dienstleistungen des Kunstsystems umkonstruiert. Im Ergebnis erscheint die Funktion von Kunst dann schließlich in der Herstellung von Weltkontingenz selbst zu liegen. Die festsitzende Alltagsversion wird als auflösbar erwiesen; sie wird zu einer polykontexturalen, auch anders lesbaren Wirklichkeit – einerseits degradiert, aber gerade dadurch auch aufgewertet. Das Kunstwerk führt an sich selbst vor, daß und wie das kontingent Hergestellte, an sich gar nicht Notwendige schließlich als notwendig erscheint, weil es in einer Art Selbstlimitierung sich selbst alle Möglichkeiten nimmt, anders zu sein. Dies mag, bei Dürer etwa, als eine komplexere Beschreibung der Realität selbst intendiert sein; aber mit der Differenzierung von Wissenschaft und Kunst wird auch diese Art Anlehnung obsolet. Ohne Anlehnung fungierend, wird die Kunst schließlich ihre Mittel auf die Kontingenzerzeugung selbst einstellen, und die kontingente Herstellung von etwas, was nachher als notwendig erscheint, ist dann nur noch eine der Möglichkeiten. Andere sind: der Einbau von Paradoxien oder strategisch placierten Unschärfen, von als absichtsvoll erkennbaren Verfremdungen, von Rätseln, von Zitaten, von Irritierungen dessen, der das Kunstwerk zu »genießen«, das heißt sich anzueignen sucht, aber angezogen und abgewiesen wird wie Kafkas K. Schon in der frühen Neuzeit hatte sich die Kunst auf Täuschung des Betrachters verlegt (der dann das Kunstwerk erst bewundern konnte, wenn er durchschaute, wie die Täuschung gelang). Heute kommt die Verspottung des Betrachters, des Sinnsuchers, des Inspirationsbedürftigen hinzu. Auch dabei steht freilich Technik im Dienste eines anderen Sinns. Verblüffung, Täuschung, Verspottung sind nicht Selbstzweck. Sie sind Durchgangsstadium für eine Operation, die man als Entlarvung der Realität bezeichnen könnte – gleichsam für den Schluß: Da das Kunstwerk existiert und real überzeugend (wenn überzeugend!) erlebt werden kann, kann etwas mit der Welt nicht stimmen. Mit der Welt! – und gerade nicht mit der Kunst, die ihre eigenen Möglichkeiten ja ersichtlich beherrscht.

Es ist leicht zu sehen, daß die Ausdifferenzierung im Dienste dieser Funktion auf Autopoiesis eines eigenen Kunstsystems hinausläuft. Wenn es darum geht, die Wirklichkeit mit einer Alternative zu konfrontieren, kann Instruktion und Inspiration dafür gerade nicht der Wirklichkeit entnommen werden, sondern nur der Kunst selbst. Wie

André Malraux immer wieder betont hat: man orientiert
sich als Künstler nicht an den Objekten, sondern an den
Vorgängern. Und wenn es ein Programm der »imitatio«
oder des »Realismus« gibt, ist dies ein Programm, mit dem
man etwas anders und besser machen will als zuvor. Ebenso
ist aber auch das Programm des »l'art pour l'art« nicht die
Autonomie des autopoietischen Systems, sondern nur deren Mißverständnis. »L'art pour l'art« will das, was das System ist, im System zum Programm machen und verfehlt
damit den elementaren Tatbestand, daß Autonomie die Beziehungen zur Umwelt nicht unterbindet, sondern gerade
voraussetzt und reguliert. Es bringt die Autopoiesis der
Kunst gerade an ihr Ende, wenn Abhängigkeit als Negation
von Abhängigkeit begriffen wird. Zum Glück mißlingt das
Programm – aus angebbaren Gründen.

III

Wenn man die Kunst mit all ihren Sparten als ausdifferen-
ziertes soziales System betrachtet und nach den Elementen
fragt, aus denen dieses System besteht, stößt man auf die
einzelnen Kunstwerke. Man könnte daher vermuten: die
Kunst bestehe aus Kunstwerken, und was ein Kunstwerk
sei, bestimme die Kunst. Zirkuläre Definitionen dieser Art
sind nichts Neues, sie waren als Bestandteile der Theorien
des guten Geschmacks (gusto, guôt, taste) in der ersten
Hälfte des 18. Jahrhunderts gang und gäbe. Unser Problem
ist zunächst, ob das Kunstwerk wirklich die letzte, nicht
weiter dekomponierbare Einheit des Kunstsystems ist. Das
wäre, soziologisch gesehen, eine Anomalie. Denn schon die
Gesellschaft besteht aus Kommunikationen (nicht etwa: aus
Texten), und Kommunikationen sind Ereignisse, nicht Objekte; und auch die Wirtschaft besteht nicht aus Waren oder
Kapitalien, sondern aus Zahlungen. Folgt man dieser Anre-
gung, dann kann man das Kunstwerk allenfalls als Kom-
paktkommunikation oder auch als Programm für zahllose

Kommunikationen über das Kunstwerk ansehen. Nur so wird es soziale Wirklichkeit.

Kunstwerke sichern, mit anderen Worten, ein Mindestmaß an Einheitlichkeit und Wechselbezüglichkeit (zum Beispiel Ergänzungsfähigkeit) der auf sie bezogenen Kommunikationen. Sie verdichten ihren Zusammenhang. Alter versteht in gewissen Grenzen, was Ego erlebt, wenn er ein Kunstwerk, um es altmodisch zu sagen: genießt, das heißt sich aneignet. Die Kommunikation darüber kann, obwohl es sich keineswegs um eine einfache Tatsache handelt, entsprechend verkürzt werden. Sie toleriert und verbirgt zugleich ein hohes Maß an Diskrepanz in dem, was die Beteiligten bewußtseinsmäßig aufnehmen und verarbeiten. Das Kunstwerk vereinheitlicht ihre Kommunikation. Es organisiert ihre Beteiligung. Es reduziert, obwohl es ein höchst unwahrscheinlicher Tatbestand ist, die Beliebigkeit der absehbaren Einstellungen. Es reguliert die Erwartungen. Sich dem mit Einsicht zu fügen, hatte einst den Titel »Geschmack«.

Ohne Bezug auf ein entsprechendes Objekt käme diese Ordnung der Kommunikation nicht zustande. Das ist insofern banal, als man auch über Kartoffeln nicht reden könnte, wenn es sie nicht gäbe. Nur ist das Kunstwerk aus der Welt der nützlichen bzw. gefährlichen Dinge abgehoben. Es scheint speziell dazu angefertigt zu sein, Kommunikation zu provozieren. Es geht nicht um eine Summe isolierter Genüsse, die erreicht werden soll, sondern um ein sozial abgestimmtes Urteil, das keinen anderen Sinn hat als sich selbst. In der Kunst wird Kommunikation – fast könnte man mit einem fragwürdigen Begriffe sagen: Selbstzweck. Sie wird jedenfalls ins Unwahrscheinliche und doch Abstimmbare getrieben. Man erfährt das eigene Erleben als geführt, und zwar so, daß die intrikatesten und esoterischsten Winkelzüge noch Nachvollziehbarkeit, also Konsensfähigkeit in Aussicht stellen. Eben deshalb kann explizite Kommunikation weitestgehend unterbleiben, ja sogar als

unangemessen empfunden werden. Wer sein Kunsturteil
vorträgt und begründet, ist schon in Gefahr, als jemand zu
erscheinen, der nicht (überflüssigerweise) über das Kunstwerk spricht, sondern über sich selbst.

Das Auflösevermögen der soziologischen Analyse greift
demnach durch die Einheit (Ganzheit, Harmonie, Perfek-
tion) des Kunstwerks hindurch. Es begründet eben dadurch
aber ein neues Verständnis dieser Einheit. Sie besteht nicht
herstellungstechnisch im Zentralisierungsgrad der Problem-
darstellung, auch nicht in der Interdependenz der Einzelheiten, und schon gar nicht im Risiko des Mißlingens oder
in der Vermeidung von Fehlern. Das alles sind Gesichtspunkte, die nicht zu vernachlässigen sind: Leitgesichts-
punkte der Anfertigung, Hilfsgesichtspunkte der Bewunderung und Anhaltspunkte für den expliziten Diskurs. Aber
die Einheit des Kunstwerks liegt letztlich in seiner Funktion
als Kommunikationsprogramm, wobei das Programm so
einleuchtend sein kann, daß es jede Argumentation erübrigt
und die Sicherheit des Schonverständigtseins vermittelt.
Eben das scheint die Theorie des guten Geschmacks gemeint zu haben, wenn sie in ihren Analysen des Kunstur-
teils das Tempo der Meinungsbildung, die sofortige Sicherheit, die Intuition und das Vermeiden jeder Zwischenbefra-
gung des Verstandes herausstellt.

IV

Nachdem wir gesagt haben, wofür sie gut sind, konzentrie-
ren wir die weitere Analyse auf die Kunstwerke selbst.
Wenn irgendwo, dann muß man hier den Schlüssel für die
Autopoiesis der Kunst suchen.

Das Kunstwerk aber ist sowohl Bedingung als auch Hindernis für die Autopoiesis der Kunst. Ohne Kunstwerke
würde es keine Kunst geben, und ohne Aussicht auf *neue*
Kunstwerke kein Sozialsystem Kunst (sondern allenfalls
Museen und ihre Besucher). »Neu« heißt hier seit dem

17. Jahrhundert nicht mehr nur: ein weiteres Exemplar, sondern vielmehr etwas, was vom vorherigen *abweicht* und *dadurch* überrascht. Auch vorher hatte man auf Ungewöhnlichkeit, Erstaunlichkeit und Neuheit von Kunstwerken Wert gelegt, aber ihre Auffälligkeit hatte eine ganz bestimmte Funktion, nämlich die: sich dem Gedächtnis einzuprägen. In einer Kultur ohne oder mit nur begrenzter Verwendung von Schrift war diese Aufgabe des Festhaltens des Merkwürdigen von besonderer Bedeutung gewesen. Nach der Einführung des Buchdrucks tritt diese Funktion zurück, Neuheit wird temporalisiert und als Selbstwert geschätzt. Das Überraschtwerden selbst erfreut, wird zum Genuß. Vorbereitetsein und Erwartenkönnen mindert das Entzükken, deflorieren das Objekt vor dem Genuß. Das Geniale besteht jetzt in der Durchsetzung von Diskontinuität. Es liegt auf der Hand, daß diese zeitliche Diskontinuierung eine soziale zur Voraussetzung hat, nämlich die Ausdifferenzierung der Kunst aus der Obhut anderer, vor allem religiöser und politischer Interessen.

In dieser Bindung des Neuen ans Überraschende, ans Abweichende liegt mehr, als auf den ersten Blick sichtbar ist. Denn was neu sein muß, hat eben deshalb keine Zukunft. Es kann nicht neu bleiben. Es kann nur als Neu-Gewesenes verehrt werden. Das soziale System Kunst hat es von da ab mit dem Problem des ständigen Neuheitsschwundes zu tun. Dazu paßt die Vorstellung der Kunsttheorie, daß das Kunstwerk ein in sich geschlossenes harmonisches, ein in sich ruhendes Ganzes sein solle, das sich seine Zeitbeständigkeit durch souveräne Mißachtung der Zeit selbst garantiert. Mit all dem steht man aber vor der Frage, was das einzelne Kunstwerk dann noch zur Selbstreproduktion der Kunst beitragen kann.

Daß die Einzelobjekte für gleichmäßige Bewunderung bereitgehalten, wiederholt besichtigt, gelesen, aufgeführt und nach Möglichkeit vor Zerstörung bewahrt werden, versteht sich von selbst. Ihre Vernichtung und sogar ihr Ver-

kauf ins Ausland wären ein »unersetzlicher Verlust«. Sie
werden sanktifiziert und mit Alarmanlagen gesichert. Ohne
sie geht es nicht weiter – aber mit ihnen eigentlich auch
nicht. Ihre Preise steigen, ihre Wahrheit klärt sich ab, aber
der Umgang mit ihnen im Sozialsystem Kunst gewinnt un-
versehens eine andere Qualität. Langeweile schleicht sich
ein, und die offiziellen Huldigungen wirken fast wie ein
trotziges Bestreiten dieses Tatbestandes, wie eine Gegen-
maßnahme oder wie eine Kompensation.

Das liegt nicht zuletzt an den formalen Qualitäten des
Kunstwerks selbst. Form ist unausgesprochene Selbstreferenz. Dadurch, daß sie Selbstreferenz gewissermaßen
stillstellt, kann sie zeigen, daß ein Problem gelöst ist. Sie bezieht sich auf den Kontext, der das Problem stellt, und zugleich auf sich selbst. Sie präsentiert Selbstverschiedenheit
und Selbstidentität aneinander. Gelingt dies, so entsteht
aber der Eindruck der Selbstgenügsamkeit. Das Kunstwerk
bildet seinen eigenen Kontext. Es versucht Form und Kontext in Einklang zu bringen, die Einheit der Differenz zu
sein. Die Kunstform zieht alle Verweisungen ein, und was
sie wieder abstrahlt, ist nur ihre eigene Bedeutung.

Ferner muß die (ästhetische) Form so weit ambivalent
sein, daß sie stutzig macht und Rückfragen an das Kunstwerk adressiert. Sie muß zum Nachvollzug der Selbstreferenz und damit auch zur Kommunikation über das Kunstwerk anregen. Man hat immer schon gesehen und gefordert,
daß das Kunstwerk »Erstaunen« auslöse. Die »Ästhetisie-
rung« der Kunst besagt zusätzlich, daß nur das Kunstwerk
selbst die Fragen, die es aufwirft, beantworten kann, und
daß weder die Kenntnis seines Stils noch die Kenntnis seiner Funktion als Antwort genügen. Das »Erstaunen« wird
dann von allerlei Aufmerksamkeitslenkungsfunktionen im
Interesse von Religion, Moral und Politik entlastet; es wird
gewissermaßen mitausdifferenziert.

Die Differenz von Form und Kontext dient dazu, an der
Form Weltbezüge sichtbar zu machen und so die Welt in

der Welt zum Erscheinen zu bringen. Das Einzelkunstwerk kann zahlreiche Differenzen dieser Art aufnehmen und ineinander verschränken, so daß Einzelmomente als Form für sich selbst und zugleich als Kontext für andere dienen. In dem Maße, als eine solche Verdichtung gelingt, wirkt dann auch das Kunstwerk insgesamt als Form für die nichtmithergestellten Sachverhalte. Zum Beispiel kann die Umgebung eines Bauwerks als Kontext dienen und so einen Sinn gewinnen, den sie von sich aus nicht hätte.

Diese Eigenarten der ästhetischen Form sind funktional für die Organisation des Erlebens und der Kommunikation über Kunst. Sie sind dysfunktional für die Autopoiesis des Kunstsystems selbst. Denn wie soll es weitergehen? Was trägt das in sich geschlossene einzelne Kunstwerk für die Ermöglichung anderer Kunstwerke bei? Wie kann das, was überraschend, also unerwartet sein will, um die vorzeitige Deflorierung des Objektes zu vermeiden, trotzdem als Kunst erkennbar sein? Und wie können Steigerungen des Erlebens überhaupt erreicht werden, wenn ihnen die Sicherheit des Erwartbaren entzogen wird? Wo liegt die »Organisation« der Autopoiesis, wenn das Kunstwerk auf seine eigene Isolierung Wert legen muß? Das Ei erzeugt ein Huhn, um wieder zu einem Ei zu kommen. Das Kunstwerk wäre das Huhn, aber wo ist das Ei? Oder: was entspricht dem genetischen Material, das, wie immer umweltabhängig und zwar gesteigert umweltabhängig, die Kontinuität der Selbstreproduktion sichert?

Wir halten diese Frage fest, um mit einer anderen Reihe von Überlegungen zu ihr zurückzukehren. Normale Kommunikation hat den wichtigen Vorteil, nur Ereignis zu sein, und das heißt: mit ihrem Vorkommen sofort wieder zu verschwinden. Eine Akkumulation, eine Anhäufung von allem, was jemals kommuniziert worden ist, zu gleichzeitiger Gegenwart, wird somit vermieden. Solche Simultanpräsenz würde sehr rasch zu einer Komplexität auflaufen, in der sich niemand mehr zurechtfindet, würde bloßes Geräusch sein, würde Chaos erzeugen. Das laufende Verschwinden der Kommunikation ist mithin Voraussetzung für die Herstellung und Reproduktion von ordnungsfähiger Komplexität, ist unerläßliche Mitursache von Ordnung.

Gegen dieses Grundgesetz profilieren sich Ausnahmen. Die wohl wichtigste ist die Schrift, später verstärkt durch den Buchdruck. Sie hält Kommunikation relativ zeitbeständig fest, ent-ereignet sie und bekommt es dann mit denjenigen Nachteilen zu tun, die aus dem Verzicht auf den Vorteil des Verschwindens resultieren. Kultur versammelt sich und läßt sich infolgedessen beobachten. Dies ist nur deshalb erträglich, weil nicht alle Kommunikation verschriftlicht wird und weil auch Geschriebenes nur selektiv aufbewahrt und zugänglich gehalten wird. Gleichwohl erzwingt die Schrift neuartige Selektionsstrategien, Unterscheidungsvermögen, Kriterien für wahlfreien Zugriff, Systematisierungen, Register bis hin zu einer geradezu kultischen Verehrung großer Namen und wichtiger Begriffe.

Das Gleiche gilt für objektivierende Kunst, die ebenfalls Kommunikation dem Verschwinden und Vergessenwerden entzieht und sie als immer wieder reaktivierbare Möglichkeit aufbewahrt. Auch dies führt dazu, daß sich Möglichkeiten anhäufen. Es wird mehr und mehr, und es wird Gegenstand für Beobachtung und Vergleich. Wie kann man dann nach einiger Zeit mit der Menge der Möglichkeiten noch umgehen?

Die Frage, was eine Kommunikation zur Ermöglichung einer anderen beiträgt und was ein Kunstwerk zur Ermöglichung eines anderen beiträgt, muß mithin ergänzt und erweitert werden. Es muß auch, und zusammen mit diesem Problem, die Frage gestellt und beantwortet werden, wie man das Viele noch beobachten und ordnen kann. (620–632)

X
Gender Studies

Einleitung

Kaum eine Literaturtheorie ist so eng mit politischen und sozialen Bewegungen bzw. historisch-gesellschaftlichen Veränderungen verbunden wie die Gender Studies, die ohne feministische Literaturwissenschaft nicht zu denken sind – und diese wiederum ist undenkbar ohne die Frauenbewegung. Relevant für die literaturwissenschaftliche Theoriebildung ist dabei weniger die frühe Frauenbewegung zu Beginn des 20. Jahrhunderts, die rechtliche Gleichheit einklagte, sondern vielmehr die Bewegung, die – seit den späten sechziger Jahren – die umfassende soziale Emanzipation der Frauen forderte. Als exemplarisch für die Literatur der neuen Bewegung können Anja Meulenbelts autobiographische Schriften und Verena Stephans *Häutungen*, aber auch Simone de Beauvoirs *Das zweite Geschlecht* gelten. Unternommen wurden verschiedenste Versuche historischer Selbstvergewisserung und aktueller Identitätskonstitution, die sich zum Teil deutlich von den neomarxistischen Positionen der Achtundsechziger-Bewegung abgrenzten. Diese Distanzierung prägte die westeuropäische und amerikanische Frauenbewegung in entscheidender Weise. Frauenemanzipation wurde nicht mehr gesehen als selbstverständlicher Prozeß im Rahmen einer allgemeinen Befreiung aller benachteiligter und unterdrückter Gruppen der Gesellschaft. Gerade die Forderung der Gleichheit aller Bürger einer Gemeinschaft wollte die neue Frauenbewegung nicht mehr unterstützen; sie machte es sich vielmehr zur Aufgabe, für die Frauen als die Anderen in der Gesellschaft einen spezifischen Platz einzuklagen. Diese Position implizierte eine Reihe von Folgeproblemen. Nicht nur wurde bald deutlich, daß der Versuch, das spezifisch Andere der Frau zu definieren, zu erheblichen Differenzen in der Frauenbewegung selbst führte, sondern auch, daß die Bestimmung der Frau als das Andere des Mannes keineswegs eine befriedigende Basis für eine von männlichen Projektionen unabhängige Selbstdefinition sein konnte.

Diese Probleme spiegeln sich nicht nur im politischen Profil der Frauenbewegung, sie prägen ebenso die unterschiedlichen Perioden bzw. Ausrichtungen feministischer Wissenschaft. Auch die sogenannte feministische Literaturwissenschaft stellt keineswegs einen geschlossenen Kodex an Untersuchungsgegenständen oder -methoden vor. Vielmehr orientieren sich die Auswahl der Texte, die Fragestellung und die Methode an sehr unterschiedlichen Interessen und Ideologien. Historische Frauenforschung, Frauenbildforschung, psychoanalytisch ausgerichtete Literaturinterpretation oder dekonstruktivistische Ansätze unterscheiden sich innerhalb der Frauenforschung ebenso stark voneinander wie innerhalb einer traditionell orientierten Literaturwissenschaft. In letzter Zeit hat sich allerdings ein Ansatz als besonders fruchtbar erwiesen, der die übliche und wenig hilfreiche Einteilung in feministische und nichtfeministische Wissenschaft aufgibt: Die Gender Studies erforschen und beschreiben männliche und weibliche Geschlechterrollen gerade in ihrer spezifischen Interdependenz. Gender Studies sind in zunehmendem Maße nun auch ›Men Studies‹. Zwar ist immer noch deutlich, daß das ursprüngliche Interesse an der Erforschung von Geschlechterrollen von weiblicher Seite stammt, die einseitige Besetzung und Indienstnahme der Perspektive und der Ergebnisse scheint sich allerdings aufzulösen. Die Problematik mancher Ansätze der traditionellen Frauenforschung wird angesichts dieser neuen Entwicklungen deutlich, ohne allerdings die Verdienste vieler Unternehmungen zu schmälern.

Im Zusammenhang mit der Frauenbewegung waren Projekte der Frauenforschung auf vielen verschiedenen Feldern entstanden. Für den Umgang mit Literatur bedeutete dies, daß einmal der literaturgeschichtliche Kanon in Frage gestellt und die Suche nach unbekannten Autorinnen und deren Werken aufgenommen wurde. Als problematisch erwies sich dieses Unterfangen dort, wo die Texte von Frauen nicht mehr auf ihre Qualität hin befragt wurden, sondern sich allein aufgrund der Tatsache, daß es sich um Literatur von Frauen handelt, bereits für einen neuen Kanon qualifiziert haben sollten. Eine ›andere‹ Literaturgeschichte, also diejenige der schreibenden Frauen, zu verfassen, bedeutet nämlich, gerade die Schwierigkeiten und Hindernisse zu dokumentieren, mit denen Frauen bis weit ins 20. Jahrhundert hinein konfrontiert waren und heißt auch, gerade den Mangel an einschlägigen Texten zu konstatieren. Der historiographische bzw. ›archäologische‹ Impetus ließ sich in den seltensten Fällen mit den Kriterien für ästhetische Qualität in Übereinstimmung bringen.

In diesem Zusammenhang wurden darum auch die Kriterien selbst diskutiert, und es wurde die Frage gestellt, ob es neben ›männlichem‹ Schreiben auch ein genuin ›weibliches‹ Schreiben geben könne, das sich nicht an den üblichen Maßstäben zu orientieren habe bzw. selbst andere Maßstäbe setze und eine andere Form der Rezeption verlange. Dabei ging es nicht darum, ein allen weiblichen Schriftstellerinnen gemeinsames Substrat an Themen, einen gemeinsamen Stil oder einen bestimmten Gestus zu diagnostizieren. ›Ecriture feminine‹ (weibliche Schreibweise) findet sich nämlich nicht nur in Texten von Autorinnen, sondern soll gerade unabhängig vom biologischen Geschlecht der Autorin / des Autors einen bestimmten Gestus des Schreibens bezeichnen. Insbesondere französische Theoretikerinnen wie Luce Irigaray, Hélène Cixous und Julia Kristeva versuchten, die

Kategorien eines solchen sprachlichen Habitus zu klären.
Dabei sollten keinesfalls in der Literatur bestimmte ›anachronistische‹ Attribute des Weiblichen wie Sensibilität,
Emotionalität, Passivität, Natürlichkeit, Einfühlungsver-
mögen etc. – traditionell dem Gemüt, der Seele oder dem
Herz zugeordnete Eigenschaften – als typisch für eine
›écriture feminine‹ identifiziert werden. Die Überlegungen
zu einer ›écriture feminine‹ greifen auf strukturalistische,
poststrukturalistische bzw. psychoanalytische Sprachtheorien zurück. Als weiblich wird dort ein Diskurs bezeichnet,
der gerade die binäre Ordnung von weiblich und männlich
unterläuft, als weiblich gilt aber auch der Diskurs, der sich
überhaupt symbolischer Bedeutungszuweisung entzieht
und die ›semiotische‹ Ebene, die Ebene der Zeichen, selbst
zum Thema macht. Eine solche Charakterisierung weiblichen Schreibens ist nahezu identisch mit vielen Definitionen moderner Literatur überhaupt, und so wird – bei Julia
Kristeva etwa – ›écriture feminine‹ – zu einem Synonym
für Schreiben in der Moderne.

An den Überlegungen zu einer ›écriture feminine‹ wird
deutlich, daß der *linguistic turn*, den nicht nur die Philosophie, sondern auch viele andere Wissenschaften mitvollzo-
gen haben, auch die Frauenforschung bzw. die feministische
Literaturwissenschaft beeinflußte. Feministische Literaturwissenschaft steht also zwar immer in der Tradition der
Frauenbewegung, ist aber nicht mehr vorrangig an ein kon-
kretes soziales und politisches Engagement gebunden, sondern orientiert sich eher an der Entwicklung im Bereich der
Philosophie als an der im Bereich der ›Lebenswelt‹. Literatur wird nicht mehr untersucht auf Strukturen männlicher
Macht und auch nicht mehr nach Formen exemplarischer
weiblicher Selbstkonstitution. »Frau« und »Weiblichkeit«
werden nicht mehr verstanden als etwas ursprünglich Vor-
handenes, sondern als eine gesellschaftliche Zuschreibung
begriffen, als eine Form kultureller Rollen. ›Weibliche Identität‹ wird zunehmend in Frage gestellt, und damit scheint

nicht nur die Archäologie weiblicher Geschichten, sondern auch die sogenannte Frauenbildforschung obsolet zu werden. Die Frauenbildforschung hatte versucht, durch die Untersuchung der Darstellung von Frauen in der Literatur bestimmte Stereotypen männlicher Projektion zu isolieren und zu kritisieren. Problematisch blieben diese Versuche insofern, als die Texte meist auf soziologische, kulturelle oder historische Typologien hin abgefragt wurden, ohne daß dabei dem speziellen Kontext bzw. der literarischen Form ausreichend Rechnung getragen wurde. Dieser Ansatz berücksichtigt ästhetische Form nicht und läuft damit Gefahr, manche Nuance der literarischen Texte zu übersehen und so Stereotypen selbst dort zu entdecken, wo diese eigentlich nicht vorkommen bzw. sogar gerade in Frage gestellt werden. Eine gewisse Wiederholung ließ sich – wie bei allen Formen einer so reduzierten Kritik – auch hier nicht vermeiden: Madonnen und Huren, Heilige und Vampire, Klaras und Carmens finden sich überall. Gerade dieser Tendenz widersprechen alle diejenigen Ansätze, die sich ganz explizit der sprachlichen bzw. der Textebene zuwenden.

Shoshana Felmans Interpretation von Balzacs *Das Mädchen mit den Goldaugen* steht exemplarisch für einen solchen Ansatz im Rahmen der dekonstruktivistischen Tradition. Felmans Arbeiten zeigen eine Nähe zu den Theorien von Lacan, Derrida und de Man. Ohne die Intention des Autors zu berücksichtigen, zeigt Felmans Interpretation, wie in einem literarischen Text die Fixierungen von Geschlecht und gegengeschlechtlicher Liebe aufgehoben werden – und daß dabei die Tatsache, daß der Autor ein Mann ist, nicht von Belang ist. Durch vielfache Formen der Spiegelung und Brechung, durch klangliche Assoziationen und Spiele mit Eigennamen werden inzestuöse und homosexuelle Beziehungen, eine Art Transvestitismus und Rollenwechsel in der Geschlechteridentität vorgeführt. So wird am Text gezeigt, daß Weiblichkeit und Männlichkeit offenbar nicht identisch sind mit dem biologischen Geschlecht, sondern Effekte einer gesellschaftlichen Zuschreibung.

Von einer solchen Position aus läßt sich Frauenforschung nur noch im Kontext einer Wissenschaft von den Geschlechterrollen betreiben, eben als Gender Studies. Wie Joan Wallach Scott ausführt, bezeichnet ›gender‹ im Gegensatz zu ›sex‹ nicht das biologische Geschlecht, sondern die kulturell, gesellschaftlich und historisch unterschiedlich bedingten Identitätskonzepte, die dem ›Weiblichen‹ und dem ›Männlichen‹ zugeschrieben werden. Außerdem ist im Englischen mit dem Wort ›gender‹ auch immer das grammatische Geschlecht, d. h. also die sprachliche Dimension der Einteilung assoziiert.

Erst seit dem 18. Jahrhundert, seit der Aufklärung, mit Entstehung der bürgerlichen Gesellschaft und im Laufe der industriellen Revolution und einer sich immer weiter ausdifferenzierenden Arbeitsteilung auch zwischen den Geschlechtern, ist ein Diskurs, eine Sprach- und Lebensform entstanden, die – unterstützt von den neu entstehenden Naturwissenschaften und der wissenschaftlichen Medizin – die Geschlechterdifferenz als ›natürliche‹, mit angeborenen, biologischen und anthropologischen Unterschieden zu begründen versucht. Die unterschiedlichen körperlichen Eigenschaften von Mann und Frau sollten die unterschiedlichen Rechte und Pflichten von Frauen und Männern begründen, sollten ›erklären‹, warum bzw. daß sie verschieden denken und fühlen, d. h. verschiedene und meist sogar konträre seelische und geistige Anlagen haben, die weder individuell noch historisch variabel sind. Werden diese Definitionsbemühungen nicht als Versuche gesehen, einer ›wirklichen‹ Wahrheit auf die Spur zu kommen, sondern vielmehr verstanden als historische Strategien, als Formationen eines spezifischen Geschlechterdiskurses, dann wird die angebliche Natur als kulturelles Muster entzaubert. Mit unterschiedlicher Radikalität betonen die verschiedenen Autorinnen diese ›Performance-Qualität‹ der Geschlechteridentität.

Judith Butler vertritt in ihrem außergewöhnlich erfolgreichen Buch *Das Unbehagen der Geschlechter* die These, daß das »Innen« eine Oberflächenbezeichnung sei und »die Geschlechternormen letztlich phantasmatischen Charakter hätten«. Der Diskurs der Innerlichkeit, der seit der Empfindsamkeit des 18. Jahrhunderts alle Diskussionen um Geschlecht geprägt hat, scheint damit – zumindest theoretisch – seine Funktion verloren zu haben. Die literaturwissenschaftlichen Bemühungen im Rahmen der Gender Studies um die Charakterisierung und Beschreibung von historisch variablen Geschlechteridentitäten ergänzen sich mit kulturhistorischen Arbeiten, wie sie z. B. Stephen Greenblatt in den letzten Jahren vorgelegt hat. Die Verbindung von kulturgeschichtlichen und mentalitätsgeschichtlichen Aspekten mit der sprachlich-rhetorischen Textanalyse strukturalistischer Provenienz findet gegenwärtig besonderes Interesse.

Kontrovers wird im Rahmen des »Gender-Konzepts« die Frage diskutiert, ob die Bestimmung der Geschlechtlichkeit als kultureller Befindlichkeit anstatt als »natürlicher« Gegebenheit vielleicht nur ein mehr oder weniger folgenloser Wechsel der Bestimmungsweise ist. Da sich die gesellschaftliche und kulturelle Determinierung gerade dadurch auszeichnet, nicht von einem einzelnen oder einer einzelnen beliebig manipulierbar zu sein, da die Macht institutioneller Diskurse als schlechterdings unhintergehbar gilt, stellt sich die Frage, ob kulturell fixierte Gender-Identität *praktisch* ebenso wenig einer Veränderung zugänglich ist wie eine natürliche Veranlagung. Die Einübung von Rollen gilt als so subtil organisiert, daß ideologiekritisch-selbstreflexive Versuche der Distanzierung genauso wenig erfolgversprechend sind wie die Utopien weiblichen Sprechens, die von einem anderen Ort her die gängigen Kategorien ›gründlich und radikal‹ unglaubhaft zu machen versuchten. Butler empfiehlt einen ironisch deformierenden Umgang mit Rollenmustern und damit statt Revolution eine Art Subversion.

D. K.

Literatur

Benhabib, S. (Hrsg.): Der Streit um Differenz. Feminismus und Postmoderne in der Gegenwart. Frankfurt a. M. 1993.

Berger, R. (Hrsg.): Frauen – Weiblichkeit – Schrift. Hamburg 1985.

Butler, J.: Das Unbehagen der Geschlechter. Frankfurt a. M. 1991.

– Körper von Gewicht. Die diskursiven Grenzen des Geschlechts. Berlin 1995.

Eagleton, M. (Hrsg.): Feminist Literary Theory. Oxford 1986.

Gnüg, H.: Frauen, Literatur, Geschichte. Schreibende Frauen vom Mittelalter bis zur Gegenwart. Stuttgart 1985.

Irigaray, L.: Speculum. Der Spiegel des anderen Geschlechts. Frankfurt a. M. 1980.

Kristeva, J.: Die Revolution der poetischen Sprache. Frankfurt a. M. 1978.

Miller, N. K. (Hrsg.): Poetics of Gender. New York 1986.

Moi, T.: Sexus – Text – Herrschaft. Bremen 1989.

Stephan, I. (Hrsg.): Frauensprache/Frauenliteratur. Akten des 7. Internationalen Germanistenkongresses. Bd. 6. Göttingen 1978.

Vincken, B. (Hrsg.): Dekonstruktiver Feminismus in Amerika. Frankfurt a. M. 1992.

SHOSHANA FELMAN

Weiblichkeit wiederlesen

> Wieder lesen, eine Verrichtung ganz gegen
> die kommerziellen und ideologischen Ge-
> wohnheiten unserer Gesellschaft, die uns
> die Geschichte »wegzuwerfen« heißt [...].
>
> *Roland Barthes*

»Das Rätsel der Weiblichkeit«

»... die heutige Vorlesung«, schreibt Freud im Jahre 1932, »kann Ihnen eine Probe einer analytischen Detailarbeit geben und ich kann zweierlei zu ihrer Empfehlung sagen. Sie bringt nichts als beobachtete Tatsachen (...) und sie beschäftigt sich mit einem Thema, das Anspruch auf Ihr Interesse hat wie kaum ein anderes«:

> Über das Rätsel der Weiblichkeit haben die Menschen (*people*)
> zu allen Zeiten gegrübelt (...) Auch *Sie* werden sich von die-
> sem Grübeln [über diese Frage] nicht ausgeschlossen haben,
> insofern Sie Männer sind; von den Frauen unter Ihnen erwar-
> tet man es nicht, sie sind selbst dieses Rätsel.[1]

Indem ich Freuds einleitende Bemerkungen als eine Einleitung zu diesem Text zitiere – der ursprünglich selbst als öffentlicher Vortrag gehalten wurde –, habe ich den Ort der Frage zu einem anderen Hörsaal und zu einer anderen Struktur der Anrede hin verschoben.   (33 f.)

Indem ich hier meinen Platz als sprechendes Subjekt einnahm, habe ich also – durch eine weibliche Äußerung und Lektüre – in Freuds männliches Schreiben *eingegriffen*. Ich habe sexuelle Differenz im Akt des Lesens der Fragen

---

1 S. Freud, *Gesammelte Werke*, hrsg. von A. Freud [u. a.], Bd. 15, Frankfurt
  a. M. 1979, S. 120 [Hervorhebung von S. Felman].

Freuds nach dieser Differenz in Szene gesetzt; ich habe Differenz ins Spiel gebracht, aber nicht um Freuds Fragen zurückzuweisen, sondern um sie zu verschieben, sie über seine *ausgesagte* Frage hinauszutragen, und zwar durch Einbruch in die Durchsichtigkeit und die irreführend selbstverständliche Universalität seines männlichen Aussagens.

Tatsächlich artikuliert Freud – seiner ansonsten radikalen Herangehensweise zum Trotz – »das Rätsel der Weiblichkeit« immer noch in Kategorien, wie sie für das 19. Jahrhundert typisch sind. Seine Frage: »Was ist Weiblichkeit?« fragt in Wirklichkeit: »Was ist Weiblichkeit – *für Männer*?« Meine einfache (weibliche) Reiteration von Freuds Frage – mit dem rhetorischen Effekt des Gelächters des Publikums – hat das »Rätsel« irgendwie neu definiert und impliziert eine etwas andere Frage: Was bedeutet die Frage – »Was ist Weiblichkeit – *für Männer*?« *für Frauen*?

Es ist diese Frage, die ich in der vorliegenden Studie angehen möchte, und zwar durch eine Lektüre eines kunstvollen Textes von Balzac, der seinerseits das »Rätsel der Weiblichkeit« als doppelte Frage des Lesens sexueller Differenz und der Intervention sexueller Differenz im Akt des Lesens selbst dramatisiert.

»Gold und Lust«:
Soziale Klassen und Geschlechtsrollen

Der Text, um den es hier geht, Balzacs kurzer Roman mit dem Titel *Das Mädchen mit den goldenen Augen*[2], ist tatsächlich buchstäblich ein provozierendes erotisches *Rätsel*, das die Frage nach der sexuellen Differenz stellt: indem er in

---

2 Seitenangaben im Anschluß an deutschsprachige Zitate beziehen sich auf die Übersetzung von E. Hardt aus dem Jahre 1904: *Das Mädchen mit den Goldaugen*, Frankfurt a. M. 1974. Die deutsche Übersetzung mußte entsprechend den Veränderungen der in Shoshana Felmans Text zitierten englischen Übersetzung durch die Autorin, in zweifelhaften Fällen auch mit Rücksicht auf das französische Original, verändert werden. – [Anm. d. Übers.]

einer Dreiecksverwicklung die Interferenzen einer Affäre zwischen einem Mann und einer Frau mit einer laufenden Affäre zwischen zwei Frauen in Szene setzt und sowohl das Zusammenspiel als auch den Konflikt zwischen homosexueller und heterosexueller Liebe schildert, erforscht der Text – und stellt zugleich in Frage – sowohl die Struktur der Opposition zwischen den Geschlechtern als auch die gegenseitigen Definitionen von Männlichkeit und Weiblichkeit.

Der Erzählung dieser erotischen Verwicklungen geht indessen eine lange diskursive Präambel voraus, in der der Erzähler ein panoramaartiges analytisches Bild von Paris und seinen sozialen Klassen entwirft. Die Klassen sind *getrennt*, ökonomisch voneinander unterschieden, was ihren materiellen Wohlstand, den Betrag an Gold, den sie besitzen oder nicht besitzen, betrifft; aber sie sind auch *vereint* durch ihren gemeinsamen Wunsch nach »Gold« und nach »Lust«: der selbstzerstörerische Trieb nach ständig steigenden Beträgen an Geld und Vergnügen kanalisiert die sozialen Energien auf allen Klassenstufen. [...]

Welcher Zusammenhang besteht nun aber zwischen Balzacs »Licht« und Balzacs Dunkelheit, zwischen der diskursiven soziologischen Abhandlung über die Pariser Gesellschaft und der ziemlich obskuren erotischen Erzählung, die darauf folgt? Wie hängt der im Prolog geschilderte *Klassenkampf* mit dem *Geschlechterkampf* zusammen, um den sich die Geschichte dreht?

Auf den ersten Blick könnte es aussehen, als ob das den beiden Kämpfen Gemeinsame die Struktur der *Trennung* selbst ist, aus der sie entspringen, sowie das Prinzip der *Hierarchie*, das in beiden Fällen die Trennung in Form einer autoritativen *Ordnung* organisiert. Die hierarchische Trennung der sozialen Klassen des Prologs würde somit der hierarchischen Trennung der geschlechtlichen Rollen der erzählten Geschichte entsprechen, der zufolge in Balzacs Gesellschaft genauso wie in der unsrigen das Weibliche die untergeordnete Stellung einnimmt, während das Männ-

liche in so ziemlich derselben Weise wie die Klasse, die das
Gold besitzt, die übergeordnete, herrschende Stellung einnimmt. (35–37)

Gemäß diesen klar definierten männlich/weiblichen sozialen Rollen ist die Beziehung zwischen Mann und Frau
die einer sexuellen Hierarchisierung, in der der Mann der
Herr ist, während die Frau auf den Status einer bloßen
Sklavin reduziert ist, die zugleich Lust-Objekt des Mannes
und narzißtische Versicherung seiner eigenen Wichtigkeit,
seines Wertes und seiner Macht ist.

Gold und Weiblichkeit

Diese kulturell determinierte männliche Einstellung kann
jedoch subtiler nicht in Henris *Verachtung* für »die weibliche Bevölkerung« von Paris, sondern in seiner *Bewunderung* für eine außergewöhnliche Frau – das Mädchen mit
den goldenen Augen – analysiert werden, deren begehrens-
wertes Bild ihm als sein weibliches Ideal, als die wirkliche
Verkörperung der Frau seiner Träume erscheint [. . .].

Henri wird hier eindeutig von den goldenen Augen des
Mädchens angezogen, weil sie für ihn das Zeichen weiblichen Begehrens und weiblicher Sexualität sind, die wirkliche Verkörperung von Weiblichkeit *per se*. Doch was ist
die Konnotationen der Goldmetapher, die das Mädchen
durch ihre Augen symbolisiert und darum ideale Weiblichkeit verkörpert? Kraft seines starken Glanzes ist das »Gold-
gelb, das glänzt« (»*jaune d'or qui brille*«), wesentlich eine
reflektierende Substanz, die eine ihr äußerliche Lichtquelle
reflektiert; das reflektierte Licht stammt tatsächlich von
dem von der Frau betrachteten Objekt – von Henri selbst:
die goldenen Augen der Weiblichkeit sind im Grunde ein
Spiegel, in dem das Männliche – Henri – sein eigenes, idealisiertes Selbstbild betrachten und bewundern kann. [. . .]

Das goldene Glänzen des Mädchens mit den goldenen
Augen ist faszinierend, sagt Henri, weil es »Gold« ist, »das

liebt – und durchaus in deine Tasche gelangen will«. Paradoxerweise ist das Gold als Metapher des höchsten Wertes gleichzeitig Bild von *Besitz* und *Aneignung*, durch das die ideale Frau abermals auf ein bloßes *Objekt* reduziert wird, dessen einzige Funktion darin besteht, vom Manne in Besitz genommen und besessen zu werden. (37–39)

Eine Frage der Adresse

Als Henri sich entschließt, das Gold des Mädchens mit den goldenen Augen in Besitz zu nehmen, d. h. in die Tasche zu stecken, muß er zunächst herausfinden, wer sie ist. Nachdem er dem Mädchen bis zu dem Haus gefolgt war, in dem sie lebt, beauftragt er seinen Diener, nach dem Briefträger Ausschau zu halten und diesem mit irgendeinem Trick den Namen der Zielscheibe seines Begehrens zu entlocken. Um den Verdacht des Briefträgers abzuwehren, wird der Diener mit einem falschen Paket ausgestattet, das er angeblich bei dem goldäugigen Mädchen abzuliefern hat. Nachdem er vom Briefträger erfahren hat, daß das Haus Don Hijos, dem Marquis de San Réal, gehört, nimmt der Diener daraufhin fälschlicherweise an, daß die von seinem Herrn begehrte Frau die Gattin des Marquis sein muß. »Mein Paket«, teilt er also dem Briefträger mit, »ist für die Marquise« (S. 65). Doch sein Fehler wird ihm sofort klar, als der Briefträger ihn als Antwort auf das Angebot eines Bestechungsgeldes über die Anwesenheit einer weiteren Frau im Hause des Marquis informiert. Der Briefträger zeigt ihm sodann die Adresse auf einem Brief, den er auszutragen hat: der wirkliche Name des goldäugigen Mädchens ist Paquita Valdès. Auf der Grundlage dieser Information werden der Diener und seinerseits Henri einen zweiten Fehler begehen und annehmen, daß Paquita also die Geliebte des Marquis sein muß. Da die Struktur des Dramas des Begehrens triangulär ist, muß der Marquis, wie Henri fälschlicherweise annimmt, demnach sein Rivale und sein Gegner sein. [...]

Wenn Henris Geschichte zu Anfang in der Tat dem konventionellen Dreiecksmuster der erotischen Konkurrenz, der Rivalität im Begehren zu entsprechen scheint, so ist doch das scheinbar banale Dreieck in dem Maße ein unheimliches, in dem Henri in der Tat kein wirkliches Wissen von seinen Partner in diesem Dreieck hat. [...] Die Episode mit dem Briefträger, die wichtiger ist, als sie zu sein scheint, zeichnet so die zugrundeliegende unbewußte Suchrichtung vor, die Henris Abenteuer beherrscht: die Frage ist in der Tat eine Frage von *Adressen*. Durch seinen Diener fragt Henri den Briefträger: was ist die wirkliche Adresse der Botschaft meines Begehrens? Wen begehre ich wirklich? Für wen eigentlich ist mein Paket? Und was ist auf der anderen Seite die Adresse (der wahre Adressat) meiner Feindschaft, meiner Aggressivität? Wer ist mein wirklicher Gegner? Diese beide die Adresse des Begehrens und die Identität des Gegners betreffenden Grundfragen übersetzen sich selbst unmittelbar in zwei *Interpretationsfehler*: »mein Paket ist für die Marquise«, sagt Laurent; der Gegner ist der Marquis, denkt Henri. Während die erste fälschliche Annahme schnell zerstreut und korrigiert wird, bleibt der zweite Fehler in Henris Interpretation wie auch in der des Lesers bis zum *dénouement* der Geschichte bestehen, in dem Henri zusammen mit dem Leser entdeckt, daß Henris Rivale nicht der *Marquis* ist, sondern die *Marquise*. [...] Henri muß genauso wie der Leser lernen, wie der Text es ausdrückt, »in dieser in ihrer Wirkung so sehr glänzenden Seite (zu) lesen und ihren geheimen Sinn (zu) erraten« (S. 115). Wenn Henris Drama aus einer *Fehllektüre der Weiblichkeit* entspringt, die in einer blinden Substitution des Maskulinen für das Feminine besteht, dann muß Henri eben genau dies lernen: Weiblichkeit zu lesen; *aufhören*, durch die exklusive blinde Referenz auf das maskuline Signifikat, auf die phallozentrische Bedeutung *zu lesen*.

Das Geschlecht des Lesens

Die von Henri bei seinem Versuch, den Eigennamen seines Gegners zu lesen, vollzogene Substitution des Maskulinen für das Feminine ist keineswegs der einzige Irrtum in der Geschichte. Ironischerweise begeht Paquita einen verblüffend ähnlichen, obgleich diametral entgegengesetzten Fehler. Genau wie Henri als typisches ideologisches Produkt der herrschenden männlichen Zivilisation unfähig ist, im Weiblichen zu lesen, so ist Paquita aufgrund der zwanghaften und restriktiven Erziehung, der sie unterworfen war, unfähig, im Männlichen zu lesen. [...] Als sie Henri zum ersten Mal sieht, ist sie über seine Ähnlichkeit mit der *Frau* erstaunt, die sie kennt und liebt – der Marquise –, die, wie wir später erfahren, wirklich Henris Schwester ist. [...] Paquita verliebt sich also in Henri aufgrund seiner großen Ähnlichkeit mit der Frau, die sie kennt. In ihrer ersten sexuellen Szene bringt Paquita Henri dazu, daß er sich als Frau anzieht, damit er dem Originalmodell, dem femininen Referenten, noch ähnlicher wird: ein Wunsch, auf den Henri sich ohne jeden Verdacht als eine bloße Phantasie einläßt. Und so ist es Paquitas Unschuld, die zu einer ironischen Verkehrung des konventionellen Funktionierens der Polarität maskulin/feminin führt: wie das Feminine für Henri, so bedeutet das Maskuline für Paquita nicht sich selbst, sondern sein symmetrisches, spiegelbildliches Gegenteil. Das Feminine ist zunächst für Paquita die *eigentliche Bedeutung* des Maskulinen. Während Henris ideale Frau eine Metapher des Phallus ist, ist Paquitas idealer Mann die Metapher einer Frau.

Insofern Paquita Henri dazu bringt, die Kleidung einer Frau zu tragen, wird Henri, ohne es zu wollen, zu einem Transvestiten. Tatsächlich könnte Balzacs Text als eine rhetorische Dramatisierung und eine philosophische Reflexion der konstitutiven Beziehung zwischen Transvestismus und Sexualität, d. h. der konstitutiven Beziehung zwischen Ge-

schlechterrollen und Bekleidung angesehen werden. Wenn
es Kleider sind, scheint der Text zu suggerieren, wenn es allein Kleider sind, ein kulturelles Zeichen also, eine Institution, die unsere Lektüre der Geschlechter bestimmen, die
maskulin und feminin bestimmen und den geschlechtlichen
Gegensatz als eine ordentliche, hierarchische Polarität garantieren; wenn tatsächlich die Kleider den *Mann* machen –
oder die Frau –, sind dann nicht die Geschlechtsrollen als
solche, in sich, bloß Travestien? Sind dann nicht die Geschlechtsrollen bloß Travestien der zweideutigen Komplexität der wirklichen Sexualität, der wirklichen sexuellen
Differenz? (40–43)

Wirkungen der Uneigentlichkeit/Unschicklichkeit

Indem sie nicht länger auf entgegengesetzte »*eigentliche*
Plätze«, auf buchstäbliche referentielle Pole verweist, son-
dern auf sukzessive *Rollen* in einer triangulär angelegten,
dynamisch-räumlichen Figur, auf wechselseitig entgegengesetzte, aber untereinander austauschbare Positionen in einer
Struktur, die Eigentlichkeit/Schicklichkeit (*propriety*) und
Buchstäblichkeit subvertiert, wird die Polarität des Maskulinen und des Femininen selbst dynamisch und reversibel.
Indessen bekundet sich in den Substitutionen von Frau für
Mann und Mann für Frau, in der untereinander gegebenen
Austauschbarkeit und der Reversibilität des Maskulinen
und des Femininen ein Zwiespalt, der die Grenzen subvertiert und die Kohärenz jedes der beiden Prinzipien kom-
promittiert.

Die männlich-zentrierte kulturelle Spaltung der Geschlechtsrollen, das hierarchische Modell männlicher Herrschaft, das konventionell die Beziehung von Mann und Frau
strukturiert und mit dessen Hilfe Henri in der Tat erwartet,
Paquita beherrschen zu können, wird dadurch gleichfalls
subvertiert oder aus den Angeln gehoben, insofern die
Herr-Sklave-Beziehung des Männlichen zum Weiblichen

die transparente, vereinheitlichte Identität eines jeden und insbesondere die kohärente, unzweideutige *Selbstidentität* des herrschenden Männlichen voraussetzt. Diese männliche Selbstidentität jedoch und die Herrschaft, auf die sie Anspruch erhebt, stellt sich als sexuelle wie auch politische Phantasie heraus, die von der Dynamik der Bisexualität und von der rhetorischen Reversibilität des Männlichen und des Weiblichen subvertiert wird. Mag Paquita auch tatsächlich eine Sklavin sein, so hindert sie das nicht, Henris Wahn, ihr Herr zu sein, zu unterminieren, als sich herausstellt, daß sie noch einen anderen Herrn hat. Doch die Marquise ist ebenfalls nicht Paquitas wirklicher Herr, seitdem ihr hierarchischer Anspruch als Paquitas Besitzerin gleichermaßen durch Paquitas Liebesaffäre mit Henri zunichte gemacht wird. Wenn sowohl Henri als auch die Marquise Paquita wie ein Objekt behandeln (sei es auch ein wertvolles Objekt – Gold –, das besessen und in jemandes Tasche verwahrt werden muß), so usurpiert Paquita von dem Moment an, da sie *zwei Liebhaber* nimmt – zwei Herren hat, den Status eines Subjekts. Die goldenen Augen idealer Weiblichkeit erweisen sich somit als täuschend: sobald sie zwei Liebhaber hat, Subjekt ist/unterworfen ist (*subject to*) einer zweifachen visuellen Faszination und Verblendung, reflektiert die Spiegelung, die glänzende goldene Vision nicht länger das idealisierte *vereinheitlichte* Selbstbild des Liebhabers, sondern seine *Spaltung*, seine Fragmentierung. Die goldenen Augen halten ihr phantasmatisches Versprechen nicht: das Gold kann nicht besessen werden; alles, was es tut, ist, der Marquise *ihr Eigentum abzusprechen* und Henri *des Besitzes* der Illusion seiner selbstidentischen Herr-Männlichkeit zu *berauben*. [...] Damit ist Paquitas Weiblichkeit nicht nur eine Bedrohung für die konventionelle Autorität souveräner Männlichkeit, sondern für die Autorität eines jeden repräsentativen Codes als solchem, für das glatte Funktionieren der Institution der Repräsentation.

Der Geheime Gegner

Es ist diese Bedrohung, die Henri durch Paquitas Ermordung zu beseitigen gedenkt: Die physische Aufhebung von Paquitas Leben würde, indem sie die Weiblichkeit als Differenz, als Andersheit, verdrängt, die Ambiguität als solche beseitigen, würde die plötzlich ins Schwanken geratenen kulturellen Zeichen stabilisieren, das Prinzip der Hierarchie und der Repräsentation sichern und die Eindeutigkeit der politischen Institution der Sexualität, d. h. der Kultur, wiederherstellen.

Es ist jedoch einmal mehr die Marquise, die Henri zuvorkommt und Paquita tötet. Henri taucht am Schauplatz des Mordes auf, nur um den Dolch – ein offensichtlich phallisches Symbol – bereits in Paquitas Brust gestoßen zu finden; das maskuline Zeichen der Macht ist einmal mehr von einer Frau usurpiert worden. [...]

> »Wer bist du?« rief sie, indem sie mit erhobenem Dolch auf ihn zulief. Henri hielt ihren Arm fest, und so konnten sie sich gegenseitig dicht voreinander betrachten. Eine grauenvolle Überraschung machte beider Blut zu Eis erstarren, und sie zitterten auf ihren Beinen, wie erschreckte Pferde zittern. Zwei Doppelgänger konnten sich in der Tat nicht ähnlicher sehen. Sie sprachen zusammen dasselbe Wort: »Lord Dudley muß dein Vater sein.«
>
> Jeder von ihnen senkte bejahend den Kopf.
>
> »Sie war dem Blute treu«, sagte Henri, indem er auf Paquita wies. »Sie war so wenig schuldig, als es nur möglich ist«, erwiderte Margarita Euphemia Porraberil, welche sich mit einem Verzweiflungsschrei über Paquitas Körper warf. (S. 132–135)

Diese Szene des Erkennens bringt schließlich die Antwort auf die Frage, die Henri durch die Geschichte hindurch verfolgt hat: wer ist der geheime Gegner? Welches ist die Identität des Rivalen, des dritten Terms im triangulären Drama des Begehrens? Doch die am Ende enthüllte und geklärte Antwort ist keineswegs einfach, insofern Henris Gegner in jedem Sinne sein Duplikat ist: in diesem über der Leiche ihres wechselseitigen Opfers vollzogenen unheimlichen Spiegelspiel der Doubles erblickt Henri in seinem Gegner die exakte Reflexion seines eigenen Begehrens und seiner eigenen mörderischen Eifersucht; der Gegner hat seine Stimme, sein Gesicht; mit anderen Worten, der Gegner *ist er selbst*. Die Szene des Erkennens trifft und illustriert somit – überraschend, unerwartet – Freuds psychoanalytische Definition des »*Unheimlichen*«* als der Furcht, die durch die Begegnung mit etwas ausgelöst wird, das paradoxerweise zugleich als fremd und vertraut, fern und nahe, völlig entfremdet, unbekannt und zugleich als befremdlich erkennbar und bekannt erfahren wird. Wer könnte in der Tat einem selbst ferner sein, fremder und entfremdeter, als genau der, den man zum Gegner hat? Was ist einem andererseits näher als man selbst? Doch Balzacs Text fordert ähnlich wie Freuds Text das Zusammenfallen der Extreme ein. Der Gegner – die Verkörperung der Fremdheit und Ferne – stellt sich hier unheimlich genau als Bild der Vertrautheit und Nähe heraus. [...]

Was in der Szene des Erkennens vermutet werden konnte [...], ist die Konnotation eines inzestuösen Begehrens zwischen Bruder und Schwester. Narzißtischer Inzest ist in der Tat die implizierte logische Konsequenz der narzißtischen Struktur ihres wechselseitigen Begehrens nach Paquita; es ist die geheime Figur, die durch den Roman hindurch dieses besondere Dreieck geometrisch aufbaut: insofern Paquitas goldene Augen bloß ein vermittelnder Spiegel sind, in dem Bruder und Schwester auf je eigene Weise ihr eigenes idealisiertes Selbstbild erblicken und sich in ihre eigene Reflexion verlieben, ist es nur natürlich, daß sie desgleichen *ihr eigenes Bild* in jedem anderen begehren würden, wobei jedes eine exakte *Reflexion* des anderen ist.

---

* Im Original deutsch. [Anm. d. Hrsg.]

Das entwendete Paket

Was die Auflösung enthüllt, ist folglich die Tatsache, daß paradoxerweise Paquita – das scheinbare weibliche Zentrum der Geschichte – in Wirklichkeit die ganze Zeit über die *Deck-Frau* gewesen ist und eine inzestuöse (unbewußte) narzißtische Phantasie abgeschirmt hat. Die goldenen Augen selbst waren somit der Deckschirm: der Deckschirm ist ein Spiegel gewesen, der blind machte in seinen Brechungen und Verwirrungen stiftete in seiner blanken Intensität und durch sein goldenes Glänzen und sein Strahlenspiel Deflexionen und Reflexionen abschirmte. Deshalb wird erst durch Paquitas Ermordung – durch die physische Vernichtung des Schirms – die Begegnung von Angesicht zu Angesicht zwischen Bruder und Schwester möglich gemacht.

So verschafft das *dénouement* eine zweite unerwartete Antwort auf die zweite, von der Geschichte vorgezeichnete Frage: was ist die wahre *Adresse* von Henris Begehren? Schaut man noch einmal zurück auf die anfängliche Szene, in der Henris Diener den Briefträger in der Hoffnung befragt, die wahre Adresse von Henris falschem Paket, den Namen der begehrten Frau und das heißt die wahre Adresse von Henris Botschaft des Begehrens herauszubekommen, so können wir nun die dramatische Ironie und den symbolischen Einschlag des Fehlers des Dieners vollständig verstehen, wenn er sagt: »Mein Paket ist für die Marquise.« Denn wie sich herausstellt, ist Henris Paket tatsächlich, ohne es zu wissen, *für die Marquise.* (46–50)

Differenz

Das Prinzip der Identität wird zusammen mit dem Prinzip der Opposition subvertiert, als Henri in der Szene des Erkennens entdeckt, daß das Selbe auf unheimliche Weise Anderes ist und daß das Andere auf unheimliche Weise das Selbe ist: was er als Anderes erwartet hatte – das Gesicht seines Rivalen –, ist dasselbe; was er als das Selbe erwartet hatte – das Geschlecht seines Rivalen –, ist Anderes, Differenz wird, meint Henri, durch sexuelle Identität bestimmt. Es stellt sich aber heraus, daß Identität umgekehrt durch sexuelle Differenz bestimmt wird. Was das unheimliche Spiegelspiel der Szene des Erkennens Henri plötzlich enthüllt, ist das Frausein nicht als spiegelbildliche Reflexion des Mannseins, sondern als die desorientierende Verkörperung der wirklichen sexuellen Differenz. [...]

Denn im Spiegel muß Henri, von seinem Doppel – von seiner Schwester – verkörpert, seine eigene feminine Reflexion erkennen: er sieht *sich selbst* – als Frau. Henri findet sich so auf unheimliche Weise von Angesicht zu Angesicht mit seiner eigenen Kastration, symbolisiert zugleich durch diese Reflexion seines Gesichts als des Gesichts einer Frau und durch den Verlust der goldenen Augen, durch die hindurch er selbstgefällig sein eigenes idealisiertes männliches Selbstbild, seine eindeutige männliche Buchstäblichkeit erblicken konnte. [...]

Männlichkeit, entdeckt Henri, ist keine Substanz, von der Weiblichkeit das *Gegenteil* wäre, d. h. *Mangel* und negative *Reflexion* zugleich. Da Henri selbst das Gesicht einer Frau hat, ist das Weibliche, entdeckt Henri, nicht *außerhalb* des Männlichen, ist es nicht sein versicherndes heimliches *Gegenteil*; es ist *innerhalb* des Männlichen, es ist dessen unheimliche *Differenz von sich selbst*. (55–57)

Die Bemäntelung

Mit Paquitas Tod ist der goldene Schleier zerrissen, der Balken der Zensur für einen Moment gelüftet, und Henri und Euphémie in ihre eigene *Differenz von sich selbst*, in ihre eigene konstitutive Spaltung und Kastration sehen; doch dieser unheimliche Moment unerträglicher Einsicht und schrecklichen Wissens wird sogleich mit der Bemäntelung von Paquitas Ermordung und dem neuen sprachlichen

Deckschirm, dem abschließenden Euphemismus, der den Mord – und das gesamte Abenteuer – dem Vergessen übergibt, verdrängt:

> Acht Tage später traf Paul de Manersville de Marsay in den Tuilerien (...)
> »Nun, was ist aus unserem schönen MÄDCHEN MIT DEN GOL-DENEN AUGEN geworden, du Schelm?«
> »Es ist gestorben.«
> »Woran?«
> »An einem Brustleiden.« (*De la poitrine*) (S. 137)

»La poitrine« oder die leidende »Brust« – ein Euphemismus für Schwindsucht (*consumption*) – ist natürlich eine Lüge, eine soziale Bemäntelung, die euphemistisch und zynisch zugleich die Wahrheit von Paquitas Tod durch den in ihre Brust hineingestoßenen Dolch beschreibt; es kann auch euphemistisch bedeuten, daß Paquita tatsächlich an ihrem Herzen gestorben ist – als Metapher für ihre Liebe; sie ist gestorben, weil sie sich emotional und leidenschaftlich mit Henri eingelassen hat. [...]
Paquitas Tod ist somit ein rhetorischer Übergang von »aktiver Verschwiegenheit« zu einer passiven, »negativen Verschwiegenheit«, von einer erotischen Bejahung, von der Übertreibung einer Deck-Frau zu einer erotischen Negierung, zu euphemistischen Untertreibungen. Es ist kein Zufall, daß Henris Schwester, die Frau, welche Henri durch Paquitas Ermordung, durch die Austilgung der Deck-Frau entdeckt, Euphémie, Euphemia, Euphemismus heißt. Weiblichkeit ist in diesem Text zugleich die Beziehung und die Differenz zwischen »positiver« und »negativer« Verschwiegenheit, zwischen einer Deck-Frau und einem Euphemismus. Letzten Endes wird Weiblichkeit selbst zu einem Euphemismus, einem Euphemismus zugleich für Differenz und für deren Verdrängung, zugleich für Sexualität und für ihre Blindheit sich selbst gegenüber, einem Euphemismus für die Sexualität sprechender Körper und ihrer Irrungen

und ihrer Träume, durch einen Signifikanten bestimmt, der mit ihrer Kastration und ihrem Tod beladen ist. Mit dem abschließenden Euphemismus des Romans indes, mit Paquitas Tod an »einem Brustleiden« – *de la poitrine* –, wird Weiblichkeit tatsächlich zu einem *Euphemismus des Euphemismus*, einer Figur des Verschweigens des Zum-Schweigen-Bringens der Frau, der Verdrängung des Verdrängens. Nichtsdestoweniger eröffnet der Text genau durch sein Verschweigen des Todes durch Sprache einen ironischen Raum, der die Kraft der Frage der Weiblichkeit als die substitutive Beziehung zwischen blinder Sprache und erkennendem, bedeutungsschwangerem Schweigen artikuliert – zwischen einer von Schweigen bedrohten und durchzogenen Sprache und dem Schweigen, aus dem Sprache spricht.   (59 f.)

JOAN W. SCOTT

Gender: Eine nützliche Kategorie
der historischen Analyse

> *Gender* (Subst.) ein ausschließlich grammatika-
> lischer Begriff. Spricht man über Personen oder
> Tiere des maskulinen oder femininen *Genders*
> und meint dabei das männliche oder weibliche
> Geschlecht, so ist dies entweder scherzhaft ge-
> meint (in Abhängigkeit vom Kontext zulässig
> oder nicht), oder es ist ein Fehler.
>
> *Fowler's Dictionary of Modern English Usage,*
> *Oxford 1940*

Diejenigen, die die Bedeutung von Wörtern kodifizieren
möchten, stehen auf verlorenem Posten, da Wörter, wie
auch die Ideen und Dinge, die sie bezeichnen sollen, eine
Geschichte haben. Weder die Dons in Oxford noch die
Académie française waren in der Lage, dieses Problem vollständig zu lösen, Bedeutungen ohne das freie Spiel menschlicher Erfindung und Phantasie einzufangen und zu fixieren. [...] Vor nicht allzulanger Zeit, nicht lange genug, um
Eingang in Nachschlagewerke oder in die *Encyclopedia of
the Social Sciences* zu finden, haben Feministinnen in einem
ernsthafteren und wörtlichen Sinn damit begonnen, *Gender*
als einen Begriff zur Beschreibung der sozialen Organisation der Beziehungen zwischen den Geschlechtern zu benutzen. Die Verbindung zur Grammatik ist sowohl explizit
als auch voller unerforschter Möglichkeiten. Explizit, weil
der grammatikalische Gebrauch formale Regeln beinhaltet,
die sich aus der maskulinen oder femininen Bestimmung ergeben, voller unerforschter Möglichkeiten, weil es in vielen
indoeuropäischen Sprachen eine dritte Kategorie gibt, das
Geschlechtslose, das Neutrum. In der Grammatik wird das

Geschlecht der Möglichkeit der Klassifizierung von Phänomenen verstanden, als ein gesellschaftlich vereinbartes System der Unterscheidung und nicht als objektive Beschreibung inhärenter Wesenszüge.

In seinem neueren Gebrauch scheint *Gender* zuerst unter
amerikanischen Feministinnen aufgekommen zu sein, die
auf die grundsätzlich soziale Qualität der auf dem Geschlecht basierenden Unterscheidungen bestanden. Das
Wort bezeichnet eine Ablehnung des biologischen Determinismus, der durch die Benutzung von solchen Termini wie
»Sex« (biologischer Sex) oder »geschlechtlicher Unterschied« impliziert wird. Der Begriff *Gender** unterstrich
außerdem den Beziehungsaspekt der normativen Definitionen von Weiblichkeit. Diejenigen, die befürchteten, der
Wissenschaftszweig Feministische Studien würde sich zu
intensiv und zu einseitig mit Frauen beschäftigen, benutzten den Terminus soziales Geschlecht, um den Gedanken
von Beziehungen in unser analytisches Vokabular miteinzu-
bringen. Folgt man dieser Auffassung, so werden Frauen
und Männer in Beziehung zueinander definiert, das Verständnis der einen Seite kann nicht durch einseitige separate
Studien erreicht werden. [...]

Dazu kommt, als vielleicht das bedeutsamste, daß soziales Geschlecht als Begriff von denjenigen eingeführt wurde,
die behaupteten, feministische Studien würden die diszipli-
nären Paradigmen grundsätzlich verändern. Feministische
WissenschaftlerInnen wiesen schon frühzeitig darauf hin,
daß feministische Studien nicht nur neue Inhalte hervorbringen würden, sondern gleichzeitig auch eine kritische
Prüfung der Gebiete und Maßstäbe schon existierender wissenschaftlicher Arbeit erzwingen würden. [...] Wie diese
neue Geschichtsschreibung Erfahrungen von Frauen beinhalten und in Betracht ziehen würde, hing davon ab, in welchem Maße das soziale Geschlecht zu einer Kategorie der

---

* Im folgenden auch als soziales Geschlecht. [Anm. d. Übers.]

Analyse entwickelt werden könnte. Hier wären die Analogien zu Klasse und Rasse explizit. In der Tat führen die am stärksten politisch engagierten feministischen WissenschaftlerInnen regelmäßig alle drei Kategorien als wesentlich für die neue Geschichtsschreibung an. Ein Interesse an Klasse, Rasse und sozialem Geschlecht signalisierte zunächst das Engagement für eine Geschichtsschreibung, die Geschichten der Unterdrückten und eine Analyse des Wesens und der Bedeutung ihrer Unterdrückung beinhaltet sowie ein wissenschaftliches Verständnis dafür zeigt, daß die Ungleichheit der Macht wenigstens drei Achsen hat.   (27–30)

Sie erfordert nicht nur eine Analyse der Beziehungen zwischen männlicher und weiblicher Erfahrung in der Vergangenheit, sondern auch die Verknüpfung der Vergangenheit mit der gegenwärtigen historischen Praxis. Wie funktioniert das soziale Geschlecht in gesellschaftlichen Beziehungen? Wie verleiht das soziale Geschlecht der Organisation und Analyse von historischem Wissen Sinn und Bedeutung? Die Antworten auf diese Fragen hängen davon ab, inwieweit man *Gender* als analytische Kategorie entwickelt.

Die Versuche von HistorikerInnen, über das soziale Geschlecht (*Gender*) zu theoretisieren, bewegten sich in den meisten Fällen innerhalb eines traditionell abgesteckten sozialen und akademischen Rahmens. Sie benutzten längst abgeschliffene Formulierungen, die in allgemeine kausale Erklärungen münden. Man kann diese Theorien bestenfalls als begrenzt anwendbar ansehen. Sie beinhalten meist verkürzte oder unzulässige Verallgemeinerungen, die nicht nur die Orientierung der Geschichte als Disziplin auf die Komplexität sozialer Kausalität untergräbt, sondern auch den feministischen Anspruch, Analysen vorzulegen, die zu Veränderungen führen. Ein Überblick über diese Theorien soll Grenzen und alternative Herangehensweisen aufzeigen.   (32)

I

Gender als Ersatz für den Begriff Frau wird auch als Hinweis aufgefaßt, daß Informationen über Frauen notwendigerweise auch Informationen über Männer sind, daß die einen die Untersuchung der anderen implizieren. Dieser Gebrauch besteht darauf, daß die Welt der Frauen ein Teil der Männerwelt ist, in ihr und durch sie geschaffen. Ferner lehnt diese Benutzung des Begriffs die interpretative Brauchbarkeit der These von gesonderten Sphären ab und hält die Forderung nach einem isolierten Studium der weiblichen Geschichte für die Unterstützung der Fiktion, daß die Erfahrung des einen Geschlechts wenig oder gar nichts mit der des anderen zu tun hat. Darüber hinaus wird der Begriff *Gender* dazu benutzt, die sozialen Beziehungen zwischen den Geschlechtern zu bezeichnen. Diese Verwendung lehnt biologische Erklärungen für den Unterschied der Geschlechter strikt ab. Der Fakt z. B., daß Frauen Kinder gebären können, während Männer die größere Muskelkraft besitzen, darf nicht als Grundlage für diverse Formen weiblicher Unterordnung angesehen werden. Statt dessen bietet *Gender* die Möglichkeit, kulturelle Konstrukte, die gesellschaftliche Herausbildung von Auffassungen über Geschlechterrollen, zu untersuchen. Hierbei stützt man sich auf die ausschließlich sozialen Wurzeln der subjektiven Identität von Männern und Frauen. In dieser Definition ist *Gender* eine gesellschaftliche Kategorie, die auf einen geschlechtlichen Körper aufgesetzt wird. Mit der Zunahme von Studien über das Geschlecht und die Sexualität wird *Gender* zu einem besonders nützlichen Begriff, da er es uns erlaubt, zwischen der geschlechtlichen Praxis und den Frauen und Männern zugeordneten sozialen Rollen zu unterscheiden. Obwohl WissenschaftlerInnen die Verbindung zwischen dem Geschlecht und den Geschlechterrollen (laut FamiliensoziologInnen) anerkennen, gehen sie jedoch nicht von einer einfachen oder direkten Verknüpfung aus. Die

Benutzung des Begriffs *Gender* betont ein ganzes Beziehungsgeflecht, welches auch das Geschlechtliche beinhalten kann, das aber weder vom biologischen Geschlecht direkt bestimmt wird noch die menschliche Sexualität direkt determiniert.

Dieser beschreibende Gebrauch des sozialen Geschlechtes wurde von HistorikerInnen meist angewandt, um ein neues Feld der Untersuchung abzustecken. So z. B. als sich SozialhistorikerInnen neuen Forschungsgebieten zuwandten, wie Frauen, Kinder, Familien sowie Geschlechterideologien. In diesem Gebrauch bezieht sich das soziale Geschlecht auf jene Gebiete – sowohl strukturell wie auch ideologisch –, in denen Beziehungen zwischen den Geschlechtern eine Rolle spielen. Da, oberflächlich betrachtet, Krieg, Diplomatie und hohe Politik nichts mit diesen Beziehungen zu tun haben, scheint das soziale Geschlecht hier nicht relevant zu sein und bleibt deshalb außerhalb der historischen Untersuchungen, die sich mit Fragen der Politik und Macht beschäftigen. Das Resultat ist die Festschreibung einer gewissen funktionalistischen Betrachtungsweise, die letztendlich in der Biologie wurzelt, sowie ein Weiterbestehen der Auffassung von separaten Sphären (das Geschlechtliche oder das Politische, Familie oder Nation, Frauen oder Männer) in der Geschichtsschreibung. Obwohl der beschreibende Gebrauch des *Genders* davon ausgeht, daß die Beziehungen zwischen den Geschlechtern gesellschaftlicher Natur sind, wird nichts darüber ausgesagt, warum diese Beziehungen so beschaffen sind wie sie sind, darüber, wie sie funktionieren oder wie sie sich verändern. Zusammenfassend kann man wohl feststellen, daß sich das beschreibende Konzept der Kategorie *Gender* mit der Untersuchung der Dinge beschäftigt, die einen weiblichen Bezug haben. Es ist ein neues Thema, eine neue Abteilung der historischen Untersuchung, aber es hat nicht die analytische Stärke, sich mit bestehenden historischen Paradigmen auseinanderzusetzen (und sie zu verändern). (33–35)

Feministische Historikerinnen haben eine Reihe von Methoden der Analyse des sozialen Geschlechts angewandt, aber diese lassen sich im Prinzip auf eine Auswahl von drei theoretischen Positionen reduzieren. Die erste ist ein ausschließlich feministischer Versuch, die Wurzeln des Patriarchats zu erklären. Die zweite theoretische Position ordnet sich in die marxistische Tradition ein und ist bei der dortigen feministischen Kritik angesiedelt. Das dritte Lager stützt sich sowohl auf französische PoststrukturalistInnen als auch auf anglo-amerikanische TheoretikerInnen der Objektbeziehungslehre (object relations theory). Hierbei dienen verschiedene Schulen der Psychoanalyse dazu, die Produktion und Reproduktion der sozialgeschlechtlich bestimmten Identität eines Subjektes zu erklären.

Die TheoretikerInnen des Patriarchats haben ihre Aufmerksamkeit auf die Unterordnung der Frauen gerichtet. Die Erklärung dafür haben sie in dem männlichen Bedürfnis gefunden, über das weibliche Geschlecht zu dominieren. In Mary O'Briens brillanter Adaptierung Hegels führt sie die Vorherrschaft des Mannes auf den männlichen Wunsch zurück, seine Entfremdung von den Mitteln der Reproduktion zu transzendieren. Das Prinzip der Generationskontinuität stellt das Primat der Vaterschaft wieder her und verdeckt so den wahren Akt und die gesellschaftliche Wirklichkeit des Kinderkriegens der Frauen. So liegt die Quelle für die Befreiung der Frauen in »einem adäquaten Verständnis des Prozesses der Reproduktion«, in der Erkenntnis des Widerspruchs zwischen dem Wesen der weiblichen reproduktiven Arbeit und der (männlichen) ideologischen Mystifizierung derselben. (36 f.)

TheoretikerInnen des Patriarchats haben wichtige Aussagen über die Ungleichheit von Männern und Frauen getätigt, aber diese stellen für HistorikerInnen ein Problem dar. Erstens: Während sie eine dem *Gender* systeminterne Analyse anbieten, sprechen sie weiterhin vom Primat dieses Systems innerhalb der gesamten sozialen Organisation. Diese

Theorien des Patriarchats zeigen aber nicht die Verbindungen zwischen den Ungleichheiten innerhalb des *Genders* und Ungleichheiten in anderen gesellschaftlichen Sphären auf. Zweitens: Ob die dominierende Rolle nun in Form der männlichen Aneignung weiblicher reproduktiver Arbeit auftritt oder indem Männer Frauen zu sexuellen Objekten machen, immer stützt sich die Analyse auf die physischen Unterschiede. Selbst wenn die TheoretikerInnen des Patriarchats akzeptieren, daß es veränderliche Formen und Systeme der Ungleichheit des sozialen Geschlechts gibt, stellen sie jedoch jeden physischen Unterschied zwischen den Geschlechtern als einen universellen und unveränderlichen Aspekt dar. Eine solche Theorie, die sich auf eine einzige Variable, nämlich den physischen Unterschied, stützt, stellt für die Historiker ein Problem dar. Dabei wird eine unveränderliche, kohärente Bedeutung des menschlichen Körpers außerhalb jeglicher sozialer oder kultureller Konstrukte unterstellt und somit ein ahistorisches Wesen des sozialen Geschlechts selbst. Die Geschichte wird in einem bestimmten Sinne epiphänomenal und produziert endlose Variationen des gleichbleibenden Themas einer festgeschriebenen Ungleichheit des sozialen Geschlechts.

Marxistische FeministInnen zeigen hier eine stärker historisch orientierte Herangehensweise. Sie stützen sich auf eine Geschichtstheorie. Aber wie vielfältig die Variationen und Adaptierungen auch sind, die selbstauferlegte Forderung nach einer materiellen Erklärung des sozialen Geschlechts hat die Entwicklung neuer Ebenen der Analyse eingeschränkt oder sie zumindest behindert. Ob man nun die Lösung des sogenannten Doppelsystems vorzieht (eines, das die eigenständigen, aber aufeinander wirkenden Sphären des Kapitalismus und des Patriarchats postuliert) oder aber eine stärker auf die orthodoxe marxistische Diskussion der Produktionsweisen orientierte Analyse entwickelt, die Erklärung der Wurzeln und der Veränderungen in den *Gender*systemen wird immer außerhalb der geschlechtlichen Arbeitsteilung gesucht. Die Familie, der Haushalt und die Sexualität sind am Ende alles Resultate der sich ändernden Produktionsweisen. Das ist die Schlußfolgerung, mit der Engels sein Buch »*Der Ursprung der Familie*« schließt, und darauf stützt auch die Ökonomin Heidi Hartmann ihre Analyse. Hartmann besteht darauf, das Patriarchat und den Kapitalismus als eigenständige, aber aufeinander einwirkende Systeme zu betrachten. Und trotzdem, während sie ihre Argumentation entfaltet, bekommt die ökonomische Kausalität den Vorrang, und das Patriarchat entwickelt und verändert sich immer als eine Funktion der Beziehungen in der Produktion. (38 f.)

Ein Vergleich zwischen den amerikanischen marxistisch-feministischen, sondierenden und relativ weitgefächerten Untersuchungen und denen der englischen KollegInnen zeigt, daß die englische Seite sich mit der Herausforderung der Grenzen strikt deterministischer Erklärungen schwerer tut. Am dramatischsten wird diese Schwierigkeit in den Debatten zwischen Michèle Barrett und ihren KritikerInnen in der Zeitschrift *New Left Review* deutlich. Dabei wird sie des Verlassens der materialistischen Analyse kapitalistischer Arbeitsteilung nach Geschlechtern bezichtigt. Deutlich wird dies auch durch den Verzicht auf einen frühen feministischen Versuch, die Psychoanalyse und den Marxismus zu versöhnen. WissenschaftlerInnen, die zunächst darauf bestanden, daß dies möglich sei, entschieden sich später für das eine oder das andere. Die Schwierigkeiten sowohl englischer als auch amerikanischer FeministInnen kommen in den von mir angegebenen Werken klar zum Ausdruck. Das Problem, dem sie sich gegenübersehen, ist das Gegenteil von dem, womit sich die patriarchalische Theorie beschäftigt. Innerhalb des Marxismus wurde das soziale Geschlecht schon längere Zeit als Nebenprodukt der sich verändernden ökonomischen Strukturen verstanden, so hatte das soziale Geschlecht jedoch nie einen eigenen unabhängigen analytischen Status.

II

Ein Überblick über die psychoanalytische Theorie setzt eine Spezifizierung der verschiedenen Schulen voraus, da die unterschiedlichen Herangehensweisen meist durch die nationale Herkunft der BegründerInnen und der Mehrheit der VertreterInnen klassifiziert wurden. Da gibt es die anglo-amerikanische Schule, die sich innerhalb der Theorien der Objektbeziehungen (object relations) bewegt. Nancy Chodorow ist der am engsten mit dieser Schule verbundene Name in den Vereinigten Staaten. Außerdem hatte die Arbeit von Carol Gilligan einen bedeutenden Einfluß auf die amerikanischen WissenschaftlerInnen, darunter auch HistorikerInnen. Gilligan stützt sich auf Chodorow, obwohl sie sich weniger mit dem Aufbau des Subjekts beschäftigt als mit der moralischen Entwicklung und dem moralischen Verhalten. Im Unterschied zur anglo-amerikanischen Schule basiert die französische Schule auf strukturalistischen und post-strukturalistischen Interpretationen Freuds, besonders in bezug auf die Theorien der Sprache (für FeministInnen ist dabei Jacques Lacan die Schlüsselfigur).

Beide Schulen beschäftigen sich mit den Prozessen, in denen die Identität des Subjekts geschaffen wird; beide konzentrieren sich auf die frühe Kindheit und suchen nach Hinweisen für die Formierung einer sozialgeschlechtlichen Identität. Die TheoretikerInnen der Objektbeziehungslehre betonen den Einfluß der praktischen Erfahrung (das Kind sieht, hört und bezieht sich auf die, die sich um das Kind kümmern, natürlich besonders die Eltern), während die Post-StrukturalistInnen die zentrale Rolle der Sprache bei der Kommunikation, Interpretation und Repräsentation des sozialen Geschlechts hervorheben (mit Sprache meinen Post-StrukturalistInnen nicht Wörter, sondern Bedeutungssysteme – symbolische Ordnungen –, die der eigentlichen Beherrschung des Sprechens, Lesens und Schreibens vorangehen). Einen weiteren Unterschied zwischen diesen beiden

Schulen des Denkens finden wir in der Behandlung des Unbewußten, welches sich bei Chodorow letztendlich dem bewußten Verständnis unterordnet, bei Lacan jedoch nicht. Für seine AnhängerInnen ist das Unbewußte ein kritischer Faktor im Aufbau des Subjekts; es ist der Ort der geschlechtlichen Teilung und deshalb eine unberechenbare Größe für das sozialgeschlechtliche Subjekt.

Gerade in den letzten Jahren fühlten sich feministische HistorikerInnen zu diesen Theorien hingezogen, entweder weil sie spezifische Erkenntnisse mit allgemeinen Beobachtungen untermauerten, oder weil es schien, als ob sie wichtige theoretische Formulierungen zum sozialen Geschlecht enthielten. Die HistorikerInnen, die mit einem Konzept der weiblichen Kultur arbeiten, zitieren immer öfter die Arbeiten von Chodorow und Gilligan sowohl als Beweis als auch zur Erklärung ihrer Interpretationen. Diejenigen, die mit der feministischen Theorie ringen, beziehen sich auf Lacan. Letztendlich scheint mir keine dieser Theorien für HistorikerInnen vollständig praktikabel, und eine gründlichere Betrachtung beider mag dies näher erläutern.

Was die Objektbeziehungslehre betrifft, liegen meine Vorbehalte in ihrer Buchstabentreue, dem Verlaß auf relativ kleine Strukturen der Interaktion, um eine sozialgeschlechtliche Identität zu produzieren und Veränderungen herbeizuführen. Sowohl die Teilung der Arbeit in der Familie als auch die eigentliche Verteilung von Aufgaben zwischen den Eltern spielt bei Chodorow eine wesentliche Rolle. Das Resultat in den existierenden westlichen Systemen ist eine klare Unterscheidung zwischen dem Mann und der Frau: »Das grundlegend feminine Selbstverständnis ist mit der Welt verbunden, das grundlegend maskuline Selbstverständnis ist davon getrennt.« Chodorow schreibt, wenn Väter eine größere Rolle als Eltern spielten und öfter in häusliche Situationen gestellt würden, hätte das Drama des Ödipus vielleicht eine andere Wendung genommen.

Diese Interpretation grenzt das Konzept des sozialen Geschlechts auf die Familie und die Erfahrung im Haushalt ein und läßt der HistorikerIn so keine Möglichkeit, dieses Konzept (oder Individuum) mit anderen gesellschaftlichen Systemen der Ökonomie, Politik oder Macht zu verbinden. [...] Ich glaube, daß man diese Fragen nur mit Hilfe von bedeutungsschaffenden (symbolischen) Systemen beantworten kann, z. B., wie die Gesellschaft das soziale Geschlecht repräsentiert, es benutzt, um die Regeln der gesellschaftlichen Beziehungen zu artikulieren, oder um Erfahrungen Bedeutung zu verleihen. Ohne Bedeutung gibt es keine Erfahrung; ohne den Prozeß der Bedeutungsgebung gibt es keine Bedeutung. Das will ja nicht heißen, daß die Sprache primär ist, aber eine Theorie, die sie nicht berücksichtigt, verfehlt die ungeheure Rolle, die Symbole, Metaphern und Begriffe in der Feststellung der menschlichen Persönlichkeit und Geschichte spielen.

Die Sprache ist der Schwerpunkt der Lacanschen Theorie; sie ist der Schlüssel für die Einführung des Kindes in die symbolische Ordnung. So wird die sozialgeschlechtliche Identität durch die Sprache aufgebaut. Lacan geht vom Phallus als dem zentralen Indikator des geschlechtlichen Unterschieds aus. Aber die Bedeutung des Phallus muß in einer metaphorischen Weise interpretiert werden. Das Drama des Ödipus drückt für das Kind die Bedingungen der kulturellen Interaktion aus. Die Drohung der Kastration verkörpert die Macht, die Regeln des (väterlichen) Gesetzes. Die Beziehung des Kindes zum Gesetz hängt vom geschlechtlichen Unterschied ab, von seiner phantasievollen (oder phantastischen) Identifizierung mit Männlichkeit oder Weiblichkeit. Man kann also davon ausgehen, daß die Einführung der Gesetze der gesellschaftlichen Interaktion auf inhärente und spezifische Weise vom sozialen Geschlecht abhängig ist, da die weibliche Seite notwendigerweise eine andere Beziehung zum Phallus hat als die männliche Seite. Obwohl die Identifikation des sozialen Geschlechts immer kohärent und stabil erscheint, ist sie in der Realität sehr instabil. Als Bedeutungssysteme stellen subjektive Identitäten Prozesse der Differenzierung und Unterscheidung dar, welche die Unterdrückung jeglicher Zweideutigkeiten und gegensätzlicher Elemente verlangt, um Kohärenz und allgemeine Verständigung zu sichern (oder wenigstens eine Illusion davon). Das Prinzip der Männlichkeit beruht auf der notwendigen Unterdrückung der weiblichen Aspekte – der potentiellen Bisexualität des Subjekts –, dabei wird der Gegensatz von männlich und weiblich zu einem Konflikt. Unterdrückte Wünsche sind im Unbewußten gegenwärtig und stellen eine ständige Bedrohung der Stabilität sozialgeschlechtlicher Identifikation dar, indem sie seine Einheitlichkeit in Frage stellen und das Bedürfnis nach Sicherheit unterwandern. Weiterhin sind die bewußten Ansichten über das Männliche oder Weibliche nicht festgeschrieben, da sie sich je nach Gebrauch in verschiedenen Kontexten verändern. So ergibt sich ein ständiger Konflikt zwischen dem Bedürfnis des Subjekts nach dem Schein von Einheit und der Ungenauigkeit der Kategorien, die nur relative Bedeutung besitzen und Produkte der Verdrängung sind. Diese Interpretation läßt die Kategorien von Mann und Frau problematisch erscheinen, indem Männlichkeit und Weiblichkeit nicht als inhärente Merkmale, sondern als subjektive (oder erfundene) Konstrukte aufgefaßt werden. Weiterhin impliziert diese Theorie einen fortdauernden Prozeß der Konstruktion des Subjekts und bietet eine systematische Methode der Interpretation von bewußten und unbewußten Wünschen, indem die Sprache als angemessener Ort der Analyse angegeben wird. In diesem Punkt finde ich die Theorie interessant.

Mich stört aber die ausschließliche Fixierung auf Fragen des Subjekts sowie die Tendenz der Verdinglichung des subjektiv entstehenden Antagonismus zwischen Männern und Frauen als der zentralen Erscheinungsform des sozialen Geschlechts. Obwohl es kein geschlossenes Konzept der Konstruktion des Subjekts gibt, tendiert diese Theorie dennoch dazu, die Kategorien und die Beziehungen zwischen Mann

und Frau zu verallgemeinern. Das Ergebnis für Historiker-
Innen besteht in einer verkürzten Lesart des Beweismate-
rials aus der Vergangenheit. Obwohl diese Theorie die gesellschaftlichen Beziehungen berücksichtigt, indem sie die
Kastration mit Verbot und Gesetz verbindet, lehnt sie die
Einführung des Konzepts einer historischen Spezifik und
Veränderbarkeit ab. Der Phallus wird zum einzigen Signifikant; und letztendlich ist die Konstruktion des sozialge-
schichtlich bestimmten Subjekts voraussehbar, weil immer
gleich. [...] Es fehlt die Methode, gesellschaftliche Wirklichkeit in bezug auf das soziale Geschlecht zu fassen.

Das Problem des geschlechtlichen Antagonismus hat hier
zwei Aspekte. Einerseits projiziert es eine bestimmte zeit-
lose Eigenschaft, selbst wenn es so gut historisiert wurde
wie durch Sally Alexander. Alexanders Interpretation von
Lacan führt sie zu der Schlußfolgerung, daß »der Antagonismus zwischen den Geschlechtern ein unumgänglicher
Aspekt der Aneignung einer geschlechtlichen Identität ist
... Ist der Antagonismus immer latent vorhanden, besteht
die Möglichkeit, daß die Geschichte keine endgültige Lösung anbietet, sondern nur die permanente Neuformierung
und Reorganisierung der Symbolisierung des Unterschieds
und der Teilung der Arbeit nach Geschlechtern«. Ich kann
diese Formulierung nicht akzeptieren, vielleicht ist es mein
hoffnungsloser Utopismus, oder aber ich habe noch nicht
all die Erkenntnisse des klassischen Zeitalters, wie es Foucault nennt, abgelegt. Was immer auch die Erklärung sein
mag, Alexanders Formulierung trägt jedenfalls zur Festschreibung des binären Gegensatzes zwischen Mann und
Frau als der einzigen möglichen Beziehung und als ständigem Aspekt des Menschseins bei. So bestärkt sie eher das,
was Denise Riley als »den furchtbaren Hauch der Beständigkeit geschlechtlicher Polarität« beschreibt, als daß sie
diesen in Frage stellt. Und so schreibt Alexander: »Das
historisch konstruierte Wesen des Gegensatzes [zwischen
Mann und Frau] produziert als eines seiner Resultate genau

diesen Hauch des inflexiblen und monotonen Männer/ Frauen-Gegensatzes.« (41–48)

Was wir brauchen, ist die Ablehnung der festgeschriebenen und permanenten Eigenschaft des binären Gegensatzes, eine echte Historisierung und die Dekonstruktion der Bedingungen des geschlechtlichen Unterschieds. Und wir müssen selbstbewußter in der Unterscheidung zwischen unserem analytischen Vokabular und dem zu analysierenden Material werden. Wir müssen Wege finden (wie unzureichend auch immer), wie wir unsere Kategorien einer ständigen Kritik und unsere Analysen einer Selbstkritik unterziehen können. Wenn wir dabei Jacques Derridas Definition der Dekonstruktion anwenden, so bedeutet diese Kritik eine Analyse der Funktionsweise des binären Gegensatzes in einem Kontext, indem man die hierarchische Konstruktion umkehrt und aus den Fugen hebt, und nicht, indem man den Gegensatz als echt oder selbstverständlich oder sogar als in der Natur der Dinge liegend akzeptiert. In einem gewissen Sinne haben das die FeministInnen schon seit Jahren getan. Die Geschichte des feministischen Denkens ist die Geschichte der Ablehnung hierarchischer Beziehungskonstrukte zwischen Mann und Frau in ihrem spezifischen Kontext und der Versuch, ihre Funktionen umzukehren oder außer Kraft zu setzen. Nun sind die feministischen HistorikerInnen in der Lage, ihre Praxis theoretisch aufzuarbeiten und das soziale Geschlecht als eine analytische Kategorie zu entwickeln.

III

[...] Der *Gender*begriff gehört zu dem Versuch heutiger FeministInnen, ihren Anspruch auf ein bestimmtes Definitionsfeld geltend zu machen, sowie auf der Unzulänglichkeit der existierenden Theoriegebäude für die Erklärung der vorherrschenden Ungleichheit zwischen Frauen und Männern zu bestehen.

Mir scheint es bedeutsam, daß der Gebrauch von *Gender* gerade während eines großen erkenntnistheoretischen Durcheinanders auftritt, welches in einigen Fällen unter SozialwissenschaftlerInnen zu einer Verlagerung von wissenschaftlichen auf literarische Paradigmen führt (von einer Betonung der Ursache zur Betonung der Bedeutung, die verschiedenen Arten der Untersuchung vermischend, wie Clifford Geertz es formuliert). In anderen Fällen zeigt sich dieses Durcheinander in Theoriedebatten zwischen denen, die von der Transparenz der Fakten ausgehen, und denen, die darauf bestehen, daß die Wirklichkeit auslegbar oder konstruiert sei, zwischen denen, die die Auffassung vom Menschen als dem rationalen Herren seiner eigenen Bestimmung vertreten, und denen, die diese in Frage stellen. In dem durch diese Debatte eröffneten Raum stehen die FeministInnen auf der Seite der Kritik der Wissenschaft durch die Geisteswissenschaften und der Kritik der Empirie und des Humanismus durch die Poststrukturalisten. So haben die FeministInnen nicht nur angefangen, eine eigene theoretische Stimme zu finden, sondern sie haben auch noch wissenschaftliche und politische Bündnispartner gefunden. Und innerhalb dieses Raumes müssen wir *Gender* als analytische Kategorie artikulieren.　(49–51)

Meine *Gender*definition hat zwei Teile und verschiedene Unterteilungen. Sie sind zwar miteinander verbunden, müssen aber analytisch getrennt werden. Der Kern der Definition beruht auf einer integralen Verbindung zwischen zwei Sätzen: 1. *Gender* ist ein konstitutives Element von gesellschaftlichen Beziehungen und gründet auf wahrgenommene Unterschiede zwischen den Geschlechtern; 2. *Gender* ist eine wesentliche Weise, in der Machtbeziehungen Bedeutung verliehen wird. Veränderungen in der Organisation gesellschaftlicher Beziehungen entsprechen immer auch Veränderungen in der Repräsentation der Macht, die Richtung der Veränderung ist jedoch nicht immer eine Einbahnstraße. Als ein konstitutives Element von gesellschaftlichen Beziehungen, das auf wahrgenommene Unterschiede zwischen den Geschlechtern gründet, beinhaltet *Gender* vier miteinander verbundene Elemente: Erstens, kulturell zugängliche Symbole, die eine Vielzahl von (sich oft auch widersprechenden) Repräsentationsformen hervorrufen – z. B. Eva und Maria als Symbole der Frau in der westlichen christlichen Tradition –, aber auch Mythen des Lichtes und des Dunkels, der Reinheit und Verschmutzung, Unschuld und Korruption. Hier sind die für Historiker interessanten Fragen: Welche symbolische Repräsentation wird hervorgerufen, wie und in welchem Kontext? Zweitens, normative Konzepte, die Interpretationen von den Symbolen vorgeben, Konzepte, die versuchen, metaphorische Möglichkeiten einzugrenzen und zu limitieren. Diese Konzepte finden in Doktrinen der Religion, Bildung, Wissenschaft, des Rechts und der Politik ihren Ausdruck, meist in festgeschriebenen binären Gegensätzen, in denen kategorisch und unmißverständlich die Bedeutung des Mannes und der Frau, des Männlichen und des Weiblichen, festgestellt wird. In der Tat sind diese normativen Aussagen von der Ablehnung oder Verdrängung von alternativen Möglichkeiten abhängig. Manchmal finden ihretwegen offen ausgetragene Konflikte statt (zu welchen Zeitpunkten und unter welchen Umständen ist ein Thema für HistorikerInnen). Die Position, die sich zum Schluß als die dominierende herausstellt, wird dann zu der einzig möglichen deklariert. Die weitere Geschichte wird dann so verfaßt, als ob diese normativen Standpunkte das Produkt eines gesellschaftlichen Konsenses wären und nicht das eines Konflikts. Ein Beispiel dieser Art der Geschichtsschreibung finden wir in der Behandlung der viktorianischen Ideologie der Häuslichkeit, die scheinbar als ein Ganzes geschaffen wurde und erst später auf große Meinungsverschiedenheiten stieß, während sie eigentlich das Produkt ständiger Meinungsverschiedenheiten war. Oder nehmen wir moderne Gruppierungen religiöser Fundamentalisten, die ihre Praxis zwangsweise mit der Restaurierung der angeblich authentischeren traditionellen Rolle der Frau verbunden haben, während es kaum historische Beispiele der reinen, unangefochtenen Ausübung einer solchen Rolle gibt. So ist es das Ziel neuester historischer Untersuchungen, die Auffassung des Unveränderlichen vom Sockel zu stoßen, das Wesen der Debatte oder der Verdrängung aufzudecken, welche zum Eindruck einer zeitlosen Beständigkeit in der Repräsentation des binären *Genders* geführt hat. Bei dieser Analyse muß auch der dritte Aspekt der *Gender*beziehungen berücksichtigt werden: Eine Auffassung von Politik sowie Bezüge zu gesellschaftlichen Institutionen und Organisationen.

Einige WissenschaftlerInnen, besonders AnthropologInnen, haben den Gebrauch des *Gender*begriffs auf das Verwandtschaftssystem begrenzt (mit der Fixierung auf Haushalt und Familie als Basis der sozialen Organisation). Was wir brauchen, ist eine weitere Sicht, die nicht nur die Verwandtschaft umfaßt, sondern auch (besonders für die komplexen modernen Gesellschaften) den Arbeitsmarkt (ein Arbeitsmarkt, der Geschlechter trennt, ist ein Teil des Formierungsprozesses des sozialen Geschlechts), die Bildung (Bildungseinrichtungen nur für männliche Schüler oder für nur ein Geschlecht wie auch gemischte Institutionen sind alle Teil desselben Prozesses) und die politische Ordnung (allgemeines Wahlrecht für Männer ist auch ein Teil der Formierung des sozialen Geschlechts). Es ergibt doch wenig Sinn, wenn man nun diese Institutionen in eine funktionale Zweckbestimmung innerhalb des Verwandtschaftssystems drängen wollte, oder wenn man argumentiert, daß die modernen Beziehungen zwischen Männern und Frauen nichts als Überlieferungen aus den alten Verwandtschaftssystemen sind, die sich auf den Austausch von Frauen stützten. Das soziale Geschlecht wird durch die Verwandtschaft konstruiert, aber nicht ausschließlich, es wird außerdem innerhalb der Wirtschaft und der politischen Ordnung konstruiert, die, jedenfalls in unserer Gesellschaft, jetzt zum größten

Teil unabhängig von den Verwandtschaftsbeziehungen funktioniert.

Der vierte Aspekt des sozialen Geschlechts ist die subjektive Identität. Hier stimme ich mit der Formulierung der Anthropologin Gayle Rubin überein, daß die Psychoanalyse eine wichtige Theorie über die Reproduktion des sozialen Geschlechts anbietet, eine Beschreibung der »Verwandlung der biologischen Sexualität der Individuen, während sie sozialisiert werden«. Aber der universelle Anspruch der Psychoanalyse stimmt mich nachdenklich. Selbst wenn Lacans Theorie uns beim Nachdenken über die Konstruktion der sozialgeschlechtlich bestimmten Identität hilft, müssen HistorikerInnen sich um eine mehr historische Arbeitsweise bemühen. Falls die Identität des sozialen Geschlechts sich allgemein und vollständig auf die Angst vor der Kastrierung bezieht, würde die Notwendigkeit historischer Untersuchung abgestritten. Außerdem erfüllen echte Männer und Frauen nicht immer wortwörtlich die Bedingungen der von der Gesellschaft gemachten Vorschriften, auch nicht die unserer analytischen Kategorien. Die HistorikerInnen sollten sich statt dessen damit beschäftigen, wie die sozialgeschlechtlich bestimmten Identitäten konstruiert werden. Ihre Forschungsergebnisse sollten sie dann zu einer Auswahl von Handlungen, gesellschaftlichen Organisationen und historisch spezifizierten kulturellen Ausdrucksformen in Beziehung setzen. (52–55)

Der erste Teil meiner *Gender*definition besteht also aus den vier genannten Elementen, und keines davon funktioniert ohne die anderen. Aber sie funktionieren auch nicht simultan, indem ein Element einfach die anderen reflektiert. In der Tat sind die Beziehungen zwischen den vier Elementen eine Aufgabe für die Geschichtsforschung. Die Skizze, die ich für die Konstruktion von *Gender*beziehungen entworfen habe, könnte auch für die Diskussion von Klasse, Rasse und ethnischer Herkunft sowie eigentlich von jedem gesellschaftlichen Prozeß benutzt werden. Mir ging es darum, zu klären und deutlich zu machen, wie man über die Wirkung des sozialen Geschlechts innerhalb gesellschaftlicher und institutioneller Beziehungen nachdenken sollte, weil dieses Nachdenken meist nicht präzise und systematisch erfolgt. Mein zweiter Satz entwickelt die Theorie des *Genders: Gender* ist eine wesentliche Größe, in der Machtbeziehungen Bedeutung verliehen wird. Vielleicht formuliert man noch besser, daß es ein wesentliches Gebiet ist, in dem oder mittels dessen Macht artikuliert wird. *Gender* ist zwar nicht das einzige Gebiet, aber es scheint im Westen (in der jüdisch-christlichen wie auch der islamischen Tradition) in einer hartnäckigen und immer wiederkehrenden Weise Macht zu artikulieren. So gesehen, scheint dieser Teil der Definition in den normativen Teil des Arguments zu gehören, was nicht der Fall ist, weil die Konzepte von Macht, obwohl sie vielleicht auf *Gender* aufbauen, sich nicht immer nur buchstäblich um *Gender* drehen. Der französische Soziologe Pierre Bourdieu hat darüber geschrieben, wie die »di-vision de Monde« (Zweiteilung der Welt) sich auf Bezüge zu »den biologischen Unterschieden und besonders jenen der Arbeitsteilung in der Zeugung und der Reproduktion« stützt und so als »die bestbegründetste kollektive Illusion« funktioniert. Als eine objektive Bezugsreihe strukturieren die *Gender*konzepte die Wahrnehmung sowie die konkrete und symbolische Organisation allen gesellschaftlichen Lebens. Und in dem Maße, wie diese Bezüge eine eigentliche Verteilung der Macht hervorbringen (verschiedenartige Kontrolle über oder Zugang zu materiellen oder symbolischen Ressourcen), in dem Maße wird das soziale Geschlecht in das Konzept und das Konstrukt der Macht selbst verwickelt.   (56 f.)

Hier bietet das soziale Geschlecht *(Gender)* die Möglichkeit der Entkodifizierung von Bedeutung, ein Mittel zum Verständnis der komplexen Verbindungen zwischen den verschiedenen Formen menschlicher Interaktion. Wenn sich HistorikerInnen damit beschäftigen, wie der *Gender*begriff gesellschaftliche Beziehungen legitimiert und konstruiert, können sie gleichzeitig die Wechselbeziehung zwischen dem sozialen Geschlecht und der Gesellschaft verstehen. Es wird dann klar, wie in einer ganz bestimmten und kontextuell spezifischen Weise die Politik das soziale Geschlecht und das soziale Geschlecht die Politik konstruiert.

IV

Die Politik ist nur eines der Gebiete, in denen man das soziale Geschlecht zum Zwecke der historischen Analyse benutzen kann. Es waren zwei Gründe, die mich dazu bewogen haben, gerade folgende, auf Politik und Macht bezogene Beispiele auszuwählen, wobei Politik und Macht in ihrem traditionellsten Sinne aufgefaßt werden, verbunden mit der Regierung und dem Nationalstaat. Erstens ist das Terrain mehr oder weniger unerforscht, da das soziale Geschlecht gegenüber dem richtigen Geschäft der Politik bisher als antithetisch galt. Zweitens stellt die politische Geschichtsschreibung, immer noch die vorherrschende historische Untersuchungsform, eine Hochburg des Widerstandes gegen die Einbeziehung von Material oder auch nur Fragen zu Frauen und *Gender* dar.

In der politischen Theorie hat man bisher das soziale Geschlecht entweder im wörtlichen Sinn oder als Analogie benutzt, um die Machtausübung von Monarchen zu rechtfertigen oder zu kritisieren und um die Beziehung zwischen den HerrscherInnen und den Beherrschten auszudrücken. Man hätte erwarten können, daß die zeitgenössischen Diskussionen über die Herrschaft von Elizabeth I. von England und Katharina de Medici von Frankreich die Eignung von Frauen für politische Führungsämter betroffen hätten, aber in der Epoche, in der das Verwandtschaftssystem und das System der königlichen Herrschaft so integral miteinander verbunden waren, beschäftigten sich die Diskussionen über männliche Könige genauso mit Fragen der Männlichkeit

und Weiblichkeit. Die Argumente von Jean Bodin, Robert
Filmer und John Locke sind auf der Grundlage von Analogien zur ehelichen Beziehung strukturiert. Edmund Burke
bezieht seinen Angriff gegen die französische Revolution
auf den Kontrast zwischen den häßlichen, mörderischen
Hexen der Sansculotten (»die Furien der Hölle in der miß-
brauchten Gestalt der abscheulichsten der Frauen«) und der
weichen Weiblichkeit der Marie Antoinette, die dem Mob
entkam, um »zu Füßen ihres Königs und Gatten Zuflucht
zu suchen« und deren Schönheit einst den nationalen Stolz
entfachte. In bezug auf die geeignete Rolle des Weiblichen
in der politischen Ordnung schrieb Burke: »Wenn wir das
Land lieben sollen, dann muß das Land schön sein.« Aber
die Analogien beziehen sich nicht immer auf die Ehe oder
auch nur auf die Heterosexualität. So waren die Symbole
der politischen Macht in der mittelalterlichen islamischen
politischen Theorie meistens eine Anspielung auf den Ge-
schlechtsverkehr zwischen einem Mann und einem Jungen,
was nicht nur bedeutet, daß Formen der Sexualität, wie sie
Foucault in seinem letzten Werk für das klassische Grie-
chenland beschrieben hat, als zulässig betrachtet wurden,
sondern auch, daß Frauen in bezug auf die Politik und das
öffentliche Leben irrelevant waren.

Dieser Kommentar soll nicht den Anschein erwecken,
daß die politische Theorie einfach nur die gesellschaftliche
Organisation widerspiegelt. Es ist wichtig zu merken, daß
Veränderungen in den *Gender*beziehungen durch Anschauungen über die Bedürfnisse des Staates in Gang gesetzt werden können. In diesem Zusammenhang ist das Argument
von Louis de Bonald aus dem Jahre 1816, warum das Schei-
dungsrecht aus der Zeit der Französischen Revolution aufgehoben werden müßte, ein gutes Beispiel:

»So wie die politische Demokratie ›dem Volk, dem
schwachen Teil der politischen Gesellschaft, gestattet, sich
gegen die etablierte Macht aufzulehnen‹, so gestattet es die
Scheidung, ›die wahre häusliche Demokratie‹, der Frau,

›dem schwachen Teil, gegen die eheliche Autorität zu rebellieren‹ . . . ›um also den Staat vor den Händen des Volkes zu schützen, muß man die Familie vor den Händen der Ehefrau und Kindern schützen‹.«

De Bonald fängt mit einer Analogie an und stellt dann eine direkte Übereinstimmung zwischen der Scheidung und der Demokratie her. Zurückgreifend auf viele frühere Argumente über die wohlgeordnete Familie als die Grundlage für den wohlgeordneten Staat hat die Gesetzgebung, welche diese Ansichten schließlich umsetzte, die Grenzen der ehelichen Beziehungen neu definiert. Ähnliches beobachten wir in unserer eigenen Zeit, in der konservative politische Ideologen gern eine ganze Reihe von Gesetzen über die Organisation und das Verhalten in der Familie verabschieden wollen, mit dem Ziel, die vorherrschende Praxis zu ändern. Die Verbindung zwischen autoritären Regimes und der Kontrolle über die Frau wurde zwar schon festgestellt, aber noch nicht ausreichend untersucht. Ob nun während der entscheidenden Zeit der Jakobinerherrschaft in Frankreich, des Autoritätsanspruches Stalins, der Durchsetzung faschistischer Politik in Deutschland oder des Triumphs von Ayatollah Khomeini in Iran, immer haben die aufsteigenden Herrscher Dominanz, Stärke, zentrale Autorität und herrschende Macht als männlich legitimiert (Feinde, Außenseiter, Unterwanderer, Schwäche als weiblich), und sie haben diesen Kodex linear in Gesetze umgewandelt (in Verboten weiblicher Teilnahme an der Politik, im Abtreibungsverbot, in Verboten der Erwerbstätigkeit durch Mütter und in Kleiderordnungen für Frauen), Gesetze, die Frauen ihren Platz zuweisen. Diese Aktivitäten und ihre zeitliche Bestimmung allein ergeben nicht viel Sinn, in den meisten Fällen konnte der Staat weder einen sofortigen noch einen materiellen Nutzen daraus ziehen, daß er die Kontrolle über die Frauen hatte. Diese Maßnahmen kann man nur durch eine Analyse der Konstruktion und Konsolidierung von Macht verstehen. So fand ein Anspruch auf Kontrolle oder Stärke in der politischen Regelung von Frauen ihren Ausdruck. In diesen Beispielen wird der geschlechtliche Unterschied als Dominanz und Kontrolle über Frauen verstanden. Weiterhin werfen diese Beispiele ein gewisses Licht darauf, wie Machtbeziehungen in der modernen Geschichte konstruiert wurden, aber dieser bestimmte Typ der Beziehungen ist kein universelles politisches Thema. Auch die demokratischen Regimes des 20. Jahrhunderts haben, auf unterschiedliche Weise, ihre politischen Ideologien durch sozialgeschlechtlich bestimmte Konzepte erstellt und sie dann in Politik umgesetzt; z. B. demonstrierte der Wohlfahrtsstaat seinen schützenden Paternalismus in Gesetzen, die sich mit Frauen und Kindern beschäftigten. (58–61)

Diese Beispiele zeigen die expliziten Verbindungen zwischen dem sozialen Geschlecht und Macht, aber sie stellen nur einen Teil meiner Definition des sozialen Geschlechts als eine wesentliche Weise, Machtbeziehungen zu artikulieren, dar. Obwohl das soziale Geschlecht meist nicht in expliziter Form beachtet wird, ist es ein fundamentaler Teil der Organisation von Gleichberechtigung oder Ungleichheit in der Gesellschaft. (62)

Wenn also die Ausdrucksformen des sozialen Geschlechts und der Macht sich gegenseitig konstruieren, wie findet dann Veränderung statt? Eine allgemeine Antwort auf diese Frage wäre, daß Veränderungen an vielen Orten initiiert werden können. Große politische Erhebungen, die alte Ordnungen ins Chaos stürzen und neue gebären, können die Bedingungen (und somit die Organisation) des sozialen Geschlechts auf der Suche nach neuen Formen der Legitimierung revidieren. Aber dies muß nicht geschehen; so haben alte Vorstellungen des sozialen Geschlechts auch dazu gedient, neue Regimes zu bestätigen. Demographische Krisen, durch Hungersnot, Epidemien oder Kriege hervorgerufen, haben einerseits die normativen Ansichten über die heterosexuelle Ehe in Frage gestellt (dies geschah in einigen Ländern und Kreisen in den 20ern), andererseits haben sie jedoch auch eine pronatale Politik erzeugt, die auf die ausschließliche Bedeutung der Mutter- und Reproduktionspflichten der Frauen hinwiesen. Weiterhin können Wechsel im Muster der Beschäftigungslage und des Arbeitsmarktes zu Veränderungen in den Ehestrategien führen und zu neuen Möglichkeiten der Subjektkonstitution. Ein solcher Wechsel kann jedoch auch als neues Betätigungsfeld pflichtbewußter Töchter und Ehefrauen aufgefaßt werden. Das Entstehen neuer kultureller Symbole ermöglicht vielleicht eine neue Interpretation oder sogar das Neuschreiben der ödipalen Geschichte, aber dieses Drama könnte andererseits auch in noch schrecklicheren Farben bestätigt werden. Der Ausgang wird von politischen Prozessen bestimmt werden, politisch, weil verschiedene Akteure und verschiedene Bedeutungen miteinander um die Vorherrschaft ringen. Das Wesen dieser Prozesse, der Akteure und ihrer Handlungen kann nur im spezifischen lokalen und temporalen Kontext determiniert werden. Wenn wir die Geschichte dieser Prozesse schreiben wollen, so können wir das nur, indem wir erkennen, daß Mann und Frau gleichzeitig leere und übervolle Kategorien sind. Leer, weil sie keine endgültige transzendente Bedeutung haben. Übervoll, weil sie, selbst wenn sie festgeschrieben scheinen, noch alternative, abgeleugnete oder unterdrückte Definitionen enthalten.

Die politische Geschichte wird in einem gewissen Sinne auf dem Gebiet des sozialen Geschlechts in Szene gesetzt. Es scheint ein festes Gebiet zu sein, dessen Bedeutung jedoch umstritten und im Fluß ist. Daher müssen wir den Gegensatz zwischen Mann und Frau als etwas Problematisches und nicht als etwas Bekanntes behandeln, als etwas kontextuell Definiertes und wiederholt Konstruiertes. Dann werden wir bei Proklamationen und Diskussionen, die das soziale Geschlecht zur Erläuterung oder Rechtfertigung ihrer Positionen bemühen, nicht nur fragen, was eigentlich genau zur Debatte steht, sondern ferner, welche impliziten Auffassungen des sozialen Geschlechts dabei heraufbeschworen und neu verankert werden. [...]

Die Untersuchung dieser Fragen wird eine Geschichtsschreibung hervorbringen, die neue Perspektiven für alte Probleme bietet [...]. Dabei werden alte Fragen neu formuliert, indem z. B. Überlegungen zur Familie und Sexualität in das Studium der Ökonomie oder des Krieges miteingeführt werden. Frauen werden in geschichtlichen Prozessen als aktiv Beteiligte sichtbar. Diese Geschichtsschreibung wird auch eine analytische Distanz zwischen der scheinbar festgelegten Sprache der Vergangenheit und unserer eigenen Terminologie ermöglichen. Außerdem wird die neue Geschichte bisher unerforschte Möglichkeiten zum Nachdenken über moderne feministische politische Strategien und die (utopische) Zukunft eröffnen. Dabei muß das soziale Geschlecht in Verbindung mit einer Vision der politischen und sozialen Gleichstellung neu definiert und konstruiert werden, mit einer Vision, die nicht nur *Gender*, sondern auch Rasse und Klassenzugehörigkeit beinhaltet.   (63–66)

Einleitung

Literatur ist auf Medien angewiesen. Technische Medien ermöglichen die Aufzeichnung und Verbreitung literarischer Texte; Literatur ist daher seit ihren Anfängen auch Mediengeschichte. Literarische Texte können auf ihre ›Medialität‹ hin befragt werden. Die Medientheorie von Walter Benjamin bis Vilém Flusser legt den Akzent auf diese mediale Verfaßtheit von Literatur. Vier Fragen stehen im Zentrum ihrer Überlegungen:

1. Welchen Einfluß haben die technischen Medien auf die Literatur? Die Medientheorie verschiebt die Interpretationsperspektive. Untersucht werden nicht die Medien *in* der Literatur, sondern der Einfluß der Medien *auf* die Literatur, nicht die Stoff- oder Motivgeschichte, sondern die Veränderung von Struktur und Funktion literarischer Texte durch technische Medien.

2. Welche Stellung hat die Literatur im Medienverbund und wie verändert sie sich? Sind wir, wie Norbert Bolz feststellt, am Ende der Gutenberg-Galaxis angekommen und warten mit dem von ihm angenommenen Verschwinden des Buchs auch auf das der Literatur, oder eröffnen sich für die Literatur neue Möglichkeiten? Die Medientheorie stellt also die Literatur in den Zusammenhang umfassender kultureller Transformationen und weist ihr darin keinen Sonderstatus zu. Ihr Augenmerk gilt komplexen gesellschaftlichen Prozessen, die in der Veränderung der Medienlandschaft erkennbar werden. Die Medientheorie wird nach ihrer eige-

nen Einschätzung zu einer Grundlagenwissenschaft, die in den Schaltplänen des Medienverbunds die Kommunikationsregeln der Kultur zu dechiffrieren vermeint.

3. Welche Veränderungen der menschlichen Wahrnehmung ergeben sich durch die Erfindung der neuen Medien? Wenn Medien die Grundregeln für die Interpretation der Wirklichkeit bereitstellen, verändert eine neue Erfindung die gesamte Wahrnehmung der Kultur. Durch das Mikroskop und die Photographie wurden Dinge sichtbar, die vorher für den Menschen nicht wahrnehmbar waren. So konnten schnelle Bewegungen durch die Photographie in ihre einzelnen Momente zerlegt und analysiert werden. Die Medientheorie hat die Veränderung der Wahrnehmungsfelder und der menschlichen Verhaltensweisen zu bestimmen.

4. Welche Veränderungen ergeben sich, wenn literarische Texte in andere Medien (Film, Photoroman) übersetzt werden? Diese vermeintlich einfache Operation erfordert eine Neuorganisation des Materials und folgt bestimmten Regeln. Vor allem in der Tradition des französischen Strukturalismus sind zahlreiche Versuche unternommen worden, diese Übersetzung zeichentheoretisch zu analysieren.

Der französische Filmtheoretiker Christian Metz hat in den sechziger und siebziger Jahren durch seine Arbeiten einen wichtigen Beitrag zur semiologischen Analyse von Filmen und den Beziehungen zwischen Text- und Bildmedien geleistet. Seine in Fortsetzung des Strukturalismus stehenden Untersuchungen bestimmen den Film als eine komplexe Sprache, die bestimmten Regeln gehorcht. Metz beobachtet eine Orientierung der verschiedenen technischen Verfahren des Films am erzählenden abendfüllenden Kinofilm und rückt so das Kino in eine enge Beziehung zur Literatur und Erzählung. Film und Kino sind für ihn wesentlich durch ihre Technik der Erzählung geprägt, der auch die technischen Möglichkeiten untergeordnet sind. Für ihn stellt der Film kein abgeschlossenes Sprachsystem (*langue*) dar, sondern ist eine komplexe Sprache (*langage*), die immer durch eine Vielfalt unterschiedlicher Codes (Montage, Einstellung, Musik, Geräusche etc.) bestimmt ist.

Die Beziehungen zwischen Film und Literatur stehen bei Metz im Kontext der Analyse von Zeichensystemen. Für die Medientheorie, die deutlicher den Akzent auf die Mediengeschichte und die Wahrnehmungstheorie legt, stellt sich diese Beziehung durchaus spannungsvoller und widersprüchlicher dar. Waren die Beziehungen zwischen Literatur und technischen Medien im 19. Jahrhundert noch vor allem durch eine Abgrenzung und kritische Rezeption von seiten der Literatur geprägt, so wird die Erfindung des Films in der Literatur zu Beginn des 20. Jahrhunderts breit und häufig emphatisch rezipiert. Während sich der Realismus noch deutlich von einer photographischen Abspiegelung der Wirklichkeit distanzierte, finden die Überlegungen Musils in seinen Aufsätzen über den Filmtheoretiker Béla Balázs ihre Fortsetzung in Musils literarischen Texten. Auch bei Alfred Döblin und im Expressionismus findet die Rezeption des Films einen Widerhall in den literarischen Texten.

Walter Benjamins Aufsatz *Das Kunstwerk im Zeitalter seiner technischen Reproduzierbarkeit* von 1938, in dem Benjamin seine Aufmerksamkeit auf die Bedeutung der Medien für die Literatur richtet, formuliert exemplarisch erste Thesen zur Veränderung der Funktion und Stellung von Kunst durch die technischen Medien und die Reproduktionstechnik. Für Benjamin eröffneten die neuen technischen Medien und unter ihnen besonders der Film Möglichkeiten einer revolutionären Veränderung der Gesellschaft. Bereits bei Benjamin findet sich ein Grundzug der Medientheorie: Sie ist eine breit angelegte Kulturgeschichte und versteht Literatur als ein gesellschaftliches Phänomen unter anderen.

Kunstwerke sind immer schon reproduzierbar gewesen. Sie konnten manuell oder technisch kopiert werden; Gußformen, Matrizen und Druckstöcke gestatteten die Herstellung mehrerer Exemplare. Die technische Reproduzierbarkeit der Schrift durch die Erfindung des Buchdrucks führte zu einer fundamentalen Veränderung der Literatur selber. Für das 19. Jahrhundert diagnostizierte Benjamin einen radikalen Wandel der Beziehungen zwischen Kunst und Reproduktionsmedien. Die Reproduktionstechnik beeinflußt nicht nur die Struktur des Kunstwerks, sondern wird zu einer eigenen künstlerischen Verfahrensweise. Photographie und Film verändern, so Benjamin, Funktion und Stellung der Kunst in der Gesellschaft. Im Zeitalter der Reproduktion werden neue Wahrnehmungs- und Rezeptionsformen notwendig. Kurz, Reproduktionstechniken und die Erfindung der neuen Medien Photographie und Film organisieren den gesamten Bereich der Kunst und der Wahrnehmung neu. Für Benjamin waren die Charakteristika des Kunstwerks bis ins 19. Jahrhundert v. a. seine Echtheit und »Aura«. Kunstwerke erforderten die Distanz des Betrachters und wollten nicht konsumiert oder verschlungen, sondern, so Benjamin, in kontemplativer Haltung angeschaut werden. Durch die Reproduktion verlieren Kunstwerke den Schein ihrer Einzigartigkeit und Autonomie. Mit der Photographie verdrängt erstmals der Ausstellungswert des Kunstwerks und seine Aktualität den Kultwert; mit dem Film werden neue Wahrnehmungsformen eröffnet. Benjamins Aufsatz sieht im Aufkommen des Films einen entscheidenden kulturellen Wandel und eine Veränderungsmöglichkeit der gesamten Gesellschaft. Diese emphatische Rezeption des Films ist sehr problematisch und zudem durch die historische Entwicklung in weiten Teilen widerlegt. Für Benjamin dringt der Film, im Gegensatz zur notwendigen Distanznahme des Tafelbildes, in das Gewebe des Gegebenen ein, reißt Details aus dem Zusammenhang heraus und ermöglicht so eine höhere Analysierbarkeit des Dargestellten. Die Neutralität des Apparates gestattet auch einen neuen Blick auf vermeintlich Altbekanntes. Der Film fordert ein neues Verhalten zu Kunstwerken und produziert neue Rezeptionsformen, die von vornherein auf die Masse und nicht allein auf das Individuum zielen.

Diese emphatische Sicht der neuen Medien, die Siegfried Kracauer in seiner *Theorie des Films* (1960) noch teilt, indem er Photographie und Film als unmittelbare Aufzeichnung und somit Rettung der äußeren Wirklichkeit würdigt, findet mit Theodor W. Adorno einen entschiedenen und zugleich wirkungsgeschichtlich bedeutenden Kritiker. In der von Adorno und Horkheimer gemeinsam verfaßten *Dialektik der Aufklärung* (1947) verwandeln sich die Medien, die für Benjamin die Garanten der Aufklärung darstellten, in eine Unterwerfungsmaschine, die eine Anti-Aufklärung flächendeckend verbreitet. Medientheorie wird zu einer Theorie der Massenmedien und der Kulturindustrie. An die Stelle der Demokratisierung und des Eindringens der Wahrnehmung in unbekannte Bereiche treten der Massenbetrug und die Standardisierung des Blickes. Die Medientheorie gewinnt bei Adorno und Horkheimer nur im Kontext der Geschichtsphilosophie und Gesellschaftstheorie ihre Konturen. Kunst und Literatur sind für Adorno letzte Residuen eines Gegenentwurfes zu dem Verblendungszusammenhang der Unterwerfung der Natur in der kapitalistischen Gesellschaft. Einen Ausweg aus dieser Lage sahen Hans Magnus Enzensberger, Alexander Kluge und Umberto Eco in Form einer Art medialen Guerilla, die bestimmte strategisch wichtige Positionen besetzen sollte, um so die Massenmedien von innen zu verändern.

Für Vilém Flusser und Friedrich A. Kittler hat die Literatur ihren besonderen Status im Zusammenhang aller Medien verloren. Sie wird nunmehr auf eine Funktionsstelle im allgemeinen Medienverbund reduziert. Jetzt wird Medientheorie zu einer neuen Grundlagenwissenschaft, die Kulturgeschichte, Soziologie, Neurobiologie, Kybernetik und Technikentwicklung umfaßt und auf medientechnische Veränderungen zurückführt.

Vilém Flusser analysiert die gesamte Geschichte der Kultur aus der Perspektive der Veränderungen von Schrift- und Bildordnungen. Die Analyse der Medien zeigt grundsätzliche menschliche Verhaltensweisen und Wahrnehmungsformen auf, die für die Herausbildung aller Kategorien des Denkens und Erkennens notwendig sind. Für Flusser, der in den medialen Veränderungen den Schlüssel der menschlichen Kultur erkennt, entsteht auch die Konzeption der Geschichte erst durch die Veränderungen der Beziehungen zwischen Texten und Bildern. Aus dem Blickwinkel dieser kopernikanischen Wende in der Medientheorie ist die Menschheitsentwicklung für Flusser eine Geschichte der Abstraktion, der fortschreitenden Entfremdung des Menschen vom Konkreten. Medien eröffnen und verstellen die Welt zugleich. Sie stellen sich vor die Gegenstände, die sie vorstellen sollen. Das Ende der Geschichte, das Flusser in der Erfindung der Photographie erkennt, ist zugleich das Ende der Schrift. Die Bilder gewinnen wieder die Oberhand über die bis dahin die gesamte Kultur prägende Ordnung der Schrift, die im Computerzeitalter in Bildschirmen verschwinden wird. Die Schriftkultur dankt ab und überläßt ihren Platz dem ›computierenden‹ und kalkulierenden Denken. »*Nur noch Historiker und andere Spezialisten werden in Zukunft Schreiben und Lesen lernen.*« Die Computerunkundigen werden, so Flusser, die Analphabeten der Zukunft sein. Flussers Theorie leidet wie die meisten gegenwärtigen Medientheorien an einem diagnostischen Größenwahn, der alle Phänomene und die gesamte Menschheitsgeschichte auf medientechnische Veränderungen zurückführen will. Die Medientheorie, in ihrem Anspruch auf den Status einer neuen Grundlagenwissenschaft, entwirft im Zeitalter des Verschwindens der Meta-Erzählungen eine neue allgemeine und alles umfassende Theorie.

Während die Überlegungen Flussers eine anthropologische Fragestellung verfolgen, legt Friedrich A. Kittler den Akzent auf konkrete medientechnische Veränderungen in gesellschaftlichen Zusammenhängen. In seinem Buch *Auf-*

schreibesysteme 1800. 1900 (1982), das in *Grammophon, Film, Typewriter* (1986) medientheoretisch zugespitzt wird, unternimmt er den Brückenschlag zwischen Diskursanalyse, Medientheorie und Literaturwissenschaft. Aufschreibesysteme werden verstanden als ein »*Netzwerk von Techniken und Institutionen, die einer gegebenen Kultur die Entnahme, Speicherung und Verarbeitung relevanter Daten erlauben.*« Die Literatur ist nur ein Aufschreibesystem unter anderen und ist überhaupt nur durch ihre Einbindung in den Kontext gesellschaftlicher Strategien verstehbar. Sie hat ihre Vorrangstellung verloren und wird zu einer Funktionsstelle in diesem gesellschaftlich-diskursiven Zusammenhang, der wesentlich ein medialer ist. Gegen die hermeneutische Tradition, die nach Kittler im Zeitalter der Vorherrschaft des alphanumerischen Codes stehenbleibt und die veränderte Mediensituation verfehlt – zugleich aber auch von Kittler sehr schematisch dargestellt wird –, setzt er einen informationstheoretischen Materialismus, der die Literatur als Datenverarbeitung, -speicherung und -übertragung interpretiert. An die Stelle eines möglichen utopischen Entwurfs von Literatur treten Funktionen im Medienverbund, die der Literatur allein strategische Positionen zuweisen; an die der Vergewisserung des Sinnes die Materialität eines Verschaltungszusammenhanges. Medien ermöglichen Verstehen und stellen für Kittler das technische Apriori jeglichen Verstehens dar. Wenn aber die Medien die Voraussetzungen von Verstehen und Sinn sind, dann können, so Kittler, die Medien ihrerseits nicht verstanden, sondern nur analysiert werden. Es gibt kein Jenseits der Medien mehr. Medien sind das Apriori unseres Verstehens, unserer Wahrnehmung und unseres Denkens. So formuliert Kittler konsequent: »*Nur was schaltbar ist, ist überhaupt*«. Und weiter: »*Medien zu verstehen, ist eine Unmöglichkeit, weil gerade umgekehrt die jeweils herrschenden Nachrichtentechniken alles Verstehen fernsteuern und seine Illusionen hervorrufen.*« Eine derart zugespitzte Medientheorie hat die Beziehungen der Medien untereinander zum Gegenstand, macht aber zugleich ihre Analyse unmöglich. So oszilliert sie zwischen einer emphatischen Bejahung der medientechnischen Entwicklung und einem apokalyptischen Ton, der in der Mediengeschichte den Untergang der Kultur erblickt.

Das Studium der Texte und die Analyse ihrer Struktur und sprachlichen Organisation werden abgelöst durch die Rekonstruktion eines vermeintlichen Schaltplanes, der – obwohl er immer nur vorausgesetzt, nicht aber bestimmt werden kann – die einzelnen Medien miteinander verknüpft und in dem auch die Literatur ihre Bestimmung erfährt.

B. St.

Literatur

Bálasz, B.: Der sichtbare Mensch oder die Kultur des Films. In: B. B.: Schriften zum Film. Hrsg. von H. Diederichs / W. Gersch / M. K. Nagy. Bd. 1. München 1982. S. 43–143.

Benjamin, W.: Das Kunstwerk im Zeitalter seiner technischen Reproduzierbarkeit. Frankfurt a. M. 1988.

Bolz, N.: Am Ende der Gutenberg-Galaxis. München 1993.

Faulstich, W.: Grundwissen Medien. München 1994.

– Medientheorien. Göttingen 1991.

Flusser, V.: Ins Universum der technischen Bilder. Göttingen 1985.

Kittler, F. A.: Grammophon, Film, Typewriter. Berlin 1986.

Kracauer, S.: Theorie des Films. Frankfurt a. M. 1964.

McLuhan, M.: Die magischen Kanäle. Düsseldorf/Wien 1968.

Metz, Ch.: Sprache und Film. Frankfurt a. M. 1973.

Rötzer, F. (Hrsg.): Digitaler Schein. Frankfurt a. M. 1991.

Virilio, P.: Krieg und Kino. Logistik der Wahrnehmung. München 1986.

FRIEDRICH A. KITTLER

Vom Take Off der Operatoren

Nennen wir es die Sache von Literatur und damit auch von
Literaturwissenschaft, den Zusammenhang des Netzes, in
dem Alltagssprachen ihre Untertanen einfangen, überliefer-
bar zu machen. Und wem diese Bestimmung fremd klingt,
sei erstens daran erinnert, daß ohne nachrichtentechnische
Bestimmungen von Literatur und Literaturwissenschaft in
Bälde kaum mehr die Rede sein könnte. Zweitens und etwas philologischer sprach auch Goethes Erdgeist davon,
»der Gottheit lebendiges Kleid zu wirken«. Aber wie
Fausts Zusammenbruch beim theatralischen Erscheinen jenes Geistes schon zeigte, lassen sich solche Netze oder Ver-
weisungsganzheiten einer Alltagssprache nicht wieder selber einfangen. Damit alles sich zum Ganzen webt, sitzt auf
dem Webstuhl eine Deckelhaube. Hoffnungsvolle Theoretiker der Nachkriegszeit schöpften daraus – im Blick auf die
Drohung, die von den formalen Sprachen dieses Jahrhunderts auf den Geist und seine Wissenschaften ausgeht – das
schöne Theorem, Alltagssprachen seien ihre eigenen Meta-
sprachen und folglich unhintergehbar.

Es gibt aber durchaus Möglichkeiten, Ränder oder
Grenzen solcher Netze zur Gegebenheit zu bringen, ohne
sogleich auf die Seite der Formalisierung überzuwechseln
und damit alltagssprachliche Mitteilbarkeit selber zu op-
fern. Diese Annäherung an Grenzwerte der Sprache wird
um so nötiger, je konsistenter die modernen Nachrichtentechniken, durch Bildung von Medienverbundsystemen,
ihre ebenso geschlossenen wie verschlossenen Netze knüp-
fen. In Bälde dürfte die Versicherung, daß die Alltagssprache als ihre eigene Metasprache unhintergehbar sei,
wenig Trost in einer Lage mehr gewähren, wo das Gespräch, das wir nach Hölderlin und Gadamer miteinander

sind, für den faktischen Weltlauf oder Signalfluß überhaupt nichts besagt.

Neu und untröstlich allerdings scheint diese Lage nur unter der humanistischen Prämisse, daß die Sprache im Gespräch und das Gespräch in den Menschen aufgeht, die es führen. Dreht man die Prämisse nämlich zu Testzwecken um, dann hört das Verschwinden des Menschen nicht etwa bei der Sprache auf, sondern hat sich immer schon über Schriften und Medien unabsehbar fortgesetzt. Eine so unabsehbare Flucht, daß das neuzeitliche Basistheorem vom Menschen als Herrn der Sprache zweifelhaft wird.

Alles, was an der Schrift über den Rand von Alltagssprachen heraussteht, kann auf historisch variable Vektoren dieser Flucht gezogen werden. Was statthat, sind jeweils Prozesse des Abhebens, des Take off im amerikanisierten Deutsch von Peenemünde, also seitdem experimentell feststeht, daß ihnen keine Rückkehr oder Landung mehr folgen muß. [...]

Für diejenigen Take offs, die in der Schrift, aber auch bei der Schrift bleiben, hat Derrida schon Maßgebliches vorgelegt. Operationen, die sich schlichtweg nicht sprechen lassen, sind nach Derridas Analysen alle Ränder eines Textes: vom Titel über das Motto bis zur Fußnote. Als allgemeine Bedingung solcher Abstandnahmen, die auch dann immer mitgelesen werden muß, wenn nichts geschrieben steht, haben sich dabei die Anführungszeichen erwiesen. [...]

Derridas Dekonstruktionen operieren freilich selber in einem Bereich, wo unbefragterweise alle Operatoren der Schrift schon als typographische Optionen bereitstehen. Damit gelingt es seinen Analysen zwar, dem philosophischen Text Nietzsches standzuhalten, einfach weil Nietzsche selber als einziger Philologe unter den Philosophen den Anführungszeichen zum Rang einer Kategorie verholfen hat. Aber bei alteuropäischen Texten, die nicht einmal über das Spatium aller Strukturalisten, geschweige denn über metasprachliche Operatoren verfügten, droht ihre

ebenso anachronistische wie systematische Einführung die
Analyse in Überinterpretation zu verwandeln.

Vorsichtiger und methodischer wäre es, statt über alle
heute gegebenen Schriftoperatoren umstandslos zu verfügen, erst einmal ihre Archäologie zu beginnen und zu überprüfen, wann und wozu ein bestimmter Operator eingeführt worden ist, also auch, wann und weshalb es ihn nicht
gab.

Bleiben wir für den Anfang im alphabetischen Raum
ohne Zahlen und nehmen scholastische Kommentare aus
dem 13. Jahrhundert, denen der *Sentenzenkommentar* des
Petrus Lombardus die Aufgabe vorgeschrieben hatte, wieder und wieder zu erklären, welchen Sprechakt Jesus mit
den Einsetzungsworten des Abendmahls eigentlich vollzogen habe. Wo die Vulgata einfach und kommentarlos »Hoc
est corpus meum« schreiben konnte, mußten theologische
Kommentare also der Verweisungsstruktur dieser Rede
nachgehen und angeben können, ob die deiktische Wendung »hoc« auf das Brot Bezug nahm, so wie es vom Hosti-
enbäcker kam oder aber auf dasselbe Brot, wie die Rede selber es zum Leib Christi verwandelt hatte. Diese heikle
Frage führte in der *Summa aurea* des Wilhelm von Auxerre
zu einem heillos verderbten Latein: »Sed queritur, cum dici-
tur hoc est corpus meum, quid demonstret ibi hoc pronomen hoc.« – ›Es wird nun aber gefragt, worauf hier, wenn
es heißt, daß dies mein Leib ist, das Pronomen dies verweist.‹ Die Unmöglichkeit, mangels irgendwelcher Operatoren, die zwischen Benutzung und Erwähnung von Wörtern einen Unterschied hätten setzen können, gleichwohl
ein einzelnes Glied im zitierten Satz nicht etwa zu verwenden, sondern nur zu erwähnen, könnte kaum drastischer
werden. Und wahrscheinlich reduzierte sich der gleichzei-
tige Nominalismusstreit, ganz ohne philosophischen Tief-
gang, auf die Notwendigkeit, einer wesentlich kommentie-
renden Kultur die fehlenden Operatoren bereitzustellen.
Mit der nominalistischen Unterscheidung zwischen suppo-

sitio formalis und suppositio materialis, also zwischen Sachbezug von Wörtern und Wortbezug von Wörtern, wurde es möglich, den funktionellen Unterschied der beiden Sätze ›Engel haben ein Wesen‹ und ›Engel haben fünf Buchstaben‹ erstmals zu fassen.

Aber weil auch von den Gedanken oder Kategorien gilt, daß nichts ist, was nicht schaltbar ist, brauchte das nominalistische Messer zwischen den beiden Wortbezugsweisen einen anschreibbaren Operator, den es im ganzen klassischen Latein weder gegeben hatte noch auch hatte geben können. Als zum Beispiel Richard Fishacre das eucharistische Problem von Brot und Wein, Dies und Das in seinem *Sentenzenkommentar* wieder aufnahm, stand vor dem »hoc«, das Wilhelm von Auxerre nur als »hoc pronomen hoc« hatte bezeichnen können, plötzlich eine ebenso unscheinbare wie unsinnige Buchstabenfolge, die aber Wilhelms ganzes Formulierungsproblem aus der Welt schaffte: »Sicut hic diceretur, quod li hoc non est demonstrativum, sed stat materialiter.« Auf deutsch: ›So würde hier gesagt, daß das Dies nicht demonstrativ ist, sondern eine suppositio materialis [nämlich auf seinen eigenen Wortkörper] vollzieht.‹

Dazu bemerkt die Dogmengeschichte, der die eben gegebenen Beispiele entnommen sind, in großer Unschuld:

Wer sich mit der Scholastik beschäftigt, dem begegnet zur rechten Zeit das Wörtchen *ly*, das den dem klassischen Latein unbekannten Artikel ersetzt. [...] Im ganzen 12. Jahrhundert begegnet man diesem *ly* noch nicht. [...] Von der Straße in Paris ist also der Artikel *li* in den theologischen Hörsaal gekommen und hat sich so zu behaupten verstanden, daß er über das lombardische *lo* den Sieg davontrug. Freilich war ja auch Paris für die Zeit, in der er sich einbürgerte, von so überragender Bedeutung und damit auch von einem solchen Einfluß auf die Technik des Schulbetriebes, daß dies nicht weiter verwunderlich ist.

In Wahrheit bleibt nichts verwunderlicher als die Zulassung eines einzigen vulgärsprachlichen Operators in die mittellateinische Theologenfachsprache und nichts untertreibender, als ihn zum bloßen altfranzösischen Artikel zu erklären, den die überlieferten Texte dieser Vulgärsprache ja schwerlich vor Pronomina oder Präpositionen aufweisen. Als bestimmter Artikel hätte das *ly* nur eine den griechischen Philosophen vertraute, im Latein jedoch verlorene Möglichkeit wiedergebracht, durch die Substantivierung von Verben, Präpositionen und anderen Wortklassen beliebig viele Kategorien zu bilden, bei Aristoteles etwa das Wo, das Worumwillen usw. Richard Fishacre oder auch Thomas von Aquin, dessen Summen den Gebrauch von *ly* wohl am wirksamsten propagiert haben, redeten aber gar nicht von einer Kategorie Dieses, sondern vom Funktionieren des Wortes selbst. [...] Während Begriffe im Griechischen und deshalb auch Kategorien bei Aristoteles ihre jeweilige Referenz sozusagen automatisch dem Bezugsfeld anschmiegten, das gerade in Rede stand, also gleichermaßen von der Welt wie vom λόγος dieser Welt handeln konnten, traten Sachbezug und Sprachbezug von Diskursen in der Scholastik schon darum auseinander, weil nach einer These Johannes Lohmanns die Texte vulgärsprachlich konzipiert und lateinisch geschrieben wurden. Daß der Operator *ly* aus einer Vulgärsprache stammte und dem Mittellatein aufgepfropft werden mußte, ist schon ein Symptom dieses Take-off, das Sprachen zwar noch nicht technisch, aber doch begrifflich manipulierbar machte. Mit anderen Worten, das *ly* trat an exakt dieselben Stellen, wo nach Erfindung des Buchdrucks, also auch von Titeln, Registern und Wortadressen im allgemeinen, unsere Anführungszeichen zum Einsatz gekommen wären, unter Bedingungen mittelalterlicher Handschriftlichkeit jedoch eine typographische Leerstelle klaffte.

Und wahrscheinlich ist es nur die unausrottbare Vertrautheit, mit der Leser Bücher ansehen, die sie gleichzeitig daran hindert, die Erfindung der Zitierbarkeit einzelner Satzglie-

der im 13. Jahrhundert als historische Zäsur wahrzunehmen. »Wie diese Seite hier«, hieß es in Enzensbergers Gu-
tenberg-Gedicht, »tausend andern Seiten gleicht, und wie
schwer es ist, sich darüber zu wundern!« Deshalb kann erst
bei Operatoren, die nicht in jedem Setzerkasten standardi-
siert bereitliegen, weil sie nicht zur alphanumerischen
Grundausstattung von Schulkindern oder mittlerweile auch
von Textverarbeitungsprogrammen gehören, plausibel gemacht werden, daß sie, mehr als jede Schlacht oder Pest-
epidemie, Geschichte gemacht haben. Wer, laut Lacan, an
der Beziehung rührt, die Menschen zum Signifikanten un-
terhalten, verändert die Vertäuung ihres Seins – und zwar
auch und gerade dann, wenn die neu eingeführten Operatoren nur eine Elite oder im Grenzfall nurmehr Maschinen
lesbar sind. Gegenüber dem Take off numerischer oder gar
algebraischer Zeichen ist das des Alphabets immer nur Vor-
spiel.

Es gab im Griechischen offenbar keine Möglichkeit, den
Satz »zwei und zwei ist vier« anders zu schreiben, als man
ihn sprechen würde. Der Operator Plus fiel mit dem all-
tagssprachlichen Und zusammen, was nur so lange schön
und gut war, wie niemand Additionsbefehle, die üblicher-
weise auch ›im Kopf‹ (was immer das sein mag) ausführbar
sind, um Faltungs- oder Korrelationsbefehle erweitern
wollte. [...] Erst Johann Widmanns *Behende und hübsche
Rechnung für alle Kaufmannschaft* von 1489 benutzte die
zwei Operatoren Kreuz und waagerechter Strich als ausdrückliche Umkehrfunktionen. Wobei Widmann allerdings
offenbar noch Anlaß fand, seinen Lesern eine eben noch
sprechbare Übersetzung in ihre kaufmännischen Alltagssprachen mit auf den Weg zu geben: »Was – ist das ist mi-
nus vnd das + das ist mer.« Wenn aber diese Übersetzung
erst einmal wieder vergessen werden konnte, ließen sich
Zahlenkolonnen diesseits allen Sprechens manipulieren. Es
wurde historisch gleichgültig, ob Widmanns Pluszeichen
vom lateinischen *et* und sein noch immer unerklärtes Mi-

nuszeichen vielleicht doch von demjenigen Diophants abstammten, einfach weil die zwei Operatoren fortan ihre stumme Effizienz beweisen konnten. Der Novaliswunsch, daß »nicht mehr Zahlen und Figuren die Weltgeschichten regieren«, kam schon im Augenblick seiner Formulierung zu spät.

Das eigentliche Take off der Operatoren aber findet erst statt, wenn Operatoren aus Operatoren entspringen, als wäre eine Lawine ausgelöst worden. Ganz wie Widmanns Neuerungen war der Import der arabischen Null im 13. Jahrhundert, das ja nicht nur die Zitierbarkeit von Einzelwörtern einführte, wohl kaum nach Plan erfolgt. Ohne daß Philosophen Alarmzeichen überhaupt hätten sehen können, revolutionierten kleine unschuldige Zeichen den Betrieb von Banken und Faktoreien. Trotzdem oder deshalb bauten die algebraischen Operatoren der Frühneuzeit, spätestens nach Vietas kryptographischem Kunstgriff, für unbekannte Zahlen die Buchstaben des wohlbekannten Alphabets einzusetzen, ein vom Sprechen abgelöstes und insofern konsistentes System auf, das nur noch rückgekoppelt zu werden brauchte, um endlich auch Operationen über Operatoren zu erlauben.

Es war Leibniz, der diesen wichtigsten aller Schritte tat. So wie er mit seinem Vorschlag alphabetischer Bibliothekskataloge aus Gutenbergs Erfindung die Konsequenz zog, hat Leibniz auch fast alle Konsequenzen aus der historischen Zufälligkeit von Zeichen wie der Null gezogen. Seine Korrespondenzen mit allen wichtigen Mathematikern der Zeit – von den beiden Bernoullis über Huygens und L'Hospital bis zu Tschirnhausen – forderten alle Kollegen nicht nur auf, für neue Operationen neue Operatoren einzuführen, sondern diese Neuerungen »im Interesse der Gelehrtenrepublik«, wie Leibniz schrieb, auch untereinander abzustimmen. Und als Tschirnhausen erwiderte, daß neue Terminologie und neue Symbole die Wissenschaft weniger verständlich machen würden, schrieb Leibniz zurück, diesen Einwand hätte man auch schon bei Ersetzung der römischen Ziffern durch die arabischen Zahlen oder bei Einführung der Null machen können. Mit anderen Worten: von der Kontingenz ihrer eigenen Operatoren lernte es die Mathematik eines Leibniz, ihnen ihre Macht abzulernen. Nie zuvor hatte jemand den systematischen Versuch gestartet, weder Dinge noch Worte noch Menschen, sondern nackte und stumme Zeichen zu manipulieren. (149–156)

Im Sommer 1891 plante Conrad Ferdinand Meyer eine Novelle über einen frühmittelalterlichen Mönch, der seine Karriere als Kopist von frommen Pergamenten beginnt und als Fälscher von ebenso juristisch wie ökonomisch relevanten Pergamenten beschließt. Pseudo-Isidor entdeckt beim Abschreiben, »welche wunderbare Macht in diesen Strichen und Zahlen liegt! Mit einem kleinen Punkte, mit einem leisen Striche ändere ich diese Zahl, und damit ändere ich in weiten Bezirken die Verhältnisse des Besitzes und der Gewalt.«« Über diesem Betrug, den er allmählich gar nicht mehr wahrnimmt, sollte Meyers Novellenheld am Ende wahnsinnig werden. Nur leider ist statt eines Fragment gebliebenen Mönchs der Schreiber selber über seiner Novelle im Irrenhaus Königsfelden gelandet.

Und das womöglich nicht ohne Grund. Das Unternehmen, am historischen Ende des Buchmonopols, nämlich im Zeitalter von Telegraph und Telephon, die wunderbare Macht mathematischer Zeichen und Striche auf mittelalterliche Chirographie rückdatieren zu wollen, war perfekte Verkennung eben jenes Buchdrucks, der diese Macht für Mathematiker wie für Schriftsteller erst gesetzt hatte.

Nur hauste diese Verkennung in Europas heiligsten Begriffen. Leibniz bemaß die Operatoren, von denen er mehr als jeder andere erfand, selbstredend an einer Wahrheit, deren Gegensatz dann zwischen Falschheit und Fälschung oszillieren konnte. Zeichen, schrieb er an Tschirnhausen, sollten das Wesen einer Sache ebenso genau wie knapp repräsentieren, ja sozusagen malen. Aber auch noch Gauß erschrak vor seiner eigenen Einsicht, wonach es »der Character der Mathematik der neueren Zeit (im Gegensatz gegen das Alterthum)« sei, »daß wir durch unsere Zeichensprache und Namengebungen einen Hebel besitzen, wodurch die verwickeltsten Argumentationen auf einen gewissen Mechanismus reducirt werden«. In guter goethezeitlicher Gesellschaft warnte Gauß davor, »jenen Hebel nur mechanisch anzuwenden«, und forderte statt dessen »bei allen Begriffsverwendungen« ein »Bewußtsein« »der ursprünglichen Bedingungen«.

Der Sache nach waren all die Reden von Wesen oder Bewußtsein bloß ein Druck der Philosophie auf die Operatoren, ein Druck, den erst mathematische Zeitgenossen Meyers aus der Welt schafften. Augustus de Morgan schrieb 1849 über Eulers Symbol i, das bekanntlich den (imaginären) Quadratwurzelwert von -1 bezeichnet, seine ganze immer wieder beklagte »Unmöglichkeit« falle dahin, »sobald man es nur gewohnt wird, Symbole und Kombinationsgesetze zu akzeptieren, ohne ihnen irgend eine Bedeutung zu geben«. Einfach weil mechanisches Ausrechnen auch bei komplexen Gleichungen zu überprüfbaren Ergebnissen führe, könne und dürfe die Mathematik ihre Operatoren zu allen möglichen Experimenten gebrauchen. Mit diesem ausdrücklichen Abschied von Bedeutungen, also der letzten verbliebenen Gemeinschaft mit Alltagssprachen, startete eine symbolische Logik, die als Experimentieren im technischsten Wortsinn auch von de Morgan selber Abschied nehmen und das heißt in Siliziumschaltkreise einziehen konnte. [...]

Um dieses endgültige Take off zu starten, mußten Turing und John von Neumann nur noch eine winzige, aber heilige Differenz beseitigen, die noch zu Zeiten de Morgans oder Babbages unverbrüchliche Geltung genoß: die Differenz zwischen Daten und Adressen, Operanden und Operatoren. Als Babbage 1830 eine erste universale Rechenmaschine entwarf, schauderte ihm bei dem Gedanken, seiner

Maschine die gewünschten Operationen oder Befehle im selben Lochkartenformat einzugeben, das er schon für beliebige Zahlenwerte vorgesehen hatte. Von-Neumann-Maschinen dagegen schreiben Befehle und Daten im selben Format in denselben ununterschiedenen Speicher; das ist ihre Dummheit und Kraft.

Das Take off der Operatoren durchläuft also keinen weltgeschichtlichen Bildungsgang, der immer höherstufige Abstraktionen zeitigen würde. Im Gegenteil, die Unterscheidung zwischen Gebrauch und Erwähnung, Wortgeltung und Zitat, wie das *ly* des 13. Jahrhunderts sie einführte, kann und muß wieder implodieren, um Operatoren so universal zu machen, daß sie auch über Operatoren operieren. Eine Zahl mit dem Binärwert des Additionszeichens selber zu addieren, ist in Von-Neumann-Maschinen überhaupt kein Problem, sondern ein – zumindest nach Maßstäben der Alltagssprache – immer lauernder Adressierfehler der Programmierung. Nur daß eben niemand in einer Alltagssprache sagen kann, ob solche Fehler jenseits der Menschen nicht doch Programme in die Welt setzen, die effektiv und ohne Systemabsturz weiterlaufen. Weshalb Alan Turing, kaum daß er die ersten Computer zum Laufen gebracht hatte, das Orakel ausgab, wir sollten uns schon jetzt auf das Take over der Maschinen einstellen.   (157–160)

VILÉM FLUSSER

Eine neue Einbildungskraft

Die eigenartige Fähigkeit des Menschen, für sich selbst und für andere Menschen Bilder zu machen, ist mindestens seit Platon eins der Themen der philosophischen und theologischen Überlegungen gewesen. Diese Fähigkeit scheint tatsächlich uns Menschen eigen zu sein, denn keine uns vorangegangene Art scheint etwas hergestellt zu haben, das man mit den Bildern an den Höhlenwänden etwa der Dordogne vergleichen könnte. In der oben erwähnten Tradition wird über diese Fähigkeit unter dem Namen »Imagination« oder »Einbildungskraft« zumeist spekulativ nachgedacht: sie wird dort zumeist als eine Gegebenheit, als eine Tatsache verstanden. Es wird vorausgesetzt, daß es so etwas wie »Einbildungskraft« tatsächlich gibt, und dann wird versucht, sich damit auseinanderzusetzen. Seit Husserl haben wir gelernt, derartige Voraussetzungen auszuklammern und das Phänomen selbst zu Worte kommen zu lassen. Tun wir dies in diesem Fall, dann erscheint die Einbildungskraft als eine komplexe, absichtsvolle (»intentionelle«) Geste, mit welcher sich der Mensch zu seiner Lebenswelt einstellt. Betrachtet man nun diese Geste etwas genauer, dann stellt man fest, daß die Bilder ihr Entstehen nicht einer einzigen Geste, sondern zwei einander geradezu entgegengesetzten Gesten verdanken. Die philosophische und theologische Tradition bedenkt ausschließlich eine dieser beiden Gesten, und dies aus einem guten Grund: die zweite Geste des Bildermachens ist erst in der jüngsten Vergangenheit tunlich geworden. Es scheint daher geboten, diese beiden Gesten so genau wie möglich voneinander zu unterscheiden, diese beiden »Einbildungskräfte« einander gegenüberzustellen, wenn es darum geht, den gegenwärtigen kulturellen Um-

bruch zu erfassen. Wenn es darum geht, die neue Art, in der
Welt zu sein, einzusehen.

Zuerst sei die erste bildermachende Geste betrachtet. Als
Beispiel dafür kann das Bild des Ponys an der Höhlenwand
von Pêche-Merle dienen. Wenn man versucht, die Geste
solch eines frühen Bildermachers nachzuvollziehen, dann
wird man etwa das Folgende sagen: Er ist von einem Pony
zurückgetreten, hat es sich angeschaut, hat dann das derart
flüchtig Ersehene an der Felswand festgehalten, und zwar
so, daß andere es wiedererkennen können. Die Absicht dieser komplexen Geste mag gewesen sein, die festgehaltene
Sicht als ein Modell für ein späteres Behandeln des Ersehenen (etwa für Ponyjagd) zu verwenden. Jede Phase dieser
Geste muß genauer ins Auge gefaßt werden.

Die grundsätzliche Frage ist, wohin man vom Pony zu-
rücktritt. Man könnte meinen, es genüge, einige Schritte zurück vom Pony zu machen und in einen etwas davon ent-
fernteren Ort (zum Beispiel auf einen Hügel) zu treten. Wir
wissen jedoch aus Erfahrung, daß diese Schilderung nicht
völlig zutrifft. Um sich ein Bild vom Pony zu machen, muß
man sich zugleich auch irgendwie in sich selbst zurückziehn.
(Das wäre eine unglaubwürdige Behauptung, wenn wir davon eben nicht eigene Erfahrung hätten.) Dieser seltsame
Un-ort, in den man dabei tritt und aus dem hinaus man sich
Bilder macht, ist in dieser Tradition mit Namen wie »Subjektivität« oder »Existenz« bezeichnet worden. Etwa so:
»Einbildungskraft« ist die eigenartige Fähigkeit, von der gegenständlichen Welt in die eigene Subjektivität zurückzutre-
ten, Subjekt einer objektiven Welt zu werden. Oder etwa
so: sie ist die eigenartige Fähigkeit, zu ek-sistieren, anstatt
zu in-sistieren. Jedenfalls: diese Geste beginnt mit einer Bewegung der Abstraktion, des Sich-Herausziehns, des Rück-
zugs.

Der so gewonnene Standpunkt ist ungemütlich. Es hat
sich nämlich zwischen ihm und der objektiven Welt ein Ab-

grund der Entfremdung geöffnet. Unsere Arme sind nicht lang genug, um diesen Abgrund zwischen uns als Subjekten und der gegenständlichen Welt zu überbrücken. Die Gegenstände sind nicht mehr greifbar und daher, im strikten Sinn dieses Wortes, nicht mehr »gegenständlich«. Sondern sie sind jetzt nur noch »phänomenal«, sie erscheinen nur noch, sie sind nur noch ersichtlich. Ein solcher Standpunkt ist ungemütlich, denn er macht uns an der Gegenständlichkeit dieser nur noch erscheinenden, nicht mehr manifesten Welt zweifeln. Aber er bietet einen Vorteil: jetzt, wo wir nicht mehr gegen die Sachen stoßen, können wir sie überblicken, sie in ihrem Kontext sehn, wir können Sachverhalte ersehen. Jetzt, wo wir nicht mehr gegen einen Baum nach dem anderen stoßen, können wir den Wald sehn. Und das ist gerade die Absicht bei dieser abstrahierenden Geste: Sachverhalte zu ersehen, sie festzuhalten und als Modelle für späteres Behandeln der Sachen zu verwenden. Um Ponys besser jagen zu können. Es geht um ein »reculer pour mieux sauter«: solche Bilder sind festgehaltene Ansichten auf Sachverhalte, und sie sollen als Orientierungstafeln für ein späteres Behandeln der Sachen dienen. [...]

[...] der eben geschilderte abstrahierende Rückschritt vom Gegenstand [...] genügt [nicht], um Bilder zu machen. »Einbildungskraft« allein genügt nicht für das Bildermachen. Das Ersehene (der Sachverhalt) muß festgehalten und für andere zugänglich werden. Es muß in Symbole umkodiert werden, dieser Code muß in ein Gedächtnis (etwa eine Felswand) gefüttert werden, und der Code muß von anderen entschlüsselt werden können. Anders gesagt: das privat Ersehene muß publiziert, das subjektiv Ersehene muß intersubjektiviert werden. (115–117)

Die Tradition (nicht nur die philosophische, sondern vor allem die vom Judentum befruchtete theologische) hat gegen diese eben geschilderte Art von Bildermachen gewichtige Einsprüche erhoben. Sie können in folgender Form zusammengefaßt werden: Derart hergestellte Bilder sind keine vertrauenswürdige Orientierungstafeln. (Und da die Tradition keine andere Herstellungsart kennt, führen diese Einsprüche zu Bilderverboten.) Bringt man diese Einsprüche in eine aktuellere Terminologie, dann lassen sie sich zu drei Hauptargumenten gruppieren. Erstens: Der Standpunkt, von dem aus eingebildet wird, ist ontologisch und epistemologisch zweifelhaft (er läßt an der Gegenständlichkeit des Ersehenen zweifeln). Zweitens: Die Bildercodes sind notwendigerweise konnotativ (sie erlauben widersprüchliche Interpretationen), und daher ist den Bildern als Verhaltensmodellen kein Vertrauen zu schenken. Drittens: Bilder sind Mediationen zwischen dem Subjekt und der objektiven Welt und als solche einer inneren Dialektik unterworfen: sie stellen sich vor die Gegenstände, die sie vorstellen sollen. [...]

Bilder (wie alle Mediation überhaupt) haben die Tendenz, den Weg zu dem durch sie Vermittelten zu versperren. Dadurch stülpt sich ihre ontologische Stellung um: aus Wegweisern werden sie zu Hindernissen. Die Folge ist eine verderbliche Kehrtwende (»voltace«) des Menschen in bezug auf die Bilder. Anstatt den in den Bildern ersichtlichen Sachverhalt als ein Modell für eine Orientierung in der gegenständlichen Welt zu verwenden, beginnt der Mensch, seine konkrete Erfahrung mit der gegenständlichen Welt für eine Orientierung in den Bildern zu verwenden. Und anstatt die gegenständliche Welt aufgrund der Bilder zu behandeln, beginnt er, die Bilder aufgrund der Erfahrung mit der gegenständlichen Welt zu behandeln. Diese Kehrtwende des Menschen heißt »Idolatrie«, und die daraus folgende Handlungsweise heißt »magisch«. Bilder sind zu verbieten, weil sie notwendigerweise den Menschen entfremden, in den Wahnsinn der Idolatrie und der magischen Handlung treiben.

Nun kann aber, angesichts dieser drei Argumente (und vor allem des dritten), ein Standpunkt vertreten werden, der das Bilderverbot vermeidet. Man kann nämlich das Folgende sagen: Es ist nun einmal so, daß man sich in der Welt nicht orientieren kann, ohne sich vorher davon ein Bild gemacht zu haben (Einbildungskraft ist für das Begreifen und Behandeln der Welt unerläßlich). Aber die Argumente gegen die Bilder sind richtig. Daher ist es zwar nicht angebracht, das Bildermachen zu verbieten, wohl aber, die dann hergestellten Bilder einer Kritik zu unterwerfen. Eine solche Kritik soll den ontologisch und epistemologisch zweifelhaften Standort der Einbildungskraft aufklären (Argument 1), sie soll die Bildercodes in denotative umkodieren (Argument 2), und sie soll die Bilder für das durch sie Vorgestellte durchsichtig machen (Argument 3). Um dies tun zu können, muß eine solche Kritik von den Bildern Abstand nehmen (einen weiteren Schritt zurück von der gegenständlichen Welt leisten).

Der eben umrissene Standpunkt ist tatsächlich seit mindestens dreieinhalbtausend Jahren im Westen eingenommen worden. Die westliche Kultur kann, als ein Ganzes, als der fortschreitende Versuch angesehen werden, die Einbildungskraft aufzuklären (die Bilder zu erklären). Um dies zu tun, wurde die lineare Schrift erfunden. Sie ist ein Code, welcher erlaubt, die Bildercodes zu denotieren, dadurch den Standort der Einbildungskraft zu klären und die Bilder für die gegenständliche Welt wieder durchsichtig zu machen. Daß dies so ist, machen die ersten Mesopotamischen Schrifttafeln ziemlich deutlich. Dort nämlich wird die Absicht hinter der Geste des linearen Schreibens ersichtlich. Einzelne Bildelemente (Pixels) werden dabei aus der Bildfläche gerissen, um als Piktogramme zu Reihen geordnet zu werden. Die Absicht dabei ist, die zweidimensionalen Bilder in eindimensionale Zeilen umzukodieren, sie einer aufzählenden (erzählenden) Kritik zu unterwerfen. Diese ikonoklastische Absicht hinter der linear schreibenden Geste wird beim Alphabet noch deutlicher als bei Piktogrammen. Dort nämlich wird die bilderbeschreibende Kritik nicht nur erzählend, sondern auch besprechend.

Die aufklärerische Absicht hinter dem linearen Schreiben (so wie sie zum Beispiel in den griechischen Epen und den jüdischen Propheten und von daher in Philosophie und Theologie beobachtet werden kann) belegt, daß hier eine – im Vergleich zur bilderzeugenden – abstraktere Denkebene erreicht wurde: eine eindimensionale (diskursive). Von dort aus wird die gegenständliche Welt nicht mehr als ein Kontext von Sachverhalten, sondern sie wird als ein Bündel von Prozessen verstanden. Die Schriftregeln sind ziemlich klar und deutlich und die Schriftzeichen ziemlich denotativ, so daß die gegenständliche Welt, als Bündel von Prozessen, ziemlich methodisch behandelbar wird: nämlich wissenschaftlich und technisch. Im Grunde geht es dabei darum, die Bilder kausal und logisch zu erklären, um durch die so durchsichtig gewordenen Bilder die Welt methodisch behandeln zu können.

Es hat sich jedoch herausgestellt, daß eine Bilderkritik dank linearer Schrift nicht radikal genug ist. Daß nämlich die linearen Schriftregeln (also vor allem kausale Erklärungen und logische Denkprozesse) nicht immer als Modelle für eine methodische Weltbehandlung angewandt werden können. Diese »Krise der Wissenschaft« (diese Wissenschaftskritik, die ja im Grunde genommen eine Kritik an der Aufklärung ist) beginnt nicht erst mit Hume und Kant, sondern sie begleitet, »sotto voce«, den ganzen Diskurs des Westens. Aus der Sicht der hier vorgeschlagenen Überlegungen zur Einbildungskraft kann diese Kritik an der Kritik der Bilder so formuliert werden: Die linear schreibende Geste reißt zwar die einzelnen Pixels aus der Bildfläche, aber sie fädelt dann die derart aus dem Bild herausgelesenen Punkte (Bits) zu Zeilen. Diese fädelnde Phase der schreibenden Geste verneint ihre kritische Absicht, da sie ja die lineare Struktur unkritisch akzeptiert. Es geht hier wahrscheinlich um ein unkritisch hingenommenes uraltes Kulturem: Muscheln wurden schon immer zu Ketten gefädelt. Will man die Bilder radikal kritisieren, dann muß man sie analysieren. Und das heißt: die herausgerissenen Bits formal prozessieren, anstatt sie nach vorausgesetzten linearen Strukturen zu ordnen. Man muß sie »kalkulieren«. Erst eine durchkalkulierte Einbildungskraft kann als erklärt gelten.

Ein für ein derartiges Analysieren geeigneter Code, nämlich der numerische, steht seit langer Zeit zur Verfügung. Und tatsächlich ist er, seit langer Zeit, dem alphabetischen Code einverleibt worden, wohl, weil man sich der ungenügend radikalen Bilderkritik seitens des alphabetischen Schreibens, mindestens von der Praxis her, schon längst bewußt war. Es geht jedoch, bei diesem Einverleiben, um das Einführen eines Fremdkörpers in die Zeile. Der alphanumerische Code ist innerlich widerspruchsvoll. Weil nämlich die Geste des numerischen Notierens eine ganz andere Bewegung ist als jene des linearen Schreibens. Es ist nicht eine gleitende, sondern eine klaubende Geste. Die phänomenale »Schau« zeigt diese Geste als die eines Prozessierens von nulldimensionalen Elementen, von »Körnern«. Es kommt dabei eine andere Absicht (Intention) als im schreibenden Duktus zum Ausdruck, nämlich eben eine analytische, zersetzende und auseinandersetzende Absicht. Dabei hat das Denken eine weitere, nicht mehr zu überbietende Abstraktionshöhe erklommen. Es ist aus der Lebenswelt ins Nichts (in durch Intervalle voneinander getrennte nulldimensionale Punktelemente) getreten. Um von dort aus (das heißt: von nirgendwo) zuerst die Prozesse, dann die Sachverhalte und schließlich die gegenständliche Welt zu analysieren.

Solange der numerische Code im alphabetischen verfangen blieb (das heißt: beinahe die ganze westliche Geschichte hindurch), war es seine denotative Gewalt (die Klarheit und Distinktion seiner Symbole), welche seltsamerweise scheinbar unüberbrückbare Schwierigkeiten bereitete. Wenn man nämlich ein Bild (oder was auch immer) analysiert, dann zerlegt man es in Punktelemente, zwischen denen Intervalle klaffen, und durch diese Intervalle hindurch muß das Analysierte entschlüpfen. Der numerische Code ist »leer«, und ein sich in ihm verschlüsselndes Denken (etwa die »clara et distincta perceptio«) muß notwendigerweise das Bedachte aus seinem Griff verlieren. [...]

Jüngst jedoch hat sich diese Lage radikal verändert. Der numerische Code ist aus dem alphabetischen ausgebrochen, hat sich somit vom Zwang zur Linearität befreit und ist von Zahlen zu Digitalen übergegangen. Dadurch sind alle bisher für notwendig gehaltenen Kunstgriffe wie der des Differentialkalküls überflüssig geworden: man kann jetzt mit Fingern kalkulieren, allerdings mit übermenschlich schnellen: automatischen Rechenmaschinen. Der Umbruch im Denken (und im Handeln), der dadurch entstand, ist immer noch nicht voll abzusehen. Aus der Sicht der hier vorgeschlagenen Überlegungen: die Bilder sind, dank der jetzt möglichen Schnelligkeit des Fingerzählens, praktisch völlig durchanalysierbar geworden, und somit sind alle von der philosophischen und theologischen Tradition gegen die Bilder erhobenen Einwände gegenstandslos geworden. Wir können jetzt, aus unserer Einbildungskraft, in eine nicht mehr zu überbietende Abstraktion zurückschreiten, um von dort aus, durch die derart überholte Einbildungskraft hindurch, die Gegenstände zu behandeln. Wir können endlich methodisch und richtig Ponys jagen.

Der Rückzug des numerischen Codes aus dem alphabetischen (und damit des kalkulierenden aus dem linear historischen Denken) hatte jedoch eine von der Tradition nicht vorausgesehene Folge: er ermöglichte eine neue, der alten intentionell entgegengerichtete Geste des Bildermachens. Eine neue, der alten entgegengesetzte Einbildungskraft ist entstanden, und Bilder resultieren daraus, gegen die die Einwände der Philosophie und Theologie nicht erhoben werden können. Läßt man diese neue Geste des Bildermachens phänomenologisch zu Wort kommen, dann zeigt sie sich als eine Geste des Zusammenklaubens von Punktelementen (von Kalkuliertem) zu Bildern. Sie zeigt sich als ein Kom-putieren. [...]

Es ist eine konkretisierende Geste: sie sammelt nulldimensionale Elemente, um sie, über die dazwischen klaffenden Intervalle hinweg, in eine Fläche zu raffen. Darin unterscheidet sich diese Geste von jener anderen bildermachenden, von der bisher gesprochen wurde: sie ist nicht abstrahierend, rückschreitend, sondern im Gegenteil konkretisierend, projizierend. Zwar führen beide Gesten zur Erzeugung von Bildern (und können deshalb beide »Einbildungskraft« genannt werden), aber es geht in jedem Fall um eine andere Art von Bildern. Die Bilder der bisherigen Einbildungskraft sind zweidimensional, weil sie aus der (sagen wir einmal) vierdimensionalen Lebenswelt abstrahiert wurden, und die Bilder der neuen Einbildungskraft sind zweidimensional, weil sie aus nulldimensionalen Kalkulationen projiziert wurden. Die erste Art von Bildern vermittelt zwischen dem Menschen und seiner Lebenswelt, die zweite Art vermittelt zwischen Kalkulationen und ihrer möglichen Anwendung in der Umwelt. Die erste Art von Bildern bedeutet die Lebenswelt, die zweite bedeutet Kalkulationen. Die erste Art von Bildern ist Abbild von Sachverhalten, die zweite von Kalkulationen. Die Bedeutungsvektoren der beiden Einbildungskräfte weisen in entgegengesetzte Richtungen, und die Bilder der ersten Art müssen anders gedeutet werden als die der zweiten. Das ist der eigentliche Grund, warum die traditionelle Bildkritik an den neuen Bildern vorbeigeht.

Wie diese neue, konkretisierende, bildermachende Geste vor sich geht, kann beim Synthetisieren von Computerbildern beobachtet werden. Der Computer ist eine mit einem Gedächtnis versehene Rechenmaschine. In dieses Gedächtnis können Kalkulationen hineingefüttert werden, falls diese aus dem Zahlencode in den digitalen umgesetzt wurden, das heißt: falls man sie aus dem alphanumerischen Code herausgeholt hat. Nun sitzt man vor einer Tastatur, holt bei jedem Tastendruck ein Punktelement nach dem anderen aus dem Gedächtnis, um es in ein Bild im Schirm einzubauen, um es zu komputieren. Dieses schrittweise Herausholen kann automatisiert werden und geht dann sehr schnell vor sich. Die Bilder erscheinen dann in atemberaubender Geschwindigkeit, eins nach dem anderen, auf dem Schirm. Man kann dieser Bilderfolge zusehn, so als ob sich die Einbildungskraft verselbständigt hätte, so als ob sie aus dem Inneren (sagen wir: aus dem Schädel) ins Äußere (in den Computer) ausgewandert wäre, so als ob man den eigenen Träumen von außen zusehn könnte. Und tatsächlich: einige unter den derart aufleuchtenden Bildern können einen überraschen: es sind unerwartete Bilder. Sie können auf dem Schirm (und im Computergedächtnis) festgehalten werden. Man kann dann derartig festgehaltene Bilder verändern, man kann in eine Art Zwiegespräch zwischen der eigenen Einbildungskraft und jener, die in den Computer hineingefüttert wurde, treten. [...]

Das tatsächlich Neue daran ist jedoch dieses: die Absichten (Intentionalitäten) der beiden Gesten sind verschieden. Die Absicht hinter Pêche-Merle ist, ein Abbild eines Sachverhalts herzustellen, das als Vorbild für künftiges Behandeln von Sachen dienen möge. Die Absicht hinter dem synthetischen Bild kann eine ähnliche sein: ein Abbild einer Kalkulation (etwa der Kalkulation eines Flugzeugs) herzustellen, das als Vorbild für künftiges Behandeln von Sachen (etwa für ein Erzeugen von Flugzeugen durch Roboter) dienen möge. Macht man jedoch die neuen Bilder mit einer solchen Absicht, dann hat man die neue Einbildungskraft in den Dienst der alten gestellt und den gegenwärtig sich anbahnenden Umbruch noch nicht vollzogen. Denn im Wesen der Sache liegt, daß man die neuen Bilder erzeugt, um aus gegebenen Möglichkeiten Unerwartetes herauszuholen (und zwar im Dialog mit anderen), wobei die Verwirklichung dieses Unerwarteten durch Behandlung der gegenständlichen Welt nur als eine Art von Begleiterscheinung erlebt wird. Ein eindrucksvolles Beispiel für diese neue Absicht bieten die Bilder der sogenannten »fraktalen Gleichungen«: es geht um Abbilder von Kalkulationen, welche außerordentlich komplexe und »selbstähnliche« (sagen wir: chaotische) Systeme analysieren. Solche Kalkulationen ergeben außerordentlich unerwartete (informative, »schöne«) Bilder, und man kann mit ihnen praktisch endlos spielen. Es ist wahr: einige dieser Bilder sehn wie Abbilder von Sachverhalten aus (wenn nämlich Sachverhalte wie geologische Formationen, Wolken oder Küstenstriche eine fraktale Struktur besitzen), und es ist auch wahr: einige dieser Bilder können als Vorbilder für Behandlungen dienen (zum Beispiel für das Erzeugen von Heilmitteln, welche die entgegengesetzte Fraktalstruktur von zu bekämpfenden Viren haben). Aber das ist eine Begleiterscheinung beim Herstellen solcher Bilder. Die eigentliche Absicht ist, unerwartete Situationen aus einem gegebenen Feld von Möglichkeiten herauszuholen. Die eigentliche Intentionalität hinter der neuen Einbildungskraft ist das, was die Tradition die »reine Ästhetik« (l'art pour l'art) nannte. Daher läßt sich sagen: was die neue von der alten Einbildungskraft unterscheidet, ist die Tatsache, daß sich in ihr die in der alten angelegte »reine Ästhetik« entfaltet und daß sie das tun kann, weil die neue Einbildungskraft auf einem nicht mehr zu überbietenden Abstraktionsstandpunkt steht, von dem aus völlig durchkritisierte und durchanalysierte Bilder entworfen werden können. Anders gesagt: erst wenn man Bilder von Kalkulationen macht und nicht mehr von Sachverhalten (und sollten diese Sachverhalte noch so »abstrakt« sein), kann sich die »reine Ästhetik« (die Freude am Spiel mit »reinen Formen«) entfalten; erst dann kann Homo faber von Homo ludens abgelöst werden.

Bei diesem Versuch, die beiden Einbildungskräfte voneinander zu unterscheiden, ist eine Reihe von Gesten zu Worte gekommen, welche, in ihrer Gesamtheit gesehen, ein

Bild der Menschheitsentwicklung bieten. Etwa so: Zuerst trat man von der Lebenswelt zurück, um sie sich einzubilden. Dann trat man von der Einbildung zurück, um sie zu beschreiben. Dann trat man von der linearen Schriftkritik zurück, um sie zu analysieren. Und schließlich projiziert man aus der Analyse dank einer neuen Einbildungskraft synthetische Bilder. Selbstredend: diese Reihe von Gesten ist nicht als eine lineare Reihenfolge zu sehen. Die einzelnen Gesten lösen einander nicht ab und auf, sondern überdecken einander und greifen ineinander. Es wird, neben dem Synthetisieren von Bildern, weiter gemalt, geschrieben und analysiert werden, und diese Gesten werden miteinander in nicht voraussehbare Spannungen und gegenseitige Befruchtung treten. Aber was uns hier und jetzt existentiell angeht, ist der mühselige Sprung aus dem Linearen ins Nulldimensionale (ins »Quantische«) und ins Synthetisieren (ins Komputieren), den wir zu leisten haben. Die an uns gestellte Herausforderung ist, den Sprung in die neue Einbildungskraft zu wagen.

Das ist zweifelsohne ein Wagnis. Wir haben dabei alle unsere linearen, historischen Kategorien (also alles, was uns stützt) aufs Spiel zu setzen und neue Kategorien auszubilden. Was wir aufs Spiel zu setzen haben, sind nicht nur Erkenntniskategorien, sondern auch die Kategorien unseres Wertens und die unseres konkreten Erlebens. [...] Im Fall der Erkenntniskategorien ist die Sache bereits in vollem Lauf, und sie ist am wenigsten schmerzlich. Zum Beispiel nur: wir müssen lernen, auf Kausalerklärungen zugunsten von Probabilitätskalkülen und auf logische Operationen zugunsten von Propositionskalkülen zu verzichten. Im Fall der Wert- und Erlebniskategorien ist die Sache weit schwerer. Nur ein Beispiel: wir werden herausgefordert, einen neuen Freiheitsbegriff zu erarbeiten, wenn es nicht mehr darum geht, Bedingungen zu überwinden, sondern Ordnung ins Chaos zu tragen. Wir müssen lernen, nicht mehr »Freiheit wovon?«, sondern »Freiheit wozu?« zu fragen.

[...] Mit anderen Worten: die an uns gestellte Herausforderung ist, aus der linearen Existenzebene in eine völlig abstrakte, nulldimensionale Existenzebene (ins »Nichts«) zu springen.

Das ist zweifelsohne ein Wagnis, aber wir haben keine Wahl: wir müssen es wagen. Ob wir dies wollen oder nicht: die neue Einbildungskraft ist auf die Bühne getreten. Und es ist ein begeisterndes Wagnis: die Existenzebene, die wir dank dieser neuen Einbildungskraft zu erklimmen haben, verspricht uns Erlebnisse, Vorstellungen, Gefühle, Begriffe, Werte und Entscheidungen, von denen wir uns bisher bestenfalls haben träumen lassen, und sie verspricht, bisher in uns nur schlummernde Fähigkeiten ins Spiel zu bringen.   (118–126)

Anhang

Textnachweise

Hans-Georg Gadamer: Sprache als Medium der hermeneutischen Erfahrung. Aus: H.-G. G.: Wahrheit und Methode. Grundzüge einer philosophischen Hermeneutik. 2., erw. Aufl. Tübingen: J. C. B. Mohr (Paul Siebeck) 1965. – © 1960 Hans Georg Gadamer / J. C. B. Mohr (Paul Siebeck), Tübingen.

Hans Robert Jauß: Literaturgeschichte als Provokation der Literaturwissenschaft. In: Rainer Warning (Hrsg.): Rezeptionsästhetik. München: Fink, 1975. S. 126–162. – © 1970 Suhrkamp Verlag, Frankfurt am Main.

Paul Ricœur: Die Metapher und das Hauptproblem der Hermeneutik. In: Anselm Haverkamp (Hrsg.): Theorie der Metapher. Darmstadt 1983. S. 356–375. – Übers. von Ursula Christmann. – Mit Genehmigung der Wissenschaftlichen Buchgesellschaft, Darmstadt.

Georg Lukács: Einführung in die ästhetischen Schriften von Marx und Engels. In: G. L.: Werke Bd. 10: Probleme der Ästhetik. Neuwied/Berlin: Luchterhand. S. 205–231. – © 1965 Hermann Luchterhand Verlag GmbH & Co. KG, Darmstadt und Neuwied. Alle Rechte vorbehalten: Luchterhand Literaturverlag, München.

Antonio Gramsci: Kriterien der Literaturkritik. In: A. G.: Gedanken zur Kultur. Hrsg. von Guido Zamiš unter Mitarb. von Sigrid Siemund. Übers. von Marie-Louise Döring, Joachim Meinert, Anna Mudry, Sigrid Siemund, Guido Zamiš. Leipzig: Reclam, 1987. S. 119 f.

Pierre Bourdieu: Flaubert. Einführung in die Sozioanalyse. In: Sprache im technischen Zeitalter 25 (1987) S. 173–189; S. 240 bis 255. – Übers. aus dem Frz. von Bernd Schwibs. – Mit Genehmigung von Pierre Bourdieu, Paris, und Bernd Schwibs, Frankfurt am Main.

Walter Benjamin: Erfahrung und Armut. In: W. B.: Gesammelte Schriften. Unter Mitw. von Theodor W. Adorno und Gershom Sholem hrsg. von Rolf Tiedemann und Hermann Schweppenhäuser. Bd. 2,1: Aufsätze, Essays, Vorträge. Hrsg. von Rolf Tiedemann und Hermann Schweppenhäuser. Frankfurt a. M.: Suhrkamp, 1977. S. 213–219. – © 1980 Suhrkamp Verlag, Frankfurt am Main.

Theodor W. Adorno: Standort des Erzählers im zeitgenössischen Roman. In: Th. W. A.: Noten zur Literatur I. Frankfurt a. M.: Suhrkamp, 1981. S. 41–48. – © 1981 Suhrkamp Verlag, Frankfurt am Main.

Jürgen Habermas: Erkenntnis und Interesse. Mit einem neuen Nachwort. Frankfurt a. M.: Suhrkamp, 1973. S. 204–233. – © 1973 Suhrkamp Verlag, Frankfurt am Main.

Sigmund Freud: Eine Schwierigkeit der Psychoanalyse. In: S. F. Gesammelte Werke. B. 12: Werke aus den Jahren 1917–1920. Hrsg. von Anna Freud [u. a.]. 3. Aufl. Frankfurt a. M.: S. Fischer, 1966. S. 3–12. – Mit Genehmigung der S. Fischer Verlag GmbH, Frankfurt am Main.

Sigmund Freud: Notiz über den »Wunderblock«. In: S. F. Gesammelte Werke. B. 14: Werke aus den Jahren 1925–1931. Hrsg. von Anna Freud [u. a.]. 4. Aufl. Frankfurt a. M.: S. Fischer, 1968. S. 3 bis 8. – Mit Genehmigung der S. Fischer Verlag GmbH, Frankfurt am Main.

Jacques Lacan: Das Spiegelstadium als Bildner der Ichfunktion wie sie uns in der psychoanalytischen Erfahrung erscheint. In: J. L.: Schriften I. Ausgew. und hrsg. von Norbert Haas. 3., korr. Aufl. Weinheim: Quadriga, 1991. S. 61–70. – Übers. aus dem Frz. von Peter Stehlin. – © 1966 Editions du Soleil, Paris. © 1986, 1991 Quadriga Verlag, Weinheim und Berlin.

Gérard Genette: Strukturalismus und Literaturwissenschaft. In: Heinz Blumensath (Hrsg.): Strukturalismus in der Literaturwissenschaft. Köln: Kiepenheuer und Witsch, 1972. S. 71–88. – Übers. aus dem Frz. von Erika Höhnisch. – Mit Genehmigung des Verlags Anton Hain, Bodenheim.

Roland Barthes: Die strukturalistische Tätigkeit. In: Kursbuch 5 (1966). S. 190–196. – Übers. aus dem Frz. von Eva Moldenhauer. – © 1966 Suhrkamp Verlag, Frankfurt am Main.

Michel Foucault: Was ist ein Autor? In: M. F.: Schriften zur Literatur. Frankfurt a. M.: Fischer Taschenbuch Verlag, 1988. S. 7–31. – Übers. aus dem Frz. von Karin von Hofer. – Copyright nymphenburger in der F. A. Herbig Verlagsbuchhandlung GmbH, München.

Hans Blumenberg: Paradigmen zu einer Metaphorologie. In: Anselm Haverkamp (Hrsg.): Theorie der Metapher. Darmstadt 1983. S. 285–315. – Mit Genehmigung der Bouvier GmbH & Co. KG, Bonn.

Stephen Greenblatt: Grundzüge einer Poetik der Kultur. In: St. G.:

Schmutzige Riten. Betrachtungen zwischen Weltbildern. Aus dem Amerik. von Jeremy Gaines. Berlin: Wagenbach, 1991. S. 107 bis 122. – © 1991 Verlag Klaus Wagenbach GmbH, Berlin.

Wolfgang Iser: Fiktive und das Imaginäre. Perspektiven literarischer Anthropologie. Frankfurt a. M.: Suhrkamp, 1993. – © 1993 Suhrkamp Verlag, Frankfurt am Main.

Jacques Derrida: Die Struktur, das Zeichen und das Spiel im Diskurs der Wissenschaften vom Menschen. In: J. D.: Die Schrift und die Differenz. Aus dem Frz. von Rodolphe Gasché. Frankfurt a. M.: Suhrkamp, 1976. S. 422–442. – © der deutschsprachigen Ausgabe: 1972 Suhrkamp Verlag, Frankfurt am Main.

Paul de Man: Der Widerstand gegen die Theorie. In: Volker Bohn (Hrsg.): Romantik. Literatur und Philosophie. Frankfurt a. M.: Suhrkamp, 1987. S. 80–106. – Übers. aus dem Amerik. von Jürgen Blasius. – © 1987 Suhrkamp Verlag, Frankfurt am Main.

Julia Kristeva: Bachtin, das Wort, der Dialog und der Roman. In: Jens Ihwe (Hrsg.): Literaturwissenschaft und Linguistik. Ergebnisse und Perspektiven. Bd. 3: Zur linguistischen Basis der Literaturwissenschaft. II. Frankfurt a. M.: Athenäum, 1972. S. 345 bis 375. – Übers. aus dem Frz. von Michael Korinman und Heiner Stück.

Karlheinz Stierle: Werk und Intertextualität. In: Wolf Schmidt / Wolf-Dieter Stempel (Hrsg.): Dialog der Texte. Wien: Institut für Slawistik der Universität Wien, 1983. (Wiener slawistischer Almanach. Sonderbd. 11.) S. 7–26. – Mit Genehmigung der Gesellschaft zur Förderung slawistischer Studien, Wien.

Siegfried J. Schmidt: Kognitive Autonomie und soziale Orientierung. Konstruktivistische Bemerkungen zum Zusammenhang von Kognition, Kommunikation, Medien und Kultur. Frankfurt a. M.: Suhrkamp, 1994. – © 1994 Suhrkamp Verlag, Frankfurt am Main.

Niklas Luhmann: Das Kunstwerk und die Selbstreproduktion der Kunst. In: Hans Ulrich Gumbrecht / K. Ludwig Pfeiffer (Hrsg.): Stil. Geschichten und Funktionen eines kulturwissenschaftlichen Diskurselementes. Frankfurt a. M.: Suhrkamp, 1986. S. 620–672. – © 1986 Suhrkamp Verlag, Frankfurt am Main.

Shoshana Felman: Weiblichkeit wiederlesen. In: Barbara Vinken (Hrsg.): Dekonstruktiver Feminismus. Literaturwissenschaft in Amerika. Frankfurt a. M.: Suhrkamp, 1992. S. 33–61. – Übers. aus dem Amerik. von Hans-Dieter Gondek. – © 1992 Suhrkamp Verlag, Frankfurt am Main.

Joan W. Scott: Gender. Eine nützliche Kategorie der historischen Analyse. In: Selbst Bewußt. Frauen in den USA. Hrsg. und mit einem Vorw. von Nancy Kaiser. Leipzig: Reclam, 1994. S. 27–75. – Übers. aus dem Amerik. von Robin Mitchell. – Mit Genehmigung der Basisdruck Verlag GmbH, Berlin.

Friedrich A. Kittler: Vom Take Off der Operatoren. In: F. K.: Draculas Vermächtnis. Technische Schriften. Leipzig: Reclam, 1993. S. 149–160. – Mit Genehmigung des Autors und des Wissenschaftszentrums Nordrhein-Westfalen.

Vilém Flusser: Eine neue Einbildungskraft. In: Volker Bohn (Hrsg.): Bildlichkeit. Frankfurt a. M.: Suhrkamp. 1990. S. 115–126. – © 1990 Suhrkamp Verlag, Frankfurt am Main.

Der Verlag Philipp Reclam jun. dankt für die Nachdruckgenehmigung den Rechteinhabern, die durch den Quellennachweis oder einen folgenden Copyrightvermerk bezeichnet sind. Für einige Autoren waren die Inhaber der Rechte nicht festzustellen. Hier ist der Verlag bereit, nach Anforderung rechtmäßige Ansprüche abzugelten.

Zu den Autorinnen und Autoren

Wo vorhanden, sind bei den Veröffentlichungen stets Titel und Erscheinungsjahr der deutschsprachigen Ausgaben genannt.

THEODOR W. ADORNO (1903–1969)

Lehrte Philosophie und Soziologie in Frankfurt a. M. Mitbegründer des Instituts für Sozialforschung in Frankfurt a. M. – Veröffentlichungen u. a.: Dialektik der Aufklärung (1947), Philosophie der Neuen Musik (1949), Minima Moralia (1951), Negative Dialektik (1966), Ästhetische Theorie (1970).

ROLAND BARTHES (1915–1980)

Kritiker und Literaturwissenschaftler, lehrte zuletzt Semiologie am Collège de France. – Auf deutsch liegt u. a. vor: Mythen des Alltags (1964), Die Lust am Text (1974), S/Z (1976), Elemente der Semiologie (1979), Das Reich der Zeichen (1981), Fragmente einer Sprache der Liebe (1984), Die helle Kammer (1985).

WALTER BENJAMIN (1892–1940)

Philosoph, Literaturtheoretiker und Kritiker. – Veröffentlichungen u. a.: Ursprung des deutschen Trauerspiels (1928), Das Kunstwerk im Zeitalter seiner technischen Reproduzierbarkeit (1936), Über den Begriff der Geschichte (1940), Illuminationen (1961), Angelus Novus (1966), Charles Baudelaire. Ein Lyriker im Zeitalter des Hochkapitalismus (1969), Das Passagen-Werk (1982).

HANS BLUMENBERG (1920–1996)

Lehrte Philosophie in Hamburg, Gießen, Bochum und Münster. – Veröffentlichungen u. a.: Die kopernikanische Wende (1965), Der Prozeß der theoretischen Neugierde (1973), Die Legitimität der Neuzeit (1977), Arbeit am Mythos (1979), Die Lesbarkeit der Welt (1981), Lebenszeit und Weltzeit (1986), Höhlenausgänge (1989).

PIERRE BOURDIEU   (geb. 1930)

Lehrt Kultursoziologie u. a. am Collège de France. – Auf deutsch liegt u. a. vor: Zur Soziologie der symbolischen Formen (1970), Die feinen Unterschiede. Kritik der gesellschaftlichen Urteilskraft (1982), Sozialer Sinn (1987), Homo academicus (1988), Das literarische Feld (1991).

JACQUES DERRIDA   (geb. 1930)

Lehrt Philosophie an der École des Hautes Etudes en Sciences Sociales in Paris und in den USA. – Auf deutsch liegt u. a. vor: Die Schrift und die Differenz (1972), Randgänge der Philosophie (1972), Grammatologie (1974), Glas (1974), Die Postkarte von Sokrates bis an Freud und jenseits (1982), Die Wahrheit in der Malerei (1992), Zeit geben / Falschgeld (1993), Dissemination (1995).

SHOSHANA FELMAN   (Lebensdaten nicht ermittelt)

Lehrt Französische Literatur und Komparatistik in Yale und New Haven. – Veröffentlichungen u. a.: Le scandale du corps parlant. Don Juan avec Austin, ou la séduction en deux langues (1980), La folie et la chose littéraire (1988), Literature and Psychoanalysis (1982), Jacques Lacan and the Adventure of Insight (1987), Testimony. Crises of Witnessing in Literature, Psychoanalysis and History (1991), What does a Woman Want? Reading and Sexual Difference (1993).

VILÉM FLUSSER   (1920–1991)

Lehrte Wissenschafts- und Kommunikationsphilosophie an der Universität São Paulo. Gastprofessor an verschiedenen europäischen und nordamerikanischen Universitäten. – Auf deutsch liegt u. a. vor: Für eine Philosophie der Fotografie (1983), Ins Universum der technischen Bilder (1985), Die Schrift (1987), Angenommen. Eine Szenenfolge (1989), Gesten (1993).

MICHEL FOUCAULT   (1926–1984)

Lehrte Philosophie und Ideengeschichte an der Sorbonne und am Collège de France in Paris. – Auf deutsch liegt u. a. vor: Wahnsinn und Gesellschaft (1969), Die Geburt der Klinik (1973), Die Ordnung der Dinge (1971), Archäologie des Wissens (1973), Die Ordnung des Diskurses (1974), Überwachen und Strafen (1976), Sexualität und Wahrheit. Bd. 1–3 (1977–1986), Schriften zur Literatur (1974).

SIGMUND FREUD (1856–1939)

Begründer der Psychoanalyse. – Veröffentlichungen u. a.: Die Traumdeutung (1900), Zur Psychopathologie des Alltagslebens (1901), Der Dichter und das Phantasieren (1908), Totem und Tabu (1913), Das Unheimliche (1919), Jenseits des Lustprinzips (1920), Das Ich und das Es (1923).

HANS-GEORG GADAMER (geb. 1900)

Lehrte Philosophie in Marburg, Leipzig, Frankfurt und Heidelberg. – Veröffentlichungen u. a.: Wahrheit und Methode. Grundzüge einer philosophischen Hermeneutik (1960), Ideen und Sprache (1972), Die Aktualität des Schönen (1977), Poetica (1977), Heideggers Wege. Studien zum Spätwerk (1983), Gedicht und Gespräch (1990). Herausgeber von: Die Hermeneutik und die Wissenschaften (1978) und Philosophische Hermeneutik (1976).

GÉRARD GENETTE (geb. 1930)

Professor für Literaturwissenschaft an der École des Hautes Études en Sciences Sociales in Paris. – Auf deutsch liegt u. a. vor: Einführung in den Architext (1990), Paratexte (1992), Palimpseste (1993), Die Erzählung (1994), Mimologiken (1995).

ANTONIO GRAMSCI (1891–1937)

Mitbegründer und Theoretiker der Kommunistischen Partei Italiens. – Auf deutsch liegt u. a. vor: Briefe aus dem Kerker (1972), Marxismus und Literatur. Ideologie, Alltag, Literatur (1983), Notizen zur Sprache und Kultur (1984).

STEPHEN GREENBLATT (geb. 1943)

Lehrt englische Literatur an der University of California in Berkeley. – Auf deutsch liegt u. a. vor: Verhandlungen mit Shakespeare. Innenansichten der englischen Renaissance (1990), Schmutzige

Riten. Betrachtungen zwischen Weltbildern (1991), Wunderbare Besitztümer. Die Erfindung des Fremden. Reisende und Entdecker (1994).

JÜRGEN HABERMAS   (geb. 1929)

Bedeutendster Vertreter der zweiten Generation der Frankfurter Schule, lehrte Philosophie und Soziologie in Frankfurt. – Veröffentlichungen u. a.: Strukturwandel der Öffentlichkeit (1962), Zur Logik der Sozialwissenschaften (1967), Erkenntnis und Interesse (1968), Theorie des kommunikativen Handelns (1981), Moralbewußtsein und kommunikatives Handeln (1983), Der philosophische Diskurs der Moderne (1985).

WOLFGANG ISER   (geb. 1926)

Lehrte Anglistik an der Universität Konstanz und an der University of California. – Veröffentlichungen u. a.: Die Appellstruktur des Textes (1970), Der Akt des Lesens (1976), Prospecting. From Reader Response to Literary Anthropology (1989), Das Fiktive und das Imaginäre (1991).

HANS ROBERT JAUSS   (geb. 1921)

Lehrte Romanistik u. a. in Gießen, Konstanz, New York, Yale und Paris. – Veröffentlichungen u. a.: Zeit und Erinnerung in Marcel Prousts *A la Recherche du Temps Perdu* (1975), Literaturgeschichte als Provokation (1967), Ästhetische Erfahrung und literarische Hermeneutik (1977), Wege des Verstehens (1994).

FRIEDRICH A. KITTLER   (geb. 1943)

Lehrt Ästhetik an der Humboldt-Universität Berlin. – Veröffentlichungen u. a.: Aufschreibesysteme 1800. 1900 (1985), Grammophon, Film, Typewriter (1986), Dichter – Mutter – Kind (1991), Draculas Vermächtnis. Technische Schriften (1993). Herausgeber von: Urszenen: Literaturwissenschaft als Diskursanalyse und Diskurskritik (1977), Die Austreibung des Geistes aus den Geisteswissenschaften (1980), Arsenale der Seele (1989).

JULIA KRISTEVA (geb. 1941)

Lehrt Literaturwissenschaft in Paris. – Veröffentlichungen u. a.: Semeiotike (1968), Die Revolution der poetischen Sprache (1978), Geschichten von der Liebe (1983), Fremde sind wir uns selbst (1990), Die neuen Leiden der Seele (1994).

JACQUES LACAN (1901–1981)

Psychoanalytiker, Begründer der mittlerweile aufgelösten »Ecole freudienne« in Paris. – Auf deutsch liegt u. a. vor: Schriften (1975), Das Seminar I–IX (1973–80), Die vier Grundbegriffe der Psychoanalyse (1980).

NIKLAS LUHMANN (geb. 1927)

Lehrte Soziologie an der Universität Bielefeld. – Veröffentlichungen u. a.: Soziologische Aufklärung. Bd. 1–5 (1970–1990), Gesellschaftsstruktur und Semantik. Bd. 1–4 (1980–1995), Liebe als Passion (1982), Soziale Systeme (1984), Die Wissenschaft der Gesellschaft (1990), Beobachtungen der Moderne (1992), Das Recht der Gesellschaft (1993).

GEORG LUKÁCS (1885–1971)

War über lange Zeit ein führender Literaturtheoretiker der DDR. – Veröffentlichungen u. a.: Die Theorie des Romans (1916), Geschichte und Klassenbewußtsein (1923), Essays über Realismus (1948); Die Eigenart des Ästhetischen (1963).

PAUL DE MAN (1919–1983)

Lehrte lange Zeit an der Universität Yale/New Haven. Repräsentant der »Yale deconstruction«. – Auf deutsch liegt u. a. vor: Allegorien des Lesens (1988), Die Ideologie des Ästhetischen (1993).

PAUL RICŒUR (geb. 1913)

Lehrte Philosophie in Straßburg, Paris und Chicago. – Auf deutsch liegt u. a. vor: Ein Versuch über Freud (1969), Phänomenologie der Schuld (1971), Die Interpretation. Der Konflikt der Interpretationen (1973), Geschichte und Wahrheit (1974), Die lebendige Metapher (1986), Zeit und Erzählung (1988/89), Das Selbst als ein Anderer (1995).

SIEGFRIED J. SCHMIDT   (geb. 1940)

Lehrt Germanistik und Allgemeine Literaturwissenschaft an der Universität-Gesamthochschule Siegen. – Veröffentlichungen u. a.: Die Selbstorganisation des Sozialsystems Literatur im 18. Jahrhundert (1989), Grundriß der empirischen Literaturwissenschaft (1991), Der Kopf, die Welt, die Kunst (1992), Kognitive Autonomie und soziale Orientierung (1994).

JOAN WALLACH SCOTT   (geb. 1941)

Lehrt Neuere Geschichte an der School of Social Science, Institute of Advanced Study, Universität Princeton. – Veröffentlichungen u. a.: The Glassworkers of Carmaux. French Craftsmen and Political Action in a Nineteenth Century City. Cambridge (1974), Gender and the Politics of History (1988), J. W. S. / Louise Tilly: Women, Work, and Family (1978).

KARLHEINZ STIERLE   (geb. 1936)

Lehrte Romanische Philologie und Allgemeine Literaturwissenschaft an der Universität Konstanz. – Veröffentlichungen u. a.: Text als Handlung. Perspektiven einer systematischen Literaturwissenschaft (1975), Sprache und menschliche Natur in der Moralistik Frankreichs (1985), Der Ort der Literaturwissenschaft (1990), Der Mythos Paris (1993).

Die Herausgeber

DOROTHEE KIMMICH   (geb. 1961)

Promotion 1991. Wissenschaftliche Assistentin im Fachbereich Neuere Deutsche Literatur an der Universität Freiburg. – Veröffentlichungen: Epikuräische Aufklärungen. Philosophische und poetische Konzepte der Selbstsorge (1993). Aufsätze zur Literatur des 18. und 19. Jahrhunderts.

ROLF GÜNTER RENNER   (geb. 1945)

Promotion 1976, Habilitation 1983. Lehrtätigkeit an den Universitäten München, Göttingen, Charlottesville (Va.) und Columbia (N. Y.). Seit 1988 Professor für Neuere deutsche Literatur an der

Universität Freiburg i. Br. – Veröffentlichungen u. a.: Ästhetische Theorie bei Georg Lukács (1976), Lebens-Werk. Zum inneren Zusammenhang der Texte von Thomas Mann (1985), Peter Handke (1985), Das Ich als ästhetische Konstruktion (1987), Die postmoderne Konstellation. Text, Theorie und Kunst im Ausgang der Moderne (1988), Edward Hopper (1990), Denken das die Welt veränderte. 2 Bde (1991), Klassiker deutschen Denkens. 2 Bde (1992), Lexikon literaturtheoretischer Werke (mit E. Habekost, 1995). Zahlreiche Aufsätze zur Literatur des 19. und 20. Jahrhunderts, zur Literaturtheorie und Komparatistik.

BERND STIEGLER (geb. 1964)

Promotion 1992. Wissenschaftlicher Angestellter an der Universität Freiburg. – Veröffentlichungen: Die Aufgabe des Namens. Zur Funktion der Eigennamen in der Literatur des 20. Jahrhunderts (1994). Aufsätze zur Literatur des 19. und 20. Jahrhunderts.

Dichtungstheorie der Aufklärung und Klassik

IN RECLAMS UNIVERSAL-BIBLIOTHEK

Gellert, Christian Fürchtegott, *Die zärtlichen Schwestern.* Lustspiel. Im Anhang: Chassirons und Gellerts Abhandlungen über das rührende Lustspiel. (H. Steinmetz) 119 S. UB 8973

Gerstenberg, Heinrich Wilhelm von, *Ugolino.* Tragödie. Mit einem Anhang und einer Auswahl aus den theoretischen und kritischen Schriften. (Ch. Siegrist) 158 S. UB 141

Gottsched, Johann Christoph, *Schriften zur Literatur.* (H. Steinmetz) 387 S. UB 9361 – *Sterbender Cato.* Im Anhang: Auszüge aus der zeitgenössischen Diskussion über Gottscheds Drama. (H. Steinmetz) 144 S. UB 2097

Hamann, Johann Georg, *Sokratische Denkwürdigkeiten. Aesthetica in nuce.* (S.-A. Jørgensen) 192 S. UB 926

Herder, Johann Gottfried, *Abhandlung über den Ursprung der Sprache.* (H. D. Irmscher) 176 S. UB 8729 – *Journal meiner Reise im Jahr 1769.* Hist. krit. Ausgabe. (K. Mommsen / M. Mommsen / G. Wackerl) 312 S. UB 9793 – *Von deutscher Art und Kunst.* Einige fliegende Blätter. Von Johann Gottfried Herder, Johann Wolfgang Goethe und Justus Möser. (H. D. Irmscher) 197 S. UB 7497

Lessing, Gotthold Ephraim, *Briefe, die neueste Literatur betreffend.* (W. Bender) 504 S. UB 9339 – *Fabeln.* Abhandlungen über die Fabel. (H. Rölleke) 167 S. UB 27 – *Hamburgische Dramaturgie.* (K L. Berghahn) 704 S. UB 7738 – *Kritik und Dramaturgie.* (K. H. Bühner) 94 S. UB 7793 – *Laokoon* oder über die Grenzen der Malerei und Poesie. Mit beiläufi-

gen Erläuterungen verschiedener Punkte der alten Kunstgeschichte. (I. Kreuzer) 232 S. UB 271 – *Sämtliche Gedichte*.
(G. E. Grimm) 454 S. UB 28

Schiller, Friedrich, *Kallias oder über die Schönheit*. Über Anmut
und Würde. (K. L. Berghahn) 173 S. UB 9307 – *Über die
ästhetische Erziehung des Menschen* in einer Reihe von Briefen. (K. Hamburger) 150 S. UB 8994 – *Über naive und senti-
mentalische Dichtung*. (J. Beer) 127 S. UB 7756 – *Vom Pathe-
tischen und Erhabenen*. Ausgewählte Schriften zur Dramen-
theorie. (Die Schaubühne als eine moralische Anstalt betrachtet. Über den Grund des Vergnügens an tragischen Gegenständen. Über die tragische Kunst. Über das Pathetische.
Über das Erhabene. Über epische und dramatische Dichtung.
Über den Gebrauch des Chors in der Tragödie. Tragödie und
Komödie.) (K. L. Berghahn) 158 S. UB 2731

Schlegel, August Wilhelm, *Über Literatur, Kunst und Geist des
Zeitalters*. Auswahl aus den kritischen Schriften (Allgemeine
Übersicht des gegenwärtigen Zustandes der deutschen Literatur. Poesie. Goethes Römische Elegien. Goethes Hermann
und Dorothea. Bürger. Entwurf zu einem kritischen Institute). (F. Finke) 247 S. UB 8898

Schlegel, Friedrich, *Kritische und theoretische Schriften*. (A.
Huyssen) 245 S. UB 9880

Schlegel, Johann Elias, *Canut*. Ein Trauerspiel. Im Anhang:
Gedanken zur Aufnahme des dänischen Theaters. (H. Steinmetz) 128 S. UB 8766

Winckelmann, Johann Joachim, *Gedanken über die Nachahmung der griechischen Werke in der Malerei und Bildhauer-
kunst*. (L. Uhlig) 157 S. UB 8338

Philipp Reclam jun. Stuttgart

Theorie des bürgerlichen Realismus

Hrsg. von Gerhard Plumpe. Universal-Bibliothek Nr. 8277

Autoren: Anonym, H. Baumgarten, M. Carriere, J. F. Faber, J. G. Fischer, T. Fontane, K. Frenzel, G. Freytag, R. Gottschall, K. Gutzkow, F. Hebbel, P. Heyse, C. Hoffmann, E. Homberger, A. Horwicz, G. Keller, J. H. v. Kirchmann, E. Kolloff, W. T. Krug, K. Lemcke, O. Ludwig, H. Marggraff, C. F. Meyer, L. Pfau, R. Prutz, W. H. Riehl, A. L. v. Rochau, A. Ruge, M. Schasler, J. Schmidt, E. Schmidt-Weissenfels, E. Schreiner, F. Spielhagen, F. Stamm, A. Stifter, T. Storm, K. Twesten, H. T. Vischer.

Theorie des Naturalismus

Hrsg. von Theo Meyer. Universal-Bibliothek Nr. 9475

Autoren: C. Alberti, H. v. Basedow, L. Berg, K. Bleibtreu, W. Bölsche, E. Brausewetter, M. G. Conrad, H. Conradi, E. G. Christaller, Ch. v. Ehrenfels, M. Flürscheim, W. H. Friedrichs, R. Goette, E. Haeckel, M. Halbe, H. Hart, J. Hart, G. Hauptmann, K. Henckell, J. Hillebrand, A. Holz, L. Jacobowski, F. v. Kapff-Essenther, W. Kirchbach, E. Koppel, H. Merian, M. Nordau, E. Reich, J. Röhr, J. Schlaf, B. v. Suttner, I. v. Troll-Borostýani, O. Welten, E. Wolff, E. Zola.

Theorie des literarischen Jugendstils

Hrsg. von Jürg Mathes. Universal-Bibliothek Nr. 8036

Autoren: P. Altenberg, Anonym, H. Bahr, P. Behrens, O. Bie, O. J. Bierbaum, R. Dehmel, O. Eckmann, A. Endell, S. Freud, E. Friedell, G. Fuchs, S. George, E. Haeckel, A. W. Heymel, G. Hirth, H. v. Hofmannsthal, T. Mann, J. Meier-Graefe, F. Nietzsche, F. v. Ostini, R. M. Rilke, R. Schaukal, J. Schlaf, A. Schnitzler, R. A. Schröder, E. Schur, F. Servaes, G. Simmel, H. van de Velde, F. Wedekind, E. v. Wolzogen.

Theorie des Expressionismus

Hrsg. von Otto F. Best. Universal-Bibliothek Nr. 9817

Autoren: H. Ball, G. Benn, E. Blass, E. Bloch, M. Buber, Dada, T. Däubler, A. Döblin, K. Edschmid, C. Einstein, I. (Yvan) Goll, W. Hasenclever, P. Hatavani, O. Herzog, K. Heynicke, K. Hiller, F. M. Huebner, G. Kaiser, W. Kandinsky, R. Kayser, O. Kokoschka, , A. Kurella, R. Leonhard, C. Mierendorff, K. Otten, M. Picard, K. Pinthus, L. Rubiner, R. Schickele, L. Schreyer, E. v. Sydow, H. Walden, F. Werfel, B. Ziegler.

Philipp Reclam jun. Stuttgart